精准扶贫 青海脱贫攻坚系列丛书

团结稳定鼓劲
——青海脱贫攻坚新闻报道选集

中共青海省委宣传部
青海省扶贫开发局 编

第 5 册

青海人民出版社

图书在版编目（CIP）数据

团结稳定鼓劲：青海脱贫攻坚新闻报道选集 / 中共青海省委宣传部，青海省扶贫开发局编. -- 西宁：青海人民出版社，2021. 6
（青海脱贫攻坚系列丛书；1）
ISBN 978 - 7 - 225 - 06180 - 1

Ⅰ. ①团… Ⅱ. ①中… ②青… Ⅲ. ①新闻报道—作品集—中国—当代 Ⅳ. ①I 253

中国版本图书馆 CIP 数据核字（2021）第104778号

青海脱贫攻坚系列丛书

团结稳定鼓劲
——青海脱贫攻坚新闻报道选集

中共青海省委宣传部　青海省扶贫开发局　编

出 版 人　樊原成
出版发行　青海人民出版社有限责任公司
　　　　　西宁市五四西路71号　邮政编码：810023　电话：（0971）6143426（总编室）
发行热线　（0971）6143516/6137730
网　　址　http://www.qhrmcbs.com
印　　刷　青海新华民族印务有限公司
经　　销　新华书店
开　　本　710mm × 1020mm　1/16
印　　张　35.5
字　　数　600 千
版　　次　2021 年 10 月第 1 版　2021 年 10 月第 1 次印刷
书　　号　ISBN 978 - 7 - 225 - 06180 - 1
定　　价　268.00 元（全五册）

前　言

党的十八大以来，以习近平同志为核心的党中央把脱贫攻坚摆在治国理政突出位置，团结带领全党全国各族人民，采取了一系列具有原创性、独特性的重大举措，全面打响脱贫攻坚战。习近平总书记亲自指挥、亲自部署、亲自督战，作出一系列重要指示批示，为脱贫攻坚提供了根本遵循和科学指引。经过全党全国各族人民 8 年持续奋斗，我国脱贫攻坚战取得了全面胜利，现行标准下 9899 万农村贫困人口全部脱贫，832 个贫困县全部摘帽，12.8 万个贫困村全部出列，区域性整体贫困得到解决，完成了消除绝对贫困的艰巨任务，创造了又一个彪炳史册的人间奇迹！这是中国人民的伟大光荣，是中国共产党的伟大光荣，是中华民族的伟大光荣。脱贫攻坚取得举世瞩目的减贫成就，困扰中华民族几千年的绝对贫困问题得到历史性解决，书写了人类减贫史上的奇迹，为全面建成小康社会作出了重要贡献，为开启全面建设社会主义现代化国家新征程奠定了坚实基础。

青海作为祖国大家庭的一员，在以习近平同志为核心的党中央坚强领导下，以习近平新时代中国特色社会主义思想为指导，深入贯彻落实习近平总书记关于扶贫工作重要论述和"四个扎扎实实"重大要求，始终把脱贫攻坚作为首要政治任务和第一民生工程，按照"四年集中攻坚，一年巩固提升"总体思路，紧紧围绕"两不愁三保障"目标标准，以"1+8+10"政策体系为牵引，尽锐出战、攻坚克难，组织实施了青海历史上规模最大、力度最强、惠及人口最多的脱贫攻坚战。经过 8 年艰苦卓绝的奋战，现行标准下 42 个县全部摘帽，1622 个贫困村全部退出，53.9 万名贫困人口全部脱贫，书写了全面胜利浓墨重彩的青海篇章，具有里程碑意义。

把这场波澜壮阔的脱贫攻坚伟大实践伟大斗争中出台的一系列文件汇编起来，把一件件大事记录下来；把涌现出一批政治坚定、表现突出、贡献重大、精神感人的杰出典型，涌现出一批富有思想、凝聚智慧、汇集力量、迸发创新的典型做法，涌现出一批引领导向、围绕中心、鼓舞士气、凝心聚力的优秀新闻宣传稿件……把这场伟大斗争的每个细节的点点滴滴汇集起来，既是工作的需要，更是我们对党和人民，对历史的负责。这也是编辑出版这套《青海脱贫攻坚系列丛书》的初衷。编辑过程中，由于工作人员水平见识有限，难免挂一漏万，在此表示诚恳歉意。

目 录

《经济日报》

中国新闻社

《工人日报》

《农民日报》

《南方周末》

《人民日报》

青海：15 年免费教育覆盖所有贫困区

3 月 21 日，青海省政府印发意见，从 2016 年春季开学起，建立城乡统一的义务教育经费保障机制，对海北、海南、黄南、果洛、玉树 5 个藏族自治州及海西蒙古族藏族自治州所有学生和西宁、海东两市贫困家庭学生学前三年、义务教育九年、普通高中和中职三年实施 15 年免费教育，"十三五"末基本覆盖全省，首批惠及学生近 86.1 万人。

探索实施 15 年免费教育

"因为家里穷，父母商量让我继续读书，还是出去打工，这个时候，县里高中的学费要全免了！"来自海东市乐都区桃红营乡的窦玉兰激动地说。

窦玉兰的父母在家务农，家里 3 个孩子的学杂费是一笔不小的开支。从今年 3 月 1 日起，乐都区全面实行 15 年免费教育，惠及普通高中、职业学校和学前教育。

今年初，海东市乐都区决定率先延伸实施教育"3+9+3"计划，区财政每年拿出 2800 多万。乐都区教育局副局长熊国珍说："15 年免费教育将大大减轻老百姓的教育负担。"据熊国珍介绍，学前幼儿免除保教费、课本费；九年义务教育学生免收学杂费和课本费，并落实寄宿生生活补助；普通高中学生免除学费、课本费、取暖费、上机费、住宿费；中等职业学校学生免除学费、免费提供教材，其中一二年级学生享受国家助学金。

青海海西蒙古族藏族自治州天峻县自 2012 年起实现了本县户籍人员从幼儿园到高中的 15 年免费教育，近 5000 名各族学生享受免费入学、免课本费、免费住宿、免费饮食、免费医疗等待遇。

近年来，青海先行探索在藏族地区 6 州推行从幼儿园到高中 15 年免费教育。2015 年年底，青海对贫困户建档立卡后，进一步扩大教育惠民力度，西宁、海东贫困户家庭学生也开始享受此项惠民措施。

义务教育经费保障机制城乡统一

据青海省教育厅副厅长薛建华介绍，15 年免费教育政策的落实，需要整合现行的农村义务教育经费保障机制和城市义务教育奖补政策，建立城乡统一的义务教育经费保障机制。将国家规定 2016 年、2017 年分步实施的统一城乡生均公用经费基准定额和"两免一补"政策，两步并一步在 2016 年实施。

在农村义务教育"两免一补"政策基础上，统一城乡义务教育"两免一补"政策，为西宁等城市学生提供免费教科书、为贫困家庭寄宿生提供生活补助。此外，还将提高城市义务教育公用经费补助标准，和农牧区义务教育实行统一的基准定额。

为了保证 15 年免费教育顺利推行，青海省财政预算已经按照国家标准安排了义务教育公用经费，平均每个学生提高 100 元。省教育厅正在配合省财政厅列出时间表、路线图，把惠民政策落实到位。

同时，青海省还将加快发展普惠性学前教育，重点扩大农牧区学前教育资源总量，按照政府主导，社会参与，民办公办并举的原则，全面推进学前教育二期三年行动计划，进一步推进政府购买学前教育服务工作，着力解决好"入园难"的问题。

在县域内义务教育均衡发展方面，青海优化调整中小学的布局结构，合理布局村小学和教学点，改善教学点和寄宿制学校的办学条件，下大气力解决好义务教育学校特别是城市学校的"择校热"和"大班"的现象,实现生源分布均衡,控制农牧区辍学情况。

为了鼓励县级政府的积极性,青海省政府决定对每个达标县给予500万元的奖补资金,力争"十三五"提前一年实现全省县域内义务教育均衡验收。

"小财政"办教育"大民生"

连续多年,青海财政用于改善民生的支出占75%左右,并且还在持续增加。青海尤其重视教育惠民、教育扶贫。

据资金测算表明,青海现行资助政策每年支出资金总额16.94亿元,实施15年免费教育后,2016年共需资金19.6亿元,新增资金2.66亿元。其中学前教育和普通高中受益学生新增加6.6万人,直接减少家庭教育费用支出6580万元,人均约为1000元,其中大多数为贫困家庭学生。

据西宁市教育局负责人表示:"今年,西宁要全面实施103个农村学前教育'走教点'改造和28个中心幼儿园建设。"

"在全省实施15年免费教育,是教育领域健全城乡发展一体化体制机制的重大举措,体现了省委省政府更加注重教育脱贫、提高教育公共服务水平和能力。"薛建华说。

2016年04月07日 18版 何聪 王梅

青海广大干部"集结"贫困村
在精准脱贫一线比实功

"决不让一个地区、一户村民掉队。"确保到 2020 年农村牧区贫困人口实现脱贫，是青海全面建成小康社会最艰巨的任务。

啃"硬骨头"、补齐"短板"，青海各级干部进农家、访牧户，察实情、摸家底，在践行"三严三实"中，一场集中力量实施精准扶贫、精准脱贫的攻坚战，在青海高原次第展开。

看担当　比筹谋
不提不切实际的指标，对搞"数字脱贫"者严肃追责

2015 年 12 月，久没落雪的西宁迎来了入冬后的第三场雪。青海省委常委楼会议室里一场"考试"正在紧张进行。这场"考试"只有一道题目——如何践行"三严三实"，打赢脱贫攻坚战？

原来，这是省扶贫开发工作领导小组会议，各市州委书记、部分县委书记正在作关于"党政领导干部扶贫蹲点调研"的情况汇报。去年，青海有 2000 余名各级党政领导干部赴各地扶贫村蹲点调研。

之所以把这次会议变成为"考试"，是因为问答"不留情面"。

"派出的干部有没有能力精准识别？"

"干部经验和能力不足怎么办？"

……

4个半小时的会议，工作严实者，对答自如，一知半解者，脸红出汗。"粗放的领导方式抓不了精准扶贫。扶贫工作出现问题，首先要从干部身上找原因。"青海省委书记骆惠宁说。

青海自然条件严酷，生态环境脆弱，目前尚有53.97万贫困人口，且大多居住在干旱山区和高寒牧区，脱贫攻坚进入决胜阶段，剩下的都是"硬骨头"。去年7月，青海省委专题研究部署精准扶贫、精准脱贫，提出到2019年贫困人口全部脱贫，贫困村全部退出，贫困县全部摘帽，确保2020年整体上与全国同步全面建成小康社会。

"我们坚持以上率下、示范带动，看担当，比筹谋，层层传导压力，向严要成绩、靠实出效果。做到扶真贫、真扶贫、真脱贫。"省扶贫局局长马丰胜介绍，扶贫须由"大水漫灌"向"精准滴灌"转变，要精准识别，各地按一定程序识别贫困户、建档立卡。同时，评价精准扶贫成效，看减贫数量，更看脱贫质量，不提不切实际的指标，对弄虚作假搞"数字脱贫"的干部，将严肃追究责任。

摸实情　做实功
精准识别、精准施策，当脱贫攻坚的明白人

尖扎县尖扎滩乡幸福村是全县最贫困的村子。今年春节前，骆惠宁去了那里，与贫困户索南当周一家人坐在土炕上唠家常，倾听他们诉说生产生活的难处。

索南当周的大女儿专吉格先天失明。"想不想到盲校学点知识？"骆惠宁问。

"想！"专吉格马上回答。骆惠宁立即让随行人员联系省特殊教育学校。5天后，专吉格踏入了梦寐以求的校园。"孩子的教育一定要抓好，我们要阻断贫困的代际传递。"骆惠宁说。

为了让贫困户早日挪出"穷窝",青海各级党政领导干部到扶贫村,深入困难群众中,摸实情,下实功,做脱贫攻坚的明白人。西宁市委领导通过入户走访、问卷调查、座谈交流等途径,摸清了贫困户的底数;海东市委领导带队赴六县(区)15个村蹲点调研,各县(区)38名县级领导赴82个村蹲点调研,调研查看扶贫项目推进情况;海西蒙古族藏族自治州委在思想认识上抓两头:一头抓干部的责任,一头抓群众的信心,建立了"指挥长统领下的组织领导网状体系",在50个重点村逐一开展"拉网式"排查,对前期建档立卡工作进行全面"回头看"和二次扫描,重新建立扶贫台账。

针对群众居住分散的实际,尖扎县幸福村驻村干部采取召开群众大会、入户宣讲相结合的方式,发动群众参与,解答群众疑问,在贫困户申报的基础上,依照贫困和低保标准,确认贫困户52户230人,公示后,群众无异议。

格尔木市财政局驻村干部李敏,为把工作做严做实,拜郭勒木德镇新华村支部书记为师,学习青海方言,成了真正的"村里人",拉近了与群众的距离。格尔木是个移民城市,新华村有不少来自海东等地的移民,由于种种原因没有格尔木户籍。李敏没有将他们当"外人"看,深入了解他们的实际困难,向上级部门提出了关于解决外来人口户籍问题的建议。

"一看房、二看粮、三看学生郎、四看技能强不强、五看有没有残疾重病躺在床。"班玛县扶贫开发局局长文化吉患有高原性心脏病,却一直坚守在扶贫第一线,走村串户。有的贫困村不通公路要步行,来回得花3天,她从未因此而懈怠。"文局长干工作扎实啊,她走山路,男人们都赶不上呢!"当地群众没有不认识文化吉的。

"扶持谁、谁来扶、怎么扶?脱贫攻坚,得认认真真看、实打实地干,来不得半点虚假。"文化吉说。

严要求　强机制
5000余名干部"集结"贫困村啃"硬骨头"

"给贫困村找准一条致富门路,是我们第一书记的责任。"玛沁县下大武乡清水村第一书记东保加说。去年,青海向贫困村选派第一书记、派驻扶贫(驻村)工作队。全省共选派5000余名干部进驻1622个贫困村,全力推进扶贫攻坚。

在工作实践中,省委搭建"123"工作机制:"1"即建立省州县单位与三类村"一对一""一对多""多对一"的固定结对关系,形成干部由结对单位选派,一线有干部、后方有靠山的"一联"工作机制;"2"即建立单位党组织结对共建帮村、党员干部结对认亲帮户的"双帮"工作机制;"3"即建立治穷、治弱、治乱并举,全方位全覆盖的"三治"工作机制。

互助土族自治县松多藏族乡马营村在中国人民银行西宁中心支行、县农村商业银行支持下,以"专业合作社 + 贫困户 + 信贷支持"的扶贫模式,给68户贫困户建立了金融服务档案,为41户贫困户信用评级,并办理了自主循环贷款"福农卡",授信金额90万元。马营村第一书记王彦青说:"这可帮助贫困户今年人均增收600元。"

第一书记和扶贫(驻村)工作队进村履职后,组织部门开展明察暗访,对不适合岗位要求的第一书记、扶贫工作队成员实行"召回"制度。"如果有渎职行为的,我们不仅将其召回,而且不再提拔!"省扶贫开发局机关党委书记李玉勋说。

"幸福的家庭都是相似的,不幸的家庭各有各的不幸。"每个贫困村的情况各不相同,每一户贫困家庭的致贫原因千差万别,精准识别后,需要精准施策、对症下药。

金滩乡金滩村位于海晏县东部,是一个半农半牧村。全村共有农牧户248户877人。在这个海拔3000多米的村子,村民们基本靠天吃饭。从进村的第一天起,第一书记张文军便挨家挨户开展精准识别、建档立卡工作,其致贫原因主要是因病致贫,几乎家家都有病人。

村民靳玉萍患乳腺增生多年,医院建议手术。但家里拮据,一直拖着。"疼的时候吃些消炎药,忍不住了就吃止痛药。"靳玉萍说。张文军在走访中得知情况后,立即联系省第二人民医院,还帮他们解决了交通、住宿费。"手术一切都顺利。"张文军说,"接下来将争取更多的农村合作医疗保障资金,防止村民因病难致富。

民和回族土族自治县核桃庄乡排子山村,超过2/3的人外出打工,留守的村民死盯着一点救济款。扶贫工作队进驻后,筹划修路,解决行路难;建村级活动场所，方便村民健身；组织爱心捐助，为特困户及孤寡老人送关爱……一连串实事，办到了村民的心坎儿上。

摘掉"贫困帽"，穿起"致富衣"，在脱贫攻坚的赶考路上，正澎湃着"严"和"实"的精神脉动，精准扶贫、精准脱贫，与全国同步全面建成小康社会，青海越来越有底气、越来越有力量。

2016 年 4 月 19 日　18 版　何聪　王锦涛

习近平在青海考察时强调：
尊重自然　顺应自然　保护自然
坚决筑牢国家生态安全屏障

中共中央总书记、国家主席、中央军委主席习近平近日在青海考察时强调，生态环境保护和生态文明建设，是我国持续发展最为重要的基础。青海最大的价值在生态、最大的责任在生态、最大的潜力也在生态，必须把生态文明建设放在突出位置来抓，尊重自然、顺应自然、保护自然，筑牢国家生态安全屏障，实现经济效益、社会效益、生态效益相统一。

八月的青海高原，群山巍巍，风光壮美。8 月 22 日至 24 日，习近平在青海省委书记王国生、省长郝鹏陪同下，来到海西、海东、西宁等地，就贯彻落实"十三五"规划、加强生态环境保护、做好经济社会发展工作进行调研考察。

8 月 22 日上午，习近平乘专机抵达海西蒙古族藏族自治州格尔木市，下午即驱车前往位于柴达木盆地的察尔汗盐湖考察。这是我国最大的盐湖，也是世界上最著名的内陆盐湖之一。青海利用这里的盐湖资源，早在 20 世纪 50 年代就开始发展盐化工业。目前，青海盐湖工业股份有限公司已经形成钾盐、钠盐、镁盐、锂盐、氯碱 5 个产业群，其金属镁项目是国家首批 13 个循环经济试验区之一柴达木循环经济试验区的核心项目。

在盐湖码头，习近平听取了柴达木循环经济发展情况介绍，了解企业综合利用盐湖资源、推进产业技术升级情况，并察看氯化钾、氢氧化钾、硝酸钾、锂电池、镁合金等盐化工产品展示。随后，他沿栈道步行至盐湖边，察看现代化机械采盐操作，了解盐湖资源储备保护、开发利用等情况。习近平指出，盐湖资源是青海的第一大资源，也是全国的战略性资源，务必处理好资源开发利用和生态环境保护的关系。发展循环经济是提高资源利用效率的必由之路，要牢固树立绿色发展理念，积极推动区内相关产业流程、技术、工艺创新，努力做到低消耗、低排放、高效益，让盐湖这一宝贵资源永续造福人民。

离开盐湖码头，习近平驱车来到格尔木市唐古拉山镇长江源村视察。该村为藏族村，是一个移民定居点。2004 年 11 月，128 户 407 名牧民群众积极响应国家三江源生态保护政策，从 400 多公里之外、海拔 4700 米的地方搬迁至格尔木市南郊。习近平一下车，老村支书更尕南杰就迎上前向他敬献哈达，村民向他敬献切玛、青稞酒。习近平在村委会听取该村生态移民搬迁、民族团结创建、基层组织建设等情况介绍，随后视察村容村貌，并到藏族村民申格家中察看住房和生活情况，同一家人亲切交谈。申格从多方面赞扬生态移民政策好，并拿出自家的草原证、医保卡给总书记看。看到乡亲们衣食住行各方面条件比较好，有稳定的收入，普遍参加了基本医疗保险和养老保险，习近平很高兴，对他们说，你们的幸福日子还长着呢。习近平指出，保护三江源是党中央确定的大政策，生态移民是落实这项政策的重要措施，一定要组织实施好。习近平强调，我们国家是多民族国家，各民族是一家人，大家要相亲相爱、共同团结进步。临别时，村民们身着鲜艳的藏族服装，扶老携幼，来到村口欢送总书记，他们手挥哈达，不停高喊"扎西德勒"，习近平同乡亲们一一握手，祝他们日子越来越美满。欢乐祥和的动人场景，展现了总书记同藏族同胞心连心的真挚情感。

23 日上午，习近平来到海东市互助土族自治县，考察了实施易地扶贫搬迁的班彦村。新村建设即将竣工，一排排院落规划有致。习近平详细了解新村建设方案，进入村民新居察看面积、结构、建筑质量，同监理新居建设的村民们交流。在土族贫困户吕有金家，习近平同一家人围坐一起，看反映乡亲们一直居住的旧村状况的视频。得知去旧村有 7 公里陡峭崎岖的山路，村民祖祖辈辈居住在出入不便、严重缺水的地带，习近平对一家人说，党和政府就是要特别关心你这样的困难群众，通过移民搬迁让你们过上好日子。习近平拿起扶贫手册和贫困户精准管理手册，逐一询问发展种养业、参加劳务培训、孩子上学、享受合作医疗和养老保险等扶贫措施的落实情况。习近平指出，移民搬迁是脱贫攻坚的一种有效方式。移民搬迁要充分征求农民群众意见，让他们参与新村规划。新村建设要同发展生产和促进就业结合起来，同完善基本公共服务结合起来，同保护民族、区域、文化特色及风貌结合起来。离开新村时，土族群众闻讯而来，在村口列队，欢声雷动。习近平高兴地同他们合影留念。

23日下午，习近平在西宁市考察了青海省生态环境监测中心和国家电投黄河水电太阳能电力有限公司西宁分公司。在省生态环境监测中心，习近平结合多媒体演示，听取全省生态文明建设总体情况和三江源地区生态保护及国家公园体制试点工作情况介绍，通过远程视频察看黄河源头鄂陵湖—扎陵湖、昂赛澜沧江大峡谷、昆仑山玉珠峰南坡、青藏铁路五道梁北大桥等点位实时监测情况，并分别同玛多县黄河源头鄂陵湖—扎陵湖、杂多县昂赛澜沧江大峡谷两个监测点位的基层干部、管护员进行视频交流，听取他们保护生态情况汇报，并就做好管护工作做了深入交流。习近平通过视频向当地各族干部群众表示问候，希望大家在国家政策支持下，齐心协力管护好湖泊、草原、河流、野生动物等生态资源，生产生活都越来越好。习近平指出，保护生态环境首先要摸清家底、掌握动态，要把建好用好生态环境监测网络这项基础工作做好。

在国家电投黄河水电太阳能电力有限公司西宁分公司，习近平了解该企业发展光伏全产业链及科技研发、生产经营等情况，到车间视察太阳能电池生产线，察看成品展示，了解制绒、刻蚀、镀膜、丝网印刷、高温烧结等生产工艺。他对青海依托日照充足、光热资源富集等优势发展清洁能源取得的成绩表示肯定。习近平指出，发展光伏发电产业，要做好规划和布局，加强政策支持和引导，突出规范性和有序性。他希望国有企业带头提高创新能力，努力形成更多更好的创新成果和产品，在创新发展方面发挥更大引领作用。

考察期间，习近平听取了青海省委和省政府工作汇报，对青海经济社会发展取得的成绩和各项工作给予肯定。他希望青海在生态文明先行区、循环经济发展先行区、民族团结进步先行区建设中不断创造新业绩。

习近平指出，坚持以经济建设为中心，保持经济持续健康发展，是全党必须抓紧抓好的重大任务。要充满信心、保持定力，坚持用新发展理念统领发展全局，着力解决制约发展的结构性、体制性矛盾和问题，努力开创发展新境界。要把推进供给侧结构性改革作为当前和今后一个时期经济发展和经济工作的主线,着力优化现有生产要素配置和组合,着力优化现有供给结构,着力优化现有产品和服务功能,切实提高供给体系质量和效率,为经济持续健康发展打造新引擎、构建新支撑。

习近平强调,青海生态地位重要而特殊,必须担负起保护三江源、保护"中华水塔"的重大责任。要坚持保护优先,坚持自然恢复和人工恢复相结合,从实际出发,全面落实主体功能区规划要求,使保障国家生态安全的主体功能全面得到加强。要统筹推进生态工程、节能减排、环境整治、美丽城乡建设,加强自然保护区建设,搞好三江源国家公园体制试点,加强环青海湖地区生态保护,加强沙漠化防治、高寒草原建设,加强退牧还草、退耕还林还草、三北防护林建设,加强节能减排和环境综合治理,确保"一江清水向东流"。

习近平指出,脱贫攻坚任务艰巨、使命光荣。各级党政部门和广大党员干部要有"不破楼兰终不还"的坚定决心和坚强意志,坚持精准扶贫、精准脱贫,切实做到脱真贫、真脱贫。要综合施策、打好组合拳,做到多政策、多途径、多方式综合发力。要通过改变生存环境、提高生活水平、提高生产能力实现脱贫,还要有巩固脱贫的后续计划、措施、保障。要深入抓好玉树地震地区经济社会发展工作,让当地各族群众生活越来越好。

习近平强调,民族团结是各族人民的生命线。要教育引导各族群众在不断增强对伟大祖国、中华民族、中华文化、中国共产党、中国特色社会主义的认同中做到和睦相处、团结共进,共同推动民族地区加快发展。要坚持党的宗教工作基本方针,加强宗教事务管理,积极引导宗教同社会主义社会相适应,坚持我国宗教的中国化方向,更加积极主动地做好新形势下宗教工作。

习近平指出,严肃党内政治生活是全面从严治党的根本性基础工作,是全党的重大任务。各级党组织要自觉担当责任,严格按党的政治纪律和政治规矩办事,任何时候任何情况下都不能破坏党的政治纪律和政治规矩,都不能拿党的政治纪律和政治规矩做交易。要坚持从领导机关、领导干部做起,形成以上率下的浓厚氛围。要处理好权利和义务、权力和责任、激励和约束、惩处和保护等方面关系,把严肃党内政治生活最终体现到调动广大党员干部积极性、推动事业发展上。

2016 年 8 月 25 日　01 版头条　马闯

青海：亮出旅游好资源　换得村民钱袋满

"儿媳妇要回来了！"蔡老汉逢人便说，满面笑容。蔡老汉家住青海湟中县拦隆口镇卡阳村，这里山高林密，村民生活贫困。因为家里太穷，蔡老汉的儿媳妇离家出走。这两年，当地修道路、建花海，蔡老汉开起了农家乐，日子逐渐红火起来。儿媳妇也回心转意，一家人又团圆了。

仅有 200 余户村民的卡阳村，今年累计接待游客 30 万人次，人均增收 8100 元。蔡老汉和乡亲们，着实尝到了乡村旅游带来的甜头。这一切，是青海以旅游带动扶贫开发、以扶贫开发促进乡村旅游互动发展结出的硕果。

亮出好资源，换得钱袋满。曾经的穷乡僻壤，换个发展思路，便是花果满山，游客纷至沓来。青海编制《青海省乡村旅游富民基础设施建设规划》，出台《青海省乡村旅游扶贫项目实施意见》，梳理认定 243 个旅游扶贫重点村，集中力量解决发展乡村旅游面临的道路交通、配套设施差等突出问题。

好资源，离不开精心培育。青海鼓励发展特色种植业、养殖业，引导发展农家乐、牧家乐，开发特色旅游产品、商品，促进农牧民就地创业、就业。民和县依托生态资源优势，规划"一乡一品"，先后新栽苹果 12 万株、软梨 3 万株、核桃 5 万株，打造集乡土观光、果品采摘、休闲健身于一体的乡土旅游发展格局。

发展乡村旅游，重在突出特色。海东市打造互助土族民俗旅游，民和、乐都田园风光旅游，循化撒拉族风情旅游等一批精品乡村旅游项目；海北藏族自治州海晏县实施金沙湾"草原露营地"等乡村旅游项目；海南藏族自治州共和县启动龙羊峡镇龙才村土林景观、德胜村农家乐等项目……这些极富民族文化特色的民俗文化及乡村旅游项目，已吸纳农牧民直接就业 2 万多人，间接就业近 10 万人。

2016 年 12 月 25 日　01 版头条　何聪　王梅　王锦涛

青海每年拿出百分之七十五左右财力
提升保障水平

又到一年开学季。在黄南藏族自治州同仁县瓜什则乡西合来村，村民南加措带着孩子到寄宿制学校报名。

"以前村里没有幼儿园，城里的幼儿园花费又大，村里的小孩一般到六七岁才上学。现在学前教育免费，孩子们可以早点入园学文化！"南加措说。

从 2016 年春季学期开始，青海在海北、海南、黄南、果洛、玉树 5 个藏族自治州及海西蒙古族藏族自治州实行 15 年免费教育，即学前 3 年、义务教育 9 年、高中及中职 3 年免费教育。西宁市、海东市的贫困家庭学生也享受这一政策。全省首批惠及 86.1 万名学生。仅这一项，青海每年要投入 16 亿元。

和南加措一样，越来越多的青海群众感受到：政府在民生方面花的钱越来越多！青海财政每年将 75% 左右财力用于民生方面，民生保障范围不断扩大，保障水平不断提高，基本公共服务短板加快补齐，多项民生指标走在西部乃至全国前列。

财力下移，保障上提

青海省财政厅预算处处长周宁介绍，"十二五"期间，青海将每年支出总量的 75% 用于民生支出，5 年总额达到 4600 亿元，年均增长 17% 以上，2016 年民生支出占比为 75.6%。

"为什么我们说青海是小财政大民生，原因是我们的财政总量在全国排名倒数，但我们的人均民生支出全国排名靠前。"青海省副省长韩建华说。

青海不断加大省对下转移支付力度，把中央财政的转移支付补助增量的 70% 以上用于基层，支持各地保障基层教育、卫生、社保、支农、科技、文化等重点民生项目支出需求。2016 年省对下各类转移支付达到 814.7 亿元，是 2012 年的 1.6 倍，年均增长 12.2%。

"基层财力状况的好转，有效缓解了基层财政困难，增强了基层政府的调控能力，强化了事权责任，基层政府提供公共服务的能力显著增强。"周宁说。

西宁市湟中县财政局局长范增凯说："近年来，上级财政部门加大转移支付力度，湟中县财力增长显著。全县总财力由 2012 年的 25.8 亿元增长到 2016 年的 43.4 亿元，年平均增长 14%；预算内专项资金由 2012 年的 15.5 亿元增长到 2016 年的 23.6 亿元，年均增长 11%。省对下补助的大幅增长，有力提升了我们对'三农'、教育、卫生、社保、文化、保障性住房等民生领域的保障水平。"

把钱花在刀刃上

脱贫攻坚是第一民生工程，青海省财政两年累计安排下达各类财政扶贫资金 106 亿元，其中省级财政扶贫资金分别是 2015 年的 1.9 倍和 2.5 倍。

"财政的盘子是有限的，四两如何拨千斤？我们发挥财政资金的引导撬动作用，采取贷款贴息、信贷担保、政府购买服务等多种措施，建立多元化支农投入机制，有效发挥了财政杠杆作用。还创新了脱贫攻坚融资模式，通过地方债和专项建设基金注入扶贫投资开发公司筹集资金，用于脱贫攻坚易地搬迁项目。"青海省财政厅农牧处处长陈克雄介绍。

资金如何分配？陈克雄给出了答案："我们实行'大专项 + 任务清单'管理模式，将原有若干个财政支农专项资金整合成 7 大专项资金。整合后的 7

大专项资金分配，采取因素法切块下达到县，并按照'大专项'的支持方向，分解下达工作任务清单以及相应的绩效目标，切实解决资金安排'小、散、弱'问题，从源头促进资金统筹整合。"

青海还在全国率先将扶贫项目审批权从省、市、州下放到县，扶贫资金全部切块下达到县。两年来，全省整合财政涉农资金规模达 288 亿元，为全省精准脱贫提供了坚强的财力保障和支撑。

民生答卷有了新看头

青海经济总量小，财力有限，城乡居民收入水平不高，部分地区贫困程度较深，基本公共服务领域还存在不少短板，要与全国同步建成全面小康社会，任务艰巨。

"为了增强民生工作的针对性和有效性，党的十八大以来，青海财政从群众最期盼的事情做起，重点在就业创业、教育、社会保障、出行畅通、健康养老服务、群众文化、人居环境等方面，统筹实施了一批重点民生项目。随着每年民生 10 件实事的一件件落地见效，通过以点带面，有效发挥了推动全省民生建设的辐射和引领作用。"青海省财政厅党组书记巨克中说。

最新统计数据显示，党的十八大以来，全省各级财政用于教育、文化、社会保障和就业、医疗卫生和计划生育方面投入分别达到 714.2 亿元、138.6 亿元、834.6 亿元、429.4 亿元，是改革开放以来全省资金投入最多的时期。青海的民生答卷，愈加多姿多彩。

2017 年 9 月 14 日　14 版　何聪　姜峰　王梅　王锦涛

强化脱贫光荣的正向激励

不久前，青海格尔木郭勒木德镇 22 户贫困户写下自愿脱贫申请书，大家纷纷摁上自己的红手印，主动申请"脱贫摘帽"。从以往争戴"穷帽子"，到现在积极摆脱"贫困"标签，贫困户心态的变化值得思考。

由于贫困地区、贫困户享有特殊政策支持和帮扶措施，在相当长的一段时间内，一些地方、个人常以被扶贫为荣。面对实实在在的政策红利，有的困难群众不愿意脱贫摘帽，抢着"吃低保""戴穷帽"，"炫贫"倾向也不时出现。有时候，少数群众甚至希望对自己的帮扶能长期延续，好让自己多享受一些"扶贫福利"。这种心理，与干部期盼群众早日脱贫的焦急心情形成了鲜明对照。

脱贫攻坚是一项系统工程，其中最为可贵的，是战胜贫困的自主脱贫意识。总体来说，当前的贫困户多是贫中之贫、困中之困，需要全方位的帮扶。弱鸟可望先飞、至贫可能先富，但能否实现"先飞""先富"，种种外因最终会通过内因起作用。如果群众丧失脱贫致富的斗志、缺乏积极主动的参与，再好的扶贫政策、再多的扶贫投入，即便能起一时之效，也难奏长久之功。只有贫困户的心向往脱贫致富，夯实"我要脱贫"的迫切愿望，政府、社会的扶贫才能事半功倍，而非陷入"一扶就脱贫，不扶又返贫"的循环。"能勤能敬，未有不兴者"，精神的力量是无穷的。贫困户的志气一旦被树立起来了，观念一旦更新了，脱贫的动力就足了，致富的办法和干劲自然就有了。

党的十九大报告指出，"坚持大扶贫格局，注重扶贫同扶志、扶智相结合"。扶贫必先扶志，摆脱贫困，关键在于贫困者走出贫困的决心和意志。嘉奖勤劳致富的光荣脱贫典型，用榜样的力量激发脱贫的斗志，就能让更多贫困户受到鼓舞和激励，激发群众的参与意识，加快脱贫的步伐。大力营造脱贫光荣的浓厚氛围，广泛宣传主动脱贫、奋力脱贫、成功脱贫的典型代表，热情崇扬自强不息、勤劳实干的精神，就能让脱贫致富者增强脱贫光荣的荣誉感、尊严感，才能唤醒贫困户长志气、用智力，斩断穷根。

天上不会掉馅饼，美好生活不会自动实现，拿出干劲才能赢得未来。当前，全面建成小康社会进入决胜阶段，脱贫攻坚进入冲刺阶段。按照中央部署，我们要在 2020 年以前完成贫困人口、贫困村、贫困县的有序退出，确保如期实现脱贫攻坚目标。"有序退出"，需要广大党员干部实事求是、规范操作，严格执行退出标准、规范工作流程，切实做到程序公开、数据准确、档案完整、结果公正，坚决防止虚假脱贫，确保"脱真贫"。与此同时，也应注重激发脱贫光荣的正能量，让贫困群众实现有获得感、幸福感的光荣脱贫，形成"真脱贫真光荣"的浓厚氛围。

习近平总书记强调，"要把扶贫同扶志结合起来，着力激发贫困群众发展生产、脱贫致富的主动性，着力培育贫困群众自力更生的意识和观念，引导广大群众依靠勤劳双手和顽强意志实现脱贫致富。"营造脱贫光荣的浓厚氛围，以精神鼓励推进精准扶贫，让贫困户长心气、长志气、有目标、有干头，精准脱贫之路必定越走越宽广。

2017 年 12 月 21 日　05 版　何聪

循化县转移就业、选好产业、兜住底线，
拉面出县思路变宽

作为黄河边上的集中连片特困地区，青海省循化县通过引导村民转移就业，因地制宜实施到村产业扶贫项目，不仅覆盖贫困边缘户，还对特殊贫困人口进行保险兜底。该县如今成为全国第一个少数民族区域性整体脱贫摘帽的县域。

黄河东流，经过循化，两岸是丹霞山貌，壁立千仞。

在外人眼中，这是一幅令人神往的壮美画卷，但庄稼汉韩舍木苏却常望河兴叹，"黄河边上渴死人"，说的就是这"干循化"，黄河水养不了旱苗苗。

循化撒拉族自治县被列入六盘山集中连片特困地区，全县16.16万人。过去，跟韩舍木苏一样发愁的贫困群众不在少数。2015年，经过精准识别，全县贫困村有62个，占比40.3%，2014年初到2017年底全县共有建档立卡贫困户5422户21928人。

今年7月2日，循化县通过了国家贫困县退出专项评估，62个贫困村全部退出，全县综合贫困发生率下降到0.08%，成为全国第一个少数民族区域性整体脱贫摘帽的县域。

依托拉面，转移就业

今年 49 岁的韩舍木苏，是白庄镇乙日亥村村民。他枯瘦的脸上沟壑纵横，就跟脚下的土地一样缺水。皱起眉来，额头上就隆起个小山包。"别人都说，我这眉头硬得像山，按都按不下去。"老韩说，"家里不到 3 亩水浇地，刨出来的粮食刚够吃。打打零工，一年也就四五千块钱的收入。"

2015 年底，作为贫困户，韩舍木苏家拿到到户产业资金 3 万多元。"这钱可不能乱花！"村委会主任韩学俊提醒。

"我就会种麦子，除了吃喝，还能干啥？"老韩挠挠头。

过了一段时间，村里跟县就业局合作，把拉面培训班办到家门口。韩学俊说："让你娃试试嘛！"反正跟着种庄稼也刨不出几口吃的，老韩对儿子韩德良说："你学去吧！"

一个月后，小韩出师，南下杭州，当了一个面匠。

第二年，小韩回来找老韩，借钱来了。老韩喝道："跟别人借钱开餐馆？你是那块料？"

小韩掰着指头跟老韩算，开个拉面店，自己不用雇人，一家店一个月就能挣小两万，贷款还起来也不难……

最后，还是小韩的一碗拉面让老韩服了气："好吃！"老韩借了几万，加上 3 万多的到户产业扶贫资金，凑了 15 万，小韩跟人合伙在杭州开了个七八十平方米的小店。现在，一个月净收入 1 万元。

"得亏当初让他去干了，不然现在日子哪会这么甜滋滋！"老韩感慨，"村里 301 户，已有 50 多户在外从事餐饮行业。"

"拉面经济"现已成为全县转移就业、群众增收致富的重要渠道。目前，循化籍劳务人员在全国 100 多个大中城市经营的餐饮店达 7500 多家，年均从业人员 3.6 万多人，年均劳务收入 5 亿元。循化县先后扶持"撒拉人家"餐饮品牌 994 家，培育"北京撒拉花儿""上海骆驼泉"等 100 家民族餐饮龙头企业，先后实施新型职业农民培训、"雨露计划"等城乡劳动力技能培训 10789 人，其中贫困户就业技能培训 2181 人，累计组织引导转移就业 9.87 万人次。

"面二代""面三代"们更是将外面的新思维源源不断地带回村里，他们更加重视孩子教育上的投入，村里人都说："面匠的娃娃有出息！"

产业助增收，挣钱家门口

走进化青畜禽养殖精准扶贫产业园，两行标语异常醒目："做食品先铸良心，挣票子带上乡亲。"

产业园在查汗都斯乡中庄等 5 村 100 户实施"农户 + 基地 + 企业"的产业化养殖，跟村民定下合同，以低于市场价 10% 的价格将 1.5 万只安全期的鸡苗销售给贫困户，再以高于市场价 10% 的价格收购贫困户饲养的成品鸡。"贫困户每只鸡至少收益 20 元，我们还提供免费技术指导和防疫知识普及。"青海化青生物开发公司项目经理韩维国说。

"在家门口上班，不用日晒雨淋，就是捡鸡蛋、包装和打扫卫生。"40 岁的韩维林已在这里工作了两年，每月工资 3000 元，让他家稳定脱贫。患有慢性胃病的他，拉扯 3 个孩子，最大的不过 11 岁，现在的日子比以前红火多了。

扶贫产业园共投资近 4000 万元，其中财政扶贫资金 1500 多万元，其余为企业自筹和贷款。今年起，按照 8% 的年收益分红比例上缴。目前，去年的 108 万元分红已用于 205 个建档立卡贫困户的建房配套资金。

根据各个村的不同状况，因地制宜实施到村产业扶贫项目。循化县已投入 3397 万元落实特色种植业、养殖业、运输业等到户产业发展项目和资产收益项目，带动 1410 户 6246 个贫困人口实现了稳定增收。还通过设立村级保洁员、信息员等公益性岗位，让贫困户在家门口就能挣着钱。循化县扶贫开发局负责人介绍："产业扶贫是关键。2020 年之前我们将建成 10 个扶贫产业园、62 个贫困村光伏项目、12 个乡村旅游示范村和一批特色种养基地。"

呵护边缘户，保险帮兜底

"自从来到这儿上班，我在家的地位可高了！"积石镇上草村村民韩有萍咧开嘴，洋洋得意，"一听说家门口开了扶贫车间，我第一个报了名！"

元凯扶贫车间里，经过韩有萍的手，一个个塑胶玩具人偶很快就"站"在我们面前。细打量，这不是哈利·波特嘛！韩有萍咯咯笑："这些哈利·波特和他的朋友们，是要发到美国的迪士尼呢！"

"现在我一个月能挣 4000 多元！"韩有萍对未来充满期望，"我现在就抓紧赚钱，让娃娃能上个好学校！"

这个扶贫车间由元凯集团有限公司设立，除了 23 名建档立卡户，还有 150 名贫困边缘户在这里工作。元凯集团总经理韩海云介绍："我们主动承担起社会责任，不仅帮助贫困户，也让贫困边缘户得到一定程度的帮扶！"

对于有劳动能力的贫困户，方法对路，脱贫不难。而有些贫困户遇到大病则一筹莫展。循化在政策兜底基础上，实施"保险＋扶贫"模式，为建档立卡贫困户量身打造意外伤害保险、大病补充医疗保险等一揽子"脱贫保"产品，累计落实保险理赔 448 笔 120 余万元，有效缓解了因病返贫、因灾致贫风险，提高脱贫的稳定性和持久性。

红光村村民马则乃白今年住院半个月，9000 多元的住院费她只掏了 400 元伙食费。这得益于覆盖到位、兜牢底线的医疗保险。

马则乃白今年 37 岁，以前开了一家服装店，生意还算红火。5 年前，在经营得最好的时候，丈夫突然因医疗事故去世。晴天霹雳之后，店铺倒闭，小女儿一出生右耳就患有先天性残疾，她自己又得了糖尿病……

2015 年，马则乃白一家被定为建档立卡贫困户，一开始一家只能靠低保、残疾儿童和困境儿童补助勉强度日。红光村妇联主席马晓兰说："像她家这种光景，决不能让她丧失希望，村里要在多方面进行帮扶。"

村委会设立了公益性岗位，马则乃白每个月只需工作 13 天，每天早上进行一次街道清洁，一天就可以得到 100 元的收入。县政府花费 4.5 万元为她家进行了危旧房改造，考虑到她每月需要买胰岛素，县就业局还为她买了一台冰箱便于存放。马则乃白说："解放军第四医院也在帮助我的小女儿，有政府和好心人关心我，我自己也不能泄气！"

"从 2017 年 4 月起，新一轮精准识别后的贫困人口住院医疗费用报销比例达到了 100%。"循化县扶贫开发局负责人介绍，县里对 524 户 1704 人无法依靠产业扶持和就业帮助脱贫的特殊贫困人口、重度残疾人实行政策性保障兜底，确保小康路上一个不掉队。

2018 年 11 月 25 日　09 版　何聪　王锦涛　原韬雄

凝心聚力打好精准脱贫攻坚战
建设富裕文明和谐美丽新青海

2013年以来，青海省始终坚持精准扶贫精准脱贫基本方略，紧紧围绕"扶持谁""谁来扶""怎么扶""如何退"等根本性问题，瞄准"两不愁、二保障""一高于、一接近"和贫困人口脱贫、贫困县摘帽、解决区域性整体贫困的目标，高站位、高标准、高质量推进党中央决策部署落实落地，脱贫攻坚取得决定性进展。五年间，全省累计减少贫困人口90.7万人，贫困发生率从2012年的26.4%下降到2017年底的8.1%，首次降到个位数。目前，13个贫困县（市、区、行委）已脱贫摘帽。2018年，12个贫困县摘帽、500个贫困村退出、15万贫困人口脱贫的目标任务有望完成。贫困地区农牧民人均可支配收入从2012年的5364元增加到2017年的9462元，年均增长11%。贫困地区基础设施明显改善，公共服务大幅提升，"造血"式扶贫效应日益显现，整体面貌发生了根本性变化。

攻坚责任不断压实，整体设计日臻完善

青海制定印发《关于打赢脱贫攻坚战提前实现整体脱贫的实施意见》，提出分年度脱贫攻坚目标任务和具体措施；配套颁布"八个一批"脱贫攻坚行

动计划和"十个行业"脱贫攻坚专项方案，形成了贴合省情实际、具有青海特色的"1+8+10"脱贫攻坚政策体系。科学制定全省涉藏地区、六盘山片区《区域发展与扶贫开发规划》，片区脱贫攻坚有序推进、成效明显。颁布出台《青海省农村牧区扶贫开发条例》，全省扶贫脱贫工作步入法治化阶段。各地、各部门注重刚性要求与个性化需求的有效衔接，制定出台分项制度和补充措施，全省脱贫攻坚"四梁八柱"有效搭建，政策体系基本完善。

青海脱贫攻坚实现"五个率先"

党的十八大以来，青海省积极推进脱贫攻坚基础工作，在全国层面实现"五个率先"，脱贫攻坚保障务实有力，攻坚基础得到全面夯实。在全国率先推行民政低保和扶贫标准"两线合一"，2015年，精准识别全省贫困人口16万户52万人，全部纳入低保救助范围，多轮次做好建档立卡动态调整。在全国率先推行扶贫资金切块到县、项目审批权下放到县，赋予贫困地区更多的自主权。2013年以来，全省累计投入财政专项扶贫资金151.5亿元，年均增幅21.95%。其中，落实省级财政专项扶贫资金52.8亿元，年均增幅29.6%。在全国率先开通"精准扶贫金融服务热线"，大力推广"双基联动"合作贷款模式，累计落实产业扶贫贷款及"530"小额信贷34.3亿元，3.86万户贫困户获得金融支持。在全国率先为基层配备扶贫干事，2013年，青海在全省42个县级行政单位的360个乡镇配备专兼职扶贫干事，实现全覆盖。在全国率先出台贫困摘帽退出后续扶持政策，重点明确了在脱贫攻坚期内支持摘帽县全面巩固提升，支持退出村提升发展水平，扶持脱贫户持续稳定脱贫的扶持政策；对脱贫退出对象的后续扶持坚持政策不变、力度不减，精准扶贫、精准脱贫，突出重点、分类指导，群众主体、激发动力四项原则，切实巩固脱贫攻坚成果，提升脱贫攻坚质量，实现稳定可持续脱贫。

贫困群众稳定增收，"造血"功能得到提升

  青海省紧紧围绕增强贫困地区和贫困群众"造血"功能这个根本性问题，一是加大产业扶贫力度，先后投入 58.82 亿元，大力发展到户、到村、到县扶贫产业项目，实现了全省 44.35 万有劳动能力贫困群众到户产业扶持资金、1622 个贫困村互助发展资金、4024 个有贫困人口行政村集体经济扶持发展资金、39 个贫困县（市、区）县级扶贫产业园建设引导资金"四个全覆盖"，促进贫困群众多元增收。大力发展扶贫新业态，在 29 个县实施电子商务进农村示范工程，在 208 个村实施乡村旅游扶贫项目，12 万农牧民吃上了"旅游饭"，2 万多贫困人口通过旅游实现脱贫。累计实施光伏扶贫项目 721.6 兆瓦，直接或间接带动 7.64 万户 32 万贫困人口增收致富。二是加大技能培训力度。把就业转移作为贫困群众较为直接、有效的脱贫方式。2013 年以来，全省累计培训贫困农牧民 7.4 万人次、致富带头人 3951 人次，70% 的受训人员找到了就业门路，稳定就业率达到 60% 以上。三是加大生态扶贫力度。累计开发生态公益性管护岗位 16 万个，安排贫困户 4.7 万人，户均年增收最高达 2.16 万元。积极开发环境整治、治安管理等公益性扶贫岗位 2000 余个，实现劳务收入 1.78 亿元，人均增收 4200 元。四是加大创业支持力度。创新开展"青春创业"扶贫行动，累计投入担保金 4000 万元，撬动银行贷款 3.04 亿元，扶持 1100 余名青年创业，带动 8000 余名贫困人口和青年人就业增收。

行业扶贫持续发力，助力脱贫攻坚

  青海省始终把易地扶贫搬迁作为"挪穷窝""换穷业""拔穷根"的重要工程来抓，截至目前，已累计完成"十三五"期间青海搬迁任务的 97%。搬迁后，坚持做到干部帮扶、产业发展、培训就业三个全覆盖，从根本上解决了搬迁群众的后顾之忧。目前全省近三分之二的农牧户住房得到根本性改善，90% 以上的贫困户有安全住房。始终把教育扶贫作为阻断贫困代际传递的治

本之策，全面落实西宁、海东两市贫困家庭和涉藏地区六州全部学生 15 年免费教育政策，每年约 80 万名学生从中获益；充分用对口支援和东西协作机制，采取异地办班方式向东部发达省市输送农牧区学生 9500 余名；深入推进"控辍保学"工作，2.72 万名辍学学生重返校园，义务教育巩固率达到 94.2%。始终把健康扶贫作为脱贫攻坚的重中之重，实行"六减十覆盖"政策举措，织密了基本医疗、大病保险、民政救助、商业补充医疗保险四道保障线，扎实开展"三个一批"健康扶贫行动，贫困人口住院费用自费比例下降到平均 6%，同期因病致贫返贫人口由 7.8 万人减少到 3.8 万人。同时，各行业部门坚持多方联动、协同作战，2016 年以来累计投入行业扶贫资金 172.5 亿元，深入实施十个行业扶贫专项行动，着力补齐基础设施和公共服务领域短板。

扶贫理念深入人心，攻坚合力更加凝聚

青海省把动员和凝聚全社会力量广泛参与作为脱贫攻坚的有力举措，建立了各级干部联点、定点帮扶、结对帮扶、"一联双帮三治"等工作机制，实行挂钩扶贫。扎实推进对口支援工作。6 年来，北京、上海、天津、江苏、山东、浙江六省（市）累计落实援青资金 79 亿元。强化东西扶贫协作力度，争取辽宁、江苏援助资金 6.21 亿元，有力助推了扶贫脱贫进程。争取国际农发基金贷款 7.13 亿元，启动实施青海六盘山片区扶贫开发项目，惠及 12.8 万贫困人口。积极响应国家开展"扶贫日"活动要求，多种形式凝聚社会帮扶力量，共收到各类社会爱心捐款捐物折价达到 3.7 亿元。

区域扶贫成效明显，深度攻坚推进有力

着眼青海不同类型地区扶贫开发实际，2013 年以来，按照"瞄准最困难的地区，扶持最贫困的群体，解决最紧迫问题"的思路，先后实施了青甘川

交界地区、海北藏族自治州牧区农事队、同德县和兴海县南部三乡特殊类型地区扶贫攻坚，同德县特殊类型三年扶贫攻坚行动（2013-2015年），班玛县贫困群众安居工程等区域攻坚行动。制定省级《加快推进深度贫困地区脱贫攻坚实施方案》和《三年行动计划》。坚持"小财政大民生"理念，将年度新增财政扶贫资金的70%统筹用于深度贫困地区脱贫攻坚，各行业惠民项目向深度贫困地区倾斜。今年，共计安排深度贫困地区财政专项扶贫资金20.2亿元，较上年增长54%。积极引导金融扶贫资金向深度贫困地区倾斜，全年落实精准扶贫贷款余额37.8亿元，同比增长2.8%；新增到户扶贫小额贷款余额5021万元，新增贷款贫困户1594户。各地各部门围绕"两不愁、三保障"目标和三年行动目标任务，整合投入各类资金198.9亿元用于实施深度贫困地区9大类、57项脱贫攻坚和补短板项目。与此同时，积极协调东西部扶贫协作和对口援建6省市，在原定三年计划投入对口援建资金53.95亿元的基础上，新增帮扶资金11.6亿元，目前已落实年度投资6.54亿元，比年度计划投资3.86亿元增加了2.68亿元，保障了深度脱贫攻坚的推进。

2018年12月14日　19版　青海省扶贫局

青海省贫困发生率降至 2.5%

　　记者近日从青海省扶贫开发局获悉：经国家第三方评估，2017 年青海省确定的 7 个贫困县（市、区）于去年顺利摘帽。2018 年年初确定的 12 个贫困县摘帽、526 个贫困村退出、15 万贫困人口脱贫的目标顺利实现，实际减贫预期达到 17.6 万人，贫困发生率由 2017 年年底的 8.1% 下降到 2.5%。

　　2018 年青海累计投入各类专项扶贫资金 114 亿元，同比增 8.6%。全力推动牦牛、青稞、光伏扶贫、乡村旅游、民族手工业"五大特色扶贫产业"，全省光伏扶贫指标累计达 721.6 兆瓦，占全省光伏项目总量的 7.5%，7.64 万户、32 万贫困人口从中受益。2018 年在 53 个村实施乡村旅游扶贫项目，全省项目实施村累计达 208 个，带动贫困人口 1.63 万户 5.54 万人。以深度贫困人口为主要对象，年度新增贫困群众生态公益性管护岗位 3000 个。截至 2018 年年底，贫困地区行政村道路硬化率达到 99.6%。全省乡镇大电网覆盖率达到 95% 以上，农网供电可靠性稳定在 99% 以上。贫困村有线覆盖率达到 98%，无线覆盖率达到 90%。

2019 年 1 月 29 日　02 版　原韬雄

青海格尔木市长江源村——
生态移民脱贫路　新村新屋新面貌

保护三江源是党中央确定的大政策，生态移民是落实这项政策的重要措施，一定要组织实施好。

——习近平

嘎玛曲卓备好行囊，目的地为沱沱河。既是离家远行，也是重返故乡。

8岁时，作为"生态移民"的一员，她离开祖辈生息的唐古拉草原，北越昆仑山搬迁到青海格尔木市，新家园定名长江源村。

14年后，她又跟随父母的脚步奔赴故土，角色已从草原利用者转变为生态保护者，成为一名湿地生态管护员。

2016年8月22日，习近平总书记来到长江源村，和藏族同胞共话幸福愿景。总书记指出，保护三江源是党中央确定的大政策，生态移民是落实这项政策的重要措施，一定要组织实施好。

昆仑南北，一来一往，连接起长江源村的过去、现在和未来。

告别故土的抉择
作别沱沱河、翻越昆仑山，唐古拉山6个村自愿搬迁的首批128户牧民，组成了格尔木市第一个藏族村

更尕南杰难忘：2004年，"生态移民"这个新词，曾让唐古拉山牧民面临艰难选择。

已是知天命之年，更尕南杰难舍故土，但现实令他担忧：同一片草场，20世纪70年代，"养活三四百头牦牛都富余"，现在"连一百头都喂不饱"，而且"头年旱、来年涝，老鼠满山跑"……

生态愈发脆弱，自然灾害频发。最严重的一次雪灾，当地牲畜死亡超七成，"幸存牛羊没吃的，互相把毛都啃了。"

这一年前后，有两则全国瞩目的新闻，为三江源藏乡生态移民刻印下时代注脚：一是黄河源头鄂陵湖出水口历史上首次断流；二是国家启动三江源生态保护和建设一期工程。

搬不搬？"房子政府盖，生活有补助"，但牧民仍有顾虑，语言不通、习惯不同、没有别的技能……

达尔玛老师总忘不了唐古拉山小学的"开学第一课"：捡牛粪。"过去条件差，每逢开学先得带着学生推上架子车，满草原捡牛粪、鞋底子、破轮胎，堆满一间教室才够过冬。"

除了"搞后勤"，劝返"逃学生"也是常事。"曾有三姐妹结伴'逃学'，找了整晚，黎明时发现她们被困在一个河心岛……"河水正在解冻，达尔玛和老师们冲下河，拉人墙才把三姐妹拖上岸，"孩子们被冻蒙了，暖了许久才放声大哭。牧民骑马把娃送学校，一寄宿就是半年，娃们只是想'逃'回家看一眼父母！"

达尔玛也哭了，"搬！"

平均海拔4700米以上，含氧量只有海平面的六成，更尕南杰的老伴跟不少高原牧民一样，高血压、冠心病、关节炎多病缠身。"到乡卫生院骑马就得一天，缺医少药，小病就靠自己硬扛。"一次普通的阑尾炎，花了3天才赶到最近的医院做手术。"这样的日子还得熬多久？搬！"

当年底，唐古拉山 6 个村自愿搬迁的首批 128 户牧民，作别沱沱河、翻越昆仑山，组成了格尔木市第一个藏族村。新家园的名字连着故乡的根：长江源村。

如今，村子规模已扩大到 245 户。

生活方式的改变
"以前在草原'靠天吃饭'，现在进了城我要换个活法"

下了山，干什么？

住进新房，冬暖夏凉；补贴发到手，吃穿有着落。一种情绪曾在移民新村滋生：不再"八岁能放百头牛"，别的能干啥？喝酒打牌过日子吧！

闹布才仁下山没多久，村上组织驾驶技能培训，他第一个考取货车驾照，"以前在草原'靠天吃饭'，现在进了城我要换个活法。"

跑了 10 年运输，眼界大开的闹布才仁没有小富即安。2014 年，唐古拉牦牛、藏羊通过国家农产品地理标志认证，他敏锐捕捉到市场前景，每年回山里收牛羊，还投资 40 多万元把村里的门面房改造成冷库，"这不，一上午就卖出去 3000 斤牛羊肉，冷库里储存的 400 多只整羊和上万斤牦牛肉，怕是撑不到开年，还得派人再收点儿。"

从牧民到司机再到老板，闹布才仁的两次转型，成为长江源村生产方式转变的一个缩影。开超市、做餐饮……摆脱"等靠要"，生活更宽广，越来越多的移民有了新角色。

走进位于长江源村东南一隅的岗布巴民族手工艺品专业合作社，三木吉正召集村里的 15 位社员开年终总结会。

这位下山时 19 岁的姑娘，如今成了远近闻名的"女强人"。"政府组织的创业知识培训，我一场没落。"听说藏式踢踘毯有市场需求，三木吉当即决定创业，不仅与村里姐妹们开起合作社，胃口还越来越大，从编织踢踘毯发展到制作藏靴、绘制唐卡，合作社营业收入从不到 7 万元跃至 34 万元。这次年终总结会的一项议题，就是筹备从线下销售转战电商平台。

生活方式的转变，让越来越多的牧民对新家园有了归属感。

小病不出村，大病上医院"也就 15 分钟车程"，年事渐高的更尕南杰和老伴再不用为就医发愁。

长江源村内，"格尔木市长江源民族学校"拔地而起，全村适龄儿童就近入学，毕业率、升学率常年"双百"。还有 3 年退休的达尔玛，再不用去追"逃学生"了。当年跟他到处捡牛粪的学生扎西东周，如今已是四年级二班班主任。"我班里有个女孩，她爸爸也是达尔玛老师的学生，后来辍学了，现在总给我打电话，让我一定好好教他闺女。"

人与自然的和解
"人爱护草原母亲，草原母亲也会继续哺育儿女"

"为啥我的生意好？禁牧移民，牛羊少了，可品质高了，个顶个膘肥体壮，市场也买账。"前不久，闹布才仁注册了岗尖蕃巴商贸公司，"公司名称是高原雪山的意思，就是想告诉顾客，我的牛羊肉来自大自然的馈赠。"

"人爱护草原母亲，草原母亲也会继续哺育儿女。"这是闹布才仁最近悟出的道理。

像闹布才仁一样，越来越多的长江源村人体会到当年禁牧移民的深远意义，回馈自然正在成为自发的行动。

每个月巡护，嘎玛曲卓都要与同为生态管护员的父母返回故乡，深入长江源沱沱河腹地。"对草原设施、环境卫生进行监管，谁家的牛羊数量超标了要清点核实，碰到盗采盗猎等违法行为立即制止上报。"嘎玛曲卓一家每次进山巡护，少则三四天，多则一星期，"虽然辛苦，但那片山山水水不仅是我的家园，也是全国人民的家园。"

"长江源村现在有 172 名草原生态管护员、33 名湿地生态管护员，全面覆盖 501.1 万亩禁牧区。"村委会主任扎西达哇告诉记者。

2017 年，长江源村人均年纯收入达 22828 元，实现脱贫摘帽，搬迁牧民生活得到充分保障。三江源生态保护和建设一期工程实施 10 年下来，三江源各类草地产草量提高 30%，水资源量增加近 80 亿立方米，相当于 560 个西湖。

放下牧鞭的牧民正逐步从草原利用者转变为生态保护者与红利共享者，人与自然在这里和谐共生。

在长江源村西北侧，藏家民俗文化传承基地项目已破土动工。"通过打造民俗展销、特色餐饮等文旅产业，进一步变输血为造血，将解决 60 多名村民就业，巩固脱贫成果，激发长江源村的持续发展动力。"唐古拉山镇党委书记赵守元说。

2019 年 2 月 8 日　01 版头条　魏贺　姜峰

王建军：确保扶贫工作务实扎实真实

脱贫与解困并重，道理与数字并重，
干事与成事并重，引线与穿针并重，激励与鞭策并重

2016年3月10日，习近平总书记参加青海代表团审议时强调，齐心协力打赢脱贫攻坚战。2016年8月24日，总书记考察青海时强调，各级党政部门和广大党员干部要有"不破楼兰终不还"的坚定决心和坚强意志，坚持精准扶贫、精准脱贫，切实做到脱真贫、真脱贫。

我们深入贯彻习近平总书记关于扶贫工作的重要论述，扛起责任、扭住精准，挂图作战、攻城拔寨，取得了扎实成效。目前，青海13个贫困县摘帽、12个贫困县有望摘帽，剩余的17个贫困县中12个是深度贫困县，7.7万贫困人口中6.4万是深度贫困人口。按照习近平总书记"如期全面打赢脱贫攻坚战、如期全面建成小康社会"的重大要求，青海任务依然艰巨。

实现"两个如期"，关键要做到"五个并重"。一是脱贫与解困并重。要围绕生态生产生活，目标不变，靶心不散，让群众先解困，再脱贫，最终实现致富。二是道理与数字并重。脱贫的道理怎么讲都不过分，但千道理万道理，脱贫的数字清零是硬道理。要围绕"两不愁三保障"，确保扶贫工作务实、脱贫过程扎实、脱贫结果真实。三是干事与成事并重。既要综合施策，又要发挥比较优势，激发贫困地区和贫困群众内生动力、发展活力，最大限度实现

干事与成事的统一。四是引线与穿针并重。着力解决上面千条线、基层一针穿的问题，光引线不穿针就难以实现既定的目标。五是激励与鞭策并重。人无激励没动力，人不鞭策有惰性，打好脱贫攻坚战，必须同时用好激励和鞭策。

我们坚信，在以习近平同志为核心的党中央坚强领导下，青海一定能够如期全面打赢脱贫攻坚战、如期全面建成小康社会。

2019年3月11日　13版　王梅　原韬雄

截至 2018 年底，
青海涉藏地区的贫困发生率下降到 4.2%

2015 年底，青海涉藏地区的贫困发生率还在 20.76%，到 2018 年底时，已经下降到 4.2%。

短短数年间，脱贫成效已显。在自然条件恶劣的青海涉藏地区，粗放、分散的传统畜牧业如何向高效集约转型？扶贫搬迁给贫困群众的生产生活带来了怎样的变化？在深度贫困地区，如何促进产业培育、就业稳定、群众思想转变？

针对难题，抓住关键，各个击破。青海省通过不断探索与实践，找到了一条积极有效的解决之道。

青海涉藏地区的 6 州 30 个贫困县(市、区)，面积 69.6 万平方公里。近年来，青海省通过传统畜牧业转型升级、易地搬迁、产业扶贫等方式，带动越来越多的涉藏地区贫困人口实现了脱贫致富。

青海省扶贫开发局提供的数据显示，2016 年以来，青海涉藏地区累计减少贫困人口 21.5 万人，贫困发生率从 2015 年底的 20.76% 下降到 2018 年底的 4.2%。截至 2018 年底，涉藏地区实现 19 个县摘帽，567 个贫困村退出、6.8 万户 23.9 万贫困人口脱贫。

"老羊倌"去年分红 3 万元
产业转型 村里建起合作社

溯黄河而上，驱车 4 小时，记者来到海拔 3700 米的青海省泽库县，高原大地春分时节仍是白雪皑皑。

县城供暖期长达 9 个月，冬长无夏的泽库气候差、雪灾多，自然条件恶劣，是青海涉藏地区的深度贫困县。

从县城再西行两小时，宁秀乡拉格日村已在眼前。6 只藏羊，18 头牦牛，还有生产能力退化、鼠害肆虐的草场，这曾是 65 岁的"老羊倌"关贝放牧大半生却越来越薄的家底。

2010 年底，拉格日村每年人均纯收入只有 2512 元。"2015 年建档立卡贫困户人数，宁秀一乡就占到了全县的 1/4。"泽库县扶贫开发局局长李宏涛告诉记者。

宁秀为何一度不"秀"？

"究其原因，粗放低效的传统畜牧业模式造成人草畜矛盾爆发，'超载放牧、草场退化、牲畜减产、牧民致贫'形成恶性循环。"泽库县县长更智才让面对记者痛心疾首地说，"不扭转畜牧产业发展的路子，就不可能帮助广大牧民刨穷根。"

何止泽库，生产经营粗放、产业结构单一、牧业资源转化率低、人草畜矛盾突出等问题在青海涉藏地区都普遍存在，这些地区往往也成为深度贫困的脱贫攻坚主战场。

如今的拉格日村，成片成排的舍饲厂房已经取代了"漫山放牧"。几年前，随着脱贫攻坚工作启动，在泽库县委、县政府支持下，拉格日村在全县率先成立了生态畜牧业专业合作社。"我们打破传统分散粗放的经营模式，发动牧民以草地和牲畜入股组建合作社，实行用工按劳取酬和收益按股分配。"拉格日村生态畜牧业专业合作社理事长俄多向记者介绍，"产业转型，抱团取暖！"

"老羊倌"关贝成为最早入社的 36 户牧民之一，如今这个数字扩大到 181 户，其中有 50 户贫困户，全村入社率近 99%。畜牧产业转型的成效十分明显：合作社组建之初，入股的 1250 头牦牛中，良种率不到 6%，如今合作社 3900

多头牦牛，良种率达到 70%；2018 年，合作社创收 1254 万元，人均收入增加到 15330 元。

"去年分红分了几万？"关贝扭捏一番，冲记者伸出三个指头，让人忍俊不禁。

"全县 64 个行政村，目前已有 36 个复制推行了集约、生态、产出比高的'拉格日模式'。"更智才让告诉记者。2018 年，泽库县实现了 10 个贫困村退出、3473 户 14032 人脱贫减贫的目标。

德吉村村民去年直接增收超 250 万元
扶贫搬迁 技能培训助增收

德吉，藏语意为幸福。

记者刚到尖扎县德吉村，想入户采访，却不巧扑了个空，几乎家家大门紧锁。

"你们咋都不在家？"尖扎县扶贫开发局局长海洋急忙给开农家乐的村民夏吾东智打电话。"我们都在县城培训哩，教种藏茶，你忘了？""嗨！"海洋一拍大腿，"德吉村今年夏天准备搞花海旅游，需要种茶工，一个月开 2000元工资，村民们一听都跑到县城参加培训去了，你看积极性多高！"

德吉村，这座建村史不过一年多的新村，251 户村民分别来自尖扎县 7 个乡镇 30 个行政村，其中贫困人口超过 90%。"他们以前居住在海拔 3000 米以上、自然环境恶劣的大山深处，通过扶贫搬迁到这个海拔不足 2000 米、黄河岸边的移民新村，生产生活条件的改变可谓天翻地覆。"海洋告诉记者。

如今的德吉村，成了名副其实的幸福村。2018 年，德吉村实现旅游综合收入 300 万元，其中村民直接增收就超过 250 万元。

转变深度贫困群众生产生活方式、减轻生态环境承载力，青海坚持把易地扶贫搬迁作为根本手段。"目前，青海涉藏地区已实际搬迁安置 3 万户 11.4万人，今年底有望全面完成'十三五'搬迁任务。"青海省扶贫开发局规划财务处调研员申寿昌告诉记者。

光是搬迁还不够，当地还大量开展技能培训。截至目前，青海涉藏地区累计实施贫困劳动力短期技能培训 2.13 万人次，促进农牧民向第二产业、第三产业转岗。以旅游业为例，目前青海涉藏地区已有 98 个村通过乡村旅游扶贫项目实现了整体发展、稳定增收。

藏乡也有"海归"了
政策引领 重点产业解难题

藏乡也有"海归"了。

"我夏天去西宁开时装发布会，邀请你来啊！"1993 年出生的东格央宗拉姆，操着一口流利的普通话提前邀请记者。她曾在国外留学，主修国际贸易、辅修时装设计。去年毕业后，她选择回到家乡泽库县创业，在县扶贫产业孵化园开了一家服装厂，专做安多藏服，员工大多是当地贫困户。

东格央宗拉姆说，"政府推出了房租优惠、设备购置、人力成本补贴等很多政策，截至目前，厂子的销售量已有 14 万件，我主要负责设计和经营。"至于生产，已经交付给手艺精湛、工作认真、业已升任厂长的贫困户东毛措。"厂里实行计件工资、多劳多得，干好了一个月能挣近万元。"东毛措说。

在政策和机制引领下，年轻的"海归"和年长的阿妈，都找到了新角色和新路子。类似的企业，孵化园已培育了 10 家。

青海始终把发展产业作为脱贫攻坚的治本之策，加快推进涉藏地区扶贫产业发展。针对贫困县特色产品生产能力弱、龙头企业少、贫困户组织化程度低等问题，青海投入资金 4.6 亿元，实现涉藏地区贫困县扶贫产业园全覆盖；一次性投入资金 3.29 亿元，在涉藏地区 658 个贫困村建立村级互助发展资金，用于发展村集体经济……

"今年青海脱贫攻坚的重点在深度，难点也在深度。"青海省扶贫开发局局长马丰胜表示，"这种难，难在产业培育，难在就业稳定，难在思想转变。"

东格央宗拉姆和东毛措的故事，为破解这"三难"提供了可资借鉴的经验。接下来青海将强化政策机制引领作用，加快推进实施以牦牛养殖加工、青稞种植加工、光伏项目带动、民族手工艺品、特色乡村旅游为重点的五大产业三年扶贫计划。同时，建立健全光伏扶贫减贫带贫机制，引导贫困村利用村级光伏电站收益，为贫困户提供扶贫公益岗位，实现就近就地转移就业。此外，完善"扶志资金"实施方式，对积极主动脱贫的贫困户给予生产奖励，引导"贫困懒汉"进行思想转变，提升贫困群众内生动力。

2019 年 4 月 2 日　08 版　姜　峰

横下一条心　啃下硬骨头

昔日黑土荒滩，今日无垠绿毯；放下手中牧鞭，转身生态护管……玛沁县年扎村贫困户公保成为一名生态管护员，每月1800元工资，加上草原补偿，今年脱贫在望。

青海的深度贫困地区大部分位于三江源国家公园和祁连山生态保护区内。2018年底，全省有3个深度贫困县摘帽、425个深度贫困村出列、17.6万贫困人口脱贫。今年，青海计划全面完成12个深度贫困县、137个深度贫困村和6.4万深度贫困人口的减贫任务。

"啃的就是硬骨头！"攻坚深度贫困的号角在高原吹响。

下足绣花功夫强化精准扶贫

青海区域性整体贫困与民族地区发展滞后并存，经济建设落后与生态环境脆弱并存，脱贫攻坚任务重、难度大。2015年底，全省有52万建档立卡贫困人口，贫困发生率达13.2%。

攻克深度贫困堡垒，贵在精准，需要下足绣花功夫。

产业是突破口。青海启动牦牛和青稞产业发展三年行动计划，确定泽库、甘德、囊谦等9个牦牛产业发展先行县；打造尖扎县德吉村、贵德县松巴村等 14 个乡村旅游示范村；2359 个有贫困人口的行政村获得集体经济扶持资金……

适值盛夏，黄河岸边，尖扎县坎布拉镇古日羊麻村的农家乐游人如织。依托乡村旅游，贫困户人均年收入达 8000 元。

在涉藏地区腹地的贫困群众，则靠易地搬迁过上了好日子。全省 4.8 万户 18 万搬迁群众不仅安其居，更乐其业。2018 年，青海涉藏地区六州搬迁贫困群众人均年收入达 9311 元。

青海省扶贫开发局局长马丰胜说："攻克深度贫困是硬仗中的硬仗，青海今年底将基本实现绝对贫困'清零'。"

加强扶智扶志消除精神贫困

一只巧手婆娑起舞，笔下流淌出一根根金线，唐卡画师格桑嘉措盘腿而坐。"以前致富没门路，现在家家学画，劲头可大哩。"黄南藏族自治州同仁县年都乎村，七成村民吃上了"手工饭"，人均年收入从 5 年前的 3000 余元增长到如今的 1.5 万元。

摘穷帽、拔穷根，要通过扶智扶志，激发贫困户内生动力。青海省投入 3000 万元建立省级脱贫励志资金；13 个县开展"精神脱贫"试点，引导农牧民群众移风易俗，破除陈规陋习。去年，全省开展贫困劳动力技能培训、致富带头人培训，惠及贫困群众 1.65 万人次。

玉树市安冲乡的格扎靠一门手艺端稳了"饭碗"。去年，他在扶贫车间学到了金丝加工手艺，"技多不压身，多学几门手艺，以后我也当老板！"依托雨露计划、新型职业农民培训、巾帼脱贫行动等，青海累计培训贫困群众近 10 万人次，实现转移就业 11.18 万人次。

民和回族土族自治县甘沟乡中心学校学生苏林（化名），曾被父母早早定下娃娃亲。通过干部做思想工作，父母转变了观念。"以前觉得丫头上学白花钱，以后不能再让孩子吃没文化的亏。"

为阻断贫困代际传递，青海省不断加强控辍保学工作。目前，深度贫困地区学生辍学劝返率达 99.6%，没有一户贫困家庭学生因贫困而失学。

干部扎进村子脱贫更有准头

最近，尖扎县来玉村建档立卡贫困户才旦种的藜麦丰收了，一亩地收入 2000 多元。"以前靠天吃饭，如今种的藜麦卖出好价钱。最该感谢的，是第一书记李玉栋。"才旦说。

2017 年 5 月，国网青海电力黄化供电公司工程师李玉栋到来玉村担任驻村第一书记，带领村民搞起了藜麦种植试验。近 4 亩的试验田当年亩产 550 公斤，每亩收入 2000 多元。村民们看在眼里，来年纷纷引种。

从 2015 年 10 月起，青海从各地、各部门选派 1.49 万名干部，到 1622 个贫困村、238 个党组织软弱涣散村和 96 个维稳重点村担任第一书记和扶贫（驻村）工作队员。同时，对深度贫困地区的 668 个有贫困人口的非贫困村，选调增派了 2064 名第一书记和驻村帮扶人员。

据不完全统计，两年多来，驻村第一书记共争取、协调项目 1234 项，落实帮扶资金 16 亿元。全省 4.3 万名党员干部与深度贫困地区的 4.9 万贫困户结对认亲，三级定点帮扶单位投入帮扶资金 9000 万元。

"广大干部干劲足，敢啃硬骨头、走难路，群众越来越有信心。只要拿出决心，踏实苦干，脱贫攻坚这场硬仗一定能打赢。"马丰胜说。

2019 年 8 月 9 日　12 版　王梅　原韬雄

走出山门跳出农门跨进城门
海东农民一碗拉面闯市场

两只大手、一副宽肩，乒乒乓乓，一晌午做了 70 多碗面。5 岁的儿子凑到跟前："爸爸累不？"高文强袖子一撸："爸有使不完的劲儿！"

一亩薄田，喂不饱 6 张嘴。青海省海东市化隆回族自治县的农民高文强，年轻时就不得不走南闯北。在拉面店跑堂的时候，他暗自咬牙："等攒下钱，我也当老板。"

2016 年，一纸合同让高文强欢喜回家——贫困户在拉面店带薪实训，政府给予补贴。当年，他就赚了 4 万多元，直接摘掉"贫困帽"。去年，高文强在化隆群科新区开店，政府再补贴 1 万多元。"这碗面，吃得踏实；这日子，过得攒劲！"高文强说。

在化隆县，2660 名建档立卡贫困户通过这一模式告别贫困。在海东市，1.28 万户 7.26 万贫困人口靠做拉面稳定脱贫，占全市近 10 年脱贫人口的 37%。如今，海东人经营着全国近 1/3 的拉面店，从业者近 18 万人，遍及全国 200 多个城市，还把拉面馆开到了 10 多个国家和地区。

长了见识的海东人意识到，仅靠一台灶、两口锅、三个人、四张桌，已站不住脚，必须提档升级。化隆人马木海子曾经开过 9 家拉面店，生意时好时坏，"卫生差，人懒散，咸淡纯凭手感。这样下去，随时可能被淘汰。"他下决心要创出自己的品牌。

装修风格统一，餐品和服务标准化……如今，马木海子在河南洛阳经营着 10 家连锁店,员工有大学生,还有研究生。翻桌率高了,回头客也越来越多。"以前,靠吃苦打拼闯路子。现在,得靠转变理念,路子才宽。"马木海子感叹,"有文化、懂管理,太重要了。"

不久前,《海东市推动拉面产业高质量发展三年行动方案》发布,市县两级都组建了地方品牌产业培育促进局,打响品牌,延伸链条,建总部基地,育经管人才。海东市与北京、上海、广东等地高校合作,开办拉面经营管理人才培训班;对示范店和龙头企业分别给予 10 万元和 50 万元奖励,对新配方、新工艺和新设计给予 5000 元至 5 万元奖励。

在循化撒拉族自治县青海拉面产业展示馆,新建成的拉面智慧平台不仅可以远程监管后厨、与商家实时通话,还可以对客流量、热销菜品、商家利润等进行大数据储存分析,为店家改进提供个性化参考。

一碗拉面,让海东农民走出山门、跳出农门、跨进城门,观念也上了好几个台阶。

循化县山根村是个深度贫困村,218 户中有 93 户靠拉面致富,走出 21 名大学生。村民马建成为了供俩孩子读书,卖了一套房。以前到处开店,搬家是常事,儿子小学一年级读了 3 年。到浙江兰溪后,老马不搬了,"哪怕少赚点,也得让娃娃踏实上学。"俩孩子先后考上大学,老马心里甭提多甜,"孩子受教育,日子更红火!"

2019 年 8 月 22 日　01 版　刘成友　原韬雄

海东两个少数民族自治县整体脱贫　人们总结——

盘绣架桥　拉面开道

海东市是青海省贫困程度最深的地区之一，脱贫之路，该怎样走？海东采取了各项举措：向产业要支撑，发展拉面产业，让村民挣了票子、闯了路子、换了脑子；向传统技艺要依托，盘绣做活了指尖生意，也带火了体验式旅游；移风易俗减负担，老百姓打心眼里欢迎。

海东市是青海省贫困程度最深的地区之一。全市 6 个县区都是贫困县，其中 4 个是少数民族自治县，17.57 万建档立卡贫困人口中，少数民族占48%。

共同富裕路上，一个不能掉队。脱贫攻坚战打响以来，海东全面压实责任，强化精准扶贫各项举措。截至目前，全市贫困人口减少到 2.11 万人，其中循化撒拉族自治县、互助土族自治县实现区域性整体脱贫。

近日，记者来到互助和循化两县，探寻这里的"脱贫密码"。

挖好传统技艺这块宝　盘绣"绣"出新光景

盘绣是土族特有的一种刺绣，是国家级非物质文化遗产。在互助土族自治县县城北郊的扶贫产业园，素隆姑刺绣有限公司的盘绣扶贫车间吸引记者驻足，十余位"绣娘"身着民族服饰，正一丝不苟地飞针走线。

扶贫车间里，记者碰到了两位"绣娘"，巧了，俩人都叫"金花"，两朵"金花"各自撑起了一个贫困的家。

今年55岁的席金花是丹麻镇索卜沟村村民，2016年她来到扶贫车间打工，"坐班"每月能挣3000元，不"坐班"也可以领订单回家做。靠做盘绣，席金花家里的境况明显改善。来自东沟乡大庄村的米金花，丈夫得了脑出血，孩子还在上学。2015年她成为素隆姑公司的固定"绣娘"，勤劳的她还搞养殖、种中药材，去年收入五六万元，家里翻盖了房子，添置了家电，日子越过越有味。

"让盘绣这指尖技艺成为指尖生意，为民族工艺拓展市场，是我们的愿望。"素隆姑刺绣有限公司的法人苏晓莉介绍。

"盘绣产品在知名电商平台和大城市门店销售都不错，越来越多的人了解盘绣、喜欢盘绣。"互助县扶贫开发局副局长鲁自治介绍，县扶贫产业园辐射带动10个乡村盘绣基地，吸引1.5万农村妇女制作盘绣饰品，也为土族盘绣技艺继承发扬提供了广阔的前景。

除了"指尖生意"，盘绣产业还衍生出了体验式旅游。"今早又来了21个游客。"苏晓莉高兴地告诉记者，公司与旅行社合作，开发旅游体验项目，游客可以在公司的乡村基地体验盘绣制作，吃住在农户家里，同时可以体验放羊、酿酒等农事活动。"这样既能让农户有更多的增收渠道，也能让更多的人了解土族特色文化。"

在互助，盘绣这项古老的技艺与扶贫产业结合在一起，焕发出新的光彩，当地妇女正用自己的双手，一针一线"绣"出新光景。

打好产业扶贫这张牌　拉面带来致富路

提起海东，人们首先想到的是拉面。遍布全国270多个城市的拉面店，是海东一张亮丽的名片。脱贫攻坚战打响后，市里出台了金融扶持、技能培训、提档升级、跟踪服务等一系列举措，打造以"拉面扶贫"为引领的劳务扶贫新模式。

循化是撒拉族自治县，这里山大沟深，黄河河谷两侧几乎寸草不生。靠山不能吃山的撒拉族群众敢为人先，把一碗碗"撒拉人家"品牌拉面从这里端到全国，也把县里的"一核两椒"（核桃、花椒、辣椒）和牛羊肉等特产带向全国大市场。2018年底，全县近4万人从事拉面生意，年人均收入5万元以上，"一核两椒"产业带动62个贫困村3万多农户户均增收5500元。

白庄镇山根村是个典型的"拉面村"，村支部引领村民"亲帮亲，邻帮邻，能人带大伙"，发展"拉面经济"脱贫致富，全村有350人在外经营拉面馆。村里的贫困户韩林、韩克麻录等人"一年当跑堂，两年做面匠"，有的贫困户"三年当老板"，还有25户村民入股了拉面馆。

"从事拉面行业，不仅让很多村民挣了票子，还闯了路子、换了脑子、育了孩子。很多拉面经营户文化程度不高，做生意过程中强烈感受到没有知识不行，因此非常重视子女教育。2005年村里出了第一个大学生，到今年累计考上了24个，其中还有一个上了清华大学。"村支书马强不无自豪地介绍。

循化撒拉族群众困境求发展，拉面产业释放出巨大的脱贫效应。而在互助土族自治县，除了前头提到的盘绣及体验游，乡村旅游也成了脱贫主导产业。2018年全县旅游人数突破400万人次，1800多户贫困群众靠吃旅游饭脱了贫。

"我们整合产业扶贫项目资金、人口较少民族发展专项资金等各路资金，形成了户有增收项目、村有集体经济、县有扶贫产业园的'三位一体'产业扶贫格局。2018年底，全市贫困发生率下降到1.83%，634个贫困村集体经济全部实现零的突破。"海东市扶贫开发局副局长李照本介绍。

用好移风易俗这个抓手　简办唤来好日子

"海东虽然穷，但婚丧喜事大操大办却相当普遍。因婚、因丧致贫返贫问题比较突出。因此，从某种程度上讲，移风易俗才能保证脱贫成果。"李照本这样介绍。

记者在循化县了解到：以前撒拉族群众结婚，彩礼有时挺重的，办丧事给参加葬礼的宾客发的钱有时也是负担……

2016年开始，循化县委、县政府出台指导意见、奖惩办法，推动各个村庄成立红白理事会、制订村规民约，实行移风易俗。白庄镇对红白喜事统一费用标准，不能超线，提倡仪式简办、减少宴席规模，要求村民签承诺书，同时在村里建立婚丧喜事守信台账。

移风易俗减轻负担，大部分群众打心眼里欢迎，但谁都不想成为"出头鸟"，不少群众犹疑观望。曾担任白庄镇中心小学校长的乙日亥村村民韩向庆带头简办，他的小女儿出嫁，不光彩礼钱不超标，也没有广邀亲朋大办。

韩向庆迈出勇敢的第一步后，大家纷纷跟进。2019年7月，镇里将彩礼标准进一步下调。白庄镇委副书记韩宝林介绍，截至目前，全镇83场婚礼、58起丧葬活动费用都控制在标准以内，累计节约费用620万元左右。

"移风易俗后，全县群众一年减负1.5亿元，这对于加快脱贫进程、巩固脱贫成果都起到了重要的推动作用。"循化县副县长马洪涛说，"移风易俗后，以往为了早挣彩礼钱，撒拉族女孩少上学、不领证就早早结婚的现象得到有效纠正，控辍保学工作好做多了，群众'结婚必先办证'的法律意识明显增强，婚姻纠纷明显减少，群众满意度明显提高。"

2019年9月17日　07版　顾仲阳

青海着力推进精神脱贫

脱贫有心劲　日子更带劲

20头牛，16万元，刨去成本，净收入8万元。这笔进账，让青海省西宁市大通回族土族自治县立树尔村曾经的"懒汉"颜清栋乐得合不拢嘴："不光儿子的学费有了着落，还要给老婆买条项链呢。"

打赢脱贫攻坚战，要有政策助力，还要增强贫困群众脱贫内生动力；要物质上富起来，还要精神上强起来。青海省着力推进精神脱贫，增强贫困户内生动力，提高脱贫质量。

点燃希望，提振精气神

"他呀，开完表彰会，没舍得摘红花，一口气把奖励的农用三轮车骑到家，进门就喊着要报技能培训班。"大通县东至沟村村民韩玉芳，到现在都记得丈夫陈富元开完县里脱贫表彰大会回来的"傻样"，"他这两年，就跟换了个人一样。"

"以前种地靠天吃饭，打工挣点苦力钱，时间一长没了心劲，就等着政府给救济钱。"陈富元至今想起来都觉得惭愧。那时候两口子经常吵架，差点离婚。

是乡上的"到户产业"点燃了他的希望。"两头牛、两亩当归苗，你总不能光坐着听牛叫，也不能看着当归苗烂掉吧。"陈富元开始了他的蜕变之路。

第一年，生了一头小牛；第二年，靠政府无息贷款扩大当归种养规模，"挣了 3 万块，一下子有了心劲。"之后陈富元到处学技术、找销路，2019 年收入近 7 万元。

从"懒汉"到勤快人儿，从"揭不开锅"到"还算滋润"，变了的，不止陈富元一家。大通县在全县范围内评选出 70 户"光荣脱贫户"——他们都是依托现有政策、借助各方扶持、通过自身努力实现了稳定脱贫，个个脸上有光。

"从内心深处唤醒贫困群众自立自强、追求美好生活的意识，倡导'脱贫光荣、劳动致富'的价值理念，以精神脱贫推进脱贫攻坚、乡村振兴。"青海省副省长杨逢春说。

"不能光靠政府！"脱贫后的陈富元两口子赚外快、销特产、卖酿皮，忙得脚不沾地，日子越过越红火。妻子有点担心丈夫身体吃不消，老陈却悄悄告诉记者："咱一个大男人，不能落后！"

甩掉包袱，移风又易俗

"费用一年比一年高，办一场喜事能花完几年的积蓄。"高额彩礼等陋习一度让贵南县塔秀村村民不堪重负。痛定思痛，村里成立由 50 人组成的 6 个小组，管道德评议、红白理事，也管禁毒禁赌、矛盾处理等，并制定了村规民约。

村干部带头，挨家挨户劝说，村民尝到甜头，越来越认可。"以前陪嫁要几十头牛，现在规定控制在 5 头牦牛或者 15 只羊以下，彩礼负担一下子减轻了。"村民东主才让说。

减轻人情消费负担，村民把更多精力和资金放在脱贫增收、道德建设上。每年评选好长辈、好媳妇、好干部，村风民风明显转变。

青海通过宣传引导、建章立制，大力倡导喜事新办、丧事简办、厚养薄葬，摒弃铺张浪费、人情攀比。海东市建立红白理事会等组织 1073 个，14 个社区、962 个村把移风易俗内容写进村规民约，纳入精神文明考核。

贵南县 30 个贫困村努力创建"八有"新村，即有精神脱贫宣传队、有宣传文化活动阵地、有村风民俗自治组织、有文明健康的社会风气、有学法守法的法制环境、有扬善感恩的道德环境、有脱贫致富的典型、有党风民风相互促进，村风村貌为之一新。

勤奋创业，扶志更扶智

21 岁的藏族姑娘拉毛措，没想到有一天能拥有自己的公司，成为一名创业者。5 年前她初中毕业，父母无力供她继续读书。一筹莫展之际，乡政府和贵南县职业技术学校的老师们找到了她，不仅免除学杂费，还提供食宿补贴。

经过 3 年系统学习，拉毛措熟练掌握了藏服缝纫的基本技巧，毕业后在老师的帮助下，先是在一家公司打工，后来，她开办了自己的藏服加工公司，仅 4 个月就实现盈利，如今产品已销往江苏、甘肃等地。

"虽然很辛苦，但是每天做自己喜欢的事，浑身有使不完的劲。"拉毛措说。

近年来青海架设起初中、高中、职教和高等教育的立交桥。"面向牧民、办有特色、接地气的职业教育！"贵南县职业技术学校开设唐卡、藏服缝纫、石雕等 9 个专业，学生就业率逐步提高。学校还对农牧民进行培训，截至目前，共举办农牧民实用技术培训班 19 期，培训人员达 728 人次，实现了"就业培训一人，就业创业一人，脱贫致富一家"，很多家庭因此稳步增收。

观念的转变才是最根本的。化隆回族自治县农民马建成走南闯北，靠一碗拉面脱贫致富，如今再问他的梦想，和当年大不一样："不仅要让拉面馆提档升级，也要让娃娃们接受更好的教育。"

"推动精神脱贫，就是要消除贫困群众'等靠要'的思想，着力文化扶贫，激励群众用双手创造美好生活。"杨逢春说。

2020 年 1 月 14 日　07 版　刘成友　贾丰丰

挪出穷山窝　致富门路多

——回访青海互助土族自治县五十镇班彦村吕有金家

党和政府就是要特别关心你们这样的困难群众，通过移民搬迁让你们过上好日子。

移民搬迁是脱贫攻坚的一种有效方式。移民搬迁要充分征求农民群众意见，让他们参与新村规划。新村建设要同发展生产和促进就业结合起来，同完善基本公共服务结合起来，同保护民族、区域、文化特色及风貌结合起来。

——习近平

一条山路，七公里长，八道弯儿，成了老班彦村脱贫致富的"拦路虎"。实施易地搬迁，推进精准扶贫，是 129 户村民的共同期盼。

2016 年 8 月 23 日上午，习近平总书记走进班彦村村民吕有金的新家。

如今，吕有金家的墙上，挂着这样一张照片：戴着帽子的吕有金搀着总书记，总书记另一只手牵着吕有金的老伴。这张照片正是那天拍的。

"以前在山上干活全是土，现在到处干干净净，不用戴帽子，我也越来越年轻了。"吕有金摸摸头发笑着说。从山上搬到山下，住进公路旁的新村，村民的生活半径扩大了，致富门路更宽了。

"总书记来过我们家，我永远记得那一天。感谢总书记，感谢党的好政策，让我们过上了好日子。"阳光洒在吕有金脸上，也照在他心上。

作坊酿出好日子

"我们全家人都围在总书记身边，都想和总书记靠得近些，再近些。"

班彦村五社、六社，祖祖辈辈居住在海拔 2700 米的大山深处，土地贫瘠，靠天吃饭。吕有金家就住山顶上。2015 年以前，上下山都是土路，下一趟山就要两个小时。遇上雨雪，在山上一困就是好几天。

"那天看到总书记，我都不敢相信！直到总书记握住我的手，我才缓过神来，赶紧上前搀着总书记进门。我们全家人都围在总书记身边，都想和总书记靠得近些，再近些。"吕有金回忆。

"总书记进屋后，仔细察看房屋的户型结构，坐下来观看旧村的视频，接着拿起我家的《扶贫手册》，问了我好多问题：年收入多少？小孩上学了吗？对帮扶项目是否满意？总书记还问我，移民搬迁后想干点啥？我说想办农家乐。"吕有金笑着说，"后来，村里农家乐多了起来，我就改办了个青稞酒作坊，2017 年就收入 10 万多元，当年我们家就脱贫了。"

浓浓的青稞酒香，飘满整个院子。80 平方米、两室一厅的北屋，是搬迁时统一建设的；3 间土族特色的东房，是后来自己续建的；院子上方加盖了玻璃顶，太阳出来暖洋洋。

日子越过越好，吕有金心里却有一个遗憾："总书记来的时候新家还没装修完，一杯茶、一块馍馍都没有。特别希望总书记再来我家坐坐，我一定要给他敬杯自己酿的青稞酒，跟他好好说说这几年的生活变化。"

新村处处展新颜

"做梦都没想到，我们也过上了城里人的好日子！"

傍晚时分，上二年级的大孙女吕增秀放学了，蹦蹦跳跳进了门。

"还记得习爷爷吗？"记者指着照片问吕增秀。"记得记得，习爷爷来的时候我 6 岁了！""喜欢现在的新家吗？""喜欢，现在的家又宽敞又明亮，离学校也很近，走路一会儿就到，可方便啦！"吕增秀一边说话，一边摊开作业本。在她的记忆里，山上的老土坯房"黑漆漆的"，现在那里已经成了一片茂密的树林。

"以前穷，喝一口水都不容易，水源在3公里外。我爷爷奶奶用木桶背水吃，父母用扁担挑水吃，我长大了用驴驮水吃。那时候，全家的收入就靠我种点薄地、做点木工活，能不穷吗？"说起这些，吕有金不禁落泪。

"一方水土养活不了一方人"，这句话用来形容老班彦村再恰当不过。房子低矮破旧，烟熏火燎，黢黑阴冷。村里10多年没娶过一个新媳妇，最多时全村有29个光棍汉。

"如今的班彦村，告别了出行难、吃水难、看病难、上学难、务工难、娶亲难，旧貌换新颜。"驻村第一书记袁光平带记者边走边介绍。

走在班彦新村，一排排土族特色民居错落有致，砖墙彩饰温馨醒目，七彩虹和太阳花图案，透出浓郁的民族风情。家家户户通上自来水、天然气，步行10多分钟就到镇卫生院，幼儿园有校车接送，镇中心学校只有两公里远。

"做梦都没想到，我们也过上了城里人的好日子！"说起这些，吕有金又笑起来。

当好致富带头人

"总书记那天对我们说，大家生活安顿下来后，各项脱贫措施要跟上，把生产搞上去。"

说话间，来自西宁的一位刘姓老板带着合同来找吕有金。尝过村里所有的酩馏酒，刘老板还是觉得吕有金家的酒最好，"你生产多少，我就要多少"。

吕有金的酩馏酒是祖传手艺，但酒好也怕山沟深，山里酿酒卖不出去。搬进新村后，县工商局主动找到他，很快给他办好了"作坊证"。

作坊开起来，日子好起来。吕有金算了笔账：2018年赚了15万元，2019年加盖了新房还剩下10万元。前不久，作为班彦村的代言人，他带着自酿青稞酒参加了中央广播电视总台主办的"魅力中国城"活动，这次经历也拓宽了他的致富思路。

吕有金的儿媳妇次仁央宗正在酿酒，她告诉记者："今天要签的订单有44万元，这样来年天天都有活儿干啦！邻近的民和县桥头村驻村第一书记邀请阿爸去建个酩馏酒厂，阿爸说干就干，酒厂今年就能开起来。"

思路变了，天地宽了，乡亲们忙并快乐着。走进村里的盘绣园、酩馏酒庄、养殖场，到处都能见到忙碌的人们。2017年底，班彦村整体脱贫摘帽，村民人均纯收入3年间增长了3.7倍。3年前为零的村集体收入，2019年达23万元。

"总书记那天对我们说，大家生活安顿下来后，各项脱贫措施要跟上，把生产搞上去。总书记的话，我们牢牢记在心上。"吕有金有个更大的计划：建立合作社，当好带头人，组织村民种青稞、酿好酒、搞养殖，农家乐卖肉，产业循环，带动更多村民脱贫。

2020年2月3日　01版头条　刘成友　周小苑

青海涉藏地区啃下脱贫"硬骨头"

朝南的 5 间新房，灯光明亮。切旦尖措见到老熟人才让行秀登门，上来就是一个"熊抱"："要不是他做工作，咱可住不上这样的好房子！"

才让行秀是黄南藏族自治州泽库县恰科日乡党委组织委员，这是回访搬迁户时发生的一幕。

作为青海省涉藏地区深度贫困县，平均海拔 3700 米的泽库县脱贫攻坚任务艰巨。

为彻底改变当地面貌，2017 年，泽库县拆旧复垦、易地扶贫搬迁项目启动。通过加大资金投入力度，青海省把易地扶贫搬迁作为脱贫攻坚的"当头炮"，按照搬迁与脱贫同步、安居与乐业并重的要求，下大力气补齐基础设施和民生领域短板。几年来，泽库县建设搬迁安置点 38 处，搬迁安置贫困户 3999 户 15159 人，占到全县贫困人口的 94%。"作为青海省易地扶贫搬迁规模最大的县，下定决心，没有啃不掉的'硬骨头'！"泽库县扶贫开发局局长李宏涛说。

对世代游牧的切旦尖措一家来说，舍弃草场并不好接受，起初也有些抵触心理。才让行秀再三登门劝导，可他有自己的顾虑："搬出去，吃啥？"

青海把搬迁群众分类纳入产业扶贫、转移就业、教育扶贫、医疗保障、资产收益、生态保护等脱贫攻坚行动计划，确保搬得出、稳得住，实现稳定脱贫。

搬到县城安置点的切旦尖措，把 50 余亩草地和 20 头牦牛全部以股份的形式入股到专业合作社，从粗放式走向集约化；当上生态管护员，一年能拿到约 2.1 万元工资；享受产业到户资金，并投入到县城商铺项目，每年稳定分红；4个孩子在县城就近读书，医疗、养老等也都有了保障——如今，切旦尖措一家人均可支配收入已达11937.4元，顺利脱贫摘帽。

住得安稳，更要能发展。出了青海省果洛藏族自治州玛沁县，阿尼玛卿雪山在望。

雪山下面的雪山乡，出了个生产牦牛奶雪糕的乡村企业，投产半年来，日生产能力已达5000根，实现盈利、驰名州县。

"雪山乡是一个纯牧业乡，有牧户594户，其中建档立卡贫困户69户，过去，这里产业形式和增收渠道都十分单一，祖祖辈辈靠天吃饭。"分管扶贫工作的副乡长奥坚晋美介绍，企业建立的初衷，就是希望谋求多赢——优化当地产业结构，带动牧民增收，解决贫困户就业，壮大村集体经济。

"企业投资170万元，乡里自筹90万元，雪山乡的两个村各从村集体经济发展资金中拿出40万元。"奥坚晋美说，"原料牦牛奶，从两个村的牧民手中收购；公司员工则从两村贫困户中招聘，公司年底将利润分红用于带动两个村的发展。"

近年来，青海针对涉藏地区深度贫困地区，坚持把稳定增收和持续发展作为脱贫攻坚重中之重。为防止贫困村与非贫困村之间的"悬崖效应"，青海在全省2358个有贫困人口的行政村每村投入100万元，扶持发展村集体产业。截至目前，全省4146个行政村中，已有91.3%的村实现集体经济收入"破零"，其中5万至50万元的村达到1455个，50万元以上的村达到98个。

在扶持发展产业、壮大村集体经济的基础上，青海千方百计扩大贫困户就业。仅过去一年，青海省组织贫困劳动力技能培训1.7万人次，培训致富带头人2400名，辐射带动贫困群众16151户58074万人。同时，通过精准施策落实就业服务，去年青海转移就业贫困劳动力1.33万人。

持续做强牦牛、青稞产业，努力将其打造成脱贫增收的"新极点"；扎实推进光伏扶贫项目，全省每年发电预期收入5.7亿元，直接带动8.74万户贫困户增收；结合"三区三州"旅游大环线推介，对208个村已实施的乡村旅游扶贫项目进行提档升级，带动贫困人口1.63万户5.54万人……

近年来，青海省通过易地搬迁、产业扶贫等方式，带动越来越多的涉藏地区贫困人口实现脱贫致富，找到一条深度贫困地区生活改善、产业发展、就业稳定的发展新路。

2020年3月19日　13版　刘成友　姜　峰

青海省海西州乌兰县
给脱贫群众吃下定心丸

"老板娘！"

不敲铁门，迈步径直进了院，汤育海紧接着一声喊，倒把记者吓了一跳。一听这嗓门，龙生梅就知道是副镇长汤育海来了："又笑话咱！"

除了院门朝南，其他西、北、东三面都盖满了房，大大小小 12 间，前台登记处摆着营业执照：青海省海西蒙古族藏族自治州乌兰县茶卡镇茶卡村玖虹家庭宾馆。

如今的"老板娘"，曾经是贫困户。以前守着薄地种点青稞油菜，勉强让4 口人吃饱。几年前，茶卡村启动易地搬迁。依托新村毗邻"天空之镜"茶卡盐湖的优质旅游资源，镇上帮助龙生梅一家协调小额扶贫贷款，3 年每年贷款5 万元，并提供免息政策，发展家庭旅馆经营。

可一家人病的病、小的小，"政策好是好，咱只会种地，哪会开啥旅馆"，龙生梅犯愁。

这不，第一书记挺身而出。在青海省委组织部统一安排下，青海省检验检疫局向茶卡村派驻第一书记和驻村工作队员。"蔡书记、魏书记、张书记……"龙生梅冲记者扳起手指头，三任第一书记和驻村工作队员的名字她都如数家珍。

"2018 年 4 月，第一年的 5 万元贷款发了下来，村里帮咱在西面盖起了三间房，又是搞基建，又是做室内装修。"龙生梅说。6 月底房盖好后，正值旅游旺季到来。这一年，龙生梅不仅顺利还清了贷款，还挣了近 5 万元钱。

也是在这一年，乌兰县完成了国家第三方评估检查，顺利摘帽。龙生梅犯了愁：会不会摘了帽就再享受不到好政策？

"摘帽不摘政策！"驻村工作队给她吃了"定心丸"。2019 年，第二年的 5 万元贷款如期发放，驻村干部们又帮龙生梅在院里东面盖起了四间客房。

今年"五一"前，第三年的 5 万元贷款也如期到位。这不，驻村第一书记张荣正撺掇龙生梅一家继续对家庭旅馆进行提档升级。

记者了解到，乌兰县对已脱贫人口，采取小额扶贫贷款支持、产业发展带动、扶贫基金救助等措施，增强自我发展能力；对已脱贫村，推进枸杞藜麦种植业、旅游服务业以及盐雕加工等特色产业发展。今年以来，已争取落实各类财政扶贫资金 1679 万元，主要用于小额扶贫贷款贴息、补齐产业发展短板等工作。

"我们坚持摘帽不摘政策，举全县之力巩固提升脱贫攻坚成果，退出贫困村生产生活条件持续改善，产业支撑带动能力不断增强，脱贫群众收入水平稳步提升。"海西州人大常委会副主任、乌兰县委书记李元兴说。

2020 年 5 月 19 日　13 版　姜　峰

青海发展光伏扶贫产业，过半贫困人口受益

"阳光饭"，这样吃

青海建成光伏扶贫项目装机规模 73 万千瓦，年发电预期产生扶贫收益 5.7 亿元，辐射 28.3 万贫困群众。

一座小山村，37 个公益性岗位，近三成贫困户纳入"村财政"。

这就是位于青海省海东市乐都区的杨家山村，该村几年前还是集体经济"空壳村"。村第一书记许建杰 2015 年秋驻村，"挨家走访来到杨应合家，老两口身体残疾、日子紧巴，过冬都舍不得烧火炉。"想帮一把，当时的村会计杨富贵面露难色："账上只剩 300 来块……"咋办？工作队凑钱，好歹买来两吨煤。

山大沟深、土地贫瘠，乐都区 141 个贫困村当年大多这样，靠天吃饭，没啥产业。

短短几年，"村财政"为啥底气就足了呢？"靠高原天吃上'阳光饭'了。"许建杰指向远山。

跋涉上山，景象令人为之一振：海拔 3100 米的山顶，光伏板如鱼鳞阵列、蓝海翻涛。

"这些'鳞片'超过 10 万块，能用 25 年，去年 6 月并网发电，年底就分了一次红。"同行的青海省扶贫开发投资有限责任公司董事长张宏成指指火车厢似的"大家伙"说，"喏，这是箱式变电站，两台挖掘机，一个拽，一个推，这才运上山。"

眼前占地上千亩的光伏电站，只是青海31个村级光伏扶贫电站中的一个。

光伏扶贫，高原发展有优势，青海建设有特色：

青海地广人稀，采取政府投资、县域联建、确权到村模式，不搞"分布"搞"集中"。"乐都区建这一座电站，发电收益分配到全部141个贫困村，运维仅需10个人。"现场负责人祁小明算了笔账，"全省31个电站可辐射1622个贫困村，相比各村分布发电，人力、线路损耗等成本降低40%以上。"

来自青海省扶贫开发局的统计数据令人振奋：目前，青海建成光伏扶贫项目装机规模73万千瓦，年发电预期产生扶贫收益5.7亿元，辐射28.3万贫困群众，占全省贫困人口的52.5%。

"阳光收益"该如何分配、使用？

"要是发到个人，人均不过2000元。"张宏成说，"不能'洒毛毛雨'，更不能'不劳而获养懒汉'。"

青海要求"阳光收益"照进村，村均每年约30万元。这里面：六成归村集体，用于发展产业、教育培训、临时救助、基础设施维修维护等；四成作扶持资金，通过设立公益性岗位等形式"按劳分配"。杨富贵说："这既能帮贫困群众持续稳定增收，不会'饱一顿饥一顿'，也能激发内生动力。躲在墙角晒太阳可吃不上'阳光饭'。"

"麦儿黄，沙果熟。"杨富贵在自家院里试种了一株乐都沙果树，如今已在山上嫁接出300多株。发展经济作物、组建专业合作社……越来越有底气的杨家山村人，目光已瞄向下一步——摘下"贫困帽"，戴上"致富冠"。

2020年5月15日 01版 刘成友 姜 峰

产业发展快　致富路正宽

——青海累计减少贫困人口超五十万人

"山高高不过凤凰山，花美美不过白牡丹，我和尕妹见不上面，苦日子啥时能过完……"

青海"花儿"这段唱词，道出高原人的热情奔放，也道出这片土地的落后贫瘠。高原、高山、高寒，艰苦恶劣的自然条件下，"贫困"二字一度成为青海的标签。

截至2019年底，青海省累计减少贫困人口53.9万人，基本实现绝对贫困"清零"目标。眼下，从易地搬迁的崭新面貌，到乡村旅游的热火朝天，再到光伏扶贫的不断探索，还有产业扶贫持续发力……脱贫成了新生活的起点，致富成了心心念念的目标。

记者一路走过三个村庄，深感乡亲们如今的好日子就像格桑花一样，盛开在高原，更盛开在他们心中。

兴海县安多民俗文化村
易地搬迁，搬出美好新生活

"当时家在后山上，三块石头支口锅，四面秃墙搭个窝，娘仁的生活全靠亲戚接济。"回忆起丈夫离去后自己独自拉扯两个女儿的日子，兴海县安多民俗文化村村民拉毛吉几度落泪。

2018 年，以草场和牛羊入股合作社，拉毛吉和女儿搬到了安多民俗文化村。当保洁员、打临时工、享受合作社分红，不仅全家顺利脱贫，大女儿还考上了青海大学。"去年收入有 4 万多元呢！"拉毛吉乐开了花，"树挪死，人挪活，这日子以前想都不敢想。"

"十三五"期间，青海在全省 1249 个村实施易地扶贫搬迁项目，搬迁安置农牧民群众 5.2 万户 20 万人，居住条件得到历史性改善。安多民俗文化村就是一个缩影。

这个占地 1500 亩、总建筑面积 6 万多平方米的崭新社区，解决了 5 个乡镇、1200 户农牧民的居住问题。体育场、卫生所、商铺一应俱全，集乡村旅游、餐饮住宿为一体的"乡土人才孵化中心"更成为亮点。这不，一楼大厅里，一场带货直播正在进行。

"这是来自海拔 4000 米的牦牛肉，绿色健康。"镜头前的小伙子叫洛加太，流利的普通话，帅气的外表，轻松幽默的表达，刚一上线，就吸引了 300 多名粉丝前来"围观"。

洛加太两年前大学毕业，本想回家乡大干一番，可既没资金，也没技术，一筹莫展之际，网络直播让他找到了自信："除了自己能拿提成，还可以推介家乡特产，我很喜欢这个工作。"

"下一步，我们将加强与机关、企业开展用工对接，拓展家政服务等 22 个工种的用工渠道，增加安置点农牧民收入，确保'两条腿走路'，强化后续产业发展路径。"兴海县扶贫开发局副局长梁宗孝说。

共和县廿地乡切扎村
光伏扶贫，村民吃上"阳光饭"

"现在的生活真好！"站在宽敞的院子里，56 岁的拉吉加对记者说。走进客厅，古色古香的藏式沙发，崭新的双开门电冰箱，电视墙上摆放着家人合照，非常温馨。

"以前住的是山上的土房子，土墙开裂，摇摇欲坠，连一件像样的家具都没有，喝口水都得骑马去几里外的地方取。"拉吉加连连摇头，"草场的草长得不好，靠养牛羊，一家人糊口都比较困难。"

2017 年 8 月，拉吉加响应政府号召，搬到共和县廿地乡切扎村，从此过上了"城里人的生活"。拉吉加掰着指头算了一笔账："去年，打工收入、草原禁牧补贴、光伏分红等加起来，超过三万五千元。"

"村级光伏扶贫电站，让村民有了稳定的收入来源。"廿地乡政府干部李毛才让接过拉吉加的话头，"电站发电收入，六成用于发展村集体经济，四成用于支付公益性岗位工资，村集体在国道边投资建酒店、商店、餐厅，发展旅游；村民在家门口就业，实现稳定脱贫致富。"

切扎村的电站，位于几十公里外的海南藏族自治州村级光伏扶贫电站园区。蓝天白云下，青青草原上，一片片蓝色的光伏电板一直延伸到远处山脚下，有如波光粼粼的海洋，蔚为壮观。

"园区包括 5 个县级、11 个村级光伏扶贫电站。"海南州扶贫开发有限责任公司董事长代合楼介绍，截至今年 7 月底，累计发电 1.33 亿千瓦时，总收益近 1 亿元，每个村级光伏电站收益由多个贫困村共享，由此带动全州 173 个贫困村平均每村增收超过 57 万元。

青海地处高原，光能充足，青海抢抓政策机遇，大力发展光伏扶贫产业，促进贫困群众稳定脱贫、持续增收。目前，全省累计建成光伏扶贫项目总装机规模 73.16 万千瓦，年发电产值预期 8.8 亿元，扶贫收益 5.7 亿元，带动 7.7 万户 28.3 万贫困人口吃上了"阳光饭"，占全省贫困人口的 52.5%。

贵德县河阴镇团结村
乡村旅游，秀出幸福高颜值

各种花卉竞相绽放，9 栋独立欧式七彩木屋掩映在山水之中，游人络绎不绝……这里是坐落在贵德县河阴镇团结村的美地花田农场。

几年前，村两委班子引进青海三兄弟生态农牧科技有限公司，推动流转土地 2380 亩，打造美地花田农场乡村旅游项目。"平均每天接待游客 500 多人次，收入达 2 万元左右。"公司副总经理杜海勇说。

"旅游生意红火，村民的土地流转费、工资以及贫困户年底分红就有了保障。"村支书羊壮太说。这种"公司 + 基地 + 家庭农场 + 农户合作社"的模式，带动团结村及周边村落发展生态观光旅游、生态种养殖产业。2016 年，扶贫开发局将团结村周边 6 个村，250 户建档立卡贫困户共 836 人的产业到户资金注入美地花田农场。"企业有了雄厚资金发展壮大，同时，产业扶贫项目让贫困群众多了一份收入。"贵德县扶贫开发局负责人刘忠华说。

卓尕是团结村一名建档立卡贫困户，在农场务工近两年，家里有上学的孩子、生病的媳妇和老母亲，每月 3000 元的工资收入，年底还有分红。"家门口就能有稳定的工作，真好！"卓尕心里很踏实。

据青海省扶贫开发局局长马丰胜介绍，青海全省共有 208 个村通过发展乡村旅游，实现整体发展、稳定增收。截至去年底，全省有 1.5 万户 5.3 万贫困人口通过发展旅游脱贫致富。

2020 年 9 月 17 日　02 版　姜　峰　申少铁　贾丰丰

新华通讯社

青海化隆贫困人口
依托"带薪在岗实训+创业"
寻梦"拉面经济"

4月里，青海省化隆回族自治县群科镇水库滩村的田埂上，一树一树的杏花开得正盛。24岁的回族青年马子虎即将踏上去往浙江杭州的路途。

"我想先学点儿技术，以后等自己有能力了再慢慢开个拉面馆。"作为群科镇水库滩村建档立卡的贫困对象，马子虎此行是要到化隆籍老板开在杭州的实体拉面店参加为期一年的拉面技术实地培训。

和马子虎一样，化隆县首批30名有劳动能力的建档立卡贫困对象近期将陆续赴化隆籍老板在上海、天津、北京及青海西宁等地开的实体拉面馆里进行实训。

"这次我们想改变以往短期培训的做法，让有劳动能力的贫困人口在拉面馆里从'跑堂'开始做起，经过实训成为'拉面匠'。等他们掌握一技之长后，再把他们扶持成'拉面馆老板'。"化隆县就业服务局局长马吉荣说，"我们把这种方式叫作'带薪在岗实训+创业'。"

地处青海省东部的化隆县自然地理条件恶劣，属于我国14个集中连片特困地区的六盘山片区。从20世纪80年代开始，化隆群众走出大山，在全国各地开拉面馆维生。经过30余年发展，目前化隆县有近10万人在全国271个大中城市开办了14430个拉面馆。

"立足于'拉面经济'已有的基础，我们想用'拉面经济'来实现精准扶贫。"化隆县扶贫开发局局长马海峰告诉记者，目前全县还有贫困人口36318人，让他们中有劳动能力的贫困户掌握拉面技术，是最直接有效也最现实的脱贫办法。

化隆华泰餐饮开发有限公司开在西宁的海尼尔牛肉面馆这次准备接收5名贫困对象参加实训。公司董事长马黑买是从化隆县沙连堡乡沙一村走出来的。他告诉记者："按照县里的安排，这次贫困人口到实体店后，我们将给他们免费提供吃住，并支付每年不少于3万元的工资，同时我们每培训1名扶贫对象，政府给予5000元培训资金。"

化隆县副县长马千里说："为了高效使用资金并调动各方面积极性，化隆县政府将分两年给每个扶贫对象各奖励5000元。此外，还要对提供服务的拉面师傅、拉面技能评定小组、拉面电商服务中心、驻村扶贫工作队和村委会按不同比例进行奖励。这样我们就把有限的资金集合到一起了。现在县上制定了统一的拉面技能评定标准，扶贫对象经过集中实训后，可以就近在实训城市参加拉面技能评定小组的考核评定；如果通过考核，就能拿到拉面技能合格证书。"

马吉荣告诉记者，拿到拉面技能合格证书的扶贫对象，经过几年的资金积累，如果有意愿、有条件自己开办'扶贫拉面店'，政府将给予开办扶持资金1万～2万元，同时给予5万元的信用贷款，由县扶贫局给予3年全额贴息。

"今年我们本来计划实训1000人，没想到短短几天各乡镇报名的人数已经超过了2000人。"马千里说，"如果按每年培训2000人算，4年下来就有8000人可以稳步脱贫；如果这其中有10%的人开拉面馆，按每个拉面馆雇用4～5人计算，还可以带动数千名贫困人口就业。"

2016年4月19日　顾　玲　李琳海

光伏扶贫助"黄河源头第一县"拔穷根

国家电网公司首座扶贫光伏电站——国网阳光扶贫行动玛多县 10 兆瓦扶贫光伏电站于 26 日正式并网发电，其发电纯收益将全部用于青海省果洛藏族自治州玛多县贫困人口脱贫。

"这一电站装机容量 1 万千瓦，总投资 9282 万元，预计年发电量可达 1562 万千瓦时，年平均纯收益 250 万元。"国家电网青海省电力公司总经理全生明说。

地处青藏高原腹地的玛多县是中华民族母亲河——黄河的发源地，素有"黄河源头第一县"之称，平均海拔 4500 米以上，自然环境十分恶劣，全县总面积 2.53 万平方公里，总人口 1.44 万人，是国家电网公司定点帮扶的贫困县。

"国家电网公司定点扶贫玛多县以来，不断加大对玛多的扶贫力度，累计投入 6000 多万元，为玛多县经济社会持续发展、民生事业显著改善注入了新的活力和动力。"玛多县县长利加说，通过建光伏电站来定点扶贫，对早日实现玛多整体脱贫意义重大。

国家电网公司副总经理韩君说："实施光伏扶贫是国务院扶贫办、国家能源局倡导的脱贫方式之一，利用贫困地区太阳能资源建设光伏发电项目，将发电收益用于扶贫，让贫困户有了长期、稳定、可持续的收入。"

全生明表示，玛多县扶贫光伏电站投运后，青海省电力公司将建立长期可靠的项目运营管理体系，做好扶贫光伏电站的运营管理和收益资金的使用管理，真正服务于玛多县贫困人口的脱贫致富。同时，将扎实推进村村"通动力电"工程、光伏扶贫项目接网等工程，提升贫困地区电力设施水平。

2016 年 5 月 26 日　陈　凯　骆晓飞

对口援青立足"智力扶贫"
助青海"拔穷根"

　　"海南州医院的医疗设备很好,但原来没有人会用,通过这几年结对子培训,现在这些医疗设备的功能全部发挥出来了。"青海省海南藏族自治州卫计委主任王常明说。在对口支援单位的帮助下,海南州医院建立了血液透析重点专科,填补了海南州血液透析空白。

　　长期在青海涉藏地区工作的王常明说,东西部地区协作帮扶机制从重项目的"输血"式帮扶向"造血"式的智力帮扶转变,走对了路子。

　　2010年1月,由浙江、江苏和上海等六省市对口援建青海六个藏族自治州,其中,江苏省对口援建海南藏族自治州。

　　"提高自我发展能力,变'输血'为'造血',变'扶贫'为'扶智',是解决包括海南州在内的涉藏地区长远发展重大课题,从对口支援工作启动伊始,我们就把人才培养和教育作为关键,积极搭建全方位、多层次、广渠道的对口支援工作平台。"海南州对口支援办公室主任更登加说。

　　更登加介绍,2010年以来,通过对口援青这一平台,援建单位先后举办的企业管理、教育、卫生、财政金融和农牧民技能等专题培训就达到了32期,培训2294人次,其中,通过结对子培训的方式,海南州有900多名医疗专业技术人员被送到江苏接受培训,占全州医疗专业技术人员的一半以上。

　　同时,为了让涉藏地区孩子享受优质教育资源,江苏在南京江宁高级中学开设了"海南民族高中班",每年从海南州录取80名学生到江苏学习。

　　"这些学生被分为民族班和普通班,其中普通班参加高考的本科上线率达到了 92.5%，民族班本科上线率达到了 77.4%。"海南州教育局副局长李云说，通过推动人才等方面的交流合作和开展培训，让涉藏地区群众享受东部发达地区的优质教育资源，为涉藏地区未来持久发展夯实人才基础。

贵南县茫曲镇加土乎村支部书记赵昌义在江苏参加了培训后回到村里，很快就组织村民建起 20 个第五代蔬菜大棚，吸纳 100 多名村民打工就业。说起自己的转变，赵昌义说："到东部发达地区接受培训，不光学到了技能，更重要的是开阔了眼界，不出去，怎么会想到在草原上也可以种大棚？"

"授人以鱼，不如授人以渔。"江苏第二批援青干部黄道锋说，支援青海涉藏地区发展，帮助农牧民脱贫致富，既要大事重点办，抓好项目帮扶，同时也要长远的事情有序办，谋划好智力帮扶规划，建立"造血"长效机制。

截至 2016 年上半年，六省市对口援青工作已累计为青海培训各类各级人才 26000 多人次，开展互访交流活动 2500 余批次，同时，各地共落实援青资金 64 亿多元。

根据《"十三五"时期对口支援青海省涉藏地区经济社会发展规划》，对口援青工作将加大"引智"力度，进一步扩大交流平台分批选派各类人才前往发达地区学习，同时，鼓励涉藏地区通过"异地就学"享受更好的教育资源，为涉藏地区高校毕业生争取更多异地培训实习机会，为青海打造本土人才。

2016 年 10 月 17 日　骆晓飞

脱贫攻坚闯新路，绿色崛起绘蓝图

——青海脱贫攻坚纪实

青海要有"不破楼兰终不还"的坚定决心和坚强意志，坚持精准扶贫、精准脱贫，切实做到脱真贫、真脱贫。

按照总书记指明的方向，580 万青海各族人民凝心聚力决战扶贫攻坚，稳步易地搬迁，发展绿色产业，逐步摆脱贫困，挺起脊梁走出了一条高原特色扶贫路。

完善制度做保障　整合资金提实效

今年，荷日恒村牦牛养殖社挣了 30 万元。14 日下午，该村第一书记张立成和村委人员测算了每家的收益，计划年前让入股的人拿到分红。

"来时村委没水、没电、没暖气，最难的还是人心不齐。"2015 年，张立成从青海省动物疫病预防控制中心到河南蒙古族自治县优干宁镇荷日恒村帮扶。

到村后，他从接地气、凝民心、聚民气入手，带着工作队和村干部上门听需求、讲政策，整合扶贫资金建成生态畜牧业合作社和畜产品厂等。2016 年，这个村贫困户的人均收入从 2015 年的 2500 元增至 5600 多元，顺利"摘穷帽"。

给钱给物，不如给个好干部。青海现有 39 个贫困县，近年来全省抽调

2000 多名干部到各级扶贫部门，仅今年就有 384 名。假扶贫、不扶贫怎么办？青海及时召回 19 名不称职、不作为的第一书记，调整 172 名不得力、慢作为或任期满 2 年的第一书记。累计约谈 85 名各级干部，查处扶贫领域不正之风和腐败案件 50 例，处理 144 人，并组建 160 多人的精准扶贫第三方评估组全程跟踪。

张立成说，扶贫资金只要有就会到。2016 年青海共落实各类扶贫资金 73.4 亿元。2017 年，该省精准扶贫贷款已达 56.89 亿元，有 3.33 万贫困户得到了金融支持。

青海省扶贫开发局统计显示，2016 年青海有 6 个贫困县摘帽，11.9 万人脱贫，贫困发生率由 2015 年底的 13.2% 下降到 10.3%。

易地搬迁挪 "穷窝" 绿色产业拔 "穷根"

青海每 30 人里有 1 人通过易地搬迁实现脱贫。青海省扶贫开发局局长马丰胜说："青海坚持易地扶贫搬迁为脱贫攻坚的'当头炮'，逐步对 20 万农牧民实施搬迁。"

2016 年青海搬迁安置 2.1 万户 7.8 万人，2017 年 2.5 万户 9.2 万人的搬迁安置项目全部开工，两年累计完成 "十三五" 搬迁规划的 85%，搬迁项目开工率和工程进度均居全国前列。

搬迁是方式，致富才是目标。青海投入 4.65 亿元在 155 个村实施旅游扶贫，带动 3.9 万贫困人口增收。通过荒坡变花海、乡村变景区，脑山地区的卡阳村变靠天吃饭为靠山吃饭，2016 年人均年收入近万元，昔日的贫困村成了国家 3A 级景区和全国乡村旅游扶贫示范基地。

回族群众擅长烹饪，化隆回族自治县群众依靠 "拉面经济"，每年在全国实现营业收入 62 亿元。

牧民习惯逐水草而居，随季节轮牧，到秋冬屠宰季为减轻草场压力会尽量多出栏牲畜。但季节性畜牧业难以抵御自然灾害，并带来草场退化和牛羊集中出栏等问题。

2011年，远在牧区的黄南藏族自治州泽库县宁秀乡拉格日村探索成立了生态畜牧业合作社，牧民以牛羊入股，合作社统一调配6万亩草场，划分禁牧和轮牧区域，采取舍饲、半舍饲和自然轮牧结合，根据市场行情生产畜产品，延伸畜产品直销、牛羊繁育等产业。

"全村140位牧民来合作社上班，仅37人看管牛羊。"合作社理事长俄多说。2010年以前人均收入仅为2500多元，2016年拉格日合作社总收入900多万元，人均收入已过万元。同时，近五年该村草场的草产量提高10.5%，植被覆盖度从60%提高到80%。

目前，青海有900多个"草畜平衡"的生态畜牧业合作社。这不仅让牧民通过合作社分红和发展畜产品相关的二、三产业持续增收、稳定脱贫，与2010年相比，青海省草原植被覆盖度提高了3.4%，亩均产草量提高了11公斤。该省约4万贫困人口成为草原管护员，户均增收2.16万元。

扶贫当扶精气神　要富口袋先富脑袋

"过去有吃有喝就够了，这几年不一样，有条件的发展环湖旅游，没条件的外出打工，村干部还帮我们出谋划策，我也想靠自己富起来。"青海省海晏县尕海村的贫困户索南木扎西，现在是一名草原管护员，每月收入1000多元。

破除贫困户"等、靠、要"，精神扶贫功不可没。近年来，青海组织开展思想脱贫集中宣讲活动3363场，通过政策解读、典型宣传，激发贫困群众致富愿望。

"只有让他们通过自力更生增加收入，他们的生活才能真正有改变。"青海省格尔木市郭勒木德镇东村第一书记杜发星说，扶贫要扶起老百姓的精气神。

贫困群众既是脱贫攻坚的对象，也是脱贫致富的主体。职业教育是掌握一技之长的关键，目前，青海免除了中等职校全日制在校生的学费和教材费，紧密结合各地产业调整当地职校专业。

黄南州职业技术学校校长多杰冷智介绍，职校里80%的学生都是贫困生，他们是中考成绩不理想，看中的是职校的免费教育和就业。

除职校外，青海已对 2.4 万贫困人口开展了技能培训。数据显示，大部分经过培训的群众实现了"就业一人、脱贫一户"的目标。

2017 年 11 月 16 日　王宏伟　顾　玲　曹　婷

搬出大山天地宽

——青海省民和回族土族自治县易地扶贫搬迁见闻

冬日的青藏高原一片苍茫，在山大沟深的青海省民和回族土族自治县松树乡牙合村，65岁的贫困户胡秀英要搬迁到山下乡政府附近的移民新村了。由于她家里缺少劳力，村里帮忙的几个年轻人将她早已收拾妥当的被褥、锅碗瓢盆和一台用了好几年的电冰箱装上了拖拉机。"走了！走了！"在年轻人的催促声中，胡秀英依依不舍地看了一眼住了40多年的老院子，她转过头，用棉衣袖子蒙住了眼睛。

牙合村海拔2236米，干旱少雨，十年九旱，当地群众只能靠天吃饭；这里山大沟深，从乡政府到村里全是蜿蜒的盘山路，路两边是陡峭的山崖；村民们居住分散，一座座散落于山间破旧的土坯房和长满杂草的院落似乎见证着这个拥有400年历史的村落百姓生活的艰辛与不易。

牙合村书记杜文珍介绍，长期以来"行路难、吃水难、看病难、求学难、娶妻难"等问题制约着村民的发展，该村共有167户589人，耕地面积为2806亩，气候原因，小麦的亩产有时只有100多斤，用村民的话说，连种子和化肥钱都出不来。村里像胡秀英这样建档立卡的贫困户共有25户93人，因为交通不便环境恶劣，村里至今有48个光棍汉。

按照《民和县"十三五"易地扶贫搬迁工作规划》，2017年民和县将实施涉及6个乡镇23个村整乡整村搬迁安置，搬迁3812户14600人，其中包括建档立卡的贫困户926户3804人。

走进离乡政府不远的牙合移民新村，坐落着一排排崭新的院落，胡秀英80平方米的新家就在其中。胡秀英说："国家花费20多万元给我们建了新房、新院，我做梦都没有梦到过可以搬出大山住上这么好的新房，难心的苦日子终于挺过来了，现在要过好日子了。"

牙合村 73 岁的贫困户李长生开玩笑说："我的父辈们以前在山上住窑洞，我是在低矮、阴冷的土坯房里长大的，住惯了黑房子，搬到干净、明亮、温暖的新房里，晚上眼前头明亮着睡不着。"

松树乡党委书记张松萍说，下一步要将牙合村山上的土地全部退耕还林，把农民从土地中解放出来，青壮年农民安排外出务工。计划整合资金，引进项目让其余劳力从事蔬菜大棚专业种植，用现代科技农业的力量让贫困户们过上好日子。

民和县北山乡也被纳入该县整乡易地扶贫搬迁项目，20 世纪 80 年代，当地严酷的自然条件让老百姓的生活始终笼罩在贫困的阴影之中。

北山乡副乡长李福花介绍，北山乡整乡搬迁 1455 户，其中贫困户 340 户 1264 人，短短一年时间，这里的贫困群众从"山里人"变成了"城里人"，迎来了新生活。

在县城附近史纳村的北山乡易地搬迁小区，20 多幢楼房错落有致，十分壮观，小区里人来人往很是热闹。69 岁的村民李发辉和小儿子一家 10 月份搬迁到了移民区，78 平方米的楼房他连装修、购买家具、安装天然气等只花了不到 5 万元。

李发辉说，以前山大沟深，出行、吃水、就医、上学都很困难，一下雨或下雪，整个路都封了，很多村民一年都去不了几次县城。现在条件好了，安置小区门口就有到县城的公交车，大家出行、看病、购物都非常方便。"儿子给人家开货车，儿媳在县城务工，我和老伴的主要任务就是每天接送两个孙子上学，精准扶贫好政策让我们拔掉了贫困的穷根子。"

搬得出还要能稳得住。为了帮助解决北山乡搬迁农民外出务工，11 月初，民和县就业局在移民新区举办了用工招聘现场会，组织省内外 70 多家企业提供了 2500 多个工作岗位。

李发辉说："党和政府千方百计把我们从大山里搬迁出来，目的就是让我们早日摆脱贫困，过上好日子。现在我们住上了楼房，用上了天然气，小区有良好的物业服务，大家的生活发生了翻天覆地的变化。"

2017 年 11 月 20 日　马千里　李琳海

高原牧业县脱贫摘帽记

5 年来减贫超 3 万人，贫困发生率从 75% 降至 0.79%，群众认可度高于 90%……这是青海省海南藏族自治州同德县交出的脱贫"成绩单"。

今年 11 月初，同德县顺利通过第三方评估，和全国另外 25 县一起实现了脱贫摘帽。记者近期在同德回访时发现，摘帽之后的当地群众面貌仍在持续改善，大家对奔小康信心十足。

特殊类型贫困实施特殊攻坚

五年前，记者在同德采访时，街上不时可以看见流浪乞讨者，不少牧区没通电、没通路，不少牧民背水喝，住的是土坯房。

令记者印象深刻的是牧民索南项秀，他家在尕巴松多镇贡麻村。由于父母早逝，当年记者见到他时，他住在姐姐家土坯房约 1 米深的地窝子里，几乎不和别人说话。

而这次记者到访时，他主动迎上来，笑容满面地向记者打招呼。在他身后，一座藏式砖木结构新房在阳光照耀下十分亮丽。

同德县平均海拔 3660 米，6 万多的总人口中，藏族占九成多，大多从事农牧业生产，是典型的高原牧业县。

长期以来，由于基础设施滞后，资源严重匮乏，同德堪称是青海省贫困面最广、贫困程度最深的地区。2011年底的数据显示，当时全县有3.69万人处在贫困线和相对贫困线以下。

特殊类型贫困，需要实施特殊攻坚。2012年，青海省委常委会召开专题会议，将同德确定为"特殊类型贫困"，集中力量让同德实现生产方式和生活方式的转变。

在长达60多页的《同德县特殊类型三年扶贫攻坚规划》中，明确从基础设施、产业发展、民生改善、公共服务、能力建设和生态保护6个方面开展扶贫工作。

记者五年后回访时看到，县城街道上已是车水马龙，两旁商铺林立，草原上随处可见漂亮的新房，广大农牧民群众的生活面貌发生了翻天覆地的变化。

索南项秀告诉记者，2013年政府补贴资金帮他家修建了新房，面积有80多平方米。记者在客厅看到，沙发、电视、冰箱等家具家电已置办齐全。

"现在的生活多好，挺知足的。"索南项秀说，他如今当上了草原管护员，一个月有1800元的岗位工资。在和记者交流时，他的精神状态和五年前相比，几乎判若两人。

全方位构建脱贫攻坚保障网

同德新区祥和小区的居民宫保基对自家的变化感触很深。他说，这几年惠民政策越来越多：住房有补贴，草场有流转费、医疗养老有保障、孩子上学全免费……

"草场少、耕地少，可利用资源短缺，这是长期以来导致同德农牧民贫困的最直接原因。"同德县委常委、副县长苑丹坚措说。

为此，同德县大胆探索"三三布局"生态战略：将三分之一的牧户搬迁到县城定居；将三分之一的牧户搬迁到各农业点和小集镇新建住房与原有牧户集中定居；剩余的三分之一牧户留居原有草场。

宫保基家过去在唐谷镇和坪村，由于草场少，靠放牧无法维持生计。在帮扶资金的补贴下，他家搬迁到了县城，近11万元的建房资金他自己只出了

1万元。如今，孩子在县城入学，夫妻俩就近打工，生活有了新的开始。

实施特殊贫困脱贫攻坚以来，同德县锁定老百姓最为关心的"吃穿、教育、医疗、住房"等民生问题，全方位构建脱贫攻坚"保障网"。

在教育保障方面，同德扎实抓好15年免费教育、涉藏地区"9+3"免费职业教育、全县"一村一幼"等义务教育保障工作，严格落实贫困家庭大学生资助政策，九年义务教育巩固率达到95.14%。

24岁的藏族女孩拉军卓玛，今年刚从牧校毕业，现在县城一家公司上班。她说，读小学中学都是免费，上大学后每年能拿到3000元的贫困资助。

在医疗保障方面，同德完成了5所乡镇卫生院、73所村级卫生室标准化建设任务，全面落实新农合、大病保险、医疗救助、疾病应急救助等相衔接的医保扶持政策，贫困人口参加新农合的参保率达到100%。

苑丹坚措表示，通过近几年的持续投入，全县农牧民住房难、吃水难、用电难、行路难、上学难、就医难等问题基本得到了解决，创造了青海涉藏地区深度贫困地区的多个"第一"。

以点带面推动特色产业扶贫

通过"三三布局"的人口转移，破解了资源约束，但产业发展是保证脱贫可持续性的关键。

同德县根据贫困村、贫困户实际情况，坚持靶向治疗、精准滴灌，开展实施了"十个一批十到户"的精准扶贫措施，努力做到因村因户施策。

依托4478.08万元（人均6400元）的产业扶贫资金，同德对1160户4471人实施了"一村一策"集体脱贫产业，对713户2526人实施了"一户一法"脱贫产业。

尕巴松多镇秀麻村和贡麻村都是传统牧业村，2016年，两村通过吸纳建档立卡贫困户87户293人，以无污染烧砖设备加工生产红砖的秀麻村砖厂，年人均可分红2560元。

除了村级产业，同德县还建起了两大扶贫产业园，目前已有14家企业投入运营，涉及藏服加工、青稞加工、藏文化影视拍摄制作等多种特色产业。

记者在园区内的日雪肉食品加工厂了解到，周边 4 个行政村的 51 户建档立卡贫困户，通过产业扶贫资金入股到公司，今年上半年共分红 7.36 万元。还有 30 多位贫困群众，通过前期技术培训在公司实现了就业。

唐谷镇托斯村村民王青过去在牧区放牧，到公司上班后，一个月有 2000 元的工资。"国家政策多，这些年牧区变化很大，我们对奔小康很有信心。"王青说。

2017 年 12 月 5 日　吕雪莉　赵雅芳　邓万里

雪域高原乡村的脱贫路

　　近年来，在地广人稀、山大沟深的青海涉藏地区，一条条"天路"通向更远的前方，加速了当地群众的脱贫致富进程。

　　47 岁的贫困牧民贡扎家住青海省果洛藏族自治州玛沁县当洛乡查雀贡麻村，由于地处偏远、交通不便，当地人一度用"地图上找不到，报纸上看不到，外人都不知道"来形容这里。

　　当洛乡平均海拔 4000 米以上，高寒干旱。受自然条件所限，这里的牦牛生长缓慢，至少 5 岁才能出栏。长久以来，贡扎一家"靠天吃饭"，游牧业是唯一的收入来源。

　　贡扎告诉记者，最近几年，柏油路铺到了乡镇所在地，2016 年硬化路也修到了村口。自此，村民的生活开始发生翻天覆地的变化。

　　过去，从最远的夏季牧场到乡上，骑马需要近 2 个小时，从乡里到县城又需要大半天时间。通路后，从查雀贡麻村到玛沁县只需 3 个多小时，牧闲时，贡扎可以随时去县城的建筑工地打零工，每天最少能挣 100 元。

　　"现在再也不怕出'远'门了，就算家里有急事，也能及时赶回去。"贡扎告诉记者，一些无畜或少畜的村民索性在县城租了房子，应聘保安、清洁工、售货员等岗位，每月人均收入超过 2000 元。

　　查雀贡麻村的哇保对家乡通路带来的变化感触更深。2016 年起，来到当洛乡的外地人越来越多，哇保抓住机遇，通过扶贫贷款在乡政府旁开了一家便民超市，当年就获得近 2 万元盈利。今年，尝到甜头的哇保还打算将自家临街的屋子收拾装修一番，开办一个"藏家乐"，为往来游客提供简单食宿。

　　路通了，接触到更广阔的世界，很多牧民的致富思路渐渐打开。当洛乡查吉贡麻村牧民拉龙告诉记者，今年夏天的旅游旺季，她在路边摆摊售卖当地的蘑菇、蕨麻等土特产，每天最多能赚300元。和一些顾客聊天时，拉龙得知从果洛州花石峡途经当洛乡再到玛沁县路程较长、人烟稀少，为此，她正和同村牧民筹措联合贷款，计划建一个私人加油站，方便过路司机的同时尽快脱贫致富。

当洛乡党委书记扎西才旦说，近两年，随着全乡道路贯通，当地群众转移就业、创业致富的热情高涨。2016年该乡66个牧户成功脱贫，去年又脱贫83人。今年起，所剩不多的贫困户也将逐步告别贫困。

"现在交通物流方便多了，一些原本很难推进的扶贫产业也有了发展条件。结合本地自然地理环境，我们正努力打造集牲畜高效养殖、饲草种植、粪肥加工为一体的现代农牧扶贫产业体系，希望通过吸收就业、提高分红，进一步增加群众的稳定收入。"扎西才旦说。

要想富，先修路。近年来，在被纳入"三区三州"深度贫困地区的青海涉藏地区，乡村道路建设进程大幅加快。青海省交通运输厅提供的数据显示，2016年，该省在偏远农牧区新建近7000公里道路267个建制村通路、408个贫困村完成道路硬化。2017年，青海农村公路里程达6.15万，乡镇道路通达率超过98%，行政村通达率超过80%。

青海省交通运输厅综合规划处副处长王晓莉表示，整个"十三五"期间，该省交通运输固定资产总投资有望超过2000亿元。到2020年，青海所有乡镇有望通硬化道路，全部建制村实现道路通畅，新增公路总里程达到1万公里。

2018年3月13日　李亚光

精准服务"接地气"

——青海农村金融扶贫见闻

"好牛犊，要毛色顺、腿子壮、耳朵大，走路要有力量。"青海省海北藏族自治州门源回族自治县青石嘴镇下吊沟村村民马应寿谈起"相牛"滔滔不绝。"马应寿"3个字在十里八乡是贩运牛犊的金字招牌。

两年前，马应寿还是村里建档立卡的贫困户。他自幼因患小儿麻痹症双腿残疾，家中还有两个正在上学的孩子。前几年，马应寿家依靠几亩薄田年均收入仅有 2800 元。

2017 年，马应寿用 6000 元精准扶贫到户资金买了两头黑白花奶牛。"过去村里人常找我帮忙挑牛犊，如今我也有了牛，自己贩运牛犊肯定有干头。"马应寿说。

"本钱多了能挣钱，本钱不够难成事。"马应寿认为"530"贷款解决了自己的燃眉之急。

"530"指的是青海省金融精准扶贫小额贴息贷款，是对有发展项目、有资金需求、有劳动能力、无不良嗜好、不良记录的建档立卡贫困户提供 5 万元、3 年期、全额贴息、免抵押、免担保贷款。

"银行的服务专员到我家来问情况、做计划，我们去银行交完材料的第二天，5 万元贷款就到账了，不用任何抵押，这在原来可是想都不敢想的。"马应寿说，有了这 5 万元，现在他每次可以贩运 10 头牛犊，一个月跑四五趟，一年可以带来 4 万元的收入。

"隔天到账"的背后，是银行与当地政府联合精准识别、风险管理的成果。

走进下吊沟村村委会办公室，墙上公示着负责该村金融服务的联络员（驻村扶贫第一书记）、服务员（银行办事人员）、协管员（村干部）名单。

门源县农商银行董事长李金霞介绍，这种三级联动的管理模式将服务下沉到基层第一线，一方面银行能详细了解贫困户的金融服务需求，另一方面可以有效防范贷款发放的信用风险，提高金融扶贫的精准度和效率。

在门源县全口镇大湾村村民李生祥的金融扶贫服务卡上，清楚地记录着他 2016 年以来的贷款情况。

"2016 年借的 5 万元 2017 年结清，然后又借了 5 万元，今年 11 月之前就能还上。"李生祥说，自己原本是建档立卡贫困户，前年和村里 3 户村民利用"530"贷款办起了种植合作社。如今不仅自己脱贫，还吸纳了村里 20 户贫困户到合作社工作，每户贫困户每年可因此增收约 3000 元。

对于李生祥的金融帮扶并没有因为他的脱贫而停止。今年，在了解到种植合作社在扩大规模、更新农机设备上仍有资金需求后，银行服务专员主动帮助，李生祥正在申请"两权抵押贷款"。

"凭借 1600 亩的土地承包经营权流转合同就拿到了贷款，正愁用钱的时候，钱就到了。"李生祥说。

人民银行西宁中心支行提供的数据显示，截至 2017 年年末，青海各项金融精准扶贫贷款余额 1125.96 亿元，同比增长 21.38%，其中个人精准扶贫贷款余额 35.88 亿元，同比增长 64.74%，"三有一无"贫困户获贷率达 54%。

从脱贫到致富，一串串数字的背后是老百姓的真实收获。"要让资源变资产"，人民银行西宁中心支行有关负责人表示，下一步青海还将继续探索适应当地发展的金融信贷模式，最大程度发挥金融对经济发展的助推作用。

2018 年 5 月 16 日　徐文婷　王金金

柴达木盆地上的脱贫画卷

——青海省海西州脱贫攻坚见闻

五月的柴达木盆地，天高云淡，绿潮涌动。无论是牛羊成群的草场上，还是耕种正忙的农地里，到处一派欣欣向荣的景象。

以柴达木盆地为主体的青海省海西蒙古族藏族自治州，平均海拔3000米左右，高寒、少雨、多风是这里的气候特征。然而就是这样一个地区，目前已实现"脱贫清零"。记者近日来到海西州，感受各族群众的生活变化。

游牧民定居书写"小城故事"

从小在牧区长大的蒙古族小伙子巴根生加布对眼前的生活很满足。加布的家原本在距离德令哈市区150多公里的蓄集乡伊克拉村，村民以放牧为生。由于家里没有草场，母亲只能给别人放羊，一家人的生活过得紧紧巴巴。

改变源于当地实施的游牧民定居工程。2017年8月，加布和村里其他20户人家一起搬进了位于德令哈市区的新家——陶尔根家园。

走进陶尔根家园，墙上的壁画、楼里的雕刻都有着浓郁的民族特色。小区里，老人们在亭子里下棋，孩子们在广场上嬉戏。

记者走访发现，办事服务中心、幼儿园、活动室等配套设施齐全。医务室里，63岁的李双贵正在接受检查，她的老家在蓄集乡陶斯图村，她说："放了几十年的羊，如今搬到城里来生活，感觉很方便。"

海西州扶贫开发局局长钢夫说，自推进游牧民定居工程以来，海西州目前已建成 34 个定居小区，惠及 2.6 万余名游牧民群众。

加布和母亲如今已被聘请为生态管护员，每人每月有 2500 元的固定工资。同时，他们家还通过贷款搞起了奶牛养殖，2017 年人均可支配收入达到了 27785 元，一举摘掉了"贫困帽"。

产业调整催生"新型农民"

在海西州乌兰县铜普镇都兰河村，几乎每户村民的家门口都竖着一块咖啡色的牌子，上面清晰地印刻着"藜麦代售点""刺绣加工""盐敷袋加工"……

都兰河村过去是一个农业贫困村，村民多种植青稞、小麦等传统农作物，产业结构单一。2016 年全村 361 户 1159 人中有贫困人口 59 户 165 人。

近年来，海西州有效探索一家企业帮扶一户贫困户的"一企一户"帮扶措施，广泛动员社会力量助力精准扶贫。青海三江沃土生态农业科技开发有限公司是当地一家规模化藜麦种植企业，公司通过探索"公司＋合作社＋农户"的合作模式，助力当地群众脱贫致富，目前签约的农户约有 4000 户。

都兰河村魏海民家是因病因学致贫的典型，魏海民夫妻俩均患有疾病，一双儿女在上学。三江沃土公司定点帮扶他家后，免费提供种子、肥料和技术，2016 年他们家改种藜麦 4 亩，挣了 1.5 万元；2017 年种了 10 亩，挣了 5 万元。

"有了闲钱，今年初我爱人的病也医好了，现在最大的心愿就是给已经毕业的儿子娶个媳妇。"魏海民笑着说。

钢夫说，通过大力发展特色种养、农牧产品加工、生态旅游、现代服务等扶贫主导产业，海西州已逐渐构建起"户有增收项目、村有集体经济、县有扶贫产业园"的扶贫产业格局。

在德令哈市郊的新堉种植示范园区内，蔬菜、水果长势喜人。靠这个园区，周边近 400 户农民在家门口端起了"铁饭碗"。"走路十分钟上班，一个月的收入超过 3000 元，还可以调休呢！"柯鲁柯镇民兴村村民王菊香说。

"精神扶贫"激发群众活力

"过去有的困难群众对脱贫没有信心""有的贫困户有劳动力也不愿就近就业"……采访中，基层干部对过去一些群众的精神状态记忆犹新。

海西州人大常委会副主任、乌兰县委书记李元兴说，针对"硬骨头"，乌兰县积极培育新时代有信仰有信念、有信心有目标、有想法有能力、有压力有动力的"八有"新人，广泛激发群众内生动力。

乌兰县茶卡镇巴音村原址距离茶卡镇 20 多公里，群众生产生活困难。当地政府将巴音村整体搬迁到了旅游资源丰富的茶卡镇，并补贴资金给每户建起了 120 平方米的二层楼房。

村民郝大庆通过贷款和向亲戚借钱，把空房间装修成了家庭小旅馆，一年收入 10 余万元。"虽然欠了笔债，但现在条件这么好，只要肯努力，没几年就能还清，我有信心！"郝大庆说。

乌兰县希里沟镇河东村把"心怀感恩之情，坚定脱贫信心"等内容列为村规民约，在良好的致富风气引领下，村里已发展起了养殖、拉面等多种产业。村民除了通过产业致富外，还积极参与村里的生态建设。

记者了解到，"脱贫清零"后，海西州正积极巩固脱贫成果，通过邀请脱贫致富典型代表到田间地头宣讲，让基层群众汲取"精神食粮"。在"精神扶贫"引领下，各族群众的致富路正越走越宽。

2018 年 5 月 22 日　邓万里

青海所有贫困村实现光伏扶贫项目全覆盖

27日上午，随着装机容量为2.37万千瓦的青海省互助土族自治县村级光伏扶贫2号电站正式投产，国家下达给青海省的"十三五"第一批光伏扶贫项目全部实现并网发电。至此，青海全省1622个贫困村全部实现了光伏扶贫项目全覆盖。

青海地处青藏高原东北部，光照资源丰富，荒漠化土地资源充足，大部分贫困村具有建设光伏电站的比较优势，2016年，青海建成1万千瓦异地光伏扶贫电站。2018年，根据国家有关部门下发的《"十三五"第一批光伏扶贫项目计划》，青海获准建设一批总容量为47.16万千瓦的光伏扶贫项目。

"这批光伏扶贫电站建设项目，是迄今为止青海一次性投入最大、覆盖面最广、收益率最高、收益周期最长的一项产业扶贫项目。"青海省扶贫开发局局长马丰胜说。

马丰胜介绍，青海村级光伏扶贫电站年预期总收入为5.3亿元，可为全省贫困村村均增收32万元，惠及建档立卡贫困人口68086户，并且确保持续20年的稳定收益。

据了解，青海47.16万千瓦光伏扶贫项目总投资31.4亿元，电站本体建设由青海省政府全额投资，外送线路由国家电网青海省电力公司配套建设。

"深化泛在电力物联网在扶贫领域的创新应用，下一步，青海省电力公司将做好扶贫电站的运维服务，确保扶贫电站发电量全额消纳和电站收益的及时结算。"国家电网青海省电力公司董事长董天仁介绍，青海所有村级光伏扶贫电站将接入青海能源大数据服务平台，实现每一座电站运行状况和每一户贫困户收益的实时监测。

2019年6月27日　骆晓飞

汪洋在青海调研时强调
扎实做好民族宗教和脱贫攻坚工作
筑牢涉藏地区长治久安的根基

中共中央政治局常委、全国政协主席汪洋近日在青海调研。他强调，要深入学习领会习近平总书记关于涉藏地区工作的重要论述，认真贯彻落实党的治藏方略，积极稳妥做好民族宗教工作，高质量打赢脱贫攻坚战，牢牢把握反分裂斗争主动权，确保雪域高原安定祥和，各族人民幸福安康。

16日至17日，汪洋先后到玉树、西宁等地，深入扶贫产业园区、宗教活动场所了解情况，并主持召开座谈会，听取有关方面的意见建议。汪洋充分肯定近年来青海民族宗教、脱贫攻坚等方面工作取得的成绩。他指出，做好民族工作和宗教工作，对维护涉藏地区社会稳定和长治久安具有重要意义。要坚持党的宗教工作基本方针，突出问题导向，抓住关键环节，健全寺庙管理长效机制，坚决守住抵御境外势力渗透的防线。要坚持政府依法管理和宗教界自我管理两手用力，大力弘扬宗教界爱国爱教优良传统，注重发挥宗教团体和宗教界人士积极作用，完善以戒为师、学修并重、正信正行的内部规范。要适应各民族跨区域流动的新形势，推动民族工作创新发展，积极创造各民族共居共学共事共乐的条件，实现更大范围、更广领域、更深层次的交往交流交融，努力探索出更多民族团结进步的新鲜经验。

汪洋强调，涉藏地区脱贫攻坚既是经济工作，也是政治工作。要着力解决"两不愁三保障"中的突出问题，巩固控辍保学成果，补齐饮水安全、住房安全、地方病防治等方面的短板，不拖后腿，不留死角。要发展壮大牦牛、青稞、高原旅游、民族手工艺品等特色产业、绿色产业，开展消费扶贫、打开市场空间，增强造血能力，提高脱贫稳定性。要坚持生态保护第一，处理好脱贫攻坚与生态保护的关系，牢牢把握生态安全这条红线，走经济与资源环境相协调的文明发展之路。要坚持扶贫与扶志扶智相结合，激发内生动力，推动移风易俗，营造勤劳致富、光荣脱贫氛围。

在青海期间，汪洋还参观了玉树州抗震救灾纪念馆，走访了省政协机关和省委统战部机关。

2019 年 7 月 18 日　　邹　伟

胡春华强调集中力量加快攻克深度贫困堡垒

中共中央政治局委员、国务院扶贫开发领导小组组长胡春华近日在青海省调研脱贫攻坚工作。他强调，要深入学习贯彻习近平总书记关于扶贫工作的重要论述，按照党中央、国务院决策部署，全力以赴加快攻克深度贫困堡垒，确保深度贫困地区同全国一道全面建成小康社会。

青海省玉树、果洛、海南、黄南州地处高海拔涉藏地区，贫困程度深、基础条件差、致贫原因复杂。胡春华先后来到玉树市、玛沁县、同德县、泽库县、河南县和同仁县，深入贫困乡村，详细了解"三保障"和饮水安全情况，实地察看产业扶贫、易地扶贫搬迁等工作进展。

胡春华指出，深度贫困地区是脱贫攻坚的坚中之坚，是决定脱贫攻坚战能否打赢的关键。要坚决落实"三区三州"脱贫攻坚实施方案，坚持现有目标标准不动摇，大力推动资源要素向深度贫困地区聚焦。要瞄准"三保障"和饮水安全存在的突出问题，加大政策和资金支持力度，扎实推进各项举措落地。要抓紧做好易地扶贫搬迁建设和后续扶持工作，多途径促进搬迁群众就业增收。要着力巩固拓展脱贫攻坚成果，加快发展壮大贫困地区特色产业和县域经济。要强化省级主体责任，发挥好东西部扶贫协作和对口支援作用，激发贫困群众内生动力。

调研期间，胡春华还前往基层水文站和气象站考察工作，看望慰问基层干部职工。

2019 年 8 月 20 日　新华社记者

青海"十三五"期间易地扶贫搬迁 20 万人

在青海省西宁市湟中县土门关村与青峰村交界处，157 个砖混结构的农家小院整齐地排列着，这是 489 名秋子沟村村民于 2018 年底入住的新家。

过去，秋子沟村位于土门关乡东北部山区，距离乡政府 7 公里。12 岁的王世秀在土门关村中心小学上六年级，她从一年级就住校，每周末回家。一到雨雪天，这 7 公里的上学路便成了她的烦心事："山路又陡又滑，特别危险，感觉随时都会摔倒。现在，从学校到新家走路只要 10 分钟，新房有暖气，宽敞又明亮。"

2017 年，因土地贫瘠、山大沟深、交通不便，有 64 户 207 人建档立卡贫困户的秋子沟村被确定为易地扶贫搬迁村。湟中县在按要求完成搬迁户住房建设的基础上，为易地扶贫搬迁村庄配套完善水、电、路、网、村级综合服务中心、卫生室、村道亮化等基础设施，解决村民行路难、上学难、就业难的问题。得益于政策高效落实，2018 年，157 户搬迁群众全部实现入住，秋子沟村顺利实现贫困村退出，64 户贫困户全部脱贫。

秋子沟村是青海省易地扶贫搬迁的一个缩影。"十三五"期间，青海省在 8 个市（州）、38 个县（市、区）、266 个乡（镇）、1249 个村实施易地扶贫搬迁项目，搬迁安置农牧民群众 5.2 万户、20 万人，其中，建档立卡贫困户 3.3 万户、11.89 万人。

近年来，青海省坚持"挪穷窝"与"换穷业"并举，通过产业扶持、转移就业、低保兜底等举措，促进搬迁群众稳定增收，2018 年青海省搬迁贫困群众人均可支配收入达到 8187 元。

在深度贫困的涉藏地区，易地扶贫搬迁也取得瞩目成绩。以三江源区的果洛藏族自治州为例，政府将工程的实施与产业扶贫紧密结合起来，在保护生态的同时，发展生态农牧业、特色资源开发、民族手工业、商贸住宿服务、光伏扶贫、旅游等产业，带动 74 个村庄，13898 户 47262 名贫困人口稳定脱贫增收，建档立卡搬迁户年户均增收 2986 元，人均增收 878 元，增幅达 79%。

青海省扶贫开发局局长马丰胜表示，下一步工作重心将从"搬得出"转向"稳得住"和"能致富"，青海将持续抓好问题整改工作，细致做好后续扶持工作，跟进做好管理服务工作，认真做好档案管理工作。

2019 年 9 月 15 日　耿辉凰

在青山绿水间跨越千年

——青海探索生态脱贫之路报告

平均海拔 4058 米，高寒缺氧，发展滞后，脱贫攻坚"拔穷根"，在这里注定是"硬仗中的硬仗"；三江之源，生态脆弱，守护"中华水塔"任重道远，因地制宜"换穷业"，在这里更是巨大挑战。

青海坚持生态保护与扶贫开发并重，集中力量向深度贫困堡垒发起冲锋，截至 2018 年底，青海涉藏地区 19 个县实现了脱贫摘帽，6.8 万户 23.9 万贫困人口实现脱贫，贫困发生率下降到了 4.2%。

经历前所未有的脱贫攻坚洗礼，三江源头贫困群众的生活条件、生产方式一步跨越了千年，一条人与自然和谐发展的生态脱贫之路越走越宽。

生活之变：聚焦民生，千家万户换新颜

金黄色的黑青稞田和绿茵茵的草场，在澜沧江源扎阿曲两岸交错分布；一条条通村公路像银色丝带，从主干县道一直延伸到河谷农田和山间牧场……

走进青海玉树藏族自治州囊谦县觉拉乡尕少村，仿佛置身色彩艳丽的油画之中。但以前，村里的群众虽看得见迷人的风景，却总摆脱不了穷困的生活。

穷在出行难、发展产业难，困在吃水难、用电难。2015 年精准识别时，全村 251 户中，有 123 户被确认为建档立卡贫困户。

"以前最怕儿子癫痫病发作,道路坑洼不平,每次带儿子出山看病,要吃不少苦。"村民索措说,现在硬化路通到每家每户门口,不仅看病方便,打谷收草也不用人背了;家家户户打机井,再也不用到远处的河里去挑水,一插电就能喝到甘甜的地下水。

尕少村扶贫第一书记麻成学告诉记者,脱贫攻坚以来,各级政府部门聚合力量帮扶,基础设施的"补短板"项目接连不断。近两年,村里水、电、路等困难一一得到解决。

"日哇达""日哇达",记者走访中,村民拉才多连连复述着这句话。通过翻译,得知意为"有希望"。

希望在,美好生活就不会远

海南藏族自治州职业技术学校民间传统工艺类专业实训室,投影仪上正在播放唐卡绘制教学片。来自共和县恰卜恰镇东巴乡乙浪堂村18岁的万德扎西,一边观看,一边仔细地为唐卡染色。

"完成这幅作品大概要40天,市场价能卖到5000元左右。"万德扎西告诉记者,他的学长、学姐毕业后,有的进了企业,有的自主创业开办了唐卡公司,每月收入在4000~7000元不等。"等我毕业了,也得凭自己的手艺让家里生活好起来。"他说。

"现在农牧民群众的观念变了,他们选择把孩子送到学校,而不是早早就去种地、放牛羊。"海南藏族自治州职业技术学校党委专职副书记薛大利介绍,学校90%的学生来自农牧区,其中建档立卡贫困户子女379人。

谋长远之策,行固本之举。

近年,立足教育、医疗、文化等基本公共服务,织密"保障网",青海涉藏地区有12万建档立卡贫困人口享受了低保兜底,贫困地区城乡居民医疗保险参保率达到98%,九年义务教育巩固率达到94.2%。祖祖辈辈靠农牧业生活的村民,享受到了现代化发展的红利。

"小病扛、大病拖",这是过去牧区贫困群众的健康卫生状况。海南藏族自治州共和县倒淌河镇哈乙亥村的日多和拉毛吉老两口就是这样的典型贫困户。

日多患有肠梗阻，拉毛吉患有甲亢、类风湿性关节炎等疾病，常年卧床不起。家里仅有 15 只羊的收入，不够买药吃。不久前，日多在海南藏族自治州人民医院做了肠梗阻手术，拉毛吉的慢性病也得到了治疗。

"花了近 2 万块钱，自己掏了不到 1000 元。"日多说，健康扶贫让老两口感觉很有保障。

青海省扶贫开发局局长马丰胜介绍，通过大力实施基础设施、教育扶贫、医疗保障等十个行业扶贫专项行动，补齐基础设施和民生领域短板，近年来，青海涉藏地区农牧民人均可支配收入年均增长 11%，贫困群众收入增幅高于全省农牧民平均水平，"两不愁"目标总体实现。

发展之变：精准攻坚破解高原"美丽贫困"

54 岁的代存忠，脸上写满沧桑，但说起话来嗓门洪亮："原来穷，为啥呢？因为除了打点儿零工，没收入啊！"代存忠是海西蒙古族藏族自治州德令哈市柯鲁柯镇安康村的贫困户。

以前的安康村，生活并不安康。代存忠和妻子在砖厂打工，日子勉强过得去，但 2014 年妻子得了大病需要照顾，加上两个女儿上学，生活快要过不下去了。

脱贫攻坚给这家人带来了转机：2017 年，代存忠利用精准扶贫小额贴息贷款，承包 10 亩地种起了藜麦，第一年净赚了 1 万多元。

"政府给贷款，村里联系藜麦加工企业，既提供技术又负责收购，只要好好干，还愁不脱贫？"尝到甜头的代存忠，如今通过扩大承包土地面积，把自家藜麦种植面积扩大到了 100 亩。

船的力量在帆上，脱贫的力量在发展思路。

这片令人向往的土地，雪山绵延、冰川纵横，草原广阔、湖泊密布，但"高颜值"的背后是脱贫攻坚的无比艰辛。

产业扶贫、易地扶贫搬迁、劳务输出扶贫、光伏扶贫、教育扶贫、健康扶贫、金融扶贫……一套套"补齐""创新"的脱贫组合拳打出，很多"老大难"问题正逐渐破解。

"青海脱贫攻坚的重点在深度。"马丰胜说，以传统畜牧业和高寒农业为主的农牧区产业结构，发展方式粗放、生产效益低下，农牧民增收难是深度贫困区的"难中之难"。

找到病根，对症下药：按照涉藏地区人均 6400 元标准，实现 21.56 万有意愿有能力的贫困人口产业扶持资金全覆盖；按照每村 50 万元标准，涉藏地区 658 个贫困村实现了互助资金全覆盖；投入资金 7.15 亿元，扶持发展村集体经济，实现涉藏地区村级集体经济扶持项目在 1623 个行政村全覆盖……

贫困堡垒的攻坚之地，产业扶贫"组合拳"虎虎生风、愈战愈勇，牧区生产方式正发生着革命性变化。

黄南藏族自治州泽库县宁秀乡拉格日村是纯牧业村。过去，"逐水草而居"的传统放牧方式导致草场植被逐年退化，草畜矛盾、牧民群众增收难问题日益突出。

以草场和牲畜折价入股，拉格日村组建了生态畜牧业合作社。推广良种繁育，科学高效养殖，给牛羊佩戴有机耳标，记录牛羊出生信息、疾病史、食用饲料等关键信息，如今，拉格日合作社实现了养殖环节的全程可追溯，在青藏高原延续了上千年的一家一户的放牧方式在这里画上了句号。

"泽库县 64 个行政村，已有 36 个复制推行了'拉格日模式'。"泽库县县长更智才让介绍，2018 年，全县实现了 3473 户 14032 人脱贫减贫。

生态之变：为世界探索人与自然和谐发展之路

在青海省海北藏族自治州门源回族自治县泉口镇沈家湾村，记者迎面碰到三位拿着垃圾袋和日记本的村民。显然，他们刚下山归来。

村民拜占芳告诉记者，她是政府聘任的林业生态管护员，每天要去村子周边的林地巡查，主要任务是森林防火、环境保洁、禁伐禁牧等，完成绩效考核后，每年可获得 1.5 万元以上的收入。

打开她的巡护日志，有日期、天气、地区、有无异常情况等多个项目的详细记录，图文并茂、信息清晰。

"丈夫常年在外打工，孩子也在外读书。公公今年 75 岁，腿脚不便，离不开人照顾。"拜占芳说，国家的好政策让我在家门口有了稳定收入，再加上家人努力，全家在 2016 年底已实现脱贫。

青海，是三江之源，有祁连山国家公园和三江源国家公园；这里是世界四大净土区之一，是我国乃至亚洲重要的水源涵养地及生态安全屏障。为保护生态，青海九成以上的国土面积被列为限制开发区和禁止开发区。

如何实现生态保护与脱贫攻坚双赢？这是一个实现民族地区历史性跨越的系统工程。

设立农牧民生态管护岗位，在推动生态保护的同时，让公益岗位日渐成为贫困户稳定脱贫的重要抓手，进而形成了一条以生态保护助力脱贫攻坚、以脱贫攻坚促进生态保护的"生态脱贫"之路。

牧民麦措的家原本在治多县索加乡莫曲村。退牧还草实施后，村里 298 户村民陆续搬到县城居住。2017 年以来，当地政府对搬迁到县城的牧民进行了汽车驾驶、汽车维修、民族特色手工艺品制作等技能培训。现在，麦措除了从事生态管护员工作外，还在县城一家糌粑加工车间上班。

"虽然丈夫卧病在家，但政府解决了就业，我一个人也可以维持全家的生活。"麦措说。

回望来路，生态扶贫既扶了贫，也改善了生态。青海省扶贫开发局的统计数据显示，青海累计设置生态公益性管护岗位 12.6 万个，安排贫困户 4.99 万人，户均年增收达 2.16 万元。全省生态环境持续改善，青海省生态相关部门提供的数据显示，2018 年，青海向下游输送水量 820.57 亿立方米，三江源地区的生态向好尤为明显，2014 年至 2018 年草原植被覆盖度提高约两个百分点，森林覆盖率由 4.8% 提高到 7.43%，水域占比由 4.89% 增加到 5.7%。

前瞻未来，生态扶贫培育出的生态旅游产业，已成为青海涉藏地区的绿色产业、开放支点和富民方向。截至目前，青海涉藏地区累计投入财政专项扶贫引导资金 2.65 亿元，实施乡村旅游项目 98 个，惠及贫困农（牧）户 9121 户 3.16 万人。

让绿水青山"颜值"更高，金山银山价值更大。青海在以生态优先、绿色发展为导向的高质量发展之路上，仍将不断为世界探索人与自然和谐发展的中国方案。

2019 年 10 月 11 日　薛　颖　陈　凯　骆晓飞　邹　乐

参与记者：黄　玥　李　超　李亚光　央秀达珍　王金金

扶贫车间夯实高原山村脱贫路

春回高原，青海省海东市化隆回族自治县扎巴镇本康沟村的扶贫车间恢复了繁忙景象。"嗒嗒嗒……"缝纫机发出的声音，在并不宽敞的车间回响，紧张而又充满节奏感。

"一听到缝纫机的声音，心里就感觉很踏实。"本康沟村建档立卡贫困户、"车间工人"韩新庄姐说。

海拔 3000 米、地处浅脑山地区的本康沟村是当地政府认定的重点贫困村，土地贫瘠、增收渠道单一，一度是这个村摆脱贫困最大的障碍。脱贫攻坚战打响以来，在扶贫联点单位的帮扶下，这个村与青海哈尼福民族服饰有限公司合作，走上了一条"公司+小车间+农户"的精准扶贫之路。

"扶贫车间是由党员活动室改造而成的，42 台缝纫机是扶贫联点单位捐赠的，不仅吸纳本村 50 名村民就业，而且还吸收了周边村子里的贫困群众。"本康沟村扶贫（驻村）工作队第一书记多杰冉丹说。

"在家门口上班，既能照顾双腿高位截肢的丈夫的日常出行，又有了稳定收入，我在扶贫车间加工服装，他熨烫衣服，我们夫妻一个月有 4000 多元的收入。"韩新庄姐说。

2018 年，通过扶贫车间，韩新庄姐一家实现了脱贫。

多杰冉丹介绍，本康沟村扶贫车间主要以订单生产的方式加工民族服装，每年约生产各类民族服装 7 万件。受疫情影响，今年的订单进度有所耽搁。为了保障困难群众就业，按照政府部门的统一安排，从 2 月 24 日起，在做好疫情防控的前提下，扶贫车间开始有序复工，目前已经实现满负荷生产。

和韩新庄姐一样也是建档立卡贫困户的姚新庄，2018 年通过培训成了扶贫车间的一员。"我在扶贫车间有稳定的收入，生活条件比以往好了很多，再不能当贫困户了！"姚新庄说。2018 年底，她主动提出申请，自愿退出了贫困户和低保户。

青海省扶贫开发局规划财务处处长秋立朝介绍，近年来，青海省围绕青稞、乡村旅游、民族手工艺等特色优势资源，累计挂牌建成各类扶贫车间 310 个，带动了 1.4 万名群众实现了就近就地就业，其中贫困劳动力 0.6 万人。

"发生疫情后，扶贫车间正常生产耽误了一个多月，为了克服疫情影响，政府部门对带动贫困户发展的扶贫龙头企业、合作社和扶贫车间及时给予了脱贫攻坚政策扶持和金融扶贫产业贷款贴息支持。"秋立朝说，截至目前，青海省内 80% 以上的扶贫车间已经恢复正常生产。

2020 年 4 月 8 日　骆晓飞

青海省所有贫困县脱贫摘帽

21 日，青海省政府发布公告，经专项评估检查，民和回族土族自治县等 17 个贫困县（区）达到脱贫退出标准。至此，青海全省 42 个贫困县（市、区、行委）全部退出贫困县序列。

青海省贫困人口点多面广、贫困程度深，共有贫困县（市、区、行委）42 个，其中国家扶贫开发重点县 15 个。脱贫攻坚战打响以来，青海省按照"四年集中攻坚，一年巩固提升"的总体部署，紧紧围绕"两不愁三保障"目标标准，以青海省"1+8+10"政策体系为牵引，坚决有力推进精准扶贫、精准脱贫，减贫成效逐年显现。

经过集中攻坚，履行退出程序，今年 17 个县（区）顺利退出，意味着青海省 42 个贫困县（市、区、行委）、1622 个贫困村、53.9 万贫困人口全部退出贫困，实现了绝对贫困全面"清零"目标。

2020 年 4 月 21 日　骆晓飞　白玛央措

青海开启消费扶贫新模式
力补扶贫产业"短板"

与拼多多、淘宝、京东、快手等电商平台精准对接，以网红带货、电商销售方式破解扶贫产品"卖难"问题，随着消费扶贫模式的创新和拓展，青海高原产业扶贫之路正在变得越来越"畅通"。

9 日，全国消费扶贫青海众创基地揭牌，同时，"青"字号品牌一站式展销平台——"青品汇"电商平台上线运行，标志着青海省消费扶贫迈入了新的发展阶段。

由中国扶贫志愿服务促进会和青海省扶贫开发局牵头建设的全国消费扶贫青海众创基地，位于西宁市国家电子商务示范基地，总面积 3000 平方米。其中，高原特色展销平台 1500 平方米，电商、网红、视觉设计等办公面积 1500 平方米。

青海省农产品流通促进会会长邵勇介绍，全国消费扶贫青海众创基地和"青品汇"电商平台，以"政府搭台、企业唱戏、市场化运营"的模式建设运行，旨在打造"永不落幕的线上线下高原特色扶贫产品展销平台"：线上，建设"青品汇"APP 平台和微信端平台，以网红带货、电商销售的方式销售青海高原青稞、牦牛产品和民族手工艺品等 9 大类扶贫产品；线下，以西宁市国家电子商务示范基地为依托，打造集产销对接、视觉设计服务、培训服务和新媒体传播服务为一体的综合服务平台。

青海省海南藏族自治州副州长才让走进拼多多直播间，为当地特色农产品代言，不到一小时，扶贫店铺直播间吸引了 56 万用户围观。全国消费者纷纷为青海牦牛酸奶、青稞、蜂蜜、枸杞等精准扶贫农产品下单。

2020 年 6 月 9 日　骆晓飞　、韩方方

"吹响"幸福的白海螺

——青海易地扶贫搬迁见闻

皮质吹风袋安静地躺在长桌上，毡衣、牛轭、矛被安放在一个个展位上……金秋时节，走进青海省海南藏族自治州共和县廿地乡切扎村村史馆，过去游牧生活所必需的众多物件已渐渐退出村民日常生活，成为安置点上村史馆中的展品。

"以前住在帐篷里，没有皮质吹风袋可不行。现在再也用不上这个了。"44岁的藏族牧民仁青加说。过去的切扎村距共和县城24公里，是全县40个建档立卡贫困村之一，牧民居住偏远、分散，基础设施条件差，公共服务难以企及。

"水在两三公里外，要靠人去背。"仁青加说。依靠脱贫攻坚政策，3年前，仁青加和村里其他100户牧民一起搬到这个易地扶贫搬迁安置点。

安置点距离共和县城只有3公里，"县城近，孩子上学近，家人看病也方便。"仁青加的儿子华旦扎西被送到共和县第三完全小学上学，而仁青加也接起了来自县城的缝纫"订单"。

"一顶藏式帽子500元，一件传统藏袍能卖到4000元。"手里的动作一刻也不停歇，仁青加正忙着缝制藏袍。2017年从山里搬下来后，仁青加和妻子切忠参加了共和县就业局为贫困户免费开办的技能培训班，学到了裁缝手艺。

"现在接单、拉原料、送成衣都方便，做一套藏袍能挣200元手工费。"仁青加和县城里的岗坚巴服饰公司建立了联系，夫妻俩每月能从这个公司接到10套左右的藏袍制作订单。

便利的地理位置，让切扎村对未来发展有了更多规划。驻村干部李军介绍，除了靠近县城，切扎村易地扶贫搬迁安置点地处 109 国道旁，常有货车司机和前往青海著名景点茶卡盐湖的游客从此经过。2019 年，切扎村整合各级资金 858.69 万元，修建集餐饮、住宿、购物于一体的产业扶贫孵化基地。

"产业园大楼马上就要对外出租，既能就近解决群众务工问题，又能带动村集体经济发展。"李军说。

切扎村的变迁，是青海易地扶贫搬迁助力脱贫奔小康的缩影。近几年，青海已累计搬迁 5.2 万户农牧民，20 万人通过易地扶贫搬迁挪出"穷窝"，走上了致富路。

青海省黄南藏族自治州泽库县东格尔社区是青海南部地区最大的移民安置点，这里海拔 3650 米，居住着来自 4 个乡镇、15 个行政村的牧民群众 2618 人。

记者见到 53 岁的牧民赛增吉时，她正站在院子里的炉子前炒青稞。草场面积少、质量低，赛增吉一家 2017 年从 30 公里外的雄先村搬迁了过来。

光伏扶贫收入 2300 元，牛羊入股到合作社分红 5863 元，再加上低保收入及儿子外出务工的收入，赛增吉家的后续脱贫方案表上，去年的收入已达到 29624 元。80 平方米的房子是政府帮忙盖的，社区干部天天操心着牧民群众的生活。

"牧民群众刚搬来时完全没有城市生活概念，家里连衣柜都没有，从家里的家具摆设到生活习惯、卫生习惯都要从头教起。"社区党支部书记多吉恒茂告诉记者，为了让牧民群众到易地搬迁点后有归属感，当地将 713 户牧民划分为 15 个片区，设立 15 个党小组，聚焦党员作用发挥，提升社区为民服务水平。

夏天雨水多，居委会主任万将杰布和社区干部夜里在社区巡查，及时发现赛增吉家后院积水严重。"那天晚上雨特别大，他们都睡了，我赶快让他们先从房里搬出来。"万将杰布说，第二天社区协调调来抽水机，把赛增吉院里的水抽走。

阳光下，黄墙红瓦的房子整齐有序地排列着，不时能看到牧民群众悠闲地走过。

多吉恒茂说："我们社区的名字是'东格尔社区'。'东格尔'在藏语里是'白海螺'的意思，我们希望，群众来到我们这个社区后，开始吹响他们幸福生活的号角。"

2020 年 9 月 18 日　顾　玲

中央广播电视总台

中央电视台（存目）

	标题	日期	栏目	作者
中央电视台1套	青海团开放日：生态保护和脱贫攻坚有机统筹	2016年3月6日	新闻联播	毛亚飞 李永辉 高山
中央电视台1套	青海：职业教育拔穷根	2016年5月21日	新闻联播	毛亚飞 李永辉 高山
中央电视台1套	青海：扶贫先扶智，文化扶贫开拓致富新途径	2016年6月24日	新闻联播	毛亚飞 李永辉 高山
中央电视台1套	习近平青海考察说了这些事	2016年8月24日	新闻联播	中央电视台记者
中央电视台1套	青海：易地扶贫搬迁 共建美好家园	2017年4月8日	新闻联播	柳成 史雅婷
中央电视台1套	产业扶贫精准发力 十三五实现3000万人脱贫——青海省乌兰县依托青藏高原的自然资源，种植南美藜麦实现增收，发展特色扶贫产业	2017年4月15日	新闻联播	柳成 杨成盛
中央电视台1套	青海互助：贫困村乔迁新居的第一个新年	2017年7月1日	新闻联播	毛亚飞 李永辉 高山
中央电视台1套	新春走基层——碗拉面的幸福味道	2018年2月3日	新闻联播	陈杰 徐平
中央电视台1套	青海下好"绣花"功夫 做好"精准"文章	2018年3月22日	新闻联播	央视记者
中央电视台1套	领航新时代 青海：高原承重任 雪域写担当	2019年2月27日	新闻联播头条	毛亚飞 柳成 王小龙
中央电视台13套	国新办 深度贫困地区脱贫攻坚成效显现——青海省扶贫开发局局长马丰胜接受中央广播电视总台国广记者提问	2019年6月26日	新闻直播间	央视记者

中央电视台1套	在习近平新时代中国特色社会主义思想指引下——新时代 新作为 新篇章 贫困县摘帽进程过半 脱贫质量提升 青海互助县班彦村脱贫攻坚	新闻联播	2019年7月14日	陈博
中央电视台4套	聚力脱贫攻坚 青海黄南：高原草绿见牛羊 生态恢复与脱贫并进	中国新闻	2019年7月18日	孙雨彤
中央电视台1套	汪洋在青海调研	新闻联播	2019年7月18日	肖午铭 邓睿 耿佳 毛亚飞
中央电视台1套	班彦村：易地搬迁脱贫 新村新貌新生活	壮丽70周年特别节目	2019年8月4日	毛亚飞 李永辉 高山 柳成
中央电视台13套	青海：易地搬迁 搬出幸福	新闻直播间	2019年9月8日	毛亚飞 李永辉
中央电视台17套	《攻坚日记》拉面县里的新活法	农业农村	2019年12月11日	杨沛
中央电视台1套	[决战决胜脱贫攻坚] 12个省区市贫困县全部脱贫摘帽	新闻联播头条	2020年4月21日	肖媛 建春 韶宇 天皓 张勇 青海台 河南台
中央电视台1套	青海 多种途径推动"三区三州"所属地区脱贫	新闻联播	2020年8月11日	王宁 央视记者
中央电视台2套	[走村直播看脱贫] 青海化隆县本康沟村：拉面经济助脱贫	经济新闻联播	2020年9月9日	裴蕾
中央电视台2套	[走村直播看脱贫] 青海乌兰县巴音村：藜麦种植解决村民就业	经济新闻联播	2020年9月13日	裴蕾

中央电视台 1 套	【走向我们的小康生活】嘉塘草原唱响生态新牧歌	2019 年 9 月 15 日	新闻联播	艾达 雷飚 李刚 立雷 万书伟 杨炎鹏
中央电视台 2 套	【走村直播看脱贫】青海天峻县梅陇村：牦牛化身致富牛	2020 年 9 月 15 日	经济新闻联播	王晓霖
中央电视台 2 套	【走村直播看脱贫】青海大通县边麻沟村：青稞地变花海 乡村旅游带动农户致富	2020 年 9 月 18 日	经济新闻联播	王晓霖
中央电视台 1 套	【走向我们的小康生活】青青：光伏扶贫绿色能源点亮小康生活	2020 年 9 月 20 日	新闻联播	艾达 张春玲 张立雷 候丕东 王永盛 杜珏 任青
中央电视台 2 套	访青海省省长：面对脱贫攻坚四大困境，青海有这些重磅举措！	2020 年 9 月 20 日	经济信息联播	白玥 易扬 刘军
中央电视台 2 套	专访青海省省长信长星：精准脱贫要搬得出 稳得住 能致富	2020 年 9 月 21 日	第一时间	白玥 易扬 刘军
中央电视台 2 套	【走村直播看脱贫】青海互助县班彦村：靠易地搬迁利特色产业脱贫	2020 年 9 月 21 日	第一时间	王晓霖

中央人民广播电台

《十年·这里》青海化隆扶贫记录（三）：
青沙山隧道两端的生活

【主播】2016 的大门已经打开，站立在一个常变常新的时代，我们关注今天的生活，更憧憬未来将是一个怎样的世界，父母如何养老，孩子怎么上学，房价是涨是跌，看病会容易一些吗，空气会好一点儿吗，同一座城市的你我能够平等地生活吗？

中国之声从 2013 年起推出了大型记录报道《十年，这里》，连续十年，用话筒聚焦 10 个中国地点，记录这些地方每年的变化，记录这些地方的人们每年的喜怒哀乐，从细节处展开微观中国的生动图景。

今年是《十年·这里》记录的第三年，从元月 1 日起的十天里，我们一起分享时代变迁，一起倾听中国样本。

【记者】去年的中央一号文件要求，要着力创新扶贫开发工作机制，提高扶贫精准度，抓紧落实扶贫开发重点工作。《十年·这里》前两年的报道中我们说到，青海省化隆县阿什努乡气候环境恶劣，计划实施生态移民。

2015 年，少部分村民开始搬迁，但更多村民的搬迁方案还没有达成一致。这一年里，老人们继续生活在西北的卡日岗山区，年轻人在东部城市的拉面馆打拼。海拔 3000 多米的青沙山隧道，连接阿什努乡和外面的世界，也连起两种不同的生活。请听中央台记者白杰戈、葛修远的报道：

昨天晚上，56 岁的马生财从西宁回化隆。车走平阿高速公路，穿过海拔 3000 米的青沙山隧道：

【马生财】青沙山隧道还通着呢，再过两天就不通了，他们要修路。

小寒这一天,土黄色的青沙山上有少量的积雪。2000 多公里外,浙江宁海,马生财的儿子开的拉面馆,墙上也贴着一大幅青沙山的图片,那是夏天青绿的山和金黄的油菜花。

【马达吾】这个是西宁到化隆的路上,青沙山隧道过去那边……

这是 2015 年 8 月的下午,结束午餐的忙碌,马生财的两个儿子在店里休息。青沙山的图片旁边,空调上、冰柜上,都贴着店里的无线网络密码:

【马达吾】都玩儿,现在基本上没有一个不玩手机的,每个人过来都问,wifi 有没有? 密码多少? 我就写在那儿让他们自己看……

这间"化隆马家拉面",开在宁海县梅林街道几家电子产品工厂的旁边,顾客几乎没有本地人,主要是厂里的外来务工者:

【马家兄弟】本来是一个村子,原来前面路都没有,主要靠的就是厂里的工人,基本上每天都会来吃,好多是西北人,不是西北人也不行。

不过,并不是所有的工厂附近都适合开拉面馆:

【马达吾】去年在宁波骆驼镇那边开了一家店,4 万多块钱开起来,开了10 天,没人,就关了。

【记者】但那儿也是工业区啊?

【马达吾】那不一样,人不一样,一个是没有西北人,再一个都是年纪比较大一点儿的,三四十岁的那些人,舍不得在外面吃,省吃俭用。这里大多数是二十多岁的年轻人,不考虑后果,每天下班带女朋友过来吃饭,这个月挣的基本上吃完了下个月再挣。

【记者】你来这边多少年了?

【马成云】十多年了。

【记者】我看你才二十几岁。

【马成云】我们很小就出来了。马达吾:我们上到小学二年级就没上了,那个时候家里经济不行，就靠一点儿旱地，下雨下得好一点儿，肚子能吃好，不下雨的话就吃不饱了。

辍学之后，哥哥马达吾放过羊，在青海本地打过工，一开始每天能挣 17 块钱。2001 年，他离开青海到安徽，在老乡的面馆里打工，第二年，平安县和化隆县之间的青沙山开始建高速公路隧道，2004 年，3000 多米长的隧道打通，马达吾也有了自己的店：

【马达吾】我一开始在宁波，宁波搬到宁海，宁海也开了好几个店了，有些店倒闭了，有些店赚一点儿钱，十几年就这样过去了。

近两年，不少同行都反映生意变差了。哥哥马达吾说：

【马达吾】他们都说今年生意不好，我这儿比去年差一点儿，但我这儿的房租便宜，就能忍得住，我以前的老店，房租贵，一年下来就没挣多少钱，转掉了。

2015 年，有媒体报道甘肃兰州和青海化隆的拉面之争，马达吾说：

【马达吾】原来我们青海的多，现在甘肃的多。很和平的，全部搞得一家人一样。

他也证实，行业里确实有两家店不能靠得太近的规矩：

【马家兄弟】到我这里找店的人也不少，我跟他们说距离必须拉开，大概的距离就是一公里或者 800 米。跑到这么远 2000 多公里外来不容易，大家多赚点儿钱都高兴啊。也有像宁波的那样，开在对面竞争，价格往下压，牛肉多放，到头来顾客好了捡便宜了，这些人就亏大了，白做了。你想夏天这么热，我们拉面店也不容易的，厨房里蒸笼一样的。特别难受。又湿又热，快要蒸熟了，夏天最想家，特别想家。

不过，2015 年夏天的开斋节，马家兄弟没有回家，只能通过手机，看一看回家的老乡们发的朋友圈。

他们也关注老家阿什努乡搬迁的进展。阿什努乡"十三五"规划要搬迁的 3000 多人，还没有形成满意的方案，不过 2015 年秋冬，有 40 多户村民搬走了，阿什努乡党委书记申明文介绍：

【申明文】10 月、11 月搬的，每户的搬迁费是 4 万元，补助项目下来之后他们就赶紧搬了，今年计划土地流转承包。

这些村民都来自阿什努乡最偏远的列仁村，距离马达吾家所在的阿什努二村，还有大约一个小时车程。因此他们比较愿意接受补偿方案，大多数人搬去黄河边自然条件比较好的甘都镇，自行安置。阿什努乡党委书记申明文介绍：

【申明文】列仁村条件基本上是我们乡最差的，交通不便，全是山路，没有水。他们多半搬到了甘都镇，条件好一点儿。

【记者】但是 4 万块钱到那边买房子买地都不够。

【申明文】对，4 万元不够，一套房子大概就要十几万。

但是马达吾觉得，光有几万块钱不是办法：

【马达吾】比如我们这样在外面做生意的还好，很困难的那些，家里没有儿子的话，给个三五万块钱，能去哪里？对不对？就算搬到群科那边给他们房子，没有土地，都没法生活的，出去打工也干不了活，住在楼房也只能是开销，没有进来的钱。

32 岁的马达吾小时候种过地，25 岁的弟弟马成云就不会了：

【马达吾】我小的时候天天在做。记者：你会做吗？

【马成云】我没种过。记者：真的让你种地的话，你可能还得学一下。

【马成云】要学的，哪天店开不下去了没地方去了，只能种地吃饭吧，其他的也不会干，做别的生意又不会，没念过书只能做苦力活。记者：你愿意种地还是开拉面馆？

【马成云】拉面馆能开下去还是愿意开拉面馆。

一年中的大部分时间，兄弟俩带着妻子和儿女，生活在离家 2000 公里外。休息的时候，和这里的年轻人一样，女士们也会聚在一起，用手机看电视剧。

她们戴着花头巾，旁边的墙上是青沙山的图片，隧道外面，平直的高速公路穿越村庄，那是他们回家的路。

马达吾十几年前离家几千里，是为了谋生。如今，只剩下老人的村庄，也要再经历一次迁徙——为的是到气候环境更好的地方。故土难离，对于老人尤其如此，这个故土既指祖辈生活的地方，也指世代耕作的土地。虽然它贫瘠干旱，靠天吃饭，但是老人们无法想象搬到城镇、失去土地的生活。

因此，虽然大家都有对美好生活的向往，但变化没有想象的那么快。补偿标准、搬迁方案……都还在协调中。

时间缓慢，却足以塑造一切，马达吾们不再会讲父辈的语言，西北口音里甚至带了江浙腔调，他们的儿女更是很难跟爷爷奶奶交谈。这是在逐渐的离开中，仍然不断牵扯的过程。有一句话，没有用到报道里，马达吾说："在外面长了觉得还是老家好，老家待一段时间还是外边好……现在基本上两边都是家了。"

他们的儿女，会觉得哪里是家呢？

2016 年 1 月 7 日　中国之声《新闻纵横》

青海省出台
健康扶贫"三个一批"实施方案

青海省卫生计生委、民政厅、人社厅、扶贫开发局等部门日前联合印发《青海省健康扶贫工程"三个一批"行动实施方案》，围绕全面建成小康社会的刚性目标和底线目标，面向全省农牧区建档立卡贫困人口开展"大病集中救治一批、慢病签约服务管理一批、重病兜底保障一批"行动。

大病集中救治一批。就是在国家确定救治 9 种大病的基础上，青海新增儿童先天性动脉导管未闭症、儿童先天性法洛四联症、儿童先天性肺动脉瓣狭窄症、包虫病、肺结核等，共计 14 种。依据国家卫生计生委发布的相关诊疗指南规范和临床路径，以县为单位组织患有 14 种大病的贫困人口分类分批到定点医院救治。至 2017 年底，救治比例达到 40%，2018 年实现集中救治全覆盖，2020 年大病集中救治扩大到所有大病病种。

慢病签约服务管理一批。就是统筹基本公共卫生服务均等化项目和家庭医生签约服务工作，优先与患有慢性病的农村牧区贫困人口签约，实现全覆盖，健康管理率达到 100%。同时扩大门诊慢性病民政救助病种，从目前的 4 种扩大到 25 种，同步提高救助标准，为特困供养对象发放门诊救助金，标准为每人每年 360 元。对患有 25 种慢性病的农牧区贫困对象产生的门诊费用，经基本医疗保险报销后的剩余政策范围内费用，特困供养对象按 100% 进行救助，其他贫困对象按 90% 进行救助，最高门诊救助限额 1 万元。此外，依托基本公共卫生服务均等化项目和 65 岁及以上老年人健康体检项目为符合条件的农牧区贫困人口每年开展 1 次健康体检，并建立健康档案。

重病兜底保障一批。就是完善重病兜底保障政策，降低农牧区贫困人口大病医疗保障起付标准，贫困人口大病医疗保险起付线由5000元调整为3000元，报销比例不变。农牧区贫困人口全部纳入重特大疾病医疗救助范围，进一步提升重特大疾病救助水平，确保农牧区贫困人口住院医疗费政策内或合规费用自付比例低于10%。鼓励各地根据实际，积极探索建立商业健康补充保险，患者门诊或住院医疗费用，经基本医保、大病保险、民政医疗救助报销后，对个人自付部分给予兜底保障。推动医保、救助政策在定点医院通过同一窗口、统一信息平台完成"一站式"结算，为群众提供方便快捷的服务。充分发挥慈善医疗救助作用，鼓励支持相关公益慈善组织通过设立专项基金等形式，开展重特大疾病专项救助。

方案要求各部门要加强协调配合，进一步实化细化职责，按照省负总责，市（县、区）抓落实的工作机制，强化联动机制，不折不扣落实各项措施。各市、州卫生计生行政部门要切实担负主体责任，会同扶贫、民政等部门，建立统一台账，实现建档立卡农牧区贫困人口、计生特殊家庭和民政部门提供的低保及特困供养人员全部纳入，实行动态管理。同时与相关部门建立健康扶贫月报和双月通报制度，及时主动向本级党委、政府汇报工作进展情况。加大政策宣传力度，提高基层干部群众和农牧区贫困人口对健康扶贫政策"三个一批"行动计划的知晓度，为深入实施健康扶贫工程营造良好的舆论氛围。

2017年5月27日 葛修远

北京援建助玉树 7 年
帮助补齐教育医疗扶贫短板

【主播】从玉树地震开始，祖国的心脏——北京就与青藏高原深处的玉树，结下了不解之缘。随着硬件设施的跨越式建设，玉树当地专业人才匮乏的问题开始显现。北京市第三批援助团队，着重补齐玉树医疗、教育、扶贫等民生短板，为玉树培养了一支带不走的人才队伍。央广记者葛修远报道。

【记者】在玉树州人民医院一楼大厅，不断有患者前来咨询问诊。但是很多患者并不知道，一支来自北京的专家团队，正悄然穿梭在这所医院里，提供高水平的医疗技术帮扶。

从北京来到玉树不到十天，来自北京市宣武中医院脾胃病科的白亦冰大夫就已经投入到忙碌的工作中，这边刚刚在病房为一位来自囊谦县的老人家进行了急性胆石诊断，又马上为另一名患者做胃镜检查。

灾后重建中，玉树州人民医院接收了大量的先进装备，但是由于专业技术人才匮乏，很多装备没有发挥出本来的作用，有的设备没有拆封就被闲置。北京专家团队到来后，直接进入科室任职，手把手帮助医院的医务人员提高操作技巧，充分发挥了各类先进技术装备的作用。

玉树州人民医院内科医生张秋梅说："有仪器，但是没人做，地震以后一直都闲置着。这次北京专家来，第一批就把胃镜室打开了，解决了很多不必要的问题，现在要学的还有很多。"

北京市从 2010 年地震后就一直对口援助玉树，7 年间共派出三批援助团队，在科技、产业、教育、医疗、文化、智力等方面对玉树进行全面帮扶。

2017年北京市安排援建玉树项目49项，对口支援资金3.12亿元。目前，已实施22项，涉及住房建设、人才培养、教育医疗、交流交往交融等项目，还通过旅游推荐，打造玉树旅游扶贫项目。第三批北京援助玉树团队，将着重帮助玉树补齐民生短板。

北京青海玉树指挥部指挥长王都伟说："北京在不同的短板上给以补充，在教育、医疗，政府管理方面，提供这种精准的帮扶，提供人才智力的支持，这样有框架、有计划，系统地帮助玉树人跨越发展，使玉树的城市社会发展越来越好，人们的生活水平越来越高。"

2017年9月2日　中国之声《新闻和报纸摘要》

健康扶贫精准指向涉藏地区包虫病
部队医疗队深入当地筛查巡诊

【主播】在我国西部农牧区有一种被国家认定为严重危害人民身体健康和生命安全、制约经济社会发展的重大传染病——包虫病，因 10 年病死率高达 90% 以上，该病又被称为"虫癌"。包虫病也是导致西部农牧区特别是高原地区牧民因病致贫、因病返贫的主要因素之一。

健康扶贫工程，是脱贫攻坚的难点，也是西部地区扶贫克难的着力点。中华慈善总会自 2015 年 11 月开始，启动实施了"涉藏地区千名贫困家庭包虫病患者救助行动"，2 年来先后 9 次邀请部队医院组成爱心医疗队，解放军第 302 医院、解放军第 253 医院、解放军第 107 医院、西藏自治区武警总医院等多家医院派出精锐医疗力量，为农村贫困人口脱贫提供健康保障。健康扶贫政策，如何成为山区人民的新"靠山"？常态化的救助如何延续？央广记者葛修远、罗布次仁、车丽报道：

【记者】在青海省玉树州人民医院，解放军第 107 医院的专家正在为患者家属分析病情。入冬以来，解放军第 107 医院再次组织肝胆、超声、麻醉科等专家，深入到青海玉树，进行包虫病筛查，并对一些带有并发症的患者进行术前评估，制定最优治疗方案，确保患者通过治疗彻底病愈。

解放军第 107 医院援助青海医疗队队长李振明介绍："对杂多县人民医院，从行政管理、学科建设、人员帮带等方面，进行全面帮扶。杂多县人民医院门诊量翻了三番。我们这次到杂多，一是对前期筛查的包虫病患者进行回访；

二是对前期没有参与筛查的全面进行筛查；第三，对一些疑难包虫病患者，治疗比较麻烦的，带到107医院进行救治。"

包虫病，是由于牧区卫生条件较差、牧民长期接触牲畜感染的人畜共患寄生虫病，主要有囊型和泡型包虫病两种。囊型包虫病病灶会出现突然破裂，致过敏性休克而死；而泡型包虫病患者如果不及时治疗，10年病死率高达90%以上，被称为"虫癌"。青海省有39个县（市）存在包虫病流行问题，人群患病率为0.63%，患者人数约2.6万，以包虫病为主的重大地方病危害严重，是牧民因病致贫、因病返贫的重要原因之一。

2017年，联勤保障部队启动健康扶贫包虫病救治行动，由沈阳联勤保障中心解放军第253医院和解放军第107医院组成的医疗团队，赴果洛藏族自治州久治县和玉树藏族自治州杂多县进行为期4年的健康帮扶。

青海省卫计委副主任王虎介绍："短短不到一个月时间里筛查了当地群众1400~1500人，发现了130多个病人，参与当地包虫病筛查，重症抢救，手术就做了60多台。当地老百姓享受到了大专家在我们基层机构的诊治。部队医院的同志，有优良的作风、严明的纪律，对当地卫生队伍的带动、培养作用十分重要。"

作为我国唯一全境流行包虫病的省份，西藏自治区今年联合区内外军地两级卫生机构，对全区74个县开展了全人群覆盖的包虫病筛查防治工作。截至11月2日，西藏包虫病全人群筛查近290万人，完成目标人群的98.5%，检查病例2万多例。

西藏自治区包虫病综合防治工作指挥部工作人员韩志芳介绍，为了使患者得到及时救治，西藏自治区选取13家医院作为定点医院，还采取了零支付救治措施，"截至目前基本已经完成筛查任务。我们的目标就是县不漏乡、乡不漏村、村不漏户。筛查以后进行治疗。686例病人已经做完手术，今年我们计划要完成1600例手术。针对一种病投入这么大的人力、物力、财力，做这么大的筛查工作，这在自治区防病史上是一个奇迹。"

西藏自治区武警总医院，是西藏13家专门收治包虫病患者的定点医院之一。2017年西藏开展包虫病综合防治工作以来，这里便成了那曲地区包虫病患者的救治中心。西藏武警总医院肝胆外科主任胡根德介绍，医院在专设包虫病手术床位、开通绿色通道、紧急购置手术器械的同时，还邀请北京武警总医院的专家赴藏参与救治工作，"包治办让我们医院留 10 张床，现在已经收治了 19 名住院患者。北京援藏专家过来后，全面的各种手术，包括外囊完整剥除、肝部分切除都已经开展了。基本上大多数病人能够做到根治，极个别特殊的病人只能通过手术加药物去治疗。"

为实现精准健康扶贫，中华慈善总会 2015 年 11 月发起了"涉藏地区千名贫困家庭包虫病患者救助行动"。2 年来，9 次邀请部队医院组成爱心医疗队，专程赶赴西藏日喀则市的萨嘎县、昂仁县，山南市的措美县，那曲地区索县、尼玛县，青海省玉树州的称多县筛查患者，先后共筛查了 22105 人，其中确诊 979 人，目前已经免费为 178 人实施了手术治疗。

作为全国最大、全军唯一的传染病、肝病专科医院，解放军第 302 医院成了国内首家参与该项救助行动的爱心医院。解放军第 302 医院院长姬军生表示：在一线开展包虫病筛查、治疗工作的同时，要努力帮助涉藏地区基层医疗机构提高诊疗水平，培养更多优秀人才，增强其自身造血能力。

姬军生说："面对涉藏地区包虫病高发但医疗卫生力量薄弱的实际，医疗队每到一地，通过帮带当地医院和乡镇卫生院，对医务人员进行传染病和肝病诊断、治疗、感控、保健等专业化培训和手把手带教，提高了基层医院诊治水平，使当地藏族群众长期受益，得到实惠。"

2017 年 11 月 16 日　中国之声《新闻纵横》

《河湟谷地脱贫路》系列报道之一：
向绿水青山要效益

【主播】河湟谷地是青海省东部黄河与湟水流域的三角地带，青海省主要农业区。地跨陕、甘、宁、青4省区61个县区的六盘山集中连片特困地区是国务院划定11个集中连片特困地区之一，其中就包括河湟谷地的7个县区。前不久，记者走访了这7个县区，探访河湟谷地脱贫攻坚工作开展情况，请听记者张雷采写的系列录音报道《河湟谷地脱贫路》之一：向绿水青山要效益。

（湍急的流水声，压混）

【记者】河湟谷地是黄河上游青海段与黄河第二大支流湟水在山区切出的峡谷和盆地，是青海省海拔相对较低、生态环境较好的宜居区。河湟谷地面积仅为青海全省面积的4%，耕地面积却占全省60%，居住着全省2/3以上的人口。

然而，河湟谷地并不是土地肥沃、水草丰美的农业天堂，大多属于水资源不充足容易缺水、气候较寒冷只有部分农作物能生长的浅山脑山地区，谷底汩汩流淌的两河清水难以利用，黄土地红土壤而且大多是山坡旱地，缺乏发展现代农业的条件，农民主要靠天吃饭。随着人口的增加，人多地少的矛盾凸显，农民单靠种地仅能解决温饱，脱贫致富只能另辟蹊径。

作为连通甘肃和内地的交通要道，河湟谷地历史上曾经是丝绸之路青海道、茶马古道青藏道，当年文成公主进藏也由此经过。从兰州沿黄河、湟水一路向西，两条峡谷内自然风光秀美，历史人文景观众多，多民族风情浓郁。

绿水青山就是金山银山，发展乡村生态民俗旅游，向绿水青山要效益，便成为各县区脱贫攻坚、农民增收致富的快捷途径。

（现场录音："我们这里整体规划面积……"以下压混）

民和回族土族自治县是从甘肃进入青海的门户。外出打工、经商的付成才返乡创业，流转380亩地，改造600亩荒山荒滩，在古鄯镇山庄村建成"七里花海"景区，走上了"企业＋景区＋贫困户"的旅游助力脱贫路。

（出录音：去年8月20号景区试营业，当年游客就达到了5万人次。今年已经纳入贫困户30户，一般农户80户。今年劳务收入这一块就能达到200万，提供160个岗位，重点带动50户农家乐。）

从民和县向西40公里，海东市乐都区高庙镇卯寨沟新庄村依托乡土民俗及河湟文化打造的"卯寨景区"，带动了三个村脱贫，成为青海省5个乡村振兴示范村之一。高店镇镇长杨新春：

（出录音：卯寨景区发展起来以后，带动了三个村稳定脱贫，贡献是比较大的。建档立卡户常年在这个景区里面务工，增加了收入。还有一部分属于边缘户，常年务工的有100多人，对我们高庙镇这一块的带动效应是非常明显的。）

从"卯寨景区"再向西100公里，西宁市湟中县土门关乡上山庄村，返乡创业的周玉财在县扶贫局的支持下，流转土地2000亩，建设"上山庄花海"景区，景区从建设用工、经营摊位到管理服务岗位，优先安排村里的贫困户。上山庄花海景区总经理周玉财：

（出录音：一个土地快速流转，完了以后就快速建设，要用大量的人工，我们优先使用贫困户。我们算了一下，最差的两个人就有一万块钱的收入，好的一家有五万多的收入。去年的贫困户彻底脱贫了，今年在往更好的方向发展，目标就是用这个旅游项目，来长期地带动这个地方的脱贫致富。）

（河湟花儿演唱录音，压混）

如今，在河湟谷地，背靠绿水青山，花海景区和农家乐、牧家乐、林家乐遍布，土族风情园、撒拉庄园，河湟花儿歌声悠扬……多姿多彩的乡村民俗生态旅游不仅吸引着城里人走进绿水青山、青海人游青海，也吸引着越来越多的外省回头客到青海深度游，而越来越多的河湟谷地农民从单一的田间劳作转向绿水青山间的经营，努力实现着脱贫致富的梦想。

《河湟谷地脱贫路》系列报道之二：
向特色种植养殖要效益

【主播】河湟谷地是青海省东部黄河与湟水流域的三角地带，青海省主要农业区。地跨陕、甘、宁、青4省区61个县区的六盘山集中连片特困地区是国务院划定11个集中连片特困地区之一，其中就包括河湟谷地的7个县区。前不久，记者走访了这7个县区，探访河湟谷地脱贫攻坚工作开展情况，请听记者张雷采写的系列录音报道《河湟谷地脱贫路》之二：向特色种植养殖要效益。

【记者】青海省国土面积72万平方公里，为全国面积第四大省区，但农业可利用土地很少。目前，全省耕地保有量仅为880多万亩，不到国土面积的1%。

尽管河湟谷地耕地面积占青海全省60%，但以往种植结构相对单一、户均种植规模小，小麦、油菜、土豆"老三样"仅能维持生计。发展庭院经济，建立种植、养殖合作社，向特色种植、养殖要效益，成了六盘山集中连片特困地区青海河湟谷地各县区脱贫攻坚、农民增收致富的必然选择。

【养鸡场鸡叫声，压混】

海东市互助土族自治县台子乡哇麻村，2015年精准识别62户建档立卡贫困户。村里充分利用六盘山片区扶贫资金和当地政府扶贫互助资金，建起了种养殖农民专业合作社、葱花土鸡养殖基地，引导贫困户种植长白葱、当归等特色经济作物，养殖土鸡、土猪、肉牛等家禽牲畜。靠着发展特色种植养殖，村里的贫困户每年分红都有一笔收入，全村贫困户全部实现脱贫，村集体也有了用于扶贫助困助学滚动发展的资金。

【现场录音："我们现在主要是……"，压混】

在西宁市湟源县申中乡前沟村，青海省林业厅驻村干部和村干部 2015 年与 35 户贫困户结对帮扶，引导贫困户从事藏药材、苗木种植。2016 年，村里成立了专业合作社，38 户贫困户和五保户以土地入股，成为合作社社员，种植云杉、油松、丁香、当归和黄芪等苗木和经济作物，还建了两个大棚培植羊肚菌。林业厅驻村干部、前沟村第一书记赵雪彬介绍，经过两年的发展，村里共实施了 24 项扶贫项目。靠土地流转、合作社分红、劳务收入，去年全村人均收入达到 1.58 万元。

【出录音：以前种植方式比较单一，只种点儿小麦、油菜。我们只要是从苗木种植、药材种植、林下经济，多方面地发展生态扶贫，就相当于给村里留下绿色的银行，带动本村和周边的贫困户和群众增收致富，达到了贫困户脱贫、贫困村退出的标准。】

前沟村还争取到林下经济扶贫项目，种植树莓 625 亩，成立了青海树莓农业产业化有限公司。村党支部书记、树莓公司董事长晁沐告诉记者，借助"公司 + 合作社 + 农户"多种扶贫模式，前沟村不仅贫困户全部脱贫摘帽，全村村民收入逐年增加，村集体经济收入也由零元增加到 80 万元，还带动了周边 5 个村共同脱贫致富。

【出录音：通过实施六盘山区林下项目，带动周边的群众 2000 户增收致富。有一部分是他们的地租，有一部分是家门口务工就业，再就是可以分红，有个固定的收入，在生态社会效益这一块效果很明显。】

【牦牛养殖场现场音响，压混】

在湟源县巴燕乡下胡丹村，2017 年成立了有太专业合作社，从事牦牛育肥，130 头牦牛相继出栏，村集体有了 10 万元收入。为了帮助 34 户贫困户脱贫，村党支部牵头，成立了湟源下胡丹农牧生态开发有限责任公司，以牦牛育肥、饲草料种植和加工为主，中草药种植为辅，村集体经济滚雪球似的不断发展壮大。

湟源县委组织部驻村干部、下胡丹村第一书记刘文慧介绍，借助特色种植养殖，村里原有的建档立卡贫困户全部脱贫。随着村集体收入的逐年增加，已经能够防范村民因病因残等因素返贫，巩固脱贫攻坚成果。

【出录音：在发展阶段我们村里的集体经济收入 70% 作为滚动资金留下来，30% 用作村里公益设施、基础设施的建设。等我们有一定的实力之后，我们的理想化状态是，让全村 295 户 1034 人持股分红。】

如今，在河湟谷地各县区，除了传统的小麦、油菜、土豆，玉米"老三样"，葱蒜、辣椒、蚕豆等蔬菜，当归、黄芪等中药材，苗木花卉等经济观赏作物遍地开花，种植业结构单一的状况正在改变。从土鸡、土猪养殖到牦牛育肥和饲草料配套种植，农区养殖业规模也在不断壮大。特色种植、养殖业稳步发展，在河湟谷地脱贫攻坚工程中正在发挥着重要的作用。

2018 年 7 月 10 日　中国乡村之声

《河湟谷地脱贫路》系列报道之三：
向农业产业化要效益

【主播】河湟谷地是青海省东部黄河与湟水流域的三角地带，青海省主要农业区。地跨陕、甘、宁、青4省区61个县区的六盘山集中连片特困地区是国务院划定11个集中连片特困地区之一，其中就包括河湟谷地的7个县区。前不久，记者走访了这7个县区，探访河湟谷地脱贫攻坚工作开展情况，请听记者张雷采写的系列录音报道《河湟谷地脱贫路》之三：向农业产业化要效益。

【记者】河湟谷地是青海省主要农业区，自给自足的传统农业生产方式，制约了农民脱贫致富。近年来，青海加快六盘山片区河湟谷地各区县农业产业化步伐，依托当地丰富的农畜禽产品资源，鼓励本省、吸引外省企业积极参与河湟谷地农畜产品加工、现代农业产业园建设，农业龙头企业正在成为河湟谷地各族农民脱贫致富的生力军。

【现场录音："华青扶贫产业园……"以下压混】

在循化撒拉族自治县，返乡创业的撒拉族80后青年韩德清创办了青海化青生物科技开发有限公司。在当地政府的大力支持下，化青公司发展成了青海省最大的蛋禽养殖场和有机肥生产基地。公司现有150名员工，大多来自附近4个村的贫困户。政府在化青公司养殖基地建设的扶贫养殖产业园投入1500万元产业扶贫资金，企业每年返还120万元红利注入县财政，统筹用到其他扶贫项目。

【出录音：项目运行以来，带动了周边有劳动能力的贫困户就业，每月的收入能达到3000元以上，实现了稳定的脱贫。】

在民和县中川乡峡口村，当地政府引进山东女企业家丁俐妃投资成立了民和堡嘉隆特色农业有限责任公司，流转 680 户贫困户 1500 亩土地种植酿酒葡萄，建设了青海省首家葡萄酒厂。

峡口村土族农民王录永以前四处打工，收入不稳定，后来和妻子就近在堡嘉隆酿酒葡萄种植基地务工，除了工资收入，去年还拿到 2000 元分红。

【出录音：以前没有固定的地方，这儿打上一年工，第二年去别的地方。什么活都干，收入不稳定。这儿打工，工资 2000 多，主要是离家近，能照顾上老人。】

公司总经理晋爱民介绍，当地贫困户除了土地流转收入和分红，还有部分贫困户成为公司员工，有了固定的收入来源。每年葡萄采摘季，公司还要聘用附近两个村 500 多户贫困农民做季节工，增加收入。今年公司酿酒葡萄种植面积扩展到 6000 亩，将带动周边 8 个村 2500 户农民脱贫致富。

【现场录音："这些大蒜，高温高湿条件下要发酵 20 天左右……"以下压混】

海东市乐都区是青海著名的"紫皮大蒜之乡"，紫皮大蒜种植面积达 1.5 万亩，而且拥有优质的富硒土壤。2014 年乐都区富硒大蒜产业园建成，引进江苏企业家黄振荣投资成立了青海宏恩科技有限公司。

2014 年以来，宏恩公司投资建设了万亩富硒紫皮大蒜良种繁育和种植基地，给附近乡镇农村建档立卡贫困户发放种子、肥料等农资，指导农户发展富硒农产品种植，带动了 905 户贫困户、3802 人脱贫。公司还在产业园建成了富硒黑蒜、马铃薯、杂粮和辣椒等农产品深加工基地，以"公司 + 基地 + 农户"的模式，辐射带动周边 15 个乡镇 41 个村 7500 户大蒜种植农民增收致富。公司董事长黄振荣：

【出录音：作为一个农业企业，我们这个精准扶贫，把青海的产品卖出去，必须要走这个路。带动更多的农户脱贫致富，而且特别是以后不会返贫。我们走的这个路，还是成功的。】

如今，在河湟谷地各县区，农业龙头企业不断成长，现代农业示范园、产业园建设方兴未艾，现代特色农业基地、蔬菜育种种植基地、饲草料加工基地、农畜产品物流基地……不断延长的农业产业链，引领传统农业转向现代农业，为六盘山片区青海特困地区脱贫攻坚注入了强大的动力。

2018 年 7 月 11 日　中国乡村之声

《河湟谷地脱贫路》系列报道之四：
群策群力推动脱贫攻坚向纵深发展

【主播】河湟谷地是青海省东部黄河与湟水流域的三角地带，青海省主要农业区。地跨陕、甘、宁、青4省区61个县区的六盘山集中连片特困地区是国务院划定11个集中连片特困地区之一，其中就包括河湟谷地的7个县区。前不久，记者走访了这7个县区，探访河湟谷地脱贫攻坚工作开展情况，请听记者张雷采写的录音报道《河湟谷地脱贫路》之四：群策群力推动脱贫攻坚向纵深发展。

【记者】六盘山集中连片特困地区青海河湟谷地7个县区贫困人口多、贫困面广、贫困程度深、脱贫难度大，是青海深度贫困片区和脱贫攻坚的"硬骨头"。实施精准扶贫，推动河湟谷地脱贫攻坚向纵深发展是一项"硬任务"，更是一个系统工程，必须群策群力，短效长效兼顾。

近年来，青海省各委办厅局，西宁、海东两市各单位按照扶贫专项方案，选派"第一书记"和扶贫干部驻村加强帮扶工作，党员干部与贫困户结对帮扶，做到了所有贫困村有驻村工作队、所有贫困户有帮扶责任人"双覆盖"。

【现场录："尕楞乡在循化县的西南方向……"以下压混】

2015年10月开始，青海省委宣传部定点帮扶海东市循化撒拉族自治县尕楞藏族乡牙尕村和哇龙村，全体党员与两村贫困群众结"穷亲"，选派干部接力驻村帮扶。两年多来，共落实项目24个、资金2000多万元，两村贫困户年人均可支配收入由2000多元增长至五六千元，顺利实现贫困户脱贫、贫困村摘帽。

【幼儿园孩子唱歌："爸爸妈妈去上班，我上幼儿园……"以下压混】

为阻断贫困代际传递，青海省委宣传部着眼未来，每年投入 20 万元开展"情暖藏乡"助学活动，改善幼儿园和学校条件，给考上大专以上高校的学生发奖学金、助学金。

今年 3 月，青海省委宣传部干部杨同业成为牙尕村"第一书记"。通过入户走访，杨同业了解到，牙尕村各族农牧民文化程度偏低，都希望下一代能受到良好的教育，而乡村的教育条件有限。杨同业联系爱心人士对 12 名建档立卡贫困户学生进行助学定向帮扶，争取青海省教育厅同意每年招收尕楞乡中学 10 名学生到三江源民族中学就读。

【出录音：一个支部对一个贫困户，一对一的帮扶，贫困户包括整个乡上的老百姓得到了很多实惠。在教育方面，情暖藏乡这个活动，一个是奖学金，一个是助学金，贫困户家庭的压力变小了，学生学习的动力变强了。应该上学的，都在学校，没有因为贫困而辍学的情况，确实老百姓是交口称赞的。】

易地扶贫搬迁、基础设施提升、产业扶贫、教育扶贫、旅游扶贫、健康扶贫、保险扶贫、金融扶贫、东西部扶贫协作……一项项扶贫工程在河湟谷地全面推进。

【现场录音："无锡有乡镇企业发源地的美誉……"以下压混】

江苏无锡市梁溪区对口帮扶青海海东市循化县，除了财政真金白银投入，在商贸、教育、医疗、旅游扶贫等各方面都做了大量工作：医院之间建立"医联体"，远程会诊，组织医疗队来循化为贫困农民免费开展先心病、白内障手术，旅行社将循化纳入重点推介线路，甚至无锡海外商会、无锡籍海外大学生都为循化乡村学校捐款捐物。无锡援青干部、青海循化县委常委、副县长朱雄说，梁溪区政府、企事业单位和社会各界、民间团体对循化的扶贫帮扶可以说是全方位的。

【出录音：东西部协作是加强贫困地区脱贫致富很重要的举措，刚刚起步，我们正在不断的探索过程中。产业合作，人才培训，包括劳务的协作、社会的援助等等各个方面的工作都在紧锣密鼓地推进。】

结合各地不同情况，针对不同的扶贫对象和扶贫难点，河湟谷地各县区精准发力、靶向施策。2016 年以来，已累计减少贫困人口 12.4 万人，贫困发生率从 2015 年底的 15.2% 下降到现在的 5.6%。如今，河湟谷地的脱贫攻坚工作还在继续向纵深发展……

青藏高原上的"健康扶贫"工程

【主播】青海贫困人口多、贫困面大、贫困程度深，因病致贫、因病返贫是重要原因。在青藏高原农牧区，包虫病、白内障、乙肝、结核病等疾病发病率高，导致很多农牧民丧失劳动能力和生活热情，缺乏脱贫致富的内生动力。近两年，通过实施"健康扶贫"系统工程，因病致贫、因病返贫人口大幅减少。请听央广记者张雷发来的报道《青藏高原上的"健康扶贫"工程》。

【现场音响，压混】

【记者】广东中山大学眼科中心"玉树光明行"白内障摘除手术活动在青海省玉树市八一医院启动。来自广东的眼科专家在当地医护人员的协助下，从前期报名的 500 名牧民群众中筛选诊断符合手术条件的患者，当天上午就完成了 10 台手术。

白内障是青藏高原农牧民的多发病。高海拔地区强烈的紫外线，极易伤害人的眼睛，特别是 40 岁以上人群中，白内障易发、多发、高发，甚至有些人 30 岁就得了白内障。近年来，一次次青藏高原"光明行"活动，为成千上万名白内障患者免费实施白内障手术。玉树市八一医院书记索南尼玛介绍：

【出录音：今年他们到玉树这边第六次，每年 200 多例，总共加起来一千二三百例做完了，其他的团队到这边做白内障公益手术，年年都有。我们这边的医务人员，他们手把手地教着，现在都是骨干。】

"健康扶贫"是一项系统工程，青海省在农牧区全面体检的基础上，将大病保险从 9 种扩大到 19 种，将签约管理的慢性病病种扩大到 25 种。玉树市卫计委主任成林龙周：

【出录音：健康扶贫从2016年开始，进行了一次全面的体检，地方病所有的病种得到了明确的筛查。针对肝病多发这一块，现在乙肝疫苗的接种全部是免费的，借康扶贫这一块力度就非常大。】

乙肝疫苗免费接种，携带乙肝病毒的孕妇医院分娩补贴，阻断母婴传播，对结核病患者治疗进行补助，有效降低了地方病的传播和危害。成林龙周：

【出录音：精准扶贫双签约这一块，全覆盖。刚开始只有医生签约，今年开始双签约以后，包点干部、村主任、支书，对各自负责区域内有多少个肝病、包虫病、结核病了如指掌，对吃药，还要监控、随访。】

2010年玉树地震后重建的玉树州人民医院，硬件设施够得上三级医院，软件建设一直跟不上。近两年，对口支援玉树州的北京市实施组团式医疗援助，玉树医院软件建设全面升级。北京援青干部、玉树州人民医院院长刘云军：

【出录音：在北京市和青海省大医院的帮助下，玉树医院新建了包虫病科、眼科、肝病科、骨关节、儿科重症监护室等11个学科，新开设了检查、诊疗、传染等5个病区。将原先空置的楼房、闲置的医疗设备全部运转起来。采取"请进来""送出去"双向培养、"专家靠后""当地医护人员靠前"的实战培养，为玉树培养了一大批学科带头人、专家型医生，以往要去西宁甚至外省大医院、要靠"外援"专家治疗的疑难杂症，本地医生在当地就能完成。】

"健康扶贫"是一项系统工程，去年，青海省在国家确定的9种大病基础上扩大到14种。今年国家新增4种，青海省又将儿童肿瘤列入新增病种，将大病保险扩大到19种，将签约管理的慢性病病种扩大到25种。同时全力推进家庭医生与贫困患者签订慢病管理服务协议，织密织牢基本医疗、大病保险、民政救助、商业补充医疗保险四道保障线，凝聚合力推进重病兜底保障，健康扶贫补充保险制度逐步建立。

近两年，青海借助国家重大公共卫生服务项目，全面实施了贫困地区妇女"乳腺癌""宫颈癌"免费筛查，免费孕前优生健康检查和孕产妇住院分娩补助项目，儿童营养改善和新生儿疾病筛查项目，大大降低了农牧区孕产妇、新生儿死亡率。

采取驻点支援、团队帮扶等形式，建立健全多层次、多渠道、全覆盖的卫生对口帮扶机制，实现了83所州县医院，405所乡镇卫生院对口帮扶全覆盖。

通过政府购买服务的形式，专设"健康保"，为 9.3 万贫困人口提供了 39.8 亿元的保险保障。重特大疾病医疗救助逐步覆盖贫困人口。

一系列"健康扶贫"行动，使得群众"看得起病"的保障水平明显增强，"少生病"的愿景逐步显现，获得感和满意度不断提升。去年，全省建档立卡贫困人口由前年的 41.6 万人减少到 24.6 万人，减少了 17 万人，因病致贫返贫人口由 7.8 万人减少到 3.8 万人，减少了 4 万人。

2018 年 8 月 11 日　中国乡村之声

"议事会"里能人多
涉藏地区贫困乡新年有了新变化

【主播】青海省海北藏族自治州海晏县金银滩草原，是王洛宾歌声中描绘的"遥远的地方"，这里也是我国原子弹、氢弹的诞生地。位于金银滩上的金滩乡，过去是一个发展后劲不足、贫困面貌突出的乡镇。近年来，金滩乡把目光聚焦到致富能人身上，通过成立"能人议事会"，形成了一种资金跟着贫困户走、贫困户跟着能人走、能人跟着产业项目走、产业项目跟着市场走的"四跟四走"脱贫模式，将脱贫攻坚、乡村发展推上了新台阶，让金银滩上真的产出了"金银"。今年春节，这里的百姓依旧没有闲着，他们正在为开春大干一场做着准备，积蓄着力量。新春之际，记者走进金滩乡，感受着这个藏地贫困乡的新年新变化。总台央广记者晁向荣、葛修远报道：

【记者】"在那遥远的地方，有位好姑娘……"这首人们耳熟能详的歌曲，不但描绘了藏族姑娘卓玛的美丽，也让无数人对歌曲的创作地金银滩草原心驰神往。而金银滩上的金滩乡，这个拥有汉、蒙、藏、土、回五个民族的农业乡，过去由于种种原因，一直戴着青海省定贫困乡的帽子。2015年，通过精准识别，海晏县共核定重点贫困村12个，其中，金滩乡就占了7个。

进入腊月，不少人已经放下了手中的农活，但是金滩乡岳峰村村民陈顺安还在家中的酒坊里忙活着。

【陈顺安】这个是蒸锅，底下放水，发酵好的粮食放到这里面蒸，后面有炉子，这里面是导气管。

提起自家的酒坊,陈顺安就像过年时向亲戚朋友"炫耀"自己的孩子一样,讲得头头是道。

【陈安顺】纯粮食酒有酒花,勾兑的就没有酒花,纯粮食酒的酒花是圆的,度数越高酒花越大。

看着眼前陈顺安生龙活虎的样子,很难想象,几年前,他还是村上的建档立卡贫困户。

【陈安顺】我在江苏打工的时候,患上了关节炎,说句不好听的,快到瘫痪的程度了!最后不得不拄着拐杖,所以后来没法再出去打工了。

摸着墙边的拐杖,陈顺安不愿回忆过去的生活,那个时候陈顺安家中一贫如洗,仅靠低保维持生计。

【陈安顺】最困难的时候,我抽烟买的烟丝,一斤两到三块钱,称一斤烟丝,我用报纸卷着抽。那时候感觉一片渺茫。

生活的转机源于2017年5月。那一年,金滩乡组织全乡59户思想品德好、发展前景好的小微企业、优秀专业合作社、公司和能人大户,组成能人议事会,通过认领全乡223户贫困户的方式,逐一与贫困户签订协议,采取用工分红等形式带领大家脱贫致富,陈顺安自此也看到了致富的希望。

【陈安顺】后来我在乡政府,合作社,还有扶贫贷款的帮助下,硬下心把酿酒搞起来了。

一年后,2018年7月,陈顺安的第一锅酒出炉,一投入市场就获得了不错的销量。

【陈安顺】现在已经灌出1000多斤酒,能卖2万块钱。现在面临的主要问题是宣传力度不够,如果我的酒销售好的话,估计两年就差不多能收回成本。

春节前,金滩乡的能人议事会又热闹地开了一次,"能人们"集思广益,为乡里来年如何发展出谋划策。能人议事会成员、海晏海云种养殖基地专业合作社负责人季海云说,乡里利用合作社和小微企业作为引领发展的产业主体,成立具有商会性质的"能人议事会",不但带领乡亲们脱贫致富,还实实在在解决了小实体、小产业效益不高、带动作用不显等问题。

【季海云】合作社是2015年成立的,2015年承包了几百亩地,今年已经达到近3000亩,带动了村里十几户贫困户。

授人以鱼不如授人以渔,在金滩乡,这两年通过"能人"带动实现增收致富的群众可不止陈顺安一人，同样生活在岳峰村的村民李占春就是在季海云的带动下实现了脱贫，而他在新的一年里也有一个新的愿望。

【李占春】我在金滩乡能人议事会鼓励下，从本村承包了 600 多亩土地，加入了我们村的海云种养殖合作社，以前我每月的收入才 1000 多元，现在每个月达到 8000 元左右，我也成功脱贫了，我也在慢慢带动其他贫困户，帮他们早日脱贫。

经过几年的努力，如今金滩乡各类实体小产业达到 148 家，涵盖特色种植、特色养殖等行业。2015 年，全乡核定建档立卡贫困户 206 户 708 人，到 2018 年基本实现了全面脱贫。负责"能人议事会"扶贫工作的金滩乡人武部部长李永光说，2019 年能人议事会将更加深度地参与到金滩乡扶贫和村集体经济的发展当中去。

【李永光】下一步，重点是脱贫攻坚以及乡村振兴，还有村集体破零、复壮以及金滩乡无边框产业园的打造，让能人们参与到金滩乡各方面的发展中。

这个春节，陈顺安也没闲着，他又烧上了几锅酒存起来，等到春天，他准备想办法筹集资金扩大厂房、修建专门的储酒地窖。陈顺安说，金银滩的冬天天气太冷，新酿造出来的酒好像睡着了一样，醒不过来。这个酒要在 20 多度的环境下恒温储藏六个月以上口感才会变好。他希望随着天气的逐渐变暖，他的生意会像慢慢苏醒的美酒一样，越来越香，越来越好。

【陈顺安】2019 年我还得投 8 万多块钱，建一个酒窖，有储粮设备、更衣室、化验室，还得做一个消毒间，这些都要逐步规范化。

2019 年 2 月 11 日　中国乡村之声

新春走基层·脱贫攻坚一线见闻：
新庄村唱起新民谣

【主播】青海省海东市乐都区新庄村，地处六盘山集中连片特困地区，是国家扶贫攻坚的主战场。新庄村原来是"两面荒山一片天，太阳出来晒死人"的地方。村支书李连和自筹资金 2000 多万元，绿化新庄村东西两面荒山 3000 多亩，种植树苗几十万棵，昔日光秃秃的大山披上了绿装，新庄村变成了山清水秀的好地方。

小树苗引来了大产业，李连和带领新庄村发展乡村旅游，打造卯寨景区，从一村群众脱贫致富奔小康，进一步拓展到相邻三个村共同发展。如今，新庄村户户安其居，人人乐其业，村民收入翻倍，绿水青山正在变成金山银山。《新春走基层·脱贫攻坚一线见闻》今天请听：《新庄村唱起新民谣》。采制：总台央广记者刘泽耕。

【压混：小桥流水鸟鸣】

记者：山下小桥流水，山上满目苍翠，青砖白瓦的民居在雾气中显得朦胧迷离，位于青藏高原上的新庄村更像"高原小江南"，但 6 年前，这里还是一片荒山。

【压混:(民谣) 一溜儿天，两溜儿山，一条沟沟九道湾，高楞趄坡水不站，老天爷开眼才能吃上个饭……】

"一溜儿天，两溜儿山，一条沟沟九道湾，高楞趄坡水不站，老天爷开眼才能吃上个饭……"李连和今年 61 岁，是新庄村党支部书记，这首民谣，他再熟悉不过。为了能吃饱饭，李连和 20 岁远离家乡，55 岁"衣锦还乡"，在外漂泊了整整 35 年。

【李连和】我回家的时候，我们村上破烂得看不了，我从山上开始绿化，把山先绿起来，再把环境做起来，把人引进来，把地方的经济发展起来。肩背上的担子特别重，因为我们这个穷山沟什么都没有。

【记者】当时开始种树的时候，您是怎么说服家里人的？

【李连和】我们青海有一句方言，老子有福老子享受，何必给儿孙置马牛。我栽树他们不同意。几百年的荒山，世世代代没栽了，你把这个树栽上是笑话。

李连和要让笑话变神话。2014 年开始，他先后自筹资金 2000 多万元，让黄土高坡彻底改变了模样。2017 年，他嫁接当地旅游扶贫资金，又把山区变成了卯寨景区。

【出录音：这是一个中心广场，这里修了一个网红水上乐园，把水放满人就在这儿跑动，爬过去，吊过去，走过去，跑过去。这里是政府投建的停车场、游客中心，框架起来了，过完年赶五一全部修完。那是卯寨花田，前面是水滑道。这是村上修的采摘园和花卉基地。】

【压混：(掀开帘子的声音)(蓄水池储水)】

【李连和】这就是草莓，结多少了？

【李积良】七茬了。

【李连和】我们吃几个……这个架子应该是巧克力味的……(女工摘草莓对话)……

采摘园里，32 岁的李积良带着四五名工人管理着 4 个采摘大棚。去年 6 月，李积良回到家乡，从头学习种植技术，现在已经能独当一面。

【出录音：去年李书记打电话，家乡建设好了，缺少年轻血液，没必要去外面打工，家也照顾上了，钱也挣上了。李书记今年 60 多岁了，一天跑到黑，我们看在眼里，他这么大岁数还努力拼搏发展，我们年轻人更应加把劲，看李书记咋干，先学，哪天他老了，干不动了，年轻人上呗。】

孟福云则是放弃了 30 万的年薪，回到村里帮助农户种草莓。

【出录音：(记者)这个群里面这么多人，104 个人。】

【孟福云】对，每天都有加入的。都是来摘草莓的。这个(群)建了也就 20 天左右吧，我朋友跟我说，乐都那边朋友圈全发的你们卯寨的草莓。到上个周末，最高峰的一天卖了 2300 块钱。

【记者】收入还是挺可观的。

【孟福云】对，一天 2000 多，打工的话得干几天。

【孟福云】卯寨这个地方挺另类的。

孟福云说的卯寨，就是民谣里唱的那"一条沟沟"，新庄、扎门、老庄三个村的祖祖辈辈在这条沟里靠天吃饭。2017 年 4 月，随着卯寨景区开门迎客，脱贫按下了快进键。

【压混：唱歌……】

去年 5 月，李沅业夫妇开起了农家乐，让他们没想到的是，除了游客，村里人的消费也在升级。今年正月初三到初六，每天的酒席订单都超过了 40 桌，原来的停车场也不得不改建成现在的小舞台。

【记者】收入怎么样？

【李沅业】收入可以，原先出去打工，一个月 3000 多。

【记者】现在呢？平均一天？

【李沅业】好的时候 9000 多块钱，礼拜六礼拜天得提前预订。

【赵春秀】都说这饭菜味道好，有时间都带客人来这儿吃饭。人多的时候累，但是心里美美的，客人来，我也觉得我有个奔头，有个赚头。

【记者】想到卯寨会变成现在这个样子吗？

【李沅业】想都想不到。

【赵春秀】不可能，那时候只想怎么把我孩子供出来，能念个书。李书记比一般人看得远，以前我们村庄是封闭式的，现在大家都知道我们卯寨，卯寨很火的……

当年的李沅业和村民们确实没想到有一天能在家门口解决就业、脱贫致富，没想到李连和自费带着村里的年轻人到陕西、甘肃等地学习考察。而正是这一次次的学习、动员、培训，让村里人转变了观念，学会了技能，铆足了干劲，实现了梦想。

在李连和的带领下，扎门村 2016 年摘帽，新庄村和老庄村 2017 年脱贫，去年，新庄村人均收入从 9000 多元增加到 12000 多元，村里还举办了第一次集体分红大会，每人分红 500 元，每户还有 10 斤肉和 1000 元的天然气补助。2019 年卯寨景区接待游客达 30 万人次，旅游收入 800 万元，卯寨景区 3 村 26 户贫困户实现了脱贫后持续增收。但李连和和乡亲们并未就此止步，而是续写起卯寨的"新民谣"。

【压混：李连和给村里年轻干部开动员大会】

【压混：新民谣开始】

腊月十七，李连和召集起村里的年轻干部整装待发，他们第二天要到华东地区考察学习乡村旅游的先进做法，和以往一样，所有的开销，由他个人承担。这是李连和给乡亲们备下的年货。

【出录音：现在党的政策这么好，我们做起事来，不用担心，胆子大，步子迈得宽。我想的是持续发展，并不是现在脱贫摘帽了，再过五年六年咋办，要完全彻底地脱贫摘帽，那就要把心彻底打开。我们仅仅是小小的村上书记，但脱贫攻坚我们一定坚持到底。】

【村民王存珍】现在村里的变化真是太大了，我们的生活就像新民谣里唱的那样，今天我就笑哈哈，白皙布汉挞青甲甲，要问我我是谁？我是一个农民娃，要问我唱个啥？唱一唱农村新变化，跨过了雄伟的湟水桥，两面的杨柳树招手笑，尕媳妇们摘来了大苹果，抱来了大西瓜，问我姓什么？名叫一个农民娃。

又是忙碌的一天，又是华灯初上，李连和带着年轻人走出会议室，村里的大红灯笼目送着他们走向远方。

2020 年 1 月 21 日　中国之声《新闻纵横》

江苏青海东西部扶贫协作
携手共奔小康

产业合作、人才支援、助学助医扶贫。

从 2016 年起，江苏省南京市与青海省西宁市"区县结对、部门挂钩"，项目资金重点向"两不愁三保障"倾斜，形成东西部扶贫协作友好局面。截至目前，投入帮扶资金 1 亿元，实施扶贫协作项目 16 个。

根据东西部扶贫协作安排，江苏省南京市栖霞区、雨花台区、六合区分别与青海省西宁市湟中县、大通县、湟源县建立结对帮扶协作关系。三年来，共投入 2.29 亿元扶贫协作资金，支持西宁三县文旅融合、产销对接、产业发展等。

前不久，在西宁市湟中县共和镇葱湾村，东西部扶贫协作项目"励志爱心超市"，正发挥着作用。村民祁得辉趁着中午农闲，来超市兑换日用品。

他告诉记者："今天在这儿兑了 235 分的东西，都是日用品。积分是去年挣来的，主要通过收拾路边杂草得来。还有 20 分在大院里扫雪挣的，总共积下来了 294 分。"

超市货架上的商品没有标注价格，只有积分。一支牙刷 2 分，一瓶醋 5 分……村民只有平时参加村级公共事务，才能获得相应积分。

村委会主任祁如信对记者说："虽然分值不高，一分就代表了一元钱，但是真正把老百姓的精气神提了起来。群众积极性相当高，比如扫个雪，或者是村庄治理、劳动技能的培训、家里考上大学生，这些都有积分奖励，主要是扶贫扶智，精神扶贫。"

以积分唤醒动力，用勤劳改变生活，是"励志爱心超市"的扶志扶贫模式。2018 年来，在南京市栖霞区的帮扶下，湟中县投资 800 万元，其中东西部协作帮扶资金 390 万元，在全县 16 个乡镇 81 个村建设运营"励志爱心超市"，贫困户、积分户兑换物品折价 109.3 万元。

湟中县副县长、南京市对口帮扶西宁市工作组湟中县联络员刘海滨表示："我们就是想通过这样的形式，鼓励贫困户调动他们的内生动力来脱贫致富。同时，也树立很好的文明乡风。"

这些天，由南京市雨花台区帮扶投建的西宁市大通县斜沟乡柏木沟乡村旅游项目，已完成二期工程收尾，预计今年五月可以接待游客。景区主打旅游度假、户外运动、休闲养生三大特色，虽然是个乡村旅游点，却辐射带动了斜沟乡周边七个村发展旅游产业。

大通县副县长、南京市对口帮扶西宁市工作组大通县联络员黄海泉介绍道："当地老百姓在这里打零工，每个月都有 2000 多块钱的收入。同时也带动了农家乐，原来这边的农家乐只有 3、4 户，现在已经 15 户左右了，老百姓在家门口就能致富，就能有收益。"

大通县斜沟乡党委副书记马德金说："老百姓的收入增加，还有他们的精神面貌改观，他们对今后的发展思路，发展方向有信心。"

据了解，江苏省今年统筹 1.26 亿元东西部协作帮扶资金，重点支持西宁三县产业发展、乡村旅游、贫困村易地搬迁补短板等项目，进一步巩固脱贫攻坚成果。

西宁市人民政府副秘书长、南京市对口帮扶西宁市工作组组长贺永顺说："南京和西宁 48 个东西部扶贫协作项目直接带动的贫困人口近 2 万人，间接带动的贫困人口更多。在协作方面，两边加起来将近有 50 个部门，大家能够很好地合作，为我们脱贫攻坚帮扶，奠定了比较好的基础。"

2020 年 4 月 24 日　张雷　雷婷婷　王梦镯

青海省2020年深度贫困地区
脱贫攻坚现场推进会召开
"补针点睛"打赢脱贫攻坚战

　　6月8日，青海省2020年深度贫困地区脱贫攻坚现场推进会在海南藏族自治州共和县召开。与会代表实地观摩了海南州光伏扶贫项目、教育扶贫项目、扶贫产业园、共和县倒淌河镇拉乙亥麻村。

　　据了解，2016年脱贫攻坚战打响以来，青海省把脱贫攻坚作为头等大事和第一民生工程，强化精准扶贫、精神脱贫、对口扶贫，全面完成了15个深度贫困县、559个深度贫困村和24.1万深度贫困人口减贫任务，42个贫困县（市、区、行委）、1622个贫困村全部退出，53.9万建档立卡贫困人口全部脱贫。

　　青海省委书记、青海省扶贫开发工作领导小组组长王建军强调，收官在即，时不我待。唯有再接再厉，才能拥抱最后的胜利。要进一步增强紧迫感，紧盯短板"补针"，着眼成色"点睛"，苦干实干，不获全胜，决不收兵。

　　青海省省长、青海省扶贫开发工作领导小组组长刘宁在讲话中指出，要坚决克服松劲懈怠思想，统筹推进疫情防控和脱贫攻坚，扎实做好"六稳""六保"工作，聚焦问题，聚力攻坚，进一步推进建档立卡贫困人口"清零"后的各项工作，持续巩固脱贫成果，整体提升脱贫质量。要"补针点睛"织就全面小康锦绣，坚决做到"政治体检"合格，全力补齐短板弱项，建立健全长效机制，与全国同步全面建成小康社会，为打赢脱贫攻坚战、全面建成小康社会扛起青海担当、作出青海贡献。要衔接乡村振兴插上腾飞翅膀，找准脱贫攻坚与乡村振兴衔接的结合点，有效衔接产业扶贫与产业振兴，有效衔接扶贫队伍与人才振兴，有效衔接扶智扶志与文化振兴，有效衔接生态扶贫与生态振兴，促进形成相互支撑、相互配合、有机衔接的良性互动格局，坚决夺取脱贫攻坚全面胜利，与全国同步全面建成小康社会。

国务院扶贫办副主任欧青平代表国务院扶贫办，对青海深度贫困地区脱贫攻坚成效给予充分肯定。他指出，青海省脱贫攻坚取得重大历史性成就，脱贫攻坚任务目标基本实现，深度攻坚实施方案全面落实，易地扶贫搬迁任务全部完成，青稞牦牛产业创新模式快速发展，光伏扶贫为村集体经济发展注入新动能。要保持战略定力，坚定全胜意志，不骄不躁，再接再厉，抓紧抓细抓实各项举措，巩固脱贫成果切实防止返贫致贫，持之以恒发展扶贫特色产业，做足生态扶贫和旅游扶贫文章，打造光伏扶贫全国典范，加强和规范公益岗位管理，深化对口帮扶和定点扶贫工作，讲好脱贫攻坚青海故事，坚决夺取脱贫攻坚全面胜利。

2020 年 6 月 9 日　刘泽耕

青海省乌兰县：
发展乡村旅游　开发盐雕等特色产品
助力群众脱贫致富

据中央广播电视总台中国之声《新闻和报纸摘要》报道，青海省海西蒙古族藏族自治州乌兰县紧邻茶卡盐湖，当地积极探索乡村旅游，开发盐雕、热敷盐袋等特色产品，助力当地群众摆脱贫困，走上富裕之路。

在乌兰县铜普镇都兰河村，盐不仅是调味品，更是村民增收致富的好东西。

走进盐雕加工厂房，村民龚秀萍在装有青盐的塑料盆里倒入食用色素，熟练地搅拌抓匀，再将染色的盐粉填入模具，放进微波炉里高温加热2分钟定型，一个头戴粉帽、背着绿色龟壳的小乌龟制作完成。这样一个巴掌大小的乌龟盐雕，龚秀萍一天可以做100多个，每个有1.2元提成。这两年，通过在盐雕加工厂打工，龚秀萍有了稳定的收入，她也成了厂里的"技术顾问"，工作之余还要培训新人。

【龚秀萍】现在手机上、微信上多少都有一点钱，像以前口袋里能揣上20元钱就不错了。去年结婚纪念日他给我买了一条项链，第一个礼物那么贵，以前没有过，十几年都没有。

近两年，随着茶卡盐湖景区游客数量增多，盐雕工艺品销量越来越好，都兰河村的盐雕加工厂顺势而为，开始二期厂房建设，同时开展盐雕精深加工，第三代盐雕工艺品将于近期投入市场。

盐雕加工厂负责人芦世斌："做工比较精细，保存时间更久。往后模具这些都要自己加工，那样成本低一点，利润高一些。"

　　除了工艺品，都兰河村还将盐装进热敷袋中，开发盐产品附属价值，发展脱贫后续产业，壮大村集体经济，拓展群众增收致富渠道。

　　乌兰县政协副主席、铜普镇党委书记王建军："打造一个旅游方面的产业链，结合旅游景点来发展我们的民俗、农家乐、牧家乐，巩固我们的脱贫攻坚成果。"

2020 年 6 月 28 日　刘泽耕

东西部扶贫协作
青海农民洋芋地里闯出致富路

自从东西部扶贫协作和对口支援开展以来，青海省西宁市各县区借助东西部扶贫协作和对口支援契机，结合当地发展实际，创新产业精准扶贫模式，从"输血"向"造血"转变，助力高原地区脱贫攻坚，取得了良好成效。

眼下正是马铃薯丰收的季节，西宁市湟源县寺寨乡铧尖村连片种植的马铃薯田里一派繁忙的景象。伴随着农机的轰鸣声，一颗颗黄澄澄的马铃薯从黑土地里翻腾而出。正在忙碌的村民陈淑兰告诉记者，现在他们收获的马铃薯是省农科院的种植订单，一天一个人基本都能捡拾 50~70 袋，平均收入 100元，这对于他们来说，是一笔可观的收入。

铧尖村村民陈淑兰对记者说："原来我们的经济情况不好，种洋芋以后，卖到粉条厂，增加了收入。"

地处湟源县西北部的寺寨乡铧尖村，距离县城 28 公里，是典型的高寒脑山地区。以前，村民都是靠着一家几亩的耕地勉强度日，户均年收入不足3000 元，是典型的贫困村。

精准扶贫开展以来，驻村第一书记和村"两委"开始集中心思、因地制宜、找准脱贫路子。当了解到村里有着马铃薯种植的历史，且沙质土壤使得马铃薯品质特别好、个头大且淀粉含量高的情况后，第一书记和村"两委"决定就以马铃薯连片种植为突破点，成立种植合作社，接受订单种植，村里开始规模化种植马铃薯。

铧尖村党支部书记张文忠告诉记者："我们村的马铃薯从 2007 年开始到

现在种了十多年，以前是人工，现在我们是机械化，从原来的一亩地1000元到现在的1500元，每年扩大种植面积，增加农民收入。"

通过不断的品种改良，铧尖村的马铃薯产量连年增加，平均亩产能达到5000斤。看到马铃薯连片种植带来的收益，第一书记与村"两委"经过商议，决定立足种植优势，发展马铃薯深加工产业。2019年在省、市、县委组织部、扶贫局等单位的支持下，争取到东西部扶贫协作寺寨乡铧尖村马铃薯深加工扶贫车间建设项目，项目总投资220万元，其中东西部协作帮扶资金150万元，中央财政扶持壮大村集体经济资金50万元，自筹资金20万元。目前厂房已经建设完成，加工设备也在做最后的调试，预计今年冬天就可投产。

湟源县东西部扶贫协作寺寨乡铧尖村马铃薯深加工扶贫车间负责人孟宗顺介绍道："这个车间是从去年开始建设的，修建了一年。今年设备全部都到位了，现在已经调试完成，洋芋收获了就可以开始生产了。"

扶贫项目的顺利实施，不仅大量收购了村民种植的马铃薯，村民还可以来车间务工增加收入。让村民们多了一个增收的渠道，增加了新的经济增长点。同时，也调整了全村的种植和产业结构。

下一步，铧尖村将继续扩大种植规模，带动临近村庄共同种植马铃薯，充分利用好扶贫车间项目，把马铃薯深加工产业做大做强，带动贫困群众参与发展产业，闯出一条增收致富的产业发展之路。

2020年10月11日　张　雷　吕燕燕　彭鸿钧

国际在线

青海坚持"小财政、大民生"理念
打好扶贫攻坚战

　　青海省集中了西部地区、民族地区、高原地区、贫困地区的所有特征，省情比较特殊。这里贫困面积大、贫困程度深，百分之九十的贫困人口都生活在高山、深山和干旱地区，这些地区的居住条件比较艰苦，自然灾害较多，再加上产业结构单一，贫困人口能动性较弱，很容易发生脱贫又返贫的情况，脱贫工作具有艰巨性和长期性。

　　长期以来，青海省不断创新扶贫开发思路和办法，坚持"小财政，大民生"理念，用有限的财力，解决最大的民生问题，如涉藏地区教育、就业、养老等。青海省扶贫开发局局长马丰胜说："一直以来各级党委政府始终把扶贫、脱贫工作作为头等大事和第一民生工程来抓，这几年成效也比较明显，仅'十二五'到去年这六年时间，累计减少贫困人口116.5万人，使贫困发生率从2010年底的37.6%下降到2016年底的10.3%，年均降幅4.7个百分点。"

　　脱贫攻坚贵在精准。青海区域性差异大，贫困群众大多生活在高原深山和干旱地区，生产生活发展空间狭小，致贫因素复杂多样。因此，青海省组织近万人，利用半年时间，通过多轮次、拉网式识别，最后精准识别贫困人口16万户、52万人。去年，在国家扶贫成效第三方评估中，青海省贫困人口识别准确率为99.24%，高于全国平均水平。

　　全国不同地区扶贫、脱贫工作的差异性很大，东部有东部的情况，西部有西部的特点。集中了西部地区、民族地区、高原地区和贫困地区特征的青海省根据自身特殊情况，经过长期的实践摸索，走出了一条青海模式扶贫有效路径。马丰胜说："青海省是国家重要的高原特色农畜产品基地。我们立足区域资源优势，在农区重点发展特色种养、农产品加工等产业，促进贫困群众多元增收。在牧区重点发展生态畜牧业，通过草场流转，推进集约化、规模化发展，提升畜牧业附加值，在促进产业增收的同时，提供更多的就业岗位。"

为了更好落实精准扶贫政策，完成产业发展的完整生产链，青海省除了在农牧区开设数所生态畜牧业合作社，保护生态促进产业，促进贫困户增收外，还帮合作社和当地企业建立联系，大力发展特色种养、农产品加工等产业，打开产品销路。在果洛州玛沁县就有这样一位白手起家的女企业家——关却吉。2004 年她离开国有企业开始创业，从一开始自己开小作坊卖酸奶，到 2009 年成立格桑花乳业有限责任公司，再到 2015 年开始有机婴幼儿牦牛奶粉自动化生产工厂建设项目。从一开始在国有企业工资收入每月只有四五百元，到去年公司一年毛收入 600 万元。关却吉说："这跟政府的帮扶是分不开的。2009 年的时候，政府给我一个优惠政策，给我 20 万的贷款。拿着自己手里的几万块钱，加上贷款 20 万，注册了格桑花乳业有限责任公司。原来我们从散户手里收牛奶，现在政府建立合作社将奶源整合，我们直接从合作社收牛奶。而且以前从散户手里收购时，我们的生产受季节影响比较大；而现在有了合作社进行集约化管理，我们可以实现全年生产。"

目前，关却吉的乳业公司已带动 1000 户牧民增收，每户年平均增收 3 万元左右。关却吉说，"等有机婴幼儿牦牛奶粉项目正式投产后，预计可再实现4000 户牧民增收，新增就业岗位 130 个。"

脱贫路上困难很多，但是谈到 2020 年实现农村贫困人口全部脱贫的目标时，马丰胜表示非常有信心。目前，贫困群众逐步摆脱政策依赖，通过产业发展、就业转移等渠道实现脱贫致富已成为扶贫开发新常态。

马丰胜说："通过这些扶贫、脱贫工作的努力，贫困地区农牧民收入水平、居住条件、基础设施、公共服务、社会保障都得到大幅改善和提升，特别是青海坚持'小财政、大民生'理念，为扶贫开发工作打下了良好的基础。"

2017 年 6 月 7 日　新闻中心　熊珊

《光明日报》

青海扶贫：为困难农牧民撑起一片天

青海牧区是中国农村中的一个特殊区域，肩负着民族团结、生态安全和文化传承的重要任务。多年来，青海省扶贫部门结合实际，因地制宜，针对不同的人群采用不同的扶贫方式，给农牧民生活带来巨大变化。

"农事队"的脱贫路

在海北藏族自治州有一个村落名词——农事队。这一特殊的队伍在二十世纪五六十年代曾为中国第一颗原子弹、氢弹研制基地221厂提供后勤保障，同时也为当地畜牧业发展作出过积极贡献。

海北州祁连县阿柔乡日旭村是一个由汉族、藏族、回族、撒拉族等不同民族组成的村子，也是一个农事队的集体成员。王志山是这个村的一名普通村民，他的父亲当年就是从青海的东部农业区千里迢迢来到牧区，怀揣农业种植手艺的他们，在草原上安家落户，种植饲草料，喂养牛羊。后来，他们家乡的不少农民纷纷踏上这片土地，以先进的种植技术和经验，给当地的农牧业生产带来了曙光。

进入二十世纪八九十年代，随着221厂的搬迁和家庭联产承包责任制的实行，农事队逐步退出原来的服务领域，就地依靠有限的耕地、草场和牲畜生存发展。近些年，在实施农牧区建设项目时既没有按农村和农民对待，又没有按牧区和牧民对待，长期处于"两不靠"状态，成为青海牧区特殊的贫困群体。据海北州有关部门统计数据显示，农事队人均纯收入只有 1762.92 元，较全州农牧民人均纯收入相差 5673 元。

面对这一贫困现实，海北州州委常委集体赴贫困问题突出的农事队把脉"会诊"，从 2014 年年初开始，准备利用两年时间实施牧区农事队易地扶贫、推进产业发展、提升素质和社会保障建设等扶贫攻坚项目，将易地扶贫搬迁与危房改造或奖励性住房、城镇保障性住房等各类保障性住房项目有效衔接，采取易地搬迁，用在县城集中安置、分散安置，乡镇政府周边集中安置和公路沿线就近集中安置等方式，将部分农事队贫困群众有序易地搬迁。在这一思路的指引下，政府部门在加快建设农事队集中安置点水、电、路等相关基础配套项目，发展养殖业、种植业、餐饮业、商业的同时，加大后续产业发展。提高义务教育水平，加大农事队群众生活保障力度，确保群众"搬得出、稳得住、能发展"。

祁连县央隆乡农事队成员扬永贵从牧场搬迁到县城后，在当地扶贫局的大力支持下筹措资金，开了一家小宾馆，利用当地独特的旅游资源，找到了发家致富的途径。与此同时，他还吸收剩余劳动力，带动了就业和发展。

"对于任何群体的扶贫，并不是简单的盖房、修路，要想取得长效，后续产业的发展是关键。"刚察县扶贫开发局局长索南太在采访中说。

新模式扶贫结硕果

青海省扶贫工作在不断发展的同时，又提出了更高的标准——精准扶贫。着力实施干部驻村、教育培训工程、金融扶贫工程、易地扶贫工程、电商扶贫工程、旅游扶贫工程、光伏扶贫工程、致富带头人培训工程和龙头企业带动等十大扶贫工程，构建政府、市场、社会协同推进的大扶贫格局。

海云是海晏县哈勒景蒙古族乡哈勒景村的党支部书记。前些年，政府有很多扶贫项目，然而时间不久村民就把发到手的奶牛或者机械设备低价出手了。贫困这顶帽子，依旧没有摘去。如何让扶贫项目真正发挥它的作用，如何让村民有信心依靠政府的扶持富起来，如何更好地利用扶贫资金，将"撒花椒面"改变为"集中佐料"，是他常常思考的问题。

去年，海晏县作为青海省全省金融扶贫试点，率先开展了以金融扶贫资金带动地区发展的创新模式。海晏县将300万元金融扶贫资金在银行作质押，以1∶10的比例撬动银行贷款3000万元，切实解决了这两个村"要发展、想发展、没有钱"的困窘。

哈勒景村、新泉村得到300万元金融扶贫资金的青睐可不是凭运气，而是通过竞争发言、评审委员会评审等一路过关斩将，从11个产业扶贫示范村中"竞标"出来的。海晏县扶贫开发局局长苏子珍说，这样一来，不但实现了财政扶贫资金竞争性分配，增加了透明度，还提高了项目村的积极性和责任感，让群众知情、参与、监督。

据青海省扶贫局统计数据显示，"十二五"以来，青海省累计投入财政专项扶贫资金87.1亿元，是"十一五"的3倍。2014年，中央财政专项扶贫资金达到14.8亿元，年均增幅36%；省级财政扶贫资金达到6.57亿元，年均增幅689%。

2016年7月25日　01版头条　刘鹏　祁万强

青海精准扶贫：不让一个困难群众掉队

　　青海省是我国西北欠发达地区一个多民族聚集的省份，开展扶贫攻坚工作对于增进民族团结意义重大。为彻底解决贫困问题，青海各级党委政府全面贯彻落实中央和省委省政府的决策部署，不断强化政治意识、大局意识和责任意识，切实把脱贫攻坚摆在头等大事和第一民生工程的地位，以"等不起"的紧迫感、"慢不得"的急迫感、"坐不住"的责任感，扎扎实实推进脱贫攻坚，切切实实取得脱贫实效。

　　盛夏时节，记者在青海省海北藏族自治州祁连县八宝镇白杨沟村看到，当地旅游扶贫项目的一个新型农家乐正在建设。这批在建的农家乐，集餐饮、住宿为一体，配套水、电、道路等基础设施，修建完成之后，将为省内外游客提供高档次、规模化的旅游接待服务，为游客创造良好的乡村旅游环境，促进当地旅游业实现规模化。白杨沟村委会主任王鹏德告诉记者，农家乐由祁连县扶贫局和旅游局投入 100 万元合力开发建设，覆盖当地 70 多户贫困人家，并优先考虑当地村民承包经营，以能人主导经营、大家参与分红的形式共享发展成果。

　　祁连县八宝镇白杨沟村地处青海腹地，贫困人口较为集中。整村推进、移民搬迁、特色产业园、旅游扶贫等多种方式的组合发力，使得这个昔日名不见经传的小村子，借助旅游的春风，一步步与贫困告别，成为青海省解决贫困问题的一个缩影。青海省牢牢把握"创新、协调、绿色、开放、共享"的五大发展理念，主动作为，勇于实践，不仅使"大美青海"的旅游品牌声名远播，旅游扶贫试点工作也取得了积极的进展。

一业带动百业旺。在不断加大资金投入，统筹安排项目的同时，青海省还积极引导和扶持农户参与乡村旅游的开发经营，创建了一批以城镇居民为主要客源体，以餐饮、娱乐为主要形式的乡村旅游项目，涌现出了一批乡村旅游模范村、模范户、乡村旅游致富带头人和金牌农家乐，以鲜明的特色吸引了众多省内外游客。

为增强贫困地区的发展能力，青海省各地区、各部门协同配合、综合施策，以景区景点为依托，以发展乡村旅游为重点，以扩大农牧民就业、增加农牧民收入为目标，实施了一批乡村旅游富民工程，开展了53个村的旅游扶贫试点，通过引导贫困户参加乡村旅游合作社，开办农（牧）家乐、经营乡村旅馆或参与接待服务等多种形式，先后带动全省4900多户、近2万贫困人口实现脱贫致富，开创了旅游与扶贫融合发展的新局面。

青海省扶贫开发局局长马丰胜在接受记者采访时说，今年3月10日，习近平总书记在参加十二届全国人大四次会议青海代表团审议时，作出了"扎扎实实推进脱贫攻坚"的重要指示。打赢青海脱贫攻坚战，必须以习近平总书记重要指示精神为指引，以横下一条心的决心，扎扎实实推进脱贫攻坚。

青海扶贫部门在这一攻坚战中，明确脱贫攻坚贵在精准，重在精准，成败之举在于精准的工作思路，落实"六个精准"要求，变"大水漫灌"为"精准滴灌"，解决好"扶持谁""谁来扶""怎么扶""如何退"四个方面的问题。通过缜密谋划、反复研究，全方位构建了"1＋8＋10"脱贫攻坚政策体系，落实了精准到户、综合施策的政策要求。按照贫困人口收入和"两不愁三保障"识别标准，采取"五看法"，通过多轮次拉网式排查，多部门数据信息比对，精准识别贫困人口16万户、52万人，并全部纳入低保救助范围。

"青海省委'四年集中攻坚，一年巩固提升'的脱贫攻坚蓝图已经绘就，冲锋号也已吹响，我们要切实把攻坚责任扛在肩上，把脱贫任务抓在手上，以横下一条心的决心、志在必得的信心，齐心协力打赢脱贫攻坚这场硬仗，确保在全面建成小康社会的过程中不让一个兄弟民族掉队，不让一个贫困地区掉队，不让一个困难群众掉队。"马丰胜说。

2016年7月26日　01版头条　刘鹏　祁万强

青海省：农网改造奏响致富新篇章

　　"开办农家乐、家庭宾馆后，我赚了 18 万元，村里又通了三相动力电，这些得益于国家政策的帮扶。"提起易地搬迁和通电过程，青海省乌兰县茶卡镇茶卡村村民曹彦虎说。2016 年，青海省委省政府提出"四年集中攻坚，一年巩固提升"的总体部署，在 32 万平方公里的海西大地上，生态旅游扶贫、易地扶贫搬迁、扶贫产业发展等"八项战役"全面打响。

　　茶卡，因地处乌兰县茶卡盐湖北畔而得名，是海西蒙古族藏族自治州的"东大门"，茶卡盐湖有着"天空之镜"的美誉。2016 年，海西蒙古族藏族自治州政府结合地方自然风光、民族风情、特色农业等，大力发展生态旅游扶贫、产业扶贫项目，以旅游、特色产业扶贫促增收，加快脱贫进程的步伐。

　　为准确掌握每个贫困村的用电需求，海西供电公司把村村通动力电作为实施新一轮农网升级改造攻坚战的重要任务，选派精兵强将进村驻点，对所辖区域内的 119 个贫困村电网状况展开全面调查摸底，建立乡、镇、村三级联点长效沟通机制，提高项目立项的针对性和可实施性。

　　"如今，村里用上了动力电，村民们发家致富热情高涨，开餐馆、种果蔬、搞养殖，仅养殖一项人均收入就达 7000 多元。"茶卡村第一书记说。2016 年，茶卡旅游接待人数 195 万人次，同比增长 66.3%，跃居全省第二。

　　"从扶贫产业园建设用电，到企业生产用电，全靠供电公司提前介入，开辟绿色通道，为扶贫产业园的长足发展提供了强劲的电力保障。"乌兰县茶卡扶贫产业示范园董事长张国辉说。

茶卡扶贫产业示范园是海西蒙古族藏族自治州唯一一家扶贫产业园。为保示范园建设的如期进行，海西供电公司积极与乌兰县政府协调沟通，提前介入，主动配合，针对园区用电需求，认真细致做好供电的规划设计，制定了科学周密的用电方案。开辟绿色通道，缩短业扩报装流程，全程跟踪服务用电项目，及时协调解决存在的问题。

"扶贫产业园区的建成，将带动当地 2000 多户村民致富，解决 300 名贫困人口就业，38 个村的 300 户、908 名贫困人口每年将通过资产收益分红，人均增收 2643 元，实现稳定脱贫。"乌兰县扶贫局负责人说。

海西供电公司坚持分类施策、因村因人施策、措施精准原则，先后与格尔木市、都兰县、乌兰县四个村的 27 户贫困户、114 人结成"一对一"帮扶对象。结合贫困户自身脱贫想法、家庭劳力及资源状况，实施投资小、收益快的养殖项目，让贫困户自己有能力扩大再生产，做到有的放矢地帮助贫困户脱贫致富，并筹集资金 33 万余元用于教育救助、村级产业扶持、大病救助、养殖启动周转等。

2016 年以来，海西供电公司下达扶贫项目 52 项，总投资 1.61 亿元，新建改造 10 千伏线路 338.268 千米，配变容量 36.34 兆伏安，0.4 千伏线路 552.948 千米，下户线 10783 户，涉及贫困村 64 个。

2017 年 5 月 3 日　07 版　万玛加

一碗拉面的故事

"世界上'第一碗面'是出自中国青海的。"青海省扶贫开发局局长马丰胜自豪地说，2002 年 11 月，中国社会科学院考古专家在青海喇家遗址考古发现了一碗迄今为止世界上最古老的面条，它的历史足有 4000 年。而 4000 年后的今天，青海省以化隆回族自治县为主的"拉面大军"，以数以万计的"拉面馆"为载体，将"牛肉拉面"从"面文化"的发源地"拉"向全国，逐步发展成为贫困地区的群众脱贫致富奔小康的模式——"拉面经济"。

青海省人力资源和社会保障厅数据显示：截至目前，青海省海东市农村群众在全国 270 多个大中城市开办拉面店 2.9 万家，在东南亚及周边国家和地区开办拉面店 200 多家，从业人员 18 万人，拉面经济及相关产业经营收入达 180 亿元，实现利润 45 亿元，从业人员工资性收入 40 亿元。

马丰胜说，拉面经济开辟了一条独具青海特色的贫困群众脱贫攻坚的新路子。

拉面经济 初现端倪

"穷则思变。1992 年，我们几家人凑了点钱，到外面开拉面馆，我们先是去了山东，之后又去了广州。"今年 81 岁的马玫瑰是最早一批出来创业的化隆人，属于"面一代"。在马玫瑰的带动示范下，几十年来，更多的人走出大山、走进城市，开起了拉面馆。"现在全村 90% 的人家在外面开了拉面馆，家家户户都有轿车，有几十户人家还在县城、省城买了房子，这都是一碗碗面给拉出来的啊。"马玫瑰笑呵呵地说。

谭胜林是化隆县驻济南市拉面经济服务办事处主任，他是办事处的"老人"了，从事拉面驻外服务 14 年。"今年明显感觉到，'面二代'甚至是'面三代'的思想已经完全超越了前人，年轻拉面人对办事处的依赖换了种方式，不是大事、小事都来找，而是要咨询政策、咨询发展，更多的是想扩大店面、扩大经营。"谭胜林说，14 年前，山东省的化隆拉面馆不到 200 家，如今激增至 2000 家。

马林是驻广州市办事处主任，他看到了新老拉面店的更替，更看到了青海拉面焕发的勃勃生机。"广州是一座焕发活力的城市，我们的拉面人也同样与时代共进，老一代的拉面店逐渐升级为新店，规模和服务不断提档升级，重新起航的青海拉面人大有作为。"

据不完全统计，广州市 80 后、90 后开的拉面店占到一半以上。

群众首创　政府扶持

青海省海东市现有贫困户 4.8 万户、17.57 万人，贫困村、贫困人口分别占全省贫困村、贫困人口的 40% 和 33%，在青海省各市州中贫困面积最大、贫困人口最多、贫困程度最深。仅以化隆、循化两个县为例，从事拉面经济的人员占两县农村人口的三分之一以上，拉面经济收入在农民人均纯收入中的比重由 2000 年的 20% 增加到现在的 40% 以上；其中有 8731 户贫困户通过贷款外出开办拉面店，从业人员 1.13 万人，年经营收入达 58.11 亿元，实现利润 19.11 亿元，在拉面店务工的海东籍贫困人员工资性收入达 9.02 亿元。

去年，青海省启动实施"带薪在岗实训 + 创业"扶贫模式，贫困户只要有意愿学技术开馆子，政府就给扶持。以在全国开办的拉面店为载体，将精准识别的贫困对象与拉面馆对接，贫困人员在拉面实体店带薪实训接受培训，争取两年内成为掌握拉面技艺的技能人才，政府以每年 5000 元的标准补贴两年，拉面店每月支付不低于 3000 元的工资，实训人员年人均收入达 4 万元以上,带动 1270 户精准识别贫困户稳定脱贫,其中 80 户精准识别贫困户通过"邻帮邻、亲带亲"的方式开了拉面店。

今年,新增 3096 名贫困人员接受"带薪在岗实训 + 创业"扶贫模式,年底可以使 2080 户精准识别贫困户实现脱贫。这一扶贫模式已经在青海全省推广,属全国首创,受到国家相关部委的肯定。

据不完全统计,截至目前,海东市已有 1.28 万户、7.26 万贫困人口通过从事拉面经济实现脱贫,占各县区近 10 年脱贫人数的近四成。

互联网 +   助推发展

"我老家是化隆县扎巴镇要洞村,家人都在开拉面馆,哥哥姐姐们供我上大学,我深知化隆拉面要走出去,必须借助互联网的东风。"马青云说。2013 年,他辞去公务员职位,做起"互联网 + 拉面",几年间他创建青海扶贫拉面产业服务中心为青海拉面搭乘"互联网 +"快车提档升级。

马青云介绍,目前,中心主营业务分为线上和线下两个部分。线上业务主要通过"中国拉面网"网站和"中国拉面网"微信公众号以及"中国拉面网"APP 进行产品宣传和线上交易。线下业务有占地面积近 5000 平方米的青海省拉面产业培训基地,主要从事餐饮创业、餐饮技艺、职业规划和技能培训。

打开"中国拉面网"APP,招聘求职、转让信息、政府政策、拉面视频一应俱全。截至目前,中心在全国的青藏高原土特产品物流配送点已达 22 个,基本覆盖珠三角、长三角以及京津冀地区,日销售额达 10 万元,对青海其他贫困地区的农畜产品产业和经济发展起到了积极的推动作用。

据介绍,近年来青海省海东市共有 777 户从事拉面经济的群众返乡创业,涉及餐饮服务、牛羊育肥及冷藏配送、建筑建材、饲料加工、调味品加工、电商、农家乐、旅游住宿等 23 个行业,开办的民营经济实体达 523 家,年经营性收入达 5.7 亿元,吸纳 6786 名当地贫困群众就近就地就业,从业人员年工资性收入 1.69 亿元,拉面经济的发展成效正在不断显现。

2017 年 9 月 28 日   10 版   万玛加

青海互助："四策并举"的特色脱贫之路

土族是青海特有的少数民族，距离省会西宁 25 公里的互助县是全国唯一一个以土族为主体的自治县。因土族妇女喜欢身穿代表彩虹色彩的红、黄、蓝、白、黑、紫、绿 7 色花袖衫，互助又有"彩虹之乡"的美誉。近年来，互助县在坚持以人民为中心的发展思想指引下，凝心聚力，求真务实，走出了一条以产业发展为带动、生态扶贫为助力、易地搬迁为突破、民生保障为依托，"四策并举"的特色脱贫之路。

发展产业拔穷根

"尊贵的客人啊，欢迎到土乡来！吉祥美酒敬您，洁白哈达献给您！安召嗦罗罗，安昭嗦罗罗……"听着优美的歌声，看着曼妙的舞姿，品尝醇香的青稞美酒，这是"彩虹之乡"特有的迎客礼。

"2017 年我们村接待游客 20 多万人次，实现收入 835 万元。"威远镇小庄村党支部书记王国龙说，通过深耕安召舞、土族盘绣等民俗文化资源，20 年前他们就开始发展农家乐产业。

集土族民俗历史、宗教艺术及青稞酒文化为一体的土族故土园景区是互助县精心打造的 5A 级景区，景区辐射带动全县旅游产业。"今年游客数已超过 100 万人次，收入突破 3.5 亿元。"景区负责人高和伟说，如今在土乡，旅游接待户达到 220 余家、从事文化旅游产品加工专业户超过 500 家。

"去年种了 2 亩当归，收入 8000 元，今年扩大了 10 亩，预计收入 4 万元。"东沟乡昝扎村村民李永鹏笑着说。

作为青海省农业大县，大力发展中藏药材产业是互助县重要的产业规划。2017 年全县中药材种植面积达 4.6 万亩，产量达 3 万吨，总产值达 2.5 亿元，今年种植面积翻倍。

"要脱贫要致富，产业扶贫至关重要。"互助县县长安永辉介绍，目前该县有 33 家中藏药材种植专业合作社，初步形成"企业 + 合作社 + 基地 + 农户"的产业发展链条。通过中藏药材种植产业，参与的贫困户接近 9000 户，人均增收 1300 元。今年，参与种植的贫困户达到 1 万多户。

生态扶贫去穷业

"我当生态护林员两年了，主要工作就是巡山防火、清理垃圾。"王永利是巴扎乡甘冲沟村的贫困户，护林员一年 15000 元的收入让他脱了贫。

"这就是我们实施一人护林，全家脱贫的实际效果。"安永辉说，互助县在强化森林资源管理队伍的同时，选聘建档立卡贫困人口为生态护林员，使无法外出、无业可扶、无力脱贫的贫困人口获得就业和脱贫机会，特别是为因地理条件受限、交通不便、自身无增收技能、贫困程度深的贫困人口提供就业岗位。目前，全县共有生态护林员 1011 名，年发放管护费用 810.72 万元，人均年补助 14400 元；国家重点公益林生态护林员 467 名，年发放管护费用 380.36 万元，人均年补助 8155 元。

互助县北倚祁连山，是祁连山生态保护和"三北"防护林体系的重要部分，2014 年以来，互助县贯彻《青海省主体功能区规划》文件要求，近九成面积被列入限制开发区和禁止开发区，停喊"工业化"口号，关停一批造纸厂、水泥厂和采矿场。

"我们将生态建设和保护与扶贫开发有机结合起来，通过加大生态补偿力度、吸纳贫困户参与造林绿化脱贫增收等推动贫困地区扶贫开发与生态保护相协调、脱贫致富与可持续发展相促进，使贫困人口从生态保护与修复中得到更多实惠，实现脱贫攻坚与生态保护的双赢。"安永辉介绍，仅 2017 年，互助县为 18 个乡镇 287 个村的 81084 户农牧户发放补助资金 633.67 万元。

易地搬迁挪穷窝

五十镇班彦村是互助探索贫困边远山区易地扶贫搬迁有效模式的缩影。搬迁前班彦村吃水难、上学难、就医难、交通难、种地难，祖祖辈辈靠天吃饭，群众生活异常艰苦。自 2016 年实施易地搬迁以来，129 户村民的生活发生翻天覆地的变化，家家住上了新房，喝上了自来水，烧上了天然气，睡上了电暖炕，实现了"搬出大山去，拥抱新生活"的美好愿望。

"2016 年以来，互助县投入财政补助资金 4 亿元，共完成 8 个乡镇、16 个村、1540 户的易地搬迁，其中贫困户 652 户、2344 人。"县委书记陶启业说，互助县在易地搬迁项目中，着眼贫困群众长远发展，坚持把易地搬迁与新农村建设、城镇化建设相结合，大力整合新农村建设中交通、水利、农业、畜牧、扶贫等项目资金，力促水、电、路等配套设施一次到位。

走进修葺一新的班彦新村，一排排簇新的瓦房、一条条规整的巷道、一盏盏崭新的太阳能路灯，让昔日的穷山村焕发出新风貌。

年近八旬的吕有荣老人说："现在的生活和以前比，一个天上一个地下，以前想都不敢想。"

"离城里近，孩子上学方便，自己进城打工也方便，日子越过越有盼头。"从蔡家堡乡大二村搬迁到塘川镇新村的李香兰说。

生活条件的改善，促使群众思想观念发生变化。近年来，互助县顺势利导，通过"雨露计划"等方式对搬迁群众进行培训，因地因村因人开展特色种养殖、民俗产品、商铺经营、乡村旅游等产业配套扶持，贫困村实现了从易地搬迁走向可持续发展的历史性转变。

民生保障改穷貌

社会保障兜底一批是打赢脱贫攻坚战的重要支撑。为此，互助县在精准识别的基础上，全面核查低保兜底人员，落实低保兜底政策，确保实现深度贫困人口不愁吃、不愁穿，义务教育、基本医疗和住房安全有保障"两不愁三保障"的目标要求。

"为积极推进建设多层次社会保险体系，2017年互助县共落实社会保险资金5.4亿元，发放城乡低保金、优抚补助等各类救助资金1.7亿元。"陶启业介绍，目前，互助县已为4.8万贫困人口建立健康扶贫台账，分类管理、动态跟踪，针对不同群体制定城乡低保、城乡居民基本养老保险、新农合医疗保险、大病医疗保险、政府购买养老服务补助、残疾人两项补贴、高龄补贴、特困供养、临时救助、商业补充保险等30余项保险补助制度，实现基本养老保险、基本医疗保险、工伤保险、失业保险全覆盖。

筑牢城乡居民医疗保障网，建设基层医疗服务体系。互助县实现城乡居民医疗参保率100%，为贫困户开设结算绿色通道，贫困户持身份证可免押金直接住院，治疗后出院一次性结算。全县294个行政村均配有乡村医生和保健员，卫生室标准化建设率达95%。以全方位的医疗保障网切实缓解群众"因病返贫、因病致贫"问题。

互助县还积极制定落实学前一年教育免费资助、两免一补、高中贫困生补助等11项教育补助政策，2017年下拨各项教育惠民资金3902万元，受惠学生8.8万余人。培训转移农村富余劳动力20余万人次，实现拥有富余劳动力的贫困户至少有1人实现转移就业和自主创业脱贫。

2018年5月3日　02版　万玛加

大山深处的脱贫"突围战"

——来自青海玉树囊谦县的一线调研

驱车行进在青海玉树巴塘草原的214国道上，一座座风景各异的大山从两侧掠过，高耸入云的垭口和山脊、攀绕于半山腰的柏油路，诠释着海拔高和距离远给这片土地带来的发展障碍。高寒、缺氧、基础设施滞后、公共服务不足，让囊谦成为深度贫困的代名词。

发展机遇和资源优势并存——这里是三江源自然保护区腹地，曾是玉树历史上的政治、经济、文化中心，也是历史上茶马古道、唐蕃古道、古盐道的重要节点。

现实困难和脱贫挑战巨大——这里南接横断山脉，北临高原主体，境内大小山脉纵横交错，山高沟深、环境恶劣、地处偏远、交通不便的自然条件让囊谦成为脱贫攻坚战的"坚中之坚"。

几年间，这片高原发生了哪些变化？在脱贫攻坚中又面临哪些困惑？记者为此进行了一线调研。

产业发展后劲从哪里来——
产业园建起来了，后续营销管理需要新思路

位于囊谦县城东南部的扶贫产业园，两座高大的厂房拔地而起。厂房一

侧，投资 900 多万元的现代化研发中心已经建成。展示中心大厅里，青稞制品、黑陶工艺品、藏香、藏酒、民族服饰……各种产品独具地域文化特色。

"产业园于 2017 年建成，目前已有 12 家企业入驻，共生产 6 大类产品，对特色产业的发展和带动脱贫起到了关键作用。"囊谦县扶贫局副局长桑周介绍。

囊谦县吉曲乡山荣村古陶器遗传工程中心就是其中的一个入驻企业。"原来，遗传中心设在距离县城近百公里外的山荣村，产品运销不便。搬到产业园，生产储藏条件好了，产品外销也更加便利。"山荣村古陶器遗传工程中心负责人才交仁曾介绍。

拉坯、晾晒、修整、压光、绘制，22 岁的白玛央措学习黑陶技艺已有五年时间，她和弟弟一同在产业园从事黑陶制作工作。"每天早九点上班，晚七点下班，月收入在 3000 到 4000 元。"白玛央措说，藏黑陶制作技艺不仅是囊谦的非物质文化遗产瑰宝，也是当地手工艺人重要的生计来源之一。

而在黑陶制作技艺国家级非物质文化遗产传承人白玛群加看来，囊谦黑陶产业要实现更好的发展，不仅要注重技艺传承，更需要创新产品设计。

"囊谦的黑陶产品已经在业界小有名气，多次参加国内国际比赛并斩获大奖。我们制作黑陶不仅是为了发展产业获得回报，而且是要把这项民族传统文化传承下去。"白玛群加说。

和白玛群加有着同样想法的是 43 岁的企业负责人才丁。一看有外地人来，他连忙迎接，递名片、推销产品。

这位囊谦县尕羊乡迈麦村的致富能人，注册成立了一家地方土特产公司，目前以生产藏香为主。"现在开发有 6 个品种，大小型号的都有，还有专门的礼品套装，以及车用的香包、香囊。产品质量没的说，就是市场仍有待开拓。"才丁说。

"目前扶贫产业园的企业以农民专业合作社和中小型企业为主，缺乏龙头企业带动，产品创新能力不足，设计包装营销人才匮乏成为制约产业做大做强的重要因素。"桑周分析说，正是这三大因素导致产业园面临产业选择难、对外销售难、后续发展难的问题。

有了产业，脱贫才能有根基。为促进特色产业发展，2018 年囊谦县全县产业扶贫项目总投资 2 亿元，重点实施了以到户产业、旅游扶贫、生态畜牧业发展和特色农业为主的产业项目，受益群众 3 万余人。

"然而，在目前群众的增收结构中，大部分依然来源于国家政策支持。让产业做大做强，还要依靠创新的思路、高水平的人才、先进的管理经验来推动，为农业注入现代科技力量，为产业发展构建科学体系支撑。"囊谦县扶贫局局长郭晓荣说。

教育扶贫难题如何破解——
不仅要"有学上""有教师"，还要"上好学""教得好"

一边是悬崖峭壁，一边是滚滚江水。车在泥泞的土路上爬行，从囊谦县城出发一个多小时后，记者到达了囊谦娘拉乡中心寄校。

教学楼、宿舍楼整修一新，澡堂、卫生室、标准化操场正在建设中。"目前学校的硬件设施比较完善，除了本地区的学生，还吸引了西藏地区的100多名孩子就读。"33岁的校长尕玛土丁说，在乡里任教10年，近几年是学校硬件设施改善最快的时期。

硬件不断在改善，学生年年在增加，但教师的数量却明显跟不上。"现在全校362个学生，一到六年级8个教学班一共有14个专任教师，每名老师要带两门主课，一些老师甚至要跨年级带课，工作量非常大。"尕玛土丁说。

娘拉乡中心寄校的情况，折射出囊谦县教育的发展现状。

在囊谦县城东南部、扎曲河畔，一个占地450亩的现代化教育园区正如火如荼地建设中。当地人习惯称之为"三四五六教育园"，因为教育园区涵盖了囊谦第三民族寄宿中学、第四完全小学和玉树州第五寄宿制民族高级中学，还有正在规划建设的香达镇第六幼儿园。

"园区建成后，在囊谦'有学上'的问题将得到全面解决。"囊谦县教育局局长西然多杰说，尤其是总投资1.3亿元的玉树州第五寄宿制民族高级中学建成后，将成为囊谦县境内第一所高中。这意味着，学生们不必再奔走150多公里到州上甚至更远的地方读高中。

脱贫攻坚战打响之后，囊谦县举全县之力抓教育扶贫，不断改善办学条件，让更多的孩子走进校园接受义务教育。数据显示，目前囊谦县九年义务教育巩固率达 98.7%，初中毕业生升学率达 96.43%，十五年免费教育和贫困家庭大学生、中高职学生资助覆盖率达 100%。

"29 所义务阶段学校、在校生 15820 人、789 名在编教师和 260 名聘用教师、99 个'大班额'、23 个'超大班额'……"作为一名已经在教育战线奋战了 25 年的"老兵"，西然多杰对囊谦的教育情况可谓了如指掌。数据背后，师生比失衡、教师资源不足、教育质量亟待提升的难题也凸显出来。

与日益完善的硬件设施相比，教师资源缺乏和教育水平不高等"软实力"的不足，成为制约深度贫困地区教育发展的重要因素。"教师数量少、专业素质不高，教师队伍结构不合理、不稳定，严重影响了教育水平的提升。"西然多杰坦言。

为了破解教师短缺难题，囊谦县财政拿出一半财力用于教师聘用，光明日报等定点帮扶单位也通过推进"互联网＋教育"提供优质在线教育资源，常规化开设网络双师课堂，弥补当地教师力量不足短板。为破解牧民子女幼儿园"入园难"的问题，囊谦县还创新通过幼儿园"走教模式"，让更多孩子享受更优质的学前教育。

"仅仅依靠囊谦本地的小财政来保障教育的大民生，困难很大。要实现'上好学'的目标，需要在增加教师编制、资金支持上加大对深度贫困地区的支持力度，让深度贫困地区的孩子共享教育机会和教育资源。"西然多杰说。

"造血"能力提升怎样实现——
学会一种技能，带富一个家庭

"觉得为时已晚的时候，恰恰是最早的时候。"在囊谦县慈行职业培训学校，门前牌匾上用汉藏双语书写的宣传语颇有深意。

走进培训学校二楼，服装设计、烹饪技能、机械手工，各个教室里，教师和学员都在紧张忙碌着。"服装设计技工正在为县一中的学生们设计校服，烹饪技师正在指导学员学习特色藏餐制作。目前培训中心共有从 16 岁到 45 岁的学员 87 人。"培训学校负责人阿周介绍。

新技能，为贫困户打开了新的就业之门。36 岁的贫困户南加措玛就体验着这种变化，并从一名学员成长为培训学校的烹饪教师。

以前，家在囊谦县吉曲乡改多村的南加措玛仅靠种地谋生，家中有两个孩子、年迈的婆婆、智力缺陷的丈夫需要靠她一个人供养，收入微薄。"如今，在培训学校一月收入 5000 元，家也搬到县城，孩子上学问题也解决了，生活更加稳定。"南加措玛露出欣慰的笑容。

如期完成脱贫攻坚任务，离不开外界的支持帮助，更离不开贫困户自身脱贫动力的提升。从"输血"到"造血"，是一个发生质变的过程。

培训一人、就业一人、脱贫一户。作为囊谦县的重点精准扶贫项目，慈行职业培训学校自 2016 年 8 月建成以来，在贫困户职业培训上不断发力，2017 年到 2018 年共培训学员 1130 人。今年将再拿出 1000 万元，用于贫困户职业培训。越来越多的贫困户走进培训中心大门，并在这里获得一技之长。

"学员就业面临的还是市场问题。为了拓展就业门路，囊谦计划在每个乡建一个摩托车修理店、补胎店、理发店。如果能再建立一个大型服装制造厂，贫困户的就业就将更有市场了。"阿周期待着。

培训中心不远处，在青山绿水掩映中，崭新的易地扶贫搬迁村落已经建成。"这里的村民从 40 公里外的巴扎乡也巴村搬来，共有 158 户。住房标准按照一人 25 平方米、两人 50 平方米、3 人 80 平方米、6 人 96 平方米、8 人以上 126 平方米的标准进行分配。"囊谦县副县长永江说，更为重要的是，为确保贫困户不仅"搬得出"还要"留得住""能致富"，我们还督促贫困户每户学一门技能，从而帮助他们更好地实现就业。

"眼下，囊谦县已经进入脱贫摘帽、绝对贫困'清零'的最后攻坚阶段，作为贫困人口多、贫困程度深、贫困面广，全州乃至全省脱贫攻坚'难中之难''困中之困'的地区，全县上下将以'耽误不起'的责任感和'懈怠不得'的紧迫感，一个问题一个问题去破解，一户一户去攻克。攻坚路上一个都不能少、一项都不能丢、一步都不能迟，确保如期实现全县脱贫摘帽。"囊谦县委书记张琨明说。

2019 年 8 月 3 日　01 版　李慧　尚杰　张燕　万玛加

壮丽 70 年　奋斗新时代

共和国发展成就巡礼 · 青海篇——

大美青海　幸福江源

"山，是这里的山最雄伟。水，是这里的水最清澈。青海的山哟青海的水，山水相连高原江山多壮美……"

72 万平方公里的青海，有着山之宗、水之源、路之冲的美誉。70 年来，青海山青水绿经济社会稳步发展；70 年来，青海生态优先绿色发展跨步向前。

今天的青海，生态地位无可替代，对国家生态安全的重要性尤其突出。生态优势就是最大的优势，绿色发展就是最大的发展，民生福祉就是最大考量，青海正迎来发展的黄金期，青海的道路正在越走越宽广。

生态优先

巍巍昆仑之巅，浩浩三江之源。

"青海独特的地理气候条件，多样的高原生态环境，久远的历史文化积淀成为生态产业发展的理想之地。"青海省省长刘宁说，青海最大的价值在生态、最大的责任在生态、最大的潜力也在生态。

今年 6 月，青海省在全国率先启动国家公园示范省建设，这是青海积极推进三江源国家公园和祁连山国家公园体制试点的发展"回音"。进入新时代，开放的青海全力打造柴达木、三江源、祁连山、环青海湖、河湟地区等五大生态板块，积极推进国家公园示范省建设。坚定实施生态报国战略，扎扎实实推进生态环境保护，确保"一江清水向东流"。

高站位把握、高起点统筹、高标准推进、高效率落实……"三江源碧水行动""绿剑行动""绿盾检查"；水污染综合治理，大气污染防治，土壤环境安全防控，农牧区人居环境改善……一系列行之有效的举措全面推进，青海各族干部群众用实际行动留住蓝天绿水和青山。

如今的青海，蓝天在增多，河湖在变清，绿色在拓展，生态文明建设步伐铿锵有力。8 个市州政府所在地空气质量优良天数比例为 92%；湟水河出省段水质达标率为 100%；森林覆盖率由 1978 年的不到 1% 提高到 7.26%……

今日的三江源，生态系统退化趋势得到初步遏制，"千湖美景"再度归来；藏羚羊、藏野驴、雪豹、白唇鹿等濒危动物种群数量恢复增长；青海湖裸鲤资源蕴藏量由 2002 年的 2592 吨增长到 2018 年的 8.8 万吨，增长近 34 倍；普氏原羚种群数量由 2004 年的 257 只增加到 2018 年的 2793 只。生态安全屏障进一步筑牢。

坚决守好蓝天碧水和净土，像保护"眼睛"和"生命"一样守护生态环境，已经成为青海各族干部群众的自觉行动和生动实践。

绿色发展

大江东流，奔腾不息；三江河畔，绿意盎然。

党的十八大以来，青海持续推动绿色发展，积极转变发展方式，走出了一条有别于东部、不同于西部其他省份的绿色发展新路。

青海没有海，却有集中成片的"蓝色光伏海洋"。

盛夏时节，距离青海湖南岸不到 70 公里的塔拉滩风和日丽，在这片总面积 77.9 平方公里的荒滩地上，太阳能光伏发电站一个接一个，沿着天际线铺展开来，遮天蔽日，看不到尽头。这片昔日荒凉单调的戈壁滩，如今已经变成了一座生机盎然的能源城。走进它，你就能感受"水光互补"创造的生态奇迹。目前，青海省集中式光伏发电装机达到 956 万千瓦，居全国第一，已成为世界上大规模并网光伏电站最集中的地区。

丰富的能源资源，让青海持续刷新"绿色发电"的世界纪录。

2019 年 6 月 9 日零时至 23 日 24 时，青海连续 15 天 360 小时全部使用清洁能源供电，打破了 2018 年创下的"绿电 9 日"世界纪录。靠风、光、水发电，如此大规模、长时间，确保安全、平衡和稳定，这是对多年来青海省清洁能源发展的一次实力验证，这是青海绿色发展理念的最好体现。目前，青海新能源装机总容量已占全省电力装机容量的 46.7%。

同时，青海省正在加快海南、海西两个千万千瓦级清洁能源基地建设，世界首条专为清洁能源外送而建的特高压通道——青海至河南 ±800 千伏特高压直流外送工程已开工建设，不断唱响的绿色发展旋律让青海清洁能源示范省建设步伐坚定而自信。

绿色是青海的底色，也是最亮的幸福色。打好绿色发展这张牌，青海靠的不光是绿色制造工程，更有许许多多的绿色惠民富民工程。幸福卡阳、美丽边麻、花海上山庄、飞行小村麻拉河……从前默默无闻的贫困村庄，如今个个声名鹊起，绿色发展理念让穷山沟变了样。

和谐共生

青海是除西藏之外的第二大涉藏地区，少数民族人口占总人口的 47%，民族自治地区面积占比达 98%。70 年来，多民族聚集、多宗教并存、多文化交融，让各民族密切交往、和睦共处，塑造了青海各族人民的中华民族共同体意识。

"青海集西部、民族、贫困地区于一身，民生福祉，脱贫攻坚举足轻重，关乎全局、关乎长远、关乎根本。"青海省委书记王建军说。改革开放以来，青海坚持"小财政办大民生"，将 75% 以上的财政收入用于改善民生，努力增进民生福祉。

党的十八大以来，改革发展成果不断惠及青海各族人民，青海基本实现了幼有所育，全省幼儿园从 1949 年的 2 所发展到 2018 年的 1804 所，覆盖了全省所有乡镇；学有所教，涉藏地区所有学生实现 15 年免费教育；劳有所得，全省城镇新增就业 36.7 万人，农牧区劳动力转移就业 690 万人次；病有所医，全省医疗卫生机构数增长到 1922 家；老有所养，全省各类养老服务机构和设施达到 2133 个；住有所居，仅 2018 年，全省实施保障性住房和各类棚户区改造项目 45.2 万套；弱有所扶，全省城乡最低生活保障制度全面建立。各族人民的获得感、幸福感、安全感明显增强。

作为扶贫开发任务重、难度大的省份之一，2013 年以来，青海累计减少贫困人口 108.3 万人，贫困发生率从 2012 年的 24.6% 下降到 2018 年底的 2.5%。贫困地区农牧民人均可支配收入从 2012 年人均 5594 元增加到 2018 年人均 10393 元，年均增长 10.9%。党的十八大以来，全省近三分之二的农牧户住房得到根本性改善，90% 以上的贫困户有了安全住房。各行业部门累计投入行业扶贫资金 157.7 亿元。走出了一条符合青海实际、具有高原特色的扶贫道路。

一件件民生实事的落实，化作一份份温暖人心的民生清单；一个个民生工程的接力，夯实着新青海的建设步伐。

70 年砥砺奋进，70 年硕果累累。

如今，青海牢牢把握人与自然和谐共生的科学自然观，努力实现从经济小省向生态大省、生态强省的转变，形成以绿色能源、绿色产业、绿色消费、绿色农牧业为架构的绿色发展方式。青海将矢志不渝践行绿水青山就是金山银山的理念，筑牢国家生态安全屏障，让青海大地天更蓝、山更绿、水更清、环境更优美，谱写美丽中国生态文明建设的青海篇章！

2019 年 8 月 12 日 06 版 万玛加

东沟馍馍富了一方人

1月7日一大早，青海省互助土族自治县东沟乡龙二村的保广梅就把前一天做好的"青海大月饼"仔细地包好，放在车上，去乡里参加"舌尖上的塘拉滩——东沟乡第三届土族民俗传统馍馍大赛"。

50岁的保广梅是土生土长的土族妇女。精明干练、心灵手巧的她有着一手好厨艺，她做的土族传统馍馍更是远近闻名。这是她第三次参加馍馍大赛了，2018年她的炸馍得了一等奖，去年她的烙馍获得二等奖。她笑着告诉记者，今年自己寻思着弄个蒸馍再试试。

互助县是我国唯一的土族自治县，东沟乡是土族人口最为集中的地区，这里保留了很多土族的传统文化习俗，其中，制作各色面食馍馍就是最具代表的年俗传统。

上午11点，来自四乡八镇的巧妇能匠将精心烹制的各式传统年馍端了上来，焜锅、果儿、馓子、油饼、麻花、盘馓……摆满了场院，炸馍色泽金黄，蒸馍松软诱人，焜馍麦香四溢，烙馍色香俱全，整个塘拉滩顿时都弥漫着年馍的香味。

"互助的传统馍馍做法主要有蒸、烤、炸、焜4个系列，现在已经发展到了28个品种，土族传统的制作方式、工具和工艺都没变，但花形和颜色比之前更精美、更丰富了。"东沟乡党委书记杨启林说。

"花花甜，月饼酥，油炸馓子香又脆。"

"'背口袋'荨麻多了会苦，少了就没味儿，这个就很到位。"

"原来做馍馍，图案和造型简单，现在生活条件好了，按自己的喜好在馍馍上做图案，用香豆、姜黄点缀颜色。"

"这个焜锅是用筷子画的，那种圆的造型是用花卷叠出来的。"

……

多变的做法，不同的口味，使土乡传统年馍色香味俱全，得到了大家的一致好评，勾起了土乡人心中那股浓浓的乡情，同时也搭建起了一条脱贫致富的新路子。

杨启林说，近两年来，东沟乡在实施精准脱贫和乡村振兴的攻坚路上，坚持把馍馍产业作为推动农民持续增收的一条有力途径来重点培育、重点打造，通过政府搭台、能人拉动、群众唱戏、媒体助阵四措并举，"东沟馍馍"产业步入发展快车道。

纳卡村党支部书记昝发寿就是众多能人之一，今年他又多了一个新身份——馍馍经纪人。记者见到他时，他正张罗伙计在大赛现场搭设由几百个焜锅馍馍组成的高台，高台顶上"东沟馍馍"的招牌格外显眼。

"刚开始，我也不相信靠这个普普通通的馍馍能挣钱致富。"昝发寿告诉记者，2017年抱着试试看的心思，他在县城的纳顿风情街开设了一家"东沟馍馍"铺，随着铺子的开张营业，自己的想法一下子转变了。

"开业当天，两个小时不到，所有的馍馍就被抢购一空。"如今，他成了乡里的馍馍经纪人、全村的致富带头人，在村里联络了十几家，自己家里雇了七八个人专门做土族传统面食。

"去年底在乡里的联络下，我开始和'乐村淘'电商平台合作了，这两天馍馍的销售量更是翻了几番。"昝发寿掩不住心中的喜悦。

"我们已经成功办了三届馍馍大赛了，评出'巧手厨娘'72人。去年，保广梅、王玉英等'巧手厨娘'在各地开设馍馍店铺18家，年销售总额达到110余万元。如今'东沟馍馍'小有名声，馍馍产业正在成为群众增收致富的新途径。"杨启林介绍，下一步，东沟乡将抓紧落实两个重要工作，一是争取20万元资金购置设备；二是协调"乐村淘"农村电商平台，对"东沟馍馍"进行品牌化包装销售，实行线上线下市场化运营模式。

2020年1月15日　04版　万玛加

老手艺走出脱贫新路子

寒冬腊月来青海海东尕楞的人，十有八九是来买"秀日酩馏"美酒的。

在青海的乡村，人们习惯把自己用青稞酿造的美酒称为"酩馏"。而尕楞乡秀日村的"酩馏美酒"历史悠久、滋味独特，在青海涉藏地区闻名遐迩。

尕楞藏语意为"长柱"，因境内自然形成的两根挺立的红砂柱而得名。尕楞藏族乡位于海东市循化撒拉族自治县西南的群山中，这里平均海拔3000米，全乡11个村，共计1010户、5436人。而秀日村是全乡最偏远、规模最小的村庄，全村仅有59户人家。

"因为山大沟深，我们这里过去连一条像样的路都没有。"秀日村村主任完玛黄青告诉记者，"现在不一样了，通过精准扶贫，我们不仅走出了大山，还靠着传统的酿酒手艺走上了致富路。"

入冬以来，李加才让家的酩馏已经酿了好几百斤，作为村里数一数二的土专家，李加才让对这门手艺烂熟于心。

"好酒一离不开好原料，二离不开好水，三得有好手艺。"村里的酿酒好手李加才让说，在秀日，几乎家家户户都有酿酩馏的手艺，酿造技术以家庭为传承方式，口传身教。贫困户卡毛加的技术是父亲加华传授的，酒坊中的器材都是最传统的，卡毛加说，几十年来，烧酒的灶台已换了好几个，但这些酿酒工具却一直没有变，之所以坚持这样做，是因为用传统工具酿造的酩馏酒才会有"记忆"的味道。

"为解决酩馏酒销售难题，2014年，我们村集资成立了循化县秀日藏酒有限公司，并成功注册了'阿尼霞梧牌'酩馏酒品牌。"秀日藏酒有限公司负责人完么才让说，公司以收购村民酿造的散酒为基础，进行二次提纯、精美包装，实现从零散酿制到集中产加销，年产量从最初的2万斤发展到了2019年的10万斤，辐射带动周边3个村建档立卡贫困户，人均增收1000多元。

"农村要脱贫，就要靠产业。现在就盼着酒能早点卖出去，企业成了，我们的收入也就提高了。"完玛黄青说，通过"公司+精准扶贫户"的模式，2019年，建档立卡贫困户通过酿酒每户平均收益3万多元，实现了脱贫。

"在脱贫攻坚产业扶贫的大潮中，秀日的这一坛美酒，已经成为我们整个尕楞脱贫致富奔小康的扶贫酒、致富酒。"尕楞乡党委书记多巴掐着指头给记者算了一笔账，黑青稞市场价每公斤在3元左右，50公斤黑青稞收入也就二三百元，但是50公斤青稞可以能酿出35公斤酩馏酒，按照每公斤30元算，收入可以翻好几番。而尕楞全乡黑青稞的种植面积达到427公顷，光这一项的增收就非常可观。

"青山绿水，是我们这里唯一能拿得出手的资本，我们要通过自己的努力把这青山绿水变成金山银山。"多巴说。

2020年1月21日　01版　万玛加

青海湖畔打出扶贫"组合拳"

1月10日，漫天大雪让青海大地银装素裹。

上午9点，在青海省海南藏族自治州电商扶贫产业园内，刚刚拉开序幕的"海南州首届网络年货节"气氛热烈，网络直播人气爆棚。

"青海高原的牦牛肉干，纯天然，口感没的说，价格全网最低……"元旦智华作为本地小有名气的网络人气主播，正在向网友介绍着海南州的特色产品，"我这个视频播放量十几万，把家乡的好东西推广出去，也帮助了贫困群众增收致富。"

"网络年货节是我们的一个尝试，瞄准的还是精准扶贫，这个电商扶贫产业平台辐射全州426个行政村，其中包括全部173个建档立卡贫困村、近5.3万建档立卡贫困人口。"海南州扶贫开发局局长王学军告诉记者，海南州采取"电商企业＋青年创业孵化园＋农牧业合作社＋扶贫龙头企业＋农牧户"的运营模式，不仅充分拓展产业扶贫发展新路子，也有效带动贫困群众增收致富。

因地处青海湖南岸而得名的海南藏族自治州总面积4.45万平方公里，辖共和、贵德、贵南、同德、兴海五县，总人口47.7万，其中，藏族占总人口的67%，是一个多民族聚居地区，然而生态脆弱、环境艰苦、居住分散、基础设施薄弱、群众内生动力不足等因素导致这里产业底子薄，贫困人口深度和广度大，是青海深度贫困地区之一。

抓脱贫固生态，让群众吃上"生态饭"，是当地因地制宜实现精准脱贫的有力探索。37岁的杨先是海南州兴海县龙藏乡浪琴村的牧民，3年前，他放下牧鞭带起管护员袖章，成了村里的草原生态管护员，每个月他都会到自己负责的草场进行例行巡护。

"我现在每年的工资是 21600 元，加上 5794 元的生态补偿金和 23059 元的转移性收入，日子比过去强多了。"杨先对自己的工作很满意。

据统计，仅兴海县聘用的草原生态管护员就有 1224 名，其中建档立卡户 1111 名；护林员 284 名，其中建档立卡户 134 名，人均 21600 元的年收入让贫困群众在保护绿水青山中切实得到了实惠。

"文巴"藏语意为"宝瓶"，距离青海湖仅五公里的海南州共和县黑马河镇文巴村多年来守着青海湖这个"宝瓶"受穷，全村五分之一是贫困户，大多牧民一缺技术二缺文化。2019 年，文巴村瞅准商机，借助青海湖丰富的旅游资源，在政府的帮助下整合资金 1094 万元，开办了牧之源文巴民俗宾馆，去年 8 月 6 日开业当天，56 间房屋、150 个床铺全部订满。

"去年文巴村的旅游收益达到 200 万元，实现了深度贫困村的脱贫摘帽。"海南州共和县扶贫开发局局长吴斑说，共和县依托青海湖王牌旅游景区的优势，实施 6 个环湖沿线乡村旅游扶贫项目；依靠 109 国道"马路经济"实施廿地乡切扎村、切吉乡莫合村两个易地扶贫搬迁项目；依托黄河沿线区位优势和龙羊峡大峡谷景区，发展乡村旅游、农家乐、库区水上游等扶贫项目。截至目前，仅龙羊峡镇龙才村、瓦里关村乡村旅游扶贫项目已分红 107 万元，惠及 381 户、1317 人。

近年来，海南州因地制宜，积极探索扶贫新模式，通过发展特色产业脱贫一批、易地搬迁脱贫一批、生态保护脱贫一批、医疗保险和救助脱贫一批等"九个一批"，将扶志扶智相结合，切切实实帮助全州五个县的贫困群众拔掉"穷根"。

"目前全州已经建成 8 个扶贫产业园、23 个扶贫车间、46 个扶贫产业基地，支持发展农牧业产业化龙头企业 18 家、农牧业专业合作社 239 个，培育农牧科技致富带头人 170 名，带动 4.39 万名贫困群众增收。"王学军介绍，同时，海南州深入实施就业扶贫行动，持续加大劳动技能培训、加强劳务输出协作，实现贫困群众劳务输出 3.1 万人次；统筹资金 2.99 亿元，设置生态管护等公益性岗位 5331 个，实现了贫困群众就地转岗、稳定增收。

海南州通过产业扶贫、生态扶贫、电商扶贫、旅游扶贫、就业扶贫等多种举措，打出了一套成效显著的扶贫开发"组合拳"。越来越多的贫困群众圆了脱贫梦、开启了新生活，一个个精准扶贫故事，一件件脱贫致富的实事，绘成了青海决胜全面小康的"脱贫答卷"。

2020 年 2 月 5 日　10 版　万玛加

《经济日报》

让电力成为脱贫"先行官"

自去年"万企帮万村"精准扶贫行动启动以来,越来越多的企业积极响应,给贫困地区送去资金、技术,营造商品生产、市场经济氛围,帮助贫困人口转变发展观念,从根本上激发了贫困地区的发展活力,为贫困群众脱贫致富作出了实实在在的贡献。从今天开始,我们推出"万企帮万村"专栏,对这些企业的帮扶行动、帮扶经验进行报道

青海高原已经进入冬季,海南藏族自治州同德县巴沟乡河居村的电网建设还在紧锣密鼓地进行。电力施工人员忙着立电杆、搭电线、装变压器,一片繁忙。这是国家电网青海省电力公司全力推进实施脱贫攻坚配套电网建设的一个现场。

按照党中央、国务院扶贫开发工作系列部署和国家电网"国网阳光扶贫行动"有关部署,国网青海省电力公司发挥资源、技术、管理、服务优势,主动融入、积极参与青海省脱贫攻坚工作,坚持将加快贫困地区电力设施建设作为扶贫开发的"先导工程",全面加快电力专项扶贫和贫困县、贫困村定点扶贫工作。

电网改造助脱贫

按照青海省确定的扶贫工作部署，2016 年，全省计划脱贫摘帽贫困县 6 个、贫困村 404 个。国网青海省电力公司根据省扶贫局确定的电力脱贫标准，在确保完成公司经营区域电网延伸范围内脱贫任务的基础上，进一步提高标准，扩大农牧区电网改造范围。在保障 404 个脱贫村电网满足要求的同时，对 6 个脱贫县整体电网结构进行优化，新增变电站布点，并对脱贫县部分非贫困村进行电网改造。

国网青海省电力公司发展部主任李海峰说："截至目前，已下达贫困村配套电网建设项目 261 项，施工现场遍及全省各市（州），工程项目前期、工程建设施工等工作已经全面铺开。"

"电力专项扶贫工程规模大、点多、面广、时间紧迫，为了抢工期、抓质量，工作到哪里，大家就吃住到哪里。这是惠民利民的工程，再苦再累都值得。"同德县巴沟乡河居村施工项目负责人李生茂说。

西宁市大通回族土族自治县朔北乡小龙院村是年内计划脱贫的 404 个村庄之一，该村的电网扶贫项目自 7 月底开始施工，10 月初完成改造。此次低压台区改造为该村新建和增容变压器 3 台，立杆 84 基，改造居民用电 187 户，并将村里的裸导线更换成了架空绝缘导线。村民赵福元、赵得元兄弟告诉记者，"长期以来村民们一直受低电压问题困扰，每到用电高峰期连灯都不太亮。国家电网来到村里，忙着换电杆、拉电线，把家家户户的电表都给换了，门前的变压器也换成了新的。这一换，家里的电视机、洗衣机、微波炉全都亮了、转了"。兄弟俩还算了一笔账，合计着今冬要以电代煤取暖，既省钱又安全。

照亮村民致富路

国网青海省电力公司掌握的数据显示，截至 2015 年底，公司经营区内有 413 个自然村、1.43 万户未通动力电和 136 个自然村、1.54 万户存在动力电不足的问题。李海峰说："公司计划在 2016 年至 2017 年，利用两年时间，解决经营区内所有自然村未通动力电及动力电不足的问题。按照规划，要新建 10 千伏配电台区 949 个，10 千伏配变容量 7.86 万千伏安，10 千伏及以下线路 5444 公里，户表 2.97 万个，为青海打赢脱贫攻坚战提供稳定可靠的电力支持。"

走进海东市互助土族自治县南门峡镇祁家庄村，一排排崭新的小洋楼最引人注意。村支书张均说："如果没有动力电，我们村不会有现在的样子。"他介绍，祁家庄村共有 244 户居民，总人口 1228 人，2015 年户均年收入 18600 元，相比 5 年前的 7800 元翻了一番多。动力电的接入让祁家庄村从"照明时代"迈入"动力电时代"，"电压足了，村民们脱贫致富的信心也足了，村里办起了养殖合作社，村民纷纷加入养殖行列，日子一天比一天好。村民们的腰包鼓了，这才有底气起洋房。"

随着动力电工程的推进，可靠的电力供应和贴心的供电服务吸引了很多人到农村创业。若多村地处海东偏远地区，2015 年，国网青海省电力公司投资 214 万元，为若多村实施了农网升级改造工程，彻底解决了该村动力电不足的问题。正是因为动力电通了，民和回族土族自治县养殖大户张富香选择来到若多村办起了养鸡场，带动更多的村民走上了致富路。

2016 年 11 月 23 日　15 版　石晶　王宏霞

青海省海西州：精准识别　挂图作战

　　"现在都已经收割完了，这个'洋庄稼'在我们村还是头一次种植哩，也希望通过产业脱贫能让我们村的贫困户富裕起来。"青海省海西蒙古族藏族自治州德令哈市安康村村委会主任李宝忠说，自从种植了藜麦，村里贫困户的致富信心越来越高了。

　　海西州位于青海省西部，总人口约 64 万，全州共有贫困人口 2693 户、6542 人。为保证今年全部脱贫，海西州政府要求各地要根据贫困户的贫困状况，因户因人制定帮扶措施，全力推进脱贫攻坚工作。

　　贫困户家庭状况明细上墙，脱贫目标上墙，脱贫措施上墙……海西州不断加强贫困户精准识别工作，实行挂图作战，明晰了海西州 119 个贫困村的脱贫目标。

　　柯鲁柯镇安康村距离德令哈市区 26 公里，村里共有 129 户、668 人，经过精准识别和建档立卡，确定贫困户 7 户，为了使贫困户早日脱贫，村委会主动联系乌兰县青海三江沃土生态农业科技有限公司沟通种植藜麦，并对种植的藜麦进行订单回收，让村里的贫困户有了致富产业。

　　在村民代存中家里，记者看到一张"安康村贫困户经济收入支出明白清单"，从清单上能一目了然地看到全家一年的各项收入和支出。代存中说，以前由于妻子生病加上女儿上大学，家里生活贫困。自从村里开展扶贫工作组织大家种植藜麦后，收入就多了起来。平时能在藜麦种植项目基地打工，一天能挣 100 元，年底还有分红。"村支书还为我争取了护林员的工作，每个月收入 2400 元。"代存中说。

"我们组织 7 户贫困户利用村里闲置的 120 亩荒地种植了藜麦，每亩收获 300 斤藜麦，按每斤 10 元的收购价计算，一亩地能收入 3000 元，再加上贫困户务工的收入和年底的分红，每户年收入可达 1 万余元。"驻村第一书记康军胜说。

对贫困劳动力进行精准培训，让他们掌握一技之长，是实现转移就业的基础。"雨露计划"主要是开展履带式挖掘机、民族刺绣、烹饪、汽车驾驶员等专业培训，这一计划的实施为贫困人口带来了就业希望。"对我们来说，光给钱不一定管用，关键还得有条致富的路子。"格尔木市郭勒木德镇富源村村民马金贵说，"通过技能培训，我每个月能拿到 3500 元的工资。"

海西州通过州县乡三级整体联动，建立健全扶贫攻坚"领导挂点、部门包村、干部帮户、企业参与"联点扶贫工作的全社会帮扶机制，各单位严格落实联村帮户工作，完成结对认亲，制订切合实际的贫困村、贫困户帮扶方案，从资金支持、就业帮扶、技能培训等多方面助力贫困村、贫困户持续发展。各级领导及干部走访慰问困难群众 5829 人次，捐款捐物折资 0.11 亿元，协调落实项目 320 个、资金 1.35 亿元，解决就业 2388 人。

"目前，海西州贫困地区的各类政府保障、政策体系已经建立、健全，还将加大脱贫攻坚力度，争取尽早实现贫困群众全部脱贫致富。"海西州扶贫开发局局长钢夫说。

2016 年 12 月 29 日　11 版　石晶　田得乾

记者蹲点贫困村　体验脱贫攻坚战：
环境虽恶劣　脱贫斗志坚

记者于青海省大通回族土族自治县上滩村报道：最低海拔 3100 米、坐落在青海省大通回族土族自治县向化藏族乡最北边的上滩村，就是我驻村调研的地方。

从西宁出发，驱车前往大通方向，一路艳阳高照。半小时后，天空下起了绵绵细雨。雨越下越大，路越来越窄，水泥路也变成了砂石路。还在疑惑为什么对面来的车辆顶棚有积雪，这边的雨滴已经变成了雪花。

不知道过了多久，上滩村到了。打开车门的一刹那，清新的雪花扑面而来，感觉一下子从夏天穿越到了冬季。

上滩村居住着四个民族 251 户、1113 人，有三分之一是建档立卡的贫困户。全村总面积约 39.5 平方公里，人均耕地不足 3 亩，年人均收入不足 3000 元。由于地处偏僻，观念陈旧，受自然环境和气候条件限制，村民多以土地为生，兼放马，养牛、羊、鸡维持日常开销。

阴晴不定是上滩村最大的气候特征。听村民说，今年雨水特别多，春耕比往年推迟了近 1 个月，今年的收成还不知道怎么样呢。

尽管物资匮乏，条件艰苦，但上滩村人并没有失去脱贫致富的斗志。这几年，在家的壮大了牛羊养殖规模，在外的辛勤务工，再加上精准扶贫政策的落实，目前上滩村正在进行的扶贫项目包括土地开发整理、人畜饮水改造、畜棚建设等，预计总投资将超过 2000 万元。上滩村第一书记周丹文表示，到今年 9 月底，上滩村不仅村容村貌和基础设施将会发生天翻地覆的变化，也必将为村子今后的发展创造条件、积蓄后劲。

2017 年 5 月 18 日　04 版　吉蕾蕾

青海海晏：因地制宜发展特色产业

"在那遥远的地方，有位好姑娘，人们走过她的帐房，都要回头留恋地张望……"一首《在那遥远的地方》唱响大江南北，歌声里的金银滩草原就坐落在青海省海晏县境内。这片美丽的土地集高原地区、西部地区和贫困地区于一身，贫困程度深、覆盖面广、脱贫难度大。发展扶贫产业，成为海晏打赢脱贫攻坚战的关键。

日前，农业部在青海西宁召开产业扶贫暨农业援青现场观摩会，农业部副部长余欣荣在会上说，相较于其他地区，深度贫困地区农业产业发展水平更为滞后、产业带贫能力更加薄弱，是产业扶贫"短板中的短板、硬仗中的硬仗"。因此，深度贫困地区要因地制宜发展特色产业，提高贫困人口的自我发展能力，保障脱贫效果的可持续性。

海晏县青海湖乡塔列村草场富足，家家户户有牛羊，但村里人祖祖辈辈单打独斗，养殖粗放，难见效益。为此，海晏县在塔列村成立塔列生态畜牧业合作社，创新合作社经营体制机制，动员村民将草场、耕地、牲畜等生产资料入股合作社，整合全村草场2.88万亩、耕地4726亩和牲畜4800头，入股总资产达601.8万元。

"养殖、种植由合作社统一经营，村民变股民，享有保底收益和分红。"合作社理事长李发德说，2016年，合作社收入达297.5万元，入社社员人均收入1.7万元。"经济效益明显提高了，还解放了劳动力，前年村里有贫困户32户、71人，现在只有3户、9人。今年就可实现整村脱贫喽。"

产业扶贫，关键要带着贫困户干，增强他们的持续增收能力，从"输血"式扶贫转变为"造血"式扶贫。海晏县县长苏东曲说，海晏县创新体制机制，想方设法把贫困户"粘"在扶贫产业链上，提升其脱贫致富的能力。一方面，县政府将产业扶贫资金以股权形式注入企业，每年对贫困户按不低于8%的比例进行分红。另一方面，向全县推广塔列村的模式，引导贫困户将生产要素折价入股新型主体，年底进行分红，实现资源变资产、农民变股民。

对种植、养殖产业基础薄弱的地区和无经营能力的贫困户，海晏县还尝试通过旅游扶贫增加收入。在达玉部落民俗村，蓝天白云，碧草茵茵，达玉民俗馆、达玉民族演艺厅、观景台里游客来来往往，既可观赏藏族民俗文化展示、民族演绎，也能露营、住宿和餐饮。

苏东曲说，民俗村是县政府依托海北达玉部落文体旅游产业发展有限公司发展的旅游扶贫项目，目的是为贫困户提供就近就业机会。公司给有劳动能力的贫困户和贫困家庭大学生在村里提供了餐饮、保洁等70个就业岗位，并定期组织技能培训。同时，还免费让40户建档立卡贫困户在旅游景区摆摊位，经营小生意，增加其家庭收入。

45岁的张宋玲是海晏县金滩乡光明村的贫困户，因为丈夫、婆婆重病，家里欠下不少医疗费用。今年6月份，在当地政府的帮助下，张宋玲到民俗村摆起了摊位，卖手工艺品，游客多，生意不错，1个月能收入3000多元。"眼看旅游旺季就要到了，生意只会越来越好，家里收入也会慢慢增多。"张宋玲说。

2017年8月16日　14版　李华林

来自"长江源头第一村"移民点的汇报

告别三江源　融入新生活

2016 年 8 月 22 日，习近平总书记在青海考察期间来到一个海拔 3000 米的藏族村庄，考察生态移民、民族团结和基层党建工作，并与村民亲切交谈，令当地干部群众倍受鼓舞。

这个藏族村庄便是位于青海省海西蒙古族藏族自治州格尔木市南郊的移民定居点，如今的生态移民新村长江源村。

一年了，这个移民村有何变化？村民们的生活又有哪些变化？8 月中旬，《经济日报》记者走进了长江源村。

新修的村大门具有浓郁的藏族风情，村道路两旁是一个文化长廊，"要像保护眼睛一样保护生态环境""像对待生命一样对待生态环境"的标语十分醒目。

长江源村原本地处青藏高原腹地的三江源自然保护区内，被称为"长江源头第一村"。平均海拔 4700 米，距市区 420 公里，常年高寒缺氧，气候恶劣，生态脆弱，条件艰苦。2004 年 11 月，世代生活在这里的 128 户、409 名藏族牧民响应国家三江源生态保护政策，卖掉牲畜搬迁到现在的地方，建起了美丽的生态移民新村。经过 13 年的发展，现在的长江源村已经有 247 户、572 名村民。

64 岁的村党支部副书记更尕南杰是长江源村整个变化的见证者、参与者。在习近平总书记视察长江源村时，就是他在旁介绍情况。

更尕南杰告诉《经济日报》记者，生态移民之前，他们生活在海拔 4700 米以上的三江源自然保护区内，住帐篷、睡地上，点的是羊油灯；搬迁后，住上了国家给盖的新房，睡在了床上，家具家电也齐全了。更尕南杰说，刚搬下来的时候，很多牧民也有顾虑，对搬下来以后的生活心里没底。13年过去了，牧民们感受到了实实在在的变化，生活得到全方位的保障。

记者在生态移民新村看到，这里的生活物资和娱乐设施一应俱全，村民的物质生活和精神文化生活都很丰富。最让人印象深刻的是街道干净整洁，连片纸屑都没有。更尕南杰介绍，每个星期六村民分成三个组打扫卫生，村里也设有专门的保洁员，保持环境卫生的长效机制已经形成。

记者走进了一户人家，宽阔敞亮的房子让人感受到家的温馨和舒适。主人李新告诉记者，全家2004年搬到移民新村，政府分了两室一厅总共60平方米的房子，自己又额外扩建了43平方米的客厅。房间里，电脑、电冰箱、洗衣机等家用电器齐全，卫生间和厨房也很现代化，他们已经习惯了烧煤气做饭，最近更是装上了天然气管道，马上就能通气。"我的两个女儿都当上了国家公园生态管护员，每月有1800元工资，此外还有草原生态奖补金、取暖燃料补助、打工收入等。去年家里买了新的越野车，生活越来越好。"李新高兴地告诉记者。

习近平总书记在长江源村视察时指出，保护三江源是党中央确定的大政策，生态移民是落实这项政策的重要措施，一定要组织实施好。"我们始终牢记着总书记的重要指示精神，把群众的事办好办扎实，让村民'搬得出、留得下、能致富'。"唐古拉山镇党委书记赵守元告诉记者，"群众从高海拔艰苦地区搬迁到城乡接合部，道路交通、医疗、就业、教育等各方面条件得到大幅改善，群众看在眼里、记在心里。过去说的'楼上楼下、电灯电话'已经实现了，牧民对新生活适应得很好，甚至连饮食结构都发生了变化，我们给牧民进行烹饪培训，如今他们也会炒菜、做米饭。"

"我们搬下来了，野生动物就可以自由自在了。"更尕南杰说，沱沱河草原以前是一片荒漠，现在已经水草丰茂，野生动物遍布。生态移民、退牧还草使草原生态得到大幅改善，草比以前高了，野驴、黄羊等野生动物也多了，村民们打心里觉得当初"背井离乡"的选择是值得的。

"我们的幸福日子还长着呢！"更尕南杰爽朗地笑着与记者挥手惜别。这个曾过着游牧生活的藏族村，已经深深地融入了城市之中。

2017年8月22日　01版　马玉宏　周明阳

青海果洛：多路并进攻坚扶贫

青海省果洛藏族自治州地处青藏高原腹地，贫困面广、贫困程度深。2015 年底，经精准识别，确定 74 个贫困村、10805 户贫困户、34003 名建档立卡贫困人口。2016 年，全州落实专项扶贫资金 6.6 亿元，通过实施产业扶贫、易地搬迁扶贫等，实现了 13 个贫困村退出、8120 名贫困人口脱贫的目标，贫困人口人均可支配收入达 3336 元。

增强"造血"功能

"我现在每个月都有 3000 元的工资收入，家里的生活改善了很多。"周措吉是果洛州达日县吉迈镇龙才村的贫困户，以前一家人靠放牧为生，生活困难。今年 4 月份，龙才村旅游扶贫产业园的金色家园酒店开业，周措吉干起了酒店服务员的工作，三个月就挣了 1 万元。

果洛州把产业扶贫作为扶贫攻坚的重要手段。在充分挖掘资源优势的基础上，大力发展扶贫产业园、生态养殖、土特产品加工等产业，使贫困群众自身"造血"功能不断增强。

凭借区位优势，2016 年果洛县整合各类扶贫资金 424 万元在县城修建了集住宿、餐饮、修车为一体的旅游扶贫产业园。产业园将龙才村 42 户贫困户、

121 人纳入产业园效益分红，以每年 30 万元的价格将产业园承包出去，其中 20 万元作为贫困户分红资金，剩余 10 万元作为龙才村产业滚动发展资金。产业园内的金色家园酒店聘用了 5 名龙才村的贫困户人员，每月有 2500 元至 3000 元的工资收入。

破解"难养"问题

针对当地"一方水土难以养活一方人"的情况，2016 年，玛多县投入资金 11241 万元，对两乡两镇 9 个村的 859 户、2663 人贫困人口实施易地扶贫搬迁，并安排全县各行业、各部门和各级定点帮扶单位加强对集中安置点的水、电、路等基础设施和后续产业扶贫项目的投入。

"政府帮我们修的新房子不但宽敞明亮，而且坚固结实，最主要的是两个孩子上学很方便。"黄河乡热曲村的贫困户索南代旦告诉记者，以前一家人住在帐篷里，吃水要骑马去 2 公里外的地方去打，因为交通不便看病也困难，孩子们上学更是大问题。"等搬到新房子里，我打算去学习摩托车修理技术，这样就可以打工挣钱增加收入了。"

2016 年，果洛州落实易地扶贫搬迁项目资金 5.2 亿元，目前已完成全部建房任务的 80%。

发挥资源优势

果洛州雪域珍宝有限责任公司依托青藏高原特有的牦牛奶原料，结合现代科学技术将藏族传统手工制作的特色畜产品销往国内外各地，在实现盈利的同时，带动玛沁县大武镇查仓村和血麻村的贫困户脱贫致富。今年，公司又从果洛州 19 家扶贫生态畜牧业产业合作社收购牦牛鲜奶，初步估算能带动 1500 户牧户、6000 人从中获益。

为加快脱贫步伐，玛沁县整合捆绑州、县两级项目资金，充分挖掘当地资源优势，发展生态养殖、牛奶乳制品生产加工、民族手工艺品加工等产业，使一大批贫困群众得到实惠。

依靠红军沟和玛柯河林场丰富的旅游资源，班玛县将当地传统的藏式碉楼"变"成旅游驿站，还鼓励牧户把自己的家改装成驿站，发展旅游增加收入。"帮助当地牧民改变了观念，自主脱贫意识逐渐变强。"班玛县扶贫开发局局长李秀泉说，班玛县政府还引导牧民群众在驿站推出酥油糌粑、藏族点心等民俗特色食品，不断提高贫困群众自身动能拓宽增收渠道。2016 年，当地 23 个藏家碉楼驿站共接待游客 920 人次，旅游收入达 13800 元。

2017 年 9 月 15 日　16 版　马玉宏　得　乾

扶贫资金助力养殖业

　　中秋佳节前夕，记者来到了青海省海东市平安区巴藏沟乡下郭尔村。干净整洁的硬化路，村道两旁开满了红色和紫色的芫荽梅，一幢幢极具藏族特色的民居错落有致，让人怎么也想不到这里曾经是远近闻名的贫困村。

　　在驻村第一书记王雪的带领下，记者来到村民仓久迈家。一进大门，只见一排新盖的大瓦房，东西两边分列着厢房，院子中央的花园里菊花开得正盛。

　　此前多年，由于家中耕地少，父亲仓尖参年迈多病，母亲因病长期吃药，仓久迈外出打工收入不稳定，家里生活困难。2016 年，仓久迈利用扶贫资金在自家侧院建起了 150 平方米的羊舍，买了 36 只羊开始发展养殖业。一年下来，不仅卖出去了 16 只，还产了 10 只小羊，让他家的年收入翻了一番，再加上一家人勤劳奔波，他们家很快盖起了新房，摘掉了"贫困帽"。

　　热情淳朴的仓久迈把记者让到屋里坐。宽敞明亮的客厅里，火炉上冒出阵阵热气，桌上的果盘里摆着苹果、香蕉、葡萄等多种水果。仓尖参说，以前家里条件不好，过中秋节也只是蒸个月饼。脱贫后，今年他们不仅准备了月饼，还买了不少肉和水果。"最主要的是，一家人要忆苦思甜。虽然已经脱贫，可必须好好盘算一下今后怎么把日子过得更红火。"

2017 年 10 月 5 日　02 版　马玉宏

产业兴旺是脱贫致富的关键

2018 年春节刚过，青海省大通回族土族自治县向化藏族乡上滩村驻村干部周丹文就迫不及待地赶回了驻点扶贫村，和村委会成员来到新修建的村民活动广场商讨举办村民联欢会的事。周丹文告诉记者，"2017 年年底扶贫工作如期实现了贫困户脱贫、贫困村退出的目标，村委会特地邀请了农村演出队，准备给村民带来一场精神盛宴。"

如今的上滩村，不仅拥有宽敞的村民文化广场、整齐的花园苗圃，平整的水泥马路也通向了各家各户。这些改变是从 2015 年 10 月开始的。当时，受青海省国土资源厅选派，周丹文入驻青海省大通县向化藏族乡上滩村担任第一书记。从此，上滩村的大事小情都让周丹文牵肠挂肚。

"气候环境恶劣、基础设施落后、群众观念陈旧、生活贫病交加是上滩村给我的第一印象。"周丹文说，上滩村位于达坂山南麓脑山区，平均海拔 3100 米，昼夜温差大，每年霜冻期长达 6 个月。目前居住着 4 个民族 251 户、1113 人，人均耕地不足 3 亩，年人均收入不足 3000 元，有三分之一是建档立卡的贫困户。村民多以土地为生，兼放马、养牛、羊、鸡维持日常开销。

如何让 83 户贫困户顺利脱贫、让全村稳定增收，是周丹文这两年多来考虑最多的问题。俗话说，"要致富先修路"。在充分考虑村情民意后，周丹文向对口帮扶单位国土资源厅提出了上滩村加强土地平整、田间道路修建等在内的土地开发整理建设的建议。经过申报、审查、论证等环节后，总面积为 323 公顷、总投资额 825.56 万元的上滩村高标准基本农田整理项目于 2016 年

11月正式施工。

如今，纵横交错的水泥路面遍布上滩村。"以前最怕雨雪天，去地里干活容易摔跤不说，上山放牛羊也不容易。"村民祁三成告诉记者，现在水泥路面一直修到山脚下，不仅方便了村民的生产生活，拖拉机、播种机等大型农机也能直接开到地里，大大提高了全村农业机械化水平。

基础设施建设有了显著改善，如何帮助贫困户脱贫、促进全村经济发展？"产业兴旺是乡村振兴的关键所在。"周丹文告诉记者。

依托4.08万亩的优良草场和村民世代养殖牛羊的经验，上滩村确定，把生态畜牧业作为主导产业和新的经济增长点。"虽然村民有世代养殖的经验，也知道养殖效益好，但由于思想保守，村民一般只满足于养一两头牛，难以达到脱贫致富的目标。"周丹文说，为了充分利用贫困人口人均5400元的产业扶持资金，2017年，上滩村村"两委"编写了上滩村产业发展实施方案，为有产业发展经营能力的43户贫困户购置了西门塔尔母牛，进一步拓宽了贫困户脱贫的发展道路。

"村民发展生态畜牧业的信心和决心很大。"周丹文说，2015年10月，全村统计贷款数额只有20多万元，2017年7月，全村贷款数额达到560多万元，基本上都用于购置牛羊，壮大养殖规模。以牦牛养殖大户李存库为例，去年他从银行贷款30万元壮大牦牛养殖规模，年底算上新增的小牛犊和卖出的成年牦牛，毛利润近20万元。看到实际利益的村民们逐渐改变了以前的养殖思路，由原来养一两头牛，发展到了七八头，甚至几十头上百头。

不过，虽然上滩村已经实现了脱贫摘帽，但周丹文看起来并不轻松。"如何巩固脱贫成效仍有不小难度。"周丹文说，一方面，要考虑脱贫户如何实现长期稳定增收不返贫；另一方面，要考虑如何壮大村集体经济。周丹文表示，下一步，将按照乡村振兴战略要求，牢固树立"绿水青山就是金山银山"的理念，依托独特的生态环境优势，借助产业项目支撑，在不断壮大村集体经济的同时，继续带领全村群众打好绿色牌、算好经济账、走好致富路。

2018年4月4日　12版　吉蕾蕾

青海玉树州：
"管护＋产业"，既保生态又扶贫

　　玉树藏族自治州位于青海省西南青藏高原腹地的三江源头，三江源国家公园体制试点区划中，长江源园区和澜沧江源园区85%的区域在玉树。自去年三江源国家公园体制试点以来，玉树州强化生态保护与改善民生的有机统一，推动国家公园建设与牧民群众增收致富、转岗就业、改善生产生活条件相结合，将生态管护公益岗位设置与扶贫攻坚、精准脱贫相结合，积极稳妥地推进生态管护公益岗位机制试点工作，着力打造生态"管护＋产业"的精准扶贫新模式。

　　根据青海省委省政府三江源国家公园体制试点专题会议精神，玉树先从园区内建档立卡的贫困户入手设立生态管护公益岗位，严格按照青海省扶贫开发局精准扶贫户数设置园区生态管护公益岗位。目前，各县已完成新设置管护员的岗位公示、聘用合同签订、管护档案建立、网格化管护等工作，所有管护员已正式上岗。

　　在素有"中国雪豹之乡"美誉的杂多县，澜沧江源园区管理委员会规划部部长牟永红告诉记者，结合精准脱贫工作，杂多县从园区范围内建档立卡贫困户入手，设立生态公益管护岗，安排4470名生态管护员持证上岗，开展山水林草湖组织化管护、网格化巡查。

　　"去年在年都村试点公益性岗位和精准扶贫相结合取得了良好效果。"杂多县昂赛乡党委书记扎西东周告诉记者，"现在上岗的生态管护员有468名，全部是贫困户。到今年年底我们要在每户设置一个生态公益岗位，实行全覆盖，全乡的管护员将达到 1930 名。"

昂赛乡年都村牧民东生就是一名生态管护员。他说："我家里有 6 口人，3 个老人都没有劳动能力。以前家庭收入主要靠放牧，减畜以后家里的收入减少很多，但是当上生态管护员后，每个月有 1800 元的工资，一年增加了 2 万多元的收入，生活得到很大改善。"

治多县扎河乡乡长兼长江源（可可西里）园区国家公园治多管理处扎河乡管护站副站长格松介绍说："国家公园试点开展后，扎河乡成立了一支由 196 名管护员组成的管护队，既保护了生态环境，又解决了管护员的收入和牧民转型问题。"

2018 年 6 月 4 日　15 版　石　晶　田得乾

青海 100 兆瓦光伏扶贫项目投产年总收入将达 1.2 亿元

近日，青海省 100 兆瓦集中式光伏扶贫电站在海南藏族自治州共和县光伏发电园区正式并网投产运行。该项目是青海省最大的集中式光伏扶贫项目，投产后可带动贫困户 3333 户，按每户收益 3000 元的标准分配，由贫困村以集体经济形式统筹使用。

据介绍，该项目年发电量约 1.6 亿千瓦时，年总收入将达 1.2 亿元，净利润约为 4000 万元，政府投资收益每年在 2500 万元左右。资金使用上，每年省级财政将上缴资金列入年度预算后，按照相关规定返还省扶贫开发局，由省扶贫开发局提出年度实施计划，统筹用于全省脱贫攻坚工作，持续扶持 20 年。

2018 年 10 月 10 日　15 版　石 晶

青海省 5 年来减少贫困人口 90.7 万人
内陆深度贫困地区的脱贫探索

阅读提示

　　大美青海，令人神往。然而生态脆弱、环境艰苦，长期的历史地理原因导致青海省产业底子薄，贫困人口深度和广度大，成为我国集中连片贫困区之一。但自 2013 年以来，青海省累计减少贫困人口 90.7 万人，贫困发生率从 2012 年的 24.6% 下降到 2017 年底的 8.1%，下降 16.5 个百分点，贫困发生率首次降到个位数。作为内陆深度贫困地区的青海省，是如何上下同心、众志成城，在生态涵养区、生态脆弱区走出一条扎实的脱贫之路的？经济日报记者深入当地进行了实地调研采访。

人与自然——
从"对抗"到"共赢"

　　"生态恶化、人口贫穷"，如何走出这样的恶性循环？唯有在生态保护和脱贫攻坚两个战场同时作战，实现人与自然的共赢，才有出路

　　行走在玛多县，只见扎陵湖、鄂陵湖连成一片，斑头雁、鸬鹚结伴栖息，藏羚羊在草原的地平线奔跑……"黄河之源、千湖之县"的美景重现。

　　玛多县位于三江源国家级自然保护区的核心区，当地人回忆，这里曾经"风

吹草低见牛羊"，因为得天独厚的自然禀赋优势，改革开放之初，得到过诸多发展红利，畜牧业发展迅速，全县牧民人均收入一度在全国名列前茅。

然而，20世纪90年代，罔顾生态承载能力的过度放牧，很快遭到了大自然的"报复"，全县大部分草地退化，一些草场沙化，湖泊数量锐减，生态跌到谷底。牧民收入不增反降，一些家庭陷入贫困。

"生态恶化、人口贫穷"，如何走出这样的恶性循环？唯有在生态保护和脱贫攻坚两个战场同时作战才有出路。为了完成这两个目标，2005年开始，国家启动三江源生态保护建设工程，玛多县全面实施沙化治理、禁牧封育、退牧还草、移民搬迁、工程灭鼠等项目；将全县可利用草场3378万亩分为禁牧区和限牧区，对其中2511万亩退化草场全部禁牧。从生态治理效果来看，目前已经取得明显成效。三江源地区生态系统恶化趋势得到初步遏制，生态环境状况明显好转，生态安全屏障进一步筑牢。

生态涵养了，畜牧业、工业限制发展了，但牧民要生存，脱贫攻坚形势依然严峻。到今年年初，玛多县还有贫困户1733户、5028人，贫困发生率达24%。

"牧民为保护生态作出牺牲，政策就要兜上底。"玛多县扶贫局局长岳桑杰说，玛多县推行生态惠民政策，对牧民实行草原禁牧补助、草畜平衡奖励和草原补奖绩效考核奖励等政策措施；还设置了3024个生态公益岗位，每人每月工资1800元。

政策性兜底收入为脱贫攻坚摘帽奠定了坚实的基础。60岁的阿嘎是玛多县扎陵湖乡勒那村的贫困户，家里有3700亩草场，因为限牧，这些年靠养殖基本挣不着钱。"还是多亏了政府惦记。"阿嘎给记者算了一笔账，家里5口人，每年能拿草场补贴、兜底保障、医疗养老保险等政策性收入，同时自己有一份清洁工的公益性岗位收入，这些算起来，家里一年能收入10万元左右。"再养一些牛羊，日子是越来越舒坦喽。"

在政策兜底、生态补贴之外，地方产业也并未止步不前。"生态保护是红线，同时我们也要尽力发展产业，自力更生。"岳桑杰说，玛多充分利用当地生态资源优势，以县城为中心，开宾馆、修商铺，大力发展生态旅游产业。

在玛多县扶贫一条街，大货车、挖掘机正来来往往作业。岳桑杰介绍，这是玛多县政府主抓的"扶贫酒店和扶贫商贸中心"项目，扶贫酒店今年8

月刚开业，预计每年可收益 200 万元，按照一定比例给贫困户分红。扶贫商贸中心将招纳 80 家商铺，每年拿出租金收益的一部分给贫困户分红，预计人均年分红 1500 元，"扶贫发展方式坚定向绿色方向转变，极大地提升了经济发展质量。"

既要生态美也要百姓富，玛多是青海省追求绿色减贫的缩影。青海省扶贫开发局局长马丰胜说，青海是三江源头，是国家生态安全屏障，经济发展需要与生态保护统筹协调。为此，青海省一方面对产业准入实施负面清单管理，抬高企业的生态门槛；另一方面，因地制宜大力发展绿色产业，如特色种养业、现代服务业、生态文化旅游业、民族特色手工业和新能源等，增强绿色减贫支撑，培育可持续发展的增长点。其中的突出亮点是让贫困户和村集体都有了稳定、可持续收益的光伏扶贫。今年，青海争取到国家光伏扶贫项目容量指标 471.6 兆瓦，覆盖 1622 个贫困村，预计每村每年收益 30 万元左右。收益将作为村集体经济收入，通过以工代赈、生产奖补等方式，带动农牧民增收；同时作为滚动资金，进一步发展壮大扶贫产业。

走进青海济贫光伏新能源有限公司，几千个光伏板正在"捕捉"阳光发电。公司总经理王子明介绍，这是青海省目前已建成的规模最大的集中式光伏产业扶贫电站，电站每年可为全省 3333 户建档立卡贫困户分配扶贫资金 3000 元，如果按 3 年滚动轮流分配来算，20 年可累计覆盖贫困户达 23300 多户，分红资金达 2 亿元，既环保又经济还能带动村民致富，一举多得。

从三江源到青海湖边，从唐古拉山到祁连山脉，人与自然从"对抗"到"共赢"的跨越正在青海高原悄然上演。

产业扶持——
从"输血"到"造血"

穷，还是因为缺少产业。青海在已有的农牧业资源上，延长产业链，集中规模养殖，发展农业加工业。同时，利用好有限的扶贫资金，实现贫困户的可持续发展相比其他贫困村，都兰县察苏镇东山根中村自然禀赋并不差，全村有近3000亩水浇地，村民世代有种植藜麦、青稞、土豆和油菜的传统，这在水资源匮乏的都兰实属难得。但全村129户、432人中，2015年建档立卡贫困户仍有33户、118人。全村人均收入不到4000元。为啥还是穷？东山根中村党委书记董峰总结，原因还在于缺少产业，"村民零零散散种植不成气候，产业根基弱，市场效益没有显现。"

什么样的产业能脱贫？村干部寻思，传统种植业、养殖业没有出路，还得转换思路，把"劣势"变"优势"，在已有的农牧业资源上，延长产业链，集中规模养殖，发展农业加工业。

村里原本有个私人砖厂，这几年效益不好眼见要倒闭，村集体决定买过来，转型发展有机化肥加工。全村33户贫困户以扶贫资金入股，其他90多户普通村民按各自意愿入股，再从银行贷款500万元，建厂房、买设备、找市场。

2016年，化肥厂生产化肥5000吨，2017年产量再上台阶，突破8000吨，销往新疆、宁夏及青海省内各地，去年全村分红26万元，一般村民每户分红1600元，贫困户分红2800元。

产业见到效益，有了"钱景"，东山根中村一鼓作气，紧接着成立羔羊养殖合作社，动员67户村民入股，统一养殖、销售，每年按利润的10%分红。"今年我们与新疆签了上万斤订单，销路有了，赚钱不愁了，越来越多农户愿意加入。"董峰喜笑颜开。

像东山根中村的例子，在青海并不少见。青海地区自然条件差，经济基础弱，产业根基浅，贫困程度深，最需要扶持壮大一批带动能力强的特色扶贫产业。

"其中，如何利用好有限的扶贫资金也是一项工作重点。"马丰胜说，近年来，青海充分发挥财政投入主体作用，调整省级财政支出结构，加大扶贫资金投入力度，建立省级专项扶贫资金每年增长20%以上的投入保障机制。2016年以来，累计投入省级财政专项扶贫资金34.4亿元。

专项扶贫资金多了，但投到产业不容易。全部发给贫困户，等于撒了芝麻盐，如果补给企业，担心套取扶贫资金，万一有点闪失，责任担不起。

不少地方在摸索打通政策资金投到产业、再到贫困户的渠道，通过扶贫资金"股权化"将市场主体引入脱贫攻坚，支持有潜力、带动能力强的龙头企业发展壮大，带动贫困户脱贫致富。

湟源县政府去年将 1500 万元扶贫资金作为股权资金投入西宁富农草业生物开发有限公司，约定 3 年期限，企业还本付息，每年给每户贫困户分红3045 元。

富农公司总经理郭志超告诉记者："这 1500 万元扶贫资金像及时雨，帮公司快速形成规模，打开市场。两年时间，公司就成长为省级扶贫龙头企业。去年带动了 9967 户、3.68 万村民种植 20 万亩饲草，销售收入达 4000 多万元。"

产业发展有了方向、有了资金。但扶贫产业不能脱离农户，产业扶贫效果如何，最终还是要看贫困户能否稳定脱贫，有没有可持续发展的能力。

这就需要打通企业与贫困户的利益连接机制。马丰胜说，一方面，以扶贫资金入股方式让贫困户参与利润分红。另一方面，通过产业发展提供更多岗位解决贫困户就业问题。只有让贫困户拥有一技之长，有活干、长收益，才能真正变"输血"为"造血"，实现稳定脱贫。

在位于尖扎县的多杰藏乡生态文化旅游创意产业园内，多彩高雅的藏式茶几、舒适精美的藏式沙发、藏族文化与现代文化完美结合的电视柜……浓郁的民族风情扑面而来。

"定制藏式家具的顾客来自东南亚、印度各地，工人们每天忙得热火朝天。"产业园董事长多杰早年在北京经商，2012 年回乡发展民族文化产业，当地政府建议采用"产业园＋扶贫"发展模式，投入扶贫资金予以支持，公司与贫困户建立扶贫资金利益联结机制，在当地招聘工人，解决贫困户就业问题。

32 岁的朋毛扎西是尖扎县马克塘镇科沙堂村的贫困户，常年靠在外地打零工养活家人，去年他应聘到产业园，在车间做起拼装工，并将 3 万元扶贫资金投入公司，每年享受 13% 的分红。"每个月工资 4500 元，还可以分红，再也不用在外东奔西跑了，今年就可以脱贫喽。"朋毛扎西笑呵呵地说。

当前，青海已建成覆盖 42.6 万贫困人口的到户产业，39 个贫困县建成扶贫产业园，1622 个贫困村光伏产业全覆盖，乡村文化旅游、电子商务、民族手工艺加工等扶贫产业加快发展。产业的发展带动越来越多农牧民变身"多金"农牧民，收获股份分红、打工收入、种植收益、土地租金及旅游带动的多重收入。

摆脱贫困——
从"要我脱贫"到"我要脱贫"

易地扶贫搬迁工程、新改建乡村公路、饮水安全巩固提升工程、电网改造工程、综合文化中心项目……合乎贫困户意愿和能力的扶贫政策，才能激活贫困户的内生动力

脱贫致富，终究要靠辛勤劳动来实现，要让贫困群众的内生动力迸发出来，行动积极起来。

这并不是件容易的事。当地干部说，受自然条件、宗教思想、教育水平、产业基础薄弱等影响，青海贫困地区群众思想观念比较落后，"百姓望着干部，干部望着政府"的现象比较普遍，虽然做了不少针对性工作，一些地区"等靠要"思想依然比较严重。

合乎贫困户意愿和能力的扶贫政策，最能激活贫困户的内生动力。青海决定先从基础设施抓起。2016 年以来，累计投入产业扶贫资金 157.7 亿元，新改建乡村公路 1.2 万公里，建设完成 843 个贫困村饮水安全巩固提升工程、593 个贫困村电网改造工程、400 个贫困村综合文化中心项目、464 个贫困村宽带建设项目。

其中，易地扶贫搬迁工程是一大亮点。马丰胜说，一些贫困村地处偏远，基础贫瘠，闭塞落后，当地群众脱贫致富动力弱，普遍安于现状。只有搬出来，从根本上改变村民的生产生活条件，才能改变其固有的思想观念，激发脱贫致富动力。

地处湟源县西北部的巴燕乡上浪湾村，山高路远，地质灾害频发，过去穷得出了名，是全县精准扶贫重点村。

去年，上浪湾村实施整村搬迁。搬入新村后，上浪湾村想方设法发展后续产业，先后引进野兔养殖、生猪养殖公司，通过示范带动、"公司＋农户"方式，带动农户发展养殖业。

如今，走进上浪湾村，农村新居一字排开，家家户户门口种起了花草，村子里健身场所、休闲广场一应俱全。三三两两的村民坐在一起，沐浴着阳光，享受搬迁后的新生活。

生活条件变好了，村民从"要我脱贫"转变为"我要脱贫"。"搬出来，生活环境更好了，有活干有钱赚，想不富都难。"74岁的张生俊高兴地说，家里原来的土地流转出去了，村里成立了养殖合作社，每年有分红，儿子再出去打工赚钱，收入一下子提高了许多。今年还打算跟着村里的合作社养几头生猪，挣点零花钱。

同样是易地扶贫搬迁的尖扎县德吉村，新址盘踞在黄河边上，俯瞰黄河水自西向东而去。依托这样依山傍水的自然优势，德吉村开发水上游乐、露天沙滩、垂钓等娱乐项目，打造百亩花海，走上"文化旅游+精准扶贫+乡村振兴"之路。以往只知道种种地、有口饭吃就能满足的村民们，不少开起了农家乐，办起了民宿，自制酸奶、酿皮等"珍馐美味"招揽游客。

"扶贫先扶志"，人有了脱贫志，便有了"精气神"。尖扎县扶贫局局长海洋说，只有把贫困群众"等靠要"的懒惰思想和"比穷不比富"的错误观念清除，才能最大限度地激发贫困群众的内生动力。

为此，青海坚持把就业作为贫困群众最直接、最有效的脱贫方式，通过开展职业技能培训、扶持自主创业、开发公益性岗位等措施，拓展贫困群众就业渠道，实现"就业一人、脱贫一户"的目标。2016年以来累计完成短期技能培训和致富带头人培训3.9万人次，70%的受训人员找到了就业门路，稳定就业率达到60%以上。

针对在传统习俗方面存在的突出问题，青海发挥宗教界人士的引导作用，把群众的心思和精力集中到抓发展、谋脱贫上。正向激励与反向约束相结合，建立3000万元励志资金，对脱贫先进典型给予适当物质奖励。对等靠要、吃政策饭的行为通过村规民约进行约束，激发贫困户脱贫意志，杜绝政策养懒汉。

"扶贫先扶智"，青海始终把教育扶贫作为阻断贫困代际传递的治本之策，对西宁、海东两市贫困家庭和涉藏地区六州实行全部学生15年免费教育，限额保障贫困大学生就学，全额资助贫困中职生，每年约80万名学生从中获益。深入推进"控辍保学"工作，杜绝因贫辍学现象发生。

2018年10月23日　11版
采访组成员：张磊　马玉宏　瞿长福　石晶　李华林
执笔：李华林

青海尖扎县以文化旅游促移民新村振兴
荒地变身休闲乡村

青海省黄南藏族自治州尖扎县通过实施易地扶贫搬迁项目，对浅脑山区生存条件恶劣、基础设施严重滞后的 7 个乡镇 30 多个贫困村 251 户农牧户集中安置，同时采取"文化旅游 + 精准扶贫 + 乡村振兴"的模式，实现"搬得出、稳得住、逐步能致富"的目标

2018 年 12 月初，青海省大部分地区已是冰天雪地，但是在黄河岸边，却有个村子景色旖旎，流露出一派"小江南"的味道。这就是黄南藏族自治州尖扎县实施易地扶贫搬迁后"无中生有"的新村——德吉村。近两年，这样的村子在尖扎县多了起来。近日，经济日报记者走进尖扎县，体味移民新村的新生活。

易地搬迁改善生活条件

尖扎县是深度贫困县，大多数群众生活在县内的浅脑山区，地理条件恶劣，信息闭塞，自然环境和贫困问题互为因果、相互制约，农牧民人均收入基本处于低收入水平线。

据尖扎县委宣传部副部长孟春宁介绍，为了解决"一方水土养不起一方人"

的问题，尖扎县于 2016 年 9 月开始在昂拉乡河东实施易地搬迁项目，对浅脑山区生存条件恶劣、基础设施严重滞后的 7 个乡镇 30 多个贫困村农牧户 251 户 946 人进行集中安置，并命名为"德吉村"。

德吉村所在的地方，以前是大片荒地，尖扎县通过易地扶贫搬迁项目，采取"统归自建"模式，修建住房 251 套，户均建房 80 平方米，并统筹推进了搬迁点水、电、路、讯、污水处理厂以及村级综合服务中心、学校、卫生、文化、体育等基础设施建设，改善了搬迁群众的生产和生活条件。如今的新村，藏族风情的院落错落有致，碧清的黄河水蜿蜒而过，河边的沙滩、码头、木栈道整洁别致。去年 10 月底，德吉村还被农业农村部评为"中国最美休闲乡村"。

德吉村村民卡先加原来住在尖扎滩乡羊治村，他的一个孩子几年前患上脑瘫，为给孩子治病，生活一度陷入困境。村子交通又极不方便，想出门打工都不容易。易地扶贫搬迁到德吉村后，卡先加和妻子在家印经幡，4 天时间能印 1 万米，卖 3 万多元。卡先加说，现在村里离县城只有 7 公里，销售经幡特别方便，批发给商店就可以了。

继德吉村之后，2018 年，尖扎县又新建了当顺乡东果村、尖扎滩乡萨尕尼哈二期、康杨镇寺门村、昂拉乡达拉卡、尖扎县城安置小区等 5 个安置点，涉及搬迁对象 339 户、1350 人。

因地制宜搭建致富平台

易地搬迁只是第一步，要想使村民有稳定的收入，生活有稳定的保障，实现"搬得出、稳得住、逐步能致富"的目标，必须通过培育和壮大安置点后续产业，激发村民的内生动力。

对此，尖扎县创新思路、着眼全局、因地制宜，按照"以产带迁、以产促迁"的思路，采取"文化旅游＋精准扶贫＋乡村振兴"的模式，扶持搬迁群众发展后续产业。

依托深厚的民族文化积淀和县域内壮观的自然风景，尖扎县加速培育具有地域民族特色的乡村文化旅游和手工艺产品加工，不断培育致富新增长点，带动搬迁群众增加收入。据尖扎县文体广电旅游局副局长张飞燕介绍,尖扎县通过组织动员和引导农牧民参与,培育以休闲农业、乡村度假、特色农家乐、特色小吃为主的乡村旅游新业态,投入资金分别在昂拉乡德吉村易地扶贫搬迁安置点、当顺乡易地扶贫搬迁安置点、能科乡德欠村等地开发旅游项目。

其中,德吉村依托黄河风景、气候较好、海拔较低、交通便利等独特优势,开发了露天沙滩、水上游乐码头、黄河垂钓、亲水广场和 30 户农家乐等旅游基础设施。张飞燕说,德吉村乡村旅游景点于 2018 年 7 月底开始运营,到 10 月底进入旅游淡季,不到 3 个月的时间,旅游人数已突破 2 万人次,旅游综合收入达 320 余万元,目前,日接待游客达 300 人以上。

能科乡德欠村建成自驾营地,并成功举办了 2018 年"灵秀尖扎、醉美能科"千人徒步大赛,大力推介最美草原、色彩农业、油菜花海、庙宇古刹、原始森林、峡谷飞瀑等丰富的自然人文资源。

尖扎滩乡萨尕尼哈易地扶贫搬迁安置点建设总占地 200 亩的牦牛部落文化体验与写生基地,建设藏式大、小型悬空帐篷 49 座,依托每年举办的赛马盛会,积极推介集观光、藏餐、娱乐、牧区生活体验于一体的牧家游,旺季日接待游客 100 人。

措周乡则以旅游扶贫为主线,在措香村举办措周乡"扶贫+旅游+民族团结让群众更幸福"主题活动,编排民间文艺演出节目,推介五谷画、藏族服饰、木工家具等当地特色文化,为游客展现草原热情和藏文化魅力。

发展旅游促进就业创业

乡村旅游的蓬勃发展,带动了村民的就业。以德吉村为例,目前,村里已安置了保洁员 77 名、村警 2 名、水管员 2 名、旅游服务员 22 名,另外还安排了 30 户群众发展农家乐,38 户群众经营特色小吃,引导群众旅游脱贫。

紧挨着黄河岸边就是一条宽阔、干净的水泥路,路旁是一排排整齐划一的藏族风情院落,也是德吉村统一规划的农家乐场所。每户院落前都立着一块木牌,写着主人的名字、可提供多少床位、餐饮收费标准等。记者走进其中一户农家乐，得到了主人加羊索南的热情招待。

加羊索南的农家乐是一座四室一厅的院子，干净整洁，共能提供 10 个住宿床位，室内的家具均为木质，古色古香，还有很多藏族风格的小物件，不少游客都很喜欢。加羊索南原本是尖扎滩乡放牧的牧民，那时年收入不到 1 万元。德吉村易地扶贫搬迁项目实施后，加羊索南一家搬到了山下，在村里的帮助下开起了农家乐。开业短短 3 个多月，加羊索南的收入就已经达到 1.4 万多元，比过去养羊 1 年的收入还要多。

为了帮助村民经营好农家乐，村里通过"请进来"和"走出去"的方式，将外面的专家或民宿业者请过来，为村民培训，还组织大家到外地参观考察，学习民宿运营管理经验。

"现在村里人除了在县城打工，就是在家从事旅游服务。到了旅游旺季，30 户农家乐和 38 户特色小吃根本忙不过来，目前许多群众申请明年开办农家乐或特色小吃，大家的积极性非常高。"孟春宁说。

搬迁的是新居，搬不走的是各族群众千百年来独特的民俗传统文化，这正是乡村旅游的"文化核心"。通过丰富多彩的旅游项目开发，尖扎县全面展示了当地的民俗风情、自然风光、乡土文化，让地域特色文化看得见、听得到、能品尝、可体验，进一步提高了广大群众对乡村旅游发展的认知度，使乡村旅游业焕发出勃勃生机，迸发出乡村旅游和精准扶贫深度融合的火花。这就正如青海省委书记王建军在全省旅游产业发展大会上所说的："处理好旅游与生态、民生的关系，让越来越多的群众背靠山水美景忙起来、有事干，吃上'旅游饭'；处理好旅游与产业的关系，发挥旅游就业容量大、增长快的潜力，以旅游产业的发展促进就业创业。"

2019 年 1 月 3 日　13 版　刘春沐阳　石晶

青海产业扶贫实现"五个全覆盖"

截至 2018 年底，青海省累计投入产业发展扶贫资金 73.31 亿元，产业扶贫实现了 39 个县级扶贫产业园、1622 个贫困村互助发展资金和光伏扶贫产业项目、4024 个有贫困人口的行政村集体经济扶持资金、44.35 万贫困人口到户产业扶持资金"五个全覆盖"，到县、到村、到户产业扶贫体系全面构建。

"通过各类产业扶贫政策叠加支持，目前已有 27.7 万贫困人口脱贫，其中 86.3% 享受了产业扶贫政策。"青海省扶贫开发局局长马丰胜说，3 年来，青海压实责任，强化产业扶贫顶层设计，坚持"种养结合、突出特色、多措并举、注重实效、连片推出、生态共赢"的发展理念，积极培育贫困地区支柱产业，壮大优势主导产业，配套完善了牦牛、青稞、光伏、乡村旅游等产业扶贫专项实施方案和规划。

宜农则农、宜牧则牧、宜游则游、宜商则商，各地依托地域资源优势，科学选择实施产业扶贫项目，并围绕主导产业出台优惠政策，吸引企业入驻，使扶贫产业园成为带动县域经济发展的"新引擎"。

2016 年，青海省投入 8.1 亿元，按每村 50 万元的标准，在 1622 个贫困村建立互助资金组织，今年再次投入 17.7 亿元，按贫困村 50 万元、非贫困村 40 万元的标准安排村集体经济扶持资金，实现了 4024 个有贫困人口的行政村全覆盖。与此同时，立足贫困群众个人意愿，扶持到户产业项目，先后投入 26.14 亿元，按照涉藏地区人均 6400 元、农区人均 5400 元的标准，引导扶持 44.35 万有意愿、有能力的贫困人口发展到户产业，构建了以贫困户为主体的家庭经营性产业发展新模式。

2019 年 2 月 28 日　14 版　石晶　孙海玲

"攒劲"发展特色产业

"去宋永菊家吧，这几天没顾上去蘑菇大棚，我放心不下。她是技术员，掌握情况。"东达村党支部书记牛生有说。

沿着宽敞的村级硬化路，我们来到宋永菊家。这位"土专家"详细介绍了近一个星期蘑菇的长势和销售情况。牛生有说："发展特色种植是我们村今后的发展方向，不能有丝毫马虎。"

青海省海北藏族自治州海晏县金滩乡的东达村位于青海湖畔，离县城12公里，有197户、790人，有耕地4000亩、草场4.6万亩。全村以经济作物种植为主、畜牧业为辅，目前牛羊存栏达4万头（只）。

结合村里的实际情况，东达村按照"以养促种，以种促养"的原则，从2017年开始，大力发展油菜、青稞、饲草种植和牛羊养殖，掀起了"家家搞育肥（养殖）、户户要致富"的热潮。同时，以村集体土地为依托，东达村建起了海晏县第一个村级活畜交易市场。2018年，累计成交活羊、活牛近4万头（只），成交活畜远销四川、河南、广东等地。"种养结合，去年村集体收入首次'破零'，实现利润13.6万元。群众看到了希望，看到了村'两委'带领大家奔小康的决心。"牛生有说。

为了进一步推进村集体经济"复壮"，去年，村里暂时没有给村民分红，而是将有限的资金投入到今年流转土地、购买良种、化肥等生产活动中。牛生有说："规模化种植将投入50万元左右。空缺资金通过国家援建项目、政府相关部门的扶持资金解决。现在流转的土地，应用机械化设备已经全面完成种植任务。"

牛生有说，今后东达村要从五个"攒劲"方面走在全乡、全县前列。"产业攒劲方面，我们要念好牛羊经、延伸产业链、带动新产业；阵地攒劲方面，要教育引导、便捷服务；生态建设攒劲方面，首先要干净卫生，制度先行；村容攒劲方面，要干净整洁，展现文化，体现民俗，突出教育，凸显进步理念；人才攒劲方面，要充分发挥和调动全村 50 多名在外跑运输、开店铺、搞建筑的能人的作用，通过议事会，让群众在全面实现乡村振兴战略中有更多的获得感、幸福感和安全感。"

这几天，村里建设牛羊养殖大棚的 1100 万元资金已基本到位。从开始的垒土墙养殖到半设施圈养再到现在的温棚集约化现代托管养殖，占地 1200 平方米，具有 200 个托管养殖温棚的养殖大棚即将建成。牛生有几乎每天都要去施工现场转转，生怕延缓了进度。他打算今年在新大棚育肥出栏牛羊两茬，在去年的基础上持续提高村集体收入。

2019 年 6 月 6 日　13 版　马玉宏　申维祖

青海大力推进光伏发电扶贫
贫困群众有了"阳光存折"

6 月 26 日，青海省最大规模的村级联建扶贫光伏电站——果洛藏族自治州玛沁县 29.1 兆瓦村级扶贫光伏电站成功并网发电。经过 1 小时试运行，光伏电站发电 4500 千瓦时，按当前光伏电站上网电价 0.65 元 / 千瓦时计算，相当于创造扶贫收益 2925 元。

"这个光伏扶贫项目总投资 1.8 亿多元，由果洛州玛沁、甘德、达日、班玛、久治 5 县 63 个贫困村联建组成，覆盖建档立卡贫困户 4231 户，是当前青海省规模最大的集中联建村级扶贫光伏电站。"国网果洛供电公司建设部主任陈江滨介绍，该光伏电站投入运行之后，预计年发电量可达到 4000 万千瓦时，创造发电收益超过 2000 万元，能够为所属 4231 户建档立卡贫困户提供创业机会、就业岗位和稳定的扶贫兜底资金收入。

仅相隔一日，6 月 27 日，在青海省海东市互助土族自治县红崖子沟村，装机容量 2.37 万千瓦的互助县村级光伏扶贫 2 号电站正式并网发电。至此，青海省"十三五"47.16 万千瓦村级光伏扶贫电站及配套电网工程全部建成投运，将惠及 1622 个建档立卡贫困村 6.8 万多户贫困人口。

青海贫困人口分布呈小集聚、大分散的特点，大多数居住在东部浅脑山地和青南高寒牧区。山大沟深、荒山荒坡，给光伏产业发展提供了得天独厚的条件，但同时也给电站和配套电网建设带来了重重困难。国网青海省电力公司营销部主任展洁说："配套电网建设项目中 30% 以上的组塔工程量都在山顶，沟壑纵深、山路崎岖，塔材和砂石等物资是靠员工肩挑背扛和骡马托运送达施工现场的；40% 左右的施工地点大型机械都无法入场，也是靠人工开挖出一座座铁塔基础。"

光伏发电一举两得，既扶贫又发展了新能源，青海省委省政府依托区域内得天独厚的太阳能资源，因地制宜大力推进光伏发电扶贫产业发展。电站除运维费用外，每年将给每个村带来 30 万元左右的收益，成为贫困群众精准脱贫的"阳光存折"。

"我们畅通绿色接网通道，提供'一站式'并网服务，优先保障光伏扶贫电站电量全额消纳。"展洁说。

建设投运、并网发电，只是青海省光伏扶贫总体布局的第一步，持久收益才是做好光伏扶贫的关键所在。为更好地服务电站运营，提升效率效益，实现收益最大化，青海省扶贫开发局与国网青海省电力公司充分运用泛在电力物联网建设成果，依托青海能源大数据平台的资源优势，建成了国内首个光伏扶贫大数据监控中心，按照"建成一个、接入一个"的原则，对全省光伏扶贫电站实行集约化管理、集中式管控、专业化运维，以保障"光伏 + 扶贫"模式可持续发展。

"以降本增效为目标，我们针对光伏扶贫电站拓展平台功能，研发扶贫管理、统计分析等 4 个模块，涵盖扶贫对象动态管理等 20 项业务功能，全面支撑光伏扶贫项目管理智能化、专业化。"青海绿能数据有限公司总经理张节潭介绍，该公司正在同步开发光伏扶贫运营管理 APP，实现光伏扶贫电站收益测算、扶贫资金计划管理等智能化移动应用，以进一步提升光伏扶贫项目的社会效益。

2019 年 7 月 4 日　14 版　石晶

澜沧江畔拔穷根

在杂多县的易地扶贫搬迁安置点"牧人希望家园",扶贫物业公司员工在打扫小区卫生。

青海省杂多县自然条件恶劣、社会发育程度低,是全省贫困发生率最高、贫困程度最深、脱贫难度最大的地区之一。杂多县凝心聚力,通过设立生态管护员岗位、易地扶贫搬迁、技能培训等,助力贫困群众增收,目前,贫困发生率从过去的 22.06% 下降到 4.41%。

青海省杂多县距离省会西宁有 1000 多公里,是青海最偏远的一个县,自然条件恶劣、社会发育程度低,就业难、发展难,脱贫更难。杂多县是一个纯牧业县,是典型的国定贫困县和集中连片贫困地区,因自然条件严酷造成的贫困、生态环境制约导致的贫困、因灾因病形成的贫困、内生动力不足产生的贫困同时存在。"多维贫困"导致产业发展难、设施配套难、均衡发展难,是全省贫困发生率最高、贫困程度最深、脱贫难度最大的地区之一。

就是在这种情况下,随着脱贫攻坚的深入推进,杂多县完成了 9 个贫困村退出、6074 名贫困群众脱贫的脱贫攻坚任务,完成了 17 个非贫困村的 2351 户、6087 名贫困群众的减贫任务,贫困发生率从 22.06% 下降到 4.41%。

凝聚合力　共拔穷根

杂多县推行主要领导包片区、常委包乡、县级和村级领导包村、县直部门科级任驻村第一书记、乡镇干部包组的做法，确定了937名干部与建档立卡贫困户建立帮扶关系，对内走村入户摸情况、对外多方渠道找资金，三年时间，累计争取到各类社会帮扶资金1416.44万元。

杂多县面临江水、背靠大山、地无三尺平，城市建设土地供应有限。但杂多县还是拿出县城城镇规划最后一块政府储备用地205亩，划拨给贫困群众盖起了52栋三层的易地扶贫搬迁安置小楼。

走进村民群尕位于易地扶贫搬迁安置点"牧人希望家园"的家里，两室一厅80平方米的房间里暖意融融。

群尕曾经生活在杂多县查旦乡达谷村，村里全是砂石路和羊肠小道。因地理位置偏僻，受雪灾和野生动物侵害，牛羊所剩无几，每年大雪封山时，一家人的生活艰苦异常。2017年，群尕一家搬到了杂多县城，群尕从此放下牧鞭，成为生态管护员，"生态管护岗位一年收入2万多元。搬到县城生活，条件好了很多。"群尕说。

据介绍，杂多县投资1.422亿元实施易地扶贫搬迁，711户、3139名建档立卡贫困户于2018年底已全部搬入易地扶贫搬迁安置点；投资2.65亿元实施的危房改造涉及项目户8911户；投资3.36亿元的灾后恢复建设项目涉及5个乡镇和县城9个社区的3712户，目前已全部完工。

杂多县委书记才旦周说："把最后的储备用地让贫困群众安居乐业是最应该、最值得的，我们必须满足群众想上好学、就好医、养好老及享受较好公共服务保障的需要，增强贫困群众的获得感和幸福感。"

护山保水　生态脱贫

杂多县是三江源澜沧江源区核心保护区域，保护和发展的矛盾向来存在。

怎么做既能让贫困群众脱贫，还能让江水长清？

在昂赛乡年都村，峡谷内澜沧江奔腾而下，山坡两侧松柏葱茏，一副大美和谐的自然景观。

在澜沧江畔建档立卡贫困户云塔家门前的开阔草地上，一座绿色集装箱式房屋异常醒目。进到里面，只见全是简易的标间配置，摄像器械和生活用品显示经常有人入住。

"集装箱房是扶贫项目解决的，供自然观察人员居住。有部分自然生态和野生动物研究或科研机构在网上预约，由乡政府审核资质后盖章准许，生态观察人员与牧民同吃住并交纳一定的费用。"昂赛乡党委副书记才旺多杰告诉记者，云塔家所在地是雪豹和金钱豹出没的地方，在雪豹的视频和图片被生态管护员发布后，越来越多的人来到这里。

许多像云塔一样的牧民生活在澜沧江核心区，他们为了保护生态牺牲了养殖牛羊赚钱的路径。但是，依托生态管护员岗位和生态体验接待，云塔一家脱了贫。

才旺多杰介绍，三江源国家公园每年批准进入园区内的人员不超过300人，2018年昂赛乡21户评定的特许接待家庭收入达43万元，45%归接待家庭所有，45%归村集体为建档立卡贫困户进行帮扶，10%作为雪豹等野生动物保护基金。

杂多县扶贫局局长才仁东周告诉记者，杂多县开辟了7752个草原生态管护员岗位，贫困人口占49%，户均年收入2.16万元。

放下牧鞭　学技增收

利用19个非贫困村村集体的1900万元资金，杂多县成立了扶贫加油站、扶贫汽修场、畜产品交易市场，既增加经济效益又增加就业岗位。"总共开辟了8个产业，帮助贫困群众实现就业。"才仁东周说，县里还成立了扶贫物业公司，县里干部周转房、行政中心、棚户区物业都交给扶贫物业公司，目前，已帮助100多名贫困户就业，"把有限的就业岗位和经济效益留给最需要的人"。

扶贫物业公司保安宗尕2017年从苏鲁乡山融村搬迁到安置点，宗尕在物业公司上班，妻子白忠则贷款在小区门口租了一间铺面，准备卖馍馍、面条。"机械设备全部买回来了。"白忠说。她的脱贫信心满满。

搬出来相对容易，解决就业才能真正脱贫。在扶贫局开办的培训班里，20岁的尕东主已学了两年手艺，唐卡、泥塑，逐步学深学精。"有了一技之长，就不愁脱贫。"尕东主说。

2019年12月19日　14版　马玉宏　石晶

青海格尔木市：脱贫之后更要努力奋斗

主动申请脱贫、增加家庭收入、积极参加工作……近年来，在脱贫政策帮扶下，青海格尔木市郭勒木德镇城北村 34 户建档立卡户走出了生活的阴霾，迎来了曙光，脱贫摘帽后，通过自己的努力，实现了人生别样的精彩和幸福。

53 岁的李有花 15 年前丈夫去世，赡养老人、照顾孩子，所有的担子都压在了她一个人的身上。2 个大学生一年 1 万多元的学费和生活费，压得她喘不过气来，偶尔打零工也解决不了实际问题。

2015 年，城北村、扶贫工作组通过精准识别，将她纳入建档立卡户，积极协调为她争取了生态管护员的工作，每个月有了稳定的收入，家里的危房也被改造得焕然一新，这让李有花看到了生活的希望。

2016 年，孩子们先后大学毕业，李有花家里的生活也有了起色，她主动申请脱贫摘帽，成了格尔木市第一批主动申请摘帽的贫困户。不想坐等帮扶，只想努力脱贫。李有花说，"现在国家的政策好，这几年对我帮扶力度很大，现在娃娃的工作也解决了，我也努力工作提升收入，脱贫后更要珍惜生活，努力奋斗。"

115 平方米的大房子布置得井井有条，彩电、电脑、冰箱一应俱全，发财树、蟹爪兰郁郁葱葱；屋外梨树、杏树、李子树迎着春风吐露着新芽……摘掉了"穷"帽子，李有花的生活敞亮、美好、温馨。

在城北村，摘掉贫穷帽子的典型有很多，汪玉顺也是其中一个。

2015 年，汪玉顺的二女儿因车祸入院，高昂的治疗费让这个村里人人艳羡的养牛户变得一贫如洗。医疗费用、吃穿用度、孩子上学……老汪一家举步维艰，养牛事业就此荒废。

成为建档立卡户后，城北村、扶贫工作组、帮扶单位和企业慷慨解囊，老汪一家还清了债务，夫妻俩一个当生态管护员、一个当护林员，有了固定收入，家庭压力也逐渐缓解。

2019 年，汪玉顺的大女儿汪琴福大学毕业了。村委会积极协调联系，让汪琴福到就近的星月园幼儿园从事学前教育工作。汪琴福告诉经济日报记者，去年毕业后找工作不顺利，但在脱贫政策的帮助下，她实现了自己的教师梦，为家里增加了收入，弟弟妹妹可以安心上学了，爸爸妈妈也不用那么累了。

孩子们的生活工作有了着落，老汪又想着重操旧业了，这两天忙着收拾院落、重整土地，为开养殖场做准备。从 2017 年不足 4.5 万元的家庭收入，到 2019 年全家 10 万余元的工资，老汪的"家底"翻了一倍还多。

据城北村扶贫工作组队员李富伟介绍："自 2015 年城北村精准扶贫工作开展以来，通过 40 天的入户、摸排、调查，确定了贫困户和帮扶连点单位，同时针对每一户贫困户开展了精准扶贫，到 2016 年底，城北村实现全部脱贫，到现在为止，城北村贫困户的人均年收入达到 2 万元。"

郭勒木德镇城北村党支部书记汪红林表示，今年在决战决胜脱贫攻坚的目标、任务前提下，城北村想方设法增加百姓的收入。通过开展"回头看"，对本村的建档立卡户进行全面摸排和全方位了解，其中已经有固定工作的 44 名，还有 7 名大学生已就业，在读大学生 4 名，后续也会为他们的就业多衔接、多协调。"在精准扶贫工作中把住房、医疗、养老这些工作安排好以后，希望通过大家的共同努力，结合自身实际，发展养殖业、参加工作等，彻底把'穷包袱'甩掉。"汪红林说。

2020 年 4 月 20 日　10 版　马玉宏　李莎莎

昔日"拉面碗" 今日"聚宝盆"

"过去的化隆人吃不饱、吃不好。改革开放以后，能拼敢闯的化隆人走出大山，靠着拉面的手艺走南闯北，以'前店后家'的方式在城里站稳了脚，拉面产业的发展也日新月异。"作为第一批闯出化隆县的"拉面人"，谈到这些年的变化，全国劳动模范韩进录的眼中满是骄傲和幸福。

化隆回族自治县位于青海省海东市东南部浅山地区，属于国家六盘山集中连片特困地区扶贫开发重点县。如今，从国家级贫困县到高原上的"拉面之乡"，勤劳质朴的化隆"拉面人"开辟了一条由拉面产业带动乡村发展和农民增收的创新之路。

"第一代'拉面人'敢拼敢闯、背井离乡，我们得继承那股子闯劲，更好地利用品牌运营、电商渠道等新模式，将化隆拉面产业做强。"韩进录28岁的儿子韩晓峰告诉记者，作为化隆县新一代"拉面人"，他辞职回乡经营自家的拉面店，把绿色农牧和拉面文化融入拉面品牌。在他负责的化隆县黄河绿洲生态开发有限公司实训基地内，青年"拉面人"带薪在岗学手艺、团结奋斗脱贫困。目前，该公司已帮扶40多户建档立卡贫困户，受训过的手艺人平均年增收5万元。

2016年，化隆县创新实施"拉面带薪在岗实训+创业"的脱贫模式，鼓励贫困户参加实训，坚持两年每人便能拿到政府1万元补助，在实训期间，拉面店给实训人员开出不低于每年3万元的工资。截至目前，全县累计带动2920户、11680名贫困人员实现脱贫，全县建档立卡贫困户实训后开办拉面店已达到117家。

2019年，青海省化隆县地方品牌产业培育促进局成立，推广"化隆牛拉面"品牌，帮助自主创业的"拉面人"解决困难，尝试推动拉面产业智能化发展。

目前，一套智慧拉面收银系统已成为化隆拉面店的好帮手。"通过这个智慧拉面平台的大数据分析，我们能了解上万家化隆拉面馆运行情况。"化隆县地方品牌产业培育促进局局长马玉忠介绍，这套新系统不仅能配置开店所需的原料、设备和服务，还能办理异地政务服务，甚至可以通过营业数据进行贷款。

目前，以化隆县拉面产业园项目为代表的"升级阵地"正有序建设，该项目致力于打造成集养殖、屠宰加工、冷链物流、销售配送为一体的全国拉面"中央大厨房"食材供应基地。

产业园区与互联网电商有机结合，传统手艺和创新思维合力破局，化隆县已经形成以建设特色产业信息化服务平台为支撑，整合现有国内的1.7万多家拉面实体店产业优势，全力打造政企共建的化隆拉面大产业链的新格局。截至目前，化隆县拉面经济及相关产业经营收入超百亿元，随着拉面电商中心、拉面产业园的建设，高原上古老的"拉面碗"，已成为新时代的"聚宝盆"。

2020年9月19日　03版　覃皓珺

中国新闻社

青海五年减贫超百万人
预计 2019 年整体脱贫

"从 2011 年至 2015 年，按照新的扶贫标准，青海省五年共减少贫困人口 100 万人，年均减少贫困人口 20 万人。"青海省扶贫开发局局长马丰胜 5 日接受中新社记者采访时表示。

今年 33 岁的切杰加是青海省海南藏族自治州同德县的牧民，现在他已经是青海一家藏式家具公司的总经理了。"通过产业扶贫，我成立的藏式家具公司，一年的收入达 50 万元，是以前年收入的十几倍，彻底摘下了贫困的'帽子'。"切杰加说。

人口仅 583.42 万人的青海省虽然人口基数不大，但是贫困发生率却高出中国平均水平近一倍。2011 年，青海全省贫困发生率高达 36.6%，相当于不到三户里就有一个贫困户。全省 46 个县（市、区、行委）中，戴贫困县"帽子"的达 39 个。

受区域整体贫困与民族地区发展滞后并存、经济建设落后与生态环境脆弱并存、人口素质偏低与公共服务滞后并存"三重矛盾"的制约，青海一直是中国扶贫开发任务重、难度大的省份之一。

2011 年至 2015 年，青海全省共投入财政专项扶贫发展资金 95.18 亿元（人民币，下同），年均增幅 17.8%，减少贫困人口 100 万人，贫困发生率从 36.6% 下降到 13.2%。

但青海省发展不平衡问题依旧突出，除了贫困人口发生率高以外，还以"小集聚、大分散"的布局分布在全省，按人均收入 2300 元的国家扶贫标准，贫困人口还有 50 多万人。

马丰胜对中新社记者说："青海贫困人口点多面广、贫困程度深，该省地跨中国六盘山和四省涉藏地区两个集中连片特贫地区，有 42 个贫困县（市、区、行委），其中国家扶贫开发重点县 15 个，贫困发生率高于全国 6.5 个百分点。大多数贫困人口居住在该省东部浅脑干旱山区和青南高寒牧区，生态脆弱，气候恶劣，灾害频发，交通不畅，是全国生存环境最严酷的地区之一。

"扶贫开发是'第一民生工程'，但青海贫困人口致贫因素复杂多样，且交织叠加，需要采取针对性的帮扶措施。为此，青海推进多种形式完善扶贫，实施了一系列改革新举措和新机制。"马丰胜说，"五年来，青海省通过产业扶贫实施产业扶贫项目 1856 个，使 163.72 万人实现增收。"

马丰胜表示："目前扶贫攻坚已进入冲刺期，青海省将开展包括发展特色产业脱贫等'八个一批'脱贫攻坚目标，预计到 2019 年，青海省将实现整体脱贫。"

2019 年 1 月 5 日　新闻中心　孙睿

国际农业发展基金扶贫项目在青海启动
50 万人有望脱贫

"为使青海省 2019 年实现全省脱贫，我们国际农业发展基金扶贫项目今天在青海省启动，希望在五年内帮助青海六盘山片区的 50 万贫困人口脱贫。"联合国国际农业发展基金国家项目经理 Matteo Marchisio22 日接受中新社记者采访时表示。2016 年 1 月 22 日，青海省国际农业发展基金扶贫项目在西宁启动。国际农业发展基金（IFAD）是联合国系统专门向发展中成员国提供粮食和农业发展贷款的金融机构。其宗旨是筹集资金，以优惠条件向发展中成员国发放农业贷款，扶持农业发展，消除贫困与营养不良，促进农业范围内南北合作与南南合作。

Matteo Marchisio 介绍，六盘山片区青海东部连片特困地区是中国扶贫纲要（2011-2020）概述的重点优先领域，该区域是一个多民族的地区，由于退化的土地和水资源使分散的农场规模有限，致使农业生产率低和技术能力差，加之该区域的就业和创收活动机会有限，使这里一直是扶贫攻坚的重点区域。青海是 IFAD 自 1981 年以来在中国所批的第二十九个项目，该项目贷款约4350 万美元。青海省国际发展基金扶贫项目领导小组组长、青海省政府副秘书长张文华在启动会上表示，国际农业发展基金扶贫项目是青海省首个利用外资的大型综合扶贫项目，实施国际农业发展基金扶贫项目，是青海省利用外资进行脱贫攻坚的重大举措，是对青海省精准脱贫的有力补充。

2016 年 1 月 22 日　新闻中心　孙睿

两会特写：
"背水一战"，青海省长三句话谈脱贫

"去年中央扶贫开发工作会议上，惠宁书记（指全国人大代表、青海省委书记骆惠宁）和我向中央签了打赢脱贫攻坚战的'军令状'，这对我们来讲是背水一战、刚性约束。但我们有信心、有决心！"

十二届全国人大四次会议青海代表团 6 日上午举行开放日。面对记者对青海扶贫问题的关注，全国人大代表、青海省省长郝鹏的回应颇为坚定。

青海地跨六盘山和四省涉藏地区两个国家集中连片特困地区，目前，青海有 15 个国家扶贫开发重点县、10 个省定扶贫开发重点县、1622 个贫困村、16 万贫困户、52 万贫困人口。谈及青海在"十三五"期间的脱贫计划，郝鹏有"三句话"要说。

第一句，"打赢脱贫攻坚战有基础、有条件。"

据统计，"十二五"期间青海扶贫投入比"十一五"期间增加 3.3 倍；贫困发生率亦从"十一五"末的 33.6% 降至去年底的 13.2%，过去五年累计减贫 100 万人。

"'十二五'扶贫成绩为今后打赢脱贫攻坚战奠定了好的基础，也积累了好的经验，创造了有利条件。"郝鹏的语气中透着自豪。

第二句，"打赢脱贫攻坚战有信心、有决心。"

"青海省情特殊，贫困地区贫困程度比较深，贫困面比较广，致贫原因比较复杂。"谈及脱贫攻坚任务的艰巨性，郝鹏并未回避。但他亦强调，"尽管这样，在打赢这场战役上我们仍有充分的信心和足够的决心。"

这样的信心，一方面来源于以习近平同志为核心的党中央对脱贫攻坚前所未有的重视，来自李克强总理政府工作报告对脱贫攻坚作出的部署。

另一方面，则源自青海人民对美好生活的向往。郝鹏介绍说："随着这些年青海经济社会的快速发展，改革开放的强力推进，基础设施条件的有效改善，人民生活水平的持续提升，穷则思变思进、脱贫致富奔小康已成为全省广大人民群众的强烈意识和热切期盼。可以说，这对我们是'远山的呼唤，人民的期待'。"

第三句，"打赢脱贫攻坚战有举措、有保障。"

郝鹏说："当前青海全省已形成共识，'十三五'期间的头等大事、第一民生工程就是要打赢脱贫攻坚战。"但是，仗怎么打？

打仗不能没有"战略"。青海计划"十三五"期间将扶贫"火力"集中在现有 52 万贫困人口上。郝鹏说："我们确定了'四年集中攻坚，一年巩固提升'，的目标要求，就是到 2019 年确保现行标准下的贫困人口全部脱贫、贫困村全部退出、贫困县全部摘帽。"

打仗不能没有"战术"。青海将新时期打赢脱贫攻坚战的基本战术定位在"精准"二字。郝鹏特别提出："要建立第三方评估机制来确保脱贫成效的精确，杜绝'假脱贫''被脱贫'的'数字脱贫'现象。"这一表态也让多位与会代表频频点头。

打仗不能没有"统筹"。青海的脱贫攻坚工作将与生态保护、特色产业发展、民族地区发展、新型城镇化发展相互统筹，协调推进。比如，青海今年计划大力建立生态公益管护岗位，优先安排有劳动能力的贫困人口参与生态工程建设，确保贫困家庭有稳定收入。

打仗不能没有"保障"。郝鹏透露："青海省从上到下均已签订脱贫'军令状'，不脱贫、不脱钩。在'十三五'期间，还将整合各类扶贫资金 500 亿元人民币，有效解决脱贫攻坚的资金'瓶颈'问题。"

说完了"三句话"，郝鹏笑着向记者发出邀请："请大家多去我们青海看看，见证脱贫攻坚的历程。"

2016 年 3 月 7 日　新闻中心　王恩博

黄河源头牧民"捧热"
技能脱贫"新饭碗"

　　曲麻莱县城冶曲路不时有汽车驶过，路边挂有"曲麻莱政府扶持项目"的"一路顺补胎店"门前，老板多才仁正在为停靠在路边的货车换胎。货车车主检查过替换好的车胎，满意地将20元人民币放入了多才仁沾满机油的手中。

　　"我的店一个月就能为我带来一万余元的收入，这让我的生活发生了很大的变化。"多才仁介绍。

　　多才仁是曲麻莱县技能脱贫计划的第一批"学员"。2014年，曲麻莱政府免费为多才仁提供价值一万五千元的补胎设备，支持多才仁学习补胎技术，并在学成后为其争取了5万元银行贷款，开了这家补胎店。

　　多才仁介绍："开了店后，我的6个孩子可以不愁吃穿，每月家里还有结余的钱，我也可以每天在店里，陪着妻子孩子，干着比从前轻松的活，生活变得好多了。"曲麻莱县扶贫开发局局长罗松格来介绍："这里的牧民祖祖辈辈都是靠天吃饭、靠天养畜，没有学习技能、主动创造财富的观念。因此我们在牧民中间推行技能脱贫，教会牧民们一件可以傍身存活的手艺。"

　　"百姓理发馆"是曲麻莱政府投资开办的理发培训基地，店内几个年轻的藏族理发师正在为顾客剪发，藏族少年代夏便是这里一名"学生理发师"。他说："从前待业在家的时候虽然也喜欢美发这个行业，但来到这里学习后，才有了自己的方向，做一个优秀的美发师成了我的理想，毕业后，我要开一家自己的理发店。"

曲麻莱县的技能脱贫项目自 2013 年开始实施，实施初始，牧民们大多认为需要花费较长时间，不愿意学习。罗松格来说："因此曲麻莱县先小范围培养像多才仁这样的技术人才，用一个人带动一群人。目前，该县技能脱贫项目已从初始的补胎、烹饪和电焊等发展到现在的理发、民族服饰加工、唐卡、藏式婚礼主持、折嘎说唱、玛尼石雕刻等技能培训。

据了解，为保证牧民们实实在在学到技术，曲麻莱邀请中国各地行业内出色的老师赴本地教学。

"我们与这些老师们签订培训合同，保证每个老师负责的 30 名学生都能在第三方评估合格后拿到资格证书，之后再支付教师薪酬。"罗松格来介绍道。截至目前，曲麻莱县已培训出 200 余名人员，一部分人员已学成创业，当地的牧民看到这些成功的例子，开始主动报名学习技能。

2016 年 5 月 15 日　新闻中心　胡贵龙　罗云鹏

芜根带动下的玉树称多草原脱贫路

秋分时节后的第二天，一场小雪悄然洒落称多草原，群山怀抱的称文镇外，已显现个头的芜根静待采摘，这种形似萝卜的高原古老作物已延伸为此间农牧民脱贫增收的"宝贝"。

称多县地处青海省玉树藏族自治州东部，平均海拔 4000 米以上，属高寒冷凉地带，系省级贫困县。该县总人口 4.85 万，其中藏族占到 98% 以上，以草原畜牧业为主，兼有小块种植业，为农牧结合县份。

"以前芜根是作为牛羊饲料来种植，而且每家每户种植面积很小。"称多县扶贫局局长尕玛久美介绍，"芜根的'嬗变'始自 2004 年，经中科院西北高原生物研究所研究，芜根被证实有良好的抗缺氧和助消化的功效。"

芜根是高海拔地区唯一一种可药食两用植物。现代科学研究发现，其富含蛋白质、钙、磷、铁等营养成分；藏医学名著《四部医典》所载，芜根有味甘性温、可清热解毒、滋补增氧。

"既然橙子可以做橙汁，那么芜根为什么不可以也做成饮料？而且还是纯绿色、无污染的。"李宏伟是土生土长的称多人，能说一口流利的康巴藏语，2004 年知悉芜根"妙用"的他打起了做芜根饮料的主意。

"当时也很犹豫，毕竟谁也不知道会不会有人来买。"抱着试一试的想法，李宏伟注册成立了名为"巴颜喀拉"的饮品开发公司，"刚开始的时候在西宁找人代加工，质量和成本都不好控制，但是当地人喜欢，我就有信心做下去。"

此后的几年里，李宏伟"试一试"的"芜根事业"得到了当地官方的肯定和支持。厂房、饮品生产许可证和专业技术人员从无到有。

2014 年，李宏伟申请了 200 万元（人民币，下同）的青海省级扶贫资金和 150 万元的县级扶贫资金，再次扩建厂房和更新设备，芫根果脯、芫根泡菜等新产品也日渐规模。

"2015 年，我们开始尝试'基地 + 企业 + 牧户'的生产形式，想通过这种方法也来带动当地农牧户脱贫。"李宏伟说，"当年种植的 500 亩的芫根中，300 亩来自与公司签订合同的农牧户，按照每公斤 2 元的收购价，每亩地有 2000 元的收入，比种青稞划算。"

目前，芫根系列产品已行销四川甘孜，西藏昌都、那曲等地，其中芫根饮料 2015 年销量达 400 多万罐，60 克装的芫根果脯销量为 180 吨；2016 年，通过公司带动称多县称文镇、拉布乡、歇武镇的 108 个村 700 多户 2000 多人直接受益，并和公司签订了 30000 多亩的芫根收购合同。

"以前家里的 6 亩地大部分用来种青稞，现在都改种了芫根。"40 岁的索南旦周在种植芫根的同时，还在巴颜喀拉饮品开发公司里担任车间主任，"每个月能拿到 3000 元的工资，干得好还有奖金，家里的电视也从黑白换成了液晶的，在我们这里，像我这样通过种芫根挣钱的人很多很多。"

"青海省情特殊，是六盘山和四省涉藏地区两个集中连片特殊困难地区全覆盖区域，集中了西部地区、民族地区、贫困地区的所有特征。其脱贫攻坚重点在东部，难点在涉藏地区。"青海省扶贫开发局局长马丰胜透露："'十二五'期间青海已累计减少贫困人口 104.6 万人，年均减贫 21 万人，贫困发生率从 2011 年的 36.6% 降至 2015 年的 13.2%。"

2016 年 9 月 24 日　新闻中心　罗云鹏

青海 2017 年将实现 14 万贫困人口脱贫

　　记者 6 日从青海省扶贫开发局获悉，2017 年青海省将实现 11 个贫困县摘帽、500 个贫困村退出、14 万贫困人口脱贫。

　　人口仅 583.42 万人的青海省是中国扶贫开发任务重、难度大的省份之一，大多数贫困人口居住在该省东部浅脑干旱山区和青南高寒牧区，生态脆弱，气候恶劣，灾害频发，交通不畅，是中国生存环境最严酷的地区之一。

　　据青海省扶贫开发局介绍，2017 年，他们将继续加大财政扶贫资金投入力度，力争全年各类扶贫资金投入达到 100 亿元，其中，落实易地扶贫搬迁资金 34 亿元、金融扶贫贷款 40 亿元。从资金、政策、监管等方面继续为该省贫困县资金整合创造条件，按照精准施策要求，实施产业扶贫、易地搬迁、就业转移、金融扶贫、保险助推、电商扶贫、创业扶贫、旅游扶贫、互助资金、社会扶贫等脱贫攻坚重点项目，持续增加贫困群众收入，不断增强发展后劲。

　　在产业扶贫上，根据各地资源禀赋和区域优势，实施 24 万人到户产业扶持项目、13 个县扶贫产业园和 50 个贫困村旅游扶贫项目；在易地扶贫搬迁上，按照就近安置，科学合理布局安置区域，实施 2.2 万户 9.2 万人易地扶贫搬迁项目；在就业转移上，整合扶贫培训资源，加大对贫困劳动力针对性和实用性培训，完善输出地与输入地劳务组织管理、培训和精准对接机制，为贫困农牧民工提供便捷、高效、优质的"一站式"综合服务，开展短期技能培训 1 万人次、致富带头人培训 1500 人，实施贫困生职业学历教育补助 5000 人，资助贫困大学生 7000 人。

"产业扶贫是贫困群众持续稳定增收，实现就地脱贫的最有效方式。今年青海省继续加大产业扶贫专项投入力度，按照扶贫标准，计划实施 24 万人到户产业扶贫项目、13 个县扶贫产业园和 50 个贫困村旅游扶贫项目。加上去年已安排的规模，到户产业实现全省 40.2 万有劳动能力的贫困人口全覆盖，39 个县市区扶贫产业园全覆盖。"青海省扶贫开发局表示。在产业经营模式上，通过积极培育新型经营主体，提高群众组织化程度，实现产业化集约化经营，带动贫困群众多元增收。

除此之外，在创业扶贫方面，青海省扶贫开发局将继续实施"青春创业扶贫行动"，按照滚动放贷模式，扶持贫困大学生创业就业。重视发挥返乡人才作用，大力支持大中专毕业生、企业主、退役军人、农民工等返乡创业就业。

2016 年，青海省共完成 11.6 万贫困人口脱贫、404 个贫困村退出、6 个贫困县（行委）摘帽任务，使该省脱贫攻坚工作取得显著成效。

2017 年 3 月 6 日　新闻中心　孙睿　马青军

青海省构建产业扶贫格局
带动 16.2 万贫困群众增收

记者 23 日从青海省扶贫开发局获悉，针对该省扶贫产业选择培育难、贫困群众持续增收难、贫困边缘人口多等问题，青海省建立了"三位一体"产业扶贫格局，带动 16.2 万贫困群众增收。

穹庆影视（同德）拍摄制作产业基地是该省同德县省级扶贫产业园内的重要项目之一，为增加当地贫困牧民的收入，该影视基地在当地挑选群众演员、租借牛羊等牲口以及道具，为当地村民增加收入。

28 岁的昂秀是该影视基地的影视剪辑师之一，目前每个月收入 3000 余元。四五年前，昂秀家还是当地村里的建档立卡贫困户，主要以采虫草、放牧为生，收入很不稳定。"在影视基地工作不仅有了一份固定收入，还实现了自己的梦想。现在家里盖起了 3 层小楼，买了汽车，未来我还想跟着松太加导演去国内外的电影节开阔眼界，学习电影知识。"昂秀此前接受当地媒体采访时说。

青海省扶贫开发局介绍，产业是发展的基础，是脱贫的主要依托，选准扶贫产业，成了打赢脱贫攻坚战的关键。去年以来，该省针对多个实际问题，在扶贫产业扶持方面构建了"三位一体"工作格局，即户有产业项目、村有集体经济、县有产业园区。

2016 年，青海省投入财政扶贫资金 9.7 亿元，实施到户产业扶持项目，扶持带动 16.2 万贫困群众增收。按照西宁、海东人均 5400 元，涉藏地区 6 州 6400 元的标准进行扶持，根据群众意愿，立足资源优势和产业基础，宜农则农、宜牧则牧、宜林则林、宜商则商、宜游则游，实施种植业、养殖业、二三产业加工服务以及资产收益等项目，通过自身发展产业人均增收 1200 元以上；以资产收益方式人均增收 800 元以上。2017 年，计划安排 14.4 亿元，对有劳动能力的 24 万建档立卡贫困人口安排到户项目全覆盖，确保及早实施项目，尽早发挥项目效益。

为有效解决贷款难、贷款贵和贫困村集体经济薄弱等实际问题，2016 年该省财政一次性安排 8.1 亿元，在全省 1622 个贫困村按照 50 万元的标准全部建立互助发展资金，可对农牧民家庭发展产业有偿借贷，也可用于向银行质押，按 5-10 倍放大，重点发展村级产业和村级集体经济。2017 年，将对今年摘帽和计划摘帽的 14 个县所有村安排互助发展资金，力争到 2018 年全省所有行政村互助发展资金全覆盖。

此外，按照"建园区、引龙头、扶产业、扩基地、增效益、带农户"思路，该省 2017 年计划安排 13 个县扶贫产业园建设项目，使贫困县产业园建设全覆盖。

2017 年 3 月 23 日　新闻中心　孙睿　马青军

青海将集中救治 1577 名大病贫困患者

　　为减轻贫困大病患者费用负担，青海省将在 2018 年底前，对该省"健康扶贫管理数据库"里符合条件的罹患食管癌、胃癌、结肠癌、终末期肾病、儿童白血病和儿童先天性心脏病等 14 种大病的 1577 名患者进行集中救治。

　　记者 16 日从青海省卫生和计划生育委员会医政医管局获悉，2017 年 6 月至 2018 年 9 月，该省卫生计生部门将根据救治对象罹患疾病的轻重缓急，制订救治工作计划，有序组织救治对象到定点医院进行救治。

　　据悉，为保证诊疗工作规范、有序，根据相关诊疗指南规范和临床路径，青海省卫生计生部门制订了食管癌、胃癌、结肠癌、直肠癌、终末期肾病、儿童白血病、儿童先天性心脏病、包虫病、结核病诊疗方案和临床路径。

　　青海省卫生和计划生育委员会医政医管局相关负责人说："本次救治将充分发挥基本医保、大病保险、医疗救助等制度的衔接保障作用，降低患者实际自付费用，对经各项补偿和医疗救助后患者个人负担仍然较重的，各地应通过临时救助、引导社会慈善资金予以帮助解决。"

　　为保证质量、方便患者，青海省针对不同病种，分别确定了救治定点医院，同时确定条件较好的医院为指导医院并承担复杂疑难重症救治任务。此外，还成立省级重大疾病临床诊疗专家组，对定点医院提供技术支持与指导。（完）

2017 年 6 月 16 日　新闻中心　张添福

2017 年青海扶贫资金将达百亿
易地搬迁拔"脑山"穷根

　　"我今天通过抽号，分到了面积 60 多平方米的楼房，如果没有党和政府的好政策，就连想都不敢想啊……"青海省"东大门"之称的民和回族土族自治县北山乡罗家湾村贫困户鲁福成说。

　　人口仅 583.42 万人的青海省是中国扶贫开发任务重、难度大的省份之一，大多数贫困人口居住在该省东部浅脑干旱山区和青南高寒牧区，生态脆弱，气候恶劣，灾害频发，交通不畅。

　　据青海省扶贫开发局消息，2017 年，该省力争全年各类扶贫资金投入达到 100 亿元，其中，落实易地扶贫搬迁资金 34 亿元。2017 年青海省计划实现 11 个贫困县摘帽、500 个贫困村退出、14 万贫困人口脱贫。

　　"北山乡地处距县城 18 公里的高海拔干旱浅脑山地区，山大沟深、自然条件严酷，全乡有 7 个村 1455 户，他们常年居住在大山里，'一方水土养不活一方人'。"25 日，民和回族土族自治县北山乡党委书记范承栋告诉中新网记者。

　　范承栋说："民和县紧紧抓住国家脱贫攻坚政策机遇，计划 2017 年将北山乡七个村的 1455 户 4939 人全部搬迁至县城史纳、老城、川垣等片区安置，使他们享受便利的基本公共服务。

　　此外，还积极争取产业扶持政策资金，帮助贫困民众发展马铃薯、中药材等特色种植业，使他们走上稳定增收、脱贫致富的道路。同时，以完善的后续扶持政策，努力实现"搬得出、稳得住、有事做、能致富"，从根本上解决生计问题。

据了解，在搬迁安置方式上，当地采取先建档立卡贫困户，后非建档立卡户的顺序分村分时段统一搬迁。民和县对建档立卡贫困户的购房面积标准限定在不超过 80 平方米，其中家庭人口 4 人以下的住房面积不大于 70 平方米，家庭人口 4 人以上（含 4 人）的不超过 80 平方米。对于非建档立卡户的住房，依据民众意愿及经济条件自主选择房屋。

范承栋说："为确保建档立卡贫困户搬得出、能入住，对集中安置的近 400 户建档立卡贫困户采取国家补助建房资金 8 万元、贫困户自筹 1 万元和不足资金由县政府补助的方式进行；非建档立卡户享受易地搬迁补助资金每户 4.5 万元，不足部分由搬迁户自筹解决。"

2017 年 6 月 26 日　新闻中心　张添福　石延寿

长江源生态移民异地搬迁的"致富路"

从格尔木市区沿 109 国道向南驱车几公里，驶入长江源村，藏家特色的村口建筑映入眼帘，红色的屋顶、白色的院墙与秋风染黄的杨树叶相互映衬着……13 年来，长江源村村民从世代在唐古拉山地区放牧的牧民变成了"城里人"。

2004 年 11 月，中国官方启动了三江源生态保护和建设工程，并采取退牧还草、生态移民、人工增雨等 20 余项措施，旨在全面恢复三江源地区生态环境。

地处长江源头的唐古拉山镇是三江源保护区的核心区域，该镇平均海拔在 4700 米以上，草场面积 4.98 万平方公里，是世界海拔最高的乡镇。但从 20 世纪 80 年代后期到 90 年代，三江源生态恶化明显，草场退化、土地沙化、鼠害成灾等现象导致很多牧民的牲畜越来越少。

为了阻止世世代代生活的草原继续恶化，长江源唐古拉山镇 128 户 407 名牧民开始陆续搬迁至 400 公里以外的格尔木市南郊移民定居点，当地政府在这里为他们盖好了房屋和学校，形成了今日的长江源村。

"如今，通过实施三江源生态保护和建设工程项目，长江源村 501 万亩草场已实现全部禁牧，由此形成了山上禁牧、保护生态、山下创业、融入城市新生活的'双赢'格局。"唐古拉山镇党委书记赵守元说。

在长江源村，最显眼的要数村民闹布桑周家了。300 多平方米的小别墅分为上下两层，一层为藏式风格，70 寸的液晶大彩电、五张实木长型条几，十几米长的实木沙发……宽敞的客厅足以办一个小型舞会；二层，颜色明快的欧式家具，阳光洒在宽敞的阳台上，十分惬意。

能够生活在这样的房子里，是闹布桑周以前想都不敢想的。"搬到移民村前，我和父母只能靠放牧生活，年收入不到 1000 元（人民币，下同），破旧的帐房，成群的牛羊就是我全部的世界。"闹布桑周说。如今，除了跑运输，还在临村主干道开了一间"台球室"，年收入涨到了每年 30 万元左右，没想到移民后的生活变得这么好。

"没有搬下来之前，我们住的都是帐篷，没有什么电器，点的是羊油灯，盖的是羊皮袄，出门交通都靠马和牛，孩子上学要走很远的路，生活条件特别艰苦。"回想起以前在山上的生活，65 岁的唐古拉山镇长江源村党支部副书记更尕南杰不禁感叹，当时靠放牧人均年收入还不到 2000 元，而在 2016 年，长江源村人均年收入达到 20943.3 元，比搬迁前足足翻了 10 倍！住在宽敞、明亮的新房里，实现了从牧民到村民、市民的转变。

近年来，长江源村村容、村貌发生了翻天覆地的变化。格尔木市政府不断加大投资力度，先后建起了集贸市场、长江源村牛羊育肥基地等，使村里的基础设施建设不断完善，丰富和优化了村民的购物环境，也增加了村民们的收入。

"我们通过退牧禁牧、生态移民工作，昔日的三江源头如今变得越发美丽而迷人。牧民搬迁实现了生态环境保护和牧民生活水平提高的'双赢'，山上山下处处好风光。"赵守元说。

2017 年 10 月 21 日　新闻中心　孙睿　李莎莎

青海：三代人住房变迁见证易地搬迁实效

"我爷爷那一辈人住的是窑洞，到了父母那一代是简陋的土坯房，如今我们赶上了好时代……"谈起三辈人的居住变化，73 岁的李长生老人眼里噙着热泪。

李长生现在居住在青海省民和回族土族自治县松树乡牙合村易地扶贫搬迁新村，他说这一切多亏遇上了好政策，不仅从山上迁到了公路沿线，更让他没想到的是自己掏了 1 万多元，便住进了当地时兴的封闭式房子，宽敞而且明亮。

塑钢玻璃门窗、紫红色琉璃瓦屋檐、粉刷一白的墙面、红砖砌成的庄廓墙院……在李长生所在的易地扶贫搬迁新村，他说："睡梦里都没梦到过的'金蛋'砸在自己身上了。"

其实，李长生眼里的这枚"金蛋"砸中的不止他一人。

牙合村地处浅山干旱山区，山大沟深，交通不便，民众生产生活条件艰苦，迫于生计压力，该村 194 户人家近年来陆续外迁谋生，尚有 60 户依然在大山里耕作生息。

2016 年，当地根据精准扶贫政策，实施了牙合村整村易地扶贫搬迁，偏居在大山里的牙合村人从山上迁到山下的公路沿线。截至目前，该村 59 户已完成房屋建设，其中 11 户已经入住新居。

"我们从山上搬迁到山下来生活，新房子盖上了，自来水拉进了院里，娃娃们上学也方便了。"牙合村党支部书记杜文珍感慨道："大家的生活面貌大变样了。"

松树乡北面山区的民和县北山乡，易地搬迁力度更大，实施的整乡搬迁项目共计 1455 户，其中建档立卡贫困户 340 户 1264 人。

记者走进地理条件优越的民和县史纳地区的北山乡整乡扶贫搬迁小区里，搬迁下来的民众正忙着收拾房屋。

贫困户王永平说："北山乡的乡亲们世世代代生活在大山里，现在有了好政策，对北山乡实施了整乡搬迁，贫困户只交了 1 万元钱，就住上了县城的楼房，全靠党的好政策。"

北山乡是民和县的一个贫困乡镇，严酷的自然条件，迫于生计压力，一部分人通过投亲靠友、外出创业等方式，走出了大山，但大多数人依然生活在那里。

民和县扶贫部门相关负责人介绍，北山乡整乡搬迁和松树乡牙合村整村搬迁仅仅是该县易地扶贫搬迁的一个缩影，今年该县易地扶贫搬迁总任务为 3812 户 1.46 万人，目前全县易地扶贫搬迁工作正在进行。

青海省扶贫部门数据显示，"十三五"期间，青海省将完成 20 万贫困人口的搬迁任务，占到脱贫人口的 38.5%。

2017 年 11 月 1 日　新闻中心　张添福　石延寿

青海投入 4.65 亿元实施旅游扶贫
让 3.9 万贫困人口脱贫

　　记者 4 日从青海省扶贫局获悉，为推进全省脱贫，青海省积极将乡村山水资源转化为旅游资源，一年来已投入 4.65 亿元实施 155 个村旅游扶贫项目，积极打造花海农庄、乡趣卡阳等一批乡村旅游品牌，带动 3.9 万贫困人口增收脱贫。

　　人口仅 583.42 万人的青海省是中国扶贫开发任务重、难度大的省份之一，大多数贫困人口居住在该省东部浅脑干旱山区和青南高寒牧区，生态脆弱，气候恶劣，灾害频发，交通不畅，是中国生存环境最严酷的地区之一。

　　青海省扶贫局介绍，地处青海省大通县的边麻沟村花海景区是该县朔北藏族乡打造的乡村旅游品牌，也是乡村旅游扶贫生产园。该景区以土地入股形式流转了当地 106 户贫困户的 40 公顷村民土地用于"花海"景区建设，并将 9 户贫困户的 14.6 万元产业扶贫资金折股量化，让村民成为景区的"主人"。2016 年，景区客流量达 30 多万人次，门票收入 140 余万元，农家乐收入 300 余万元，全村年人均收入增长 2000 多元，使当地贫困户全部稳定脱贫。

　　"以前我们村是个难点村，现如今，通过建设花海景区，村民们家家盖起了新房，户户装了太阳能，生活质量也提高了。"边麻沟村党支部书记李培东说。

　　与边麻沟村花海景区一样带动贫困村脱贫致富的还有湟中县拦隆口镇卡阳村，该村目前创建农家乐 20 余家，不仅修建了青海首条乡村扶贫旅游公路（7.8 公里），还打通了乡趣卡阳景区交通道路，着力发展花海旅游，成功使当地贫困村摘掉了"贫困帽"。去年，卡阳景区累计接待游客达 30 万人次，村民人均增收 8100 元。

青海省扶贫局表示："青海有 60% 以上的地区处于乡村，不少乡村都有独特的历史文化与自然风光。青海省把发展生态文化旅游纳入"五大扶贫主导产业"之中，目前乡村旅游成为全省全域旅游的"主战场"，旅游扶贫成为青海脱贫攻坚的有效路径。"

2017 年 12 月 4 日　新闻中心　孙睿

青海推进健康扶贫　多举措惠及困难民众

记者 3 日从青海省卫生和计划生育委员会获悉，2017 年，该省在健康扶贫领域持续发力，经济困难民众因此而受益。

据悉，2017 年，青海省摸清了农村贫困人口疾病确诊信息、疾病治疗信息、帮扶效果信息，完善了健康扶贫管理系统数据。据动态管理系统统计，青海省有建档立卡因病致贫、返贫户 25114 户 87564 人，因病致贫、返贫率为 22.25%，患病人员 52545 人，其中已脱贫 15674 人。

青海省卫生和计划生育委员会副主任李晓东介绍："青海全面启动大病集中救治行动，在国家卫生计生委核定的 9 种病种的基础上，新增儿童先天性动脉导管未闭症、儿童先天性法洛四联症、儿童先天性肺动脉瓣狭窄症、包虫病、肺结核等病种，共计 14 种。"

同时，青海贫困地区医疗卫生服务能力稳步提升，依托省际和省内帮扶，按照"什么缺帮什么、什么弱扶什么"的原则，采取驻点支援、团队帮扶等形式，建立健全多层次、多渠道、全覆盖的卫生计生对口帮扶机制，实现了 83 所州县医院，405 所乡镇卫生院对口帮扶全覆盖，"看得好病、看得上病"的可及性、可得性提升，就医成本进一步降低。

李晓东说："青海省贫困人口医疗保障制度不断完善，坚持'小财政办大民生'，2017 年将城乡居民医保筹资标准在 2016 年 610 元的基础上统一提高到 680 元，较国家要求高 50 元，其中个人缴费标准为 154 元，较国家要求低 26 元。完善大病保险政策，将新增财政补助中的 10 元用于大病医疗保险，其筹资标准由原人均 50 元提高到 60 元，并将青海省建档立卡贫困人口大病医疗保险起付标准由 5000 元调整为 3000 元。"

李晓东介绍，青海省六部门还联合下发《关于加强医疗救助与城乡居民大病医疗保险有效衔接进一步提高救助水平的通知》，进一步提高重特大疾病救助水平。重点救助对象和低收入救助对象重特大疾病医疗救助起付线由原来的 3 万元降低至 1 万元，救助比例为 60%；支出型贫困救助对象重特大疾病医疗救助起付线由原 8 万元降低至 5 万元，救助比例为 50%，救助封顶线均为 10 万元。"

"医疗救助政策的调整，有效减轻了城乡困难民众重特大疾病的医疗负担，他们看病就医费用进一步降低，获得感显著提升。"李晓东表示。

记者从青海省慈善总会获悉，该省社会慈善救助也持续发力，如通过贫困癌症患者实施援助药品发药项目、西宁"爱尔眼病防治专项基金、"慈善清虫助困"项目、"玉树大病救助"项目、"贫困家庭糖尿病救助"项目、中国移动爱"心"行动贫困儿童先心病免费救助等项目，来实施医疗救助。

2018 年 1 月 3 日　新闻中心　张添福

去年青海累计发放产业扶贫贷款 16.46 亿 惠及 1.6 万贫困户

记者 19 日从中国农业发展银行青海省分行（以下简称"农发行青海分行"）获悉，2017 年，该行累计发放产业扶贫贷款 16.46 亿元，帮助建档立卡贫困人口 1.6 万人。

人口仅 583.42 万人的青海省是中国扶贫开发任务重、难度大的省份之一，大多数贫困人口居住在该省东部浅脑干旱山区和青南高寒牧区，生态脆弱，气候恶劣，灾害频发，交通不畅。

据农发行青海分行相关负责人介绍："近年来，农发行青海分行聚焦产业精准扶贫，积极引导支持实体经济广泛参与贫困地区脱贫攻坚事业，针对少数民族地区产业发展起步晚，基础薄弱等实际情况，该行广泛调研，着力破解政策性金融服务产业缺动力、缺抓手等问题，通过引导政府为民营企业增信的方式，推动精准扶贫行动开展，有效破解了中小企业融资难的问题。截至 2017 年底，已累计向 22 家纳入工商联台账管理系统的民营企业投放贷款 11.59 亿元。"

同时，针对政策调整对业务发展带来的冲击和影响，该行为推动服务脱贫攻坚积累资料、探寻路子，形成了"批发转贷""双基联动"和"新型吕梁模式"，开展先行先试，打造产业集聚度高、关联性强、示范带动作用好的市场主体，积极支持钾肥、毛绒、枸杞等高原特色优势产业发展，培育新动能新业态，打造了"大通绿草原""祁连亿达"和"瀞度水"等一批金融支持产业扶贫模式，产业带动建档立卡贫困人口 1.6 万人，延伸了产业链条，起到了

"支持一个、带动一片"的作用。

除此之外，该行还不断加大与各级政府和企业的对接合作力度，通过采取政府引导产业的方式，推进产业扶贫"脱虚向实"。对风险可控且长期有效支持的实体企业进一步加大其扶持力度，对市场前景较好且暂时有困难的企业，在帮助企业提高直接融资比重、优化金融资源配置、降低杠杆率的同时，依托政府引导继续给予信贷支持，最大限度地帮助企业渡过难关、恢复活力。对处于过渡期的传统企业，"量体裁衣"提供信贷支持，帮助企业实现产品、服务、技术、管理以及品牌的升级改造；坚持以推进供给侧结构性改革为主线，提升产业扶贫与金融之间的需求匹配度，积极培育新的产业模式和经营模式，打造从传统经营向现代经营，从粗放管理到精细化管理的转变，促成省内 144户企业与 170 个贫困村组成结对帮扶关系。

2018 年 1 月 19 日　新闻中心　孙睿　索南措

青海去年 15.8 万贫困人口实现脱贫

"2017 年，青海全省实现了 525 个贫困村退出、15.8 万贫困人口脱贫，贫困发生率从 2016 年底的 10.3% 下降到 8.1%。7 个贫困县有望顺利实现摘帽。"青海省扶贫开发局局长马丰胜 26 日在青海省十三届人大一次会议举行的首场新闻发布会上表示。

人口仅 583.42 万人的青海省是中国扶贫开发任务重、难度大的省份之一，大多数贫困人口居住在该省东部浅脑干旱山区和青南高寒牧区，生态脆弱，气候恶劣，灾害频发，交通不畅。

马丰胜说："2016、2017 年青海两年累计 13 个贫困县摘帽，929 个贫困村退出，27.7 万贫困人口脱贫，使贫困发生率下降 5.1 个百分点。可以说，脱贫攻坚取得决定性进展，今后三年，全省还有 29 个贫困县、693 个贫困村、23.9 万建档立卡贫困人口。"

马丰胜介绍："2017 年以来，青海坚持把产业扶贫作为贫困群众持续增收、稳定脱贫的"重头戏"，大力发展特色种养业、现代服务业、生态文化旅游业、民族特色手工业和新能源等"五大扶贫主导产业"，提前三年实施 26.43 万贫困人口到户产业，实现有意愿有能力的 42.63 万贫困人口全覆盖。同时坚持把易地扶贫搬迁作为脱贫攻坚的"当头炮"，两年累计完成"十三五"搬迁安置计划的 85%，高出全国平均水平 30 个百分点。预计到 2018 年底，"十三五"5.2 万户 20 万人的搬迁安置任务有望提前两年完成。"

此外，还着力激发贫困群众内生动力。对摘帽县、退出村、脱贫户在一定时期内保持扶贫政策不变、力度不减，消除贫困地区和脱贫群众的后顾之忧。

开展贫困劳动力短期技能培训、致富带头人培训 1.65 万人次，树立了扶勤不扶懒、扶干不扶看的鲜明导向，"我要脱贫"已成为贫困群众的主流意识。

2018 年 1 月 26 日　新闻中心　孙睿　马青军

青海涉藏地区贫困发生率大幅下降

青海省扶贫开发局规划财务处副处长秋立朝 14 日接受中新社记者采访时表示："从 2013 年至 2017 年，青海涉藏地区贫困人口已从 2013 年底的 28.2 万人减少到 2017 年底 16.3 万人，使该省涉藏地区贫困发生率大幅下降。

周措吉是青海省果洛藏族自治州达日县吉迈镇龙才村的贫困户，以前一家人靠放牧为生，生活非常困难。2017 年 4 月份，龙才村凭借区位优势，用政府投入的扶贫资金在该县旅游扶贫产业园内开了一家酒店，周措吉干起了酒店服务员的工作，三个月就挣了 1 万元（人民币，下同）。"我现在每个月都有 3000 元的工资收入，家里的生活改善了很多。"周措吉告诉记者。

青海省涉藏地区是中国除西藏自治区之外最大的藏族聚居区，中国 10 个藏族自治州 6 个在青海境内，全省涉藏地区总人口达 210 万人，占全省总人口的 36%。青海涉藏地区受区域整体贫困与民族地区发展滞后并存、经济建设落后与生态环境脆弱并存、人口素质偏低与公共服务滞后并存"三重矛盾"的制约，一直是中国扶贫开发任务重、难度大、典型的涉藏地区省份之一。

"2016 年,果洛州达日县整合各类扶贫资金 424 万元在县城修建了集住宿、餐饮、修车为一体的旅游扶贫产业园。产业园将龙才村 42 户贫困户 121 人纳入产业园效益分红。产业园内的酒店聘用了 5 名龙才村的贫困户人员，每月有 2500 元至 3000 元的工资收入。"秋立朝说。近年来，为有效解决青海涉藏地区贫困地区农牧业产业结构单一、资源配置不合理、产业链条不完整、综合效益不明显等问题，青海累计投入财政扶贫资金 4.6 亿元，在全省涉藏地区 30 个贫困村实施扶贫产业园内，实现涉藏地区扶贫产业园政府引导资金全覆盖，目前涉及 227 个贫困村，辐射带动涉藏地区 1.41 万户 4.48 万贫困牧民，入园务工人数达 2703 人。

秋立朝介绍："除此之外，青海还积极扶持涉藏地区乡村旅游扶贫项目，以此来增加涉藏地区农牧民生产性、经营性、劳务性收入，惠及涉藏地区建档立卡贫困户 0.96 万户 3.3 万人。"

今年 57 岁的藏族牧民才云是果洛州班玛县藏式碉楼驿站的牧户之一，这里是中国保存最完好的藏族碉楼群落之一，为助推当地藏族牧民实现增收，当地政府将传统的藏式碉楼"变"成旅游驿站，来帮助涉藏地区牧民脱贫致富。"2015 年政府给我们投资了 20 万元装修，使驿站于 2016 年 5 月开业，如今每年夏天接待的游客也有几十余人，收入越来越高，生活越来越好了。"才云说。

据统计，截至 2017 年底，青海涉藏地区贫困人口已从 2013 年底的 28.2 万人减少到 2017 年底 16.3 万人；贫困发生率也从 2013 年的 21.6% 下降到 2017 年的 12.5%，贫困发生率大幅下降。

2018 年 2 月 14 日　新闻中心　孙睿

长江源村新生活：牧民忙创业收入增 10 倍

农历大年初六，青海省格尔木市长江源村第一书记秦大云回到了自己的工作岗位，和往常一样，他依旧开始了新一年的走村入户，实地调研。

担任"第一书记"两年来，秦大云最大的感受就是村里的牧民生活越来越好，村民之间矛盾也越来越少。

"这些传统的牧民现在不仅吃酥油糌粑，更多人开始吃米饭炒菜了。"秦大云笑着说。

2004 年 11 月，中国启动了三江源生态保护和建设工程，地处长江源头的唐古拉山镇是三江源保护区的核心区域，该镇平均海拔在 4700 米以上，是世界海拔最高的乡镇。但从 20 世纪 80 年代后期到 90 年代，三江源生态恶化明显，草场退化、土地沙化、鼠害成灾等现象导致很多牧民的牲畜越来越少。

为了阻止世世代代生活的草原继续恶化，长江源唐古拉山镇 128 户 407 名牧民开始陆续搬迁至 400 公里以外的格尔木市南郊移民定居点，当地政府在这里为他们盖好了房屋和学校，形成了今日的长江源村。

"村民刚搬进城里的时候很不适应，那个时候人均（年）收入也不过才 2000 多元（人民币，下同）。"秦大云说。现在的村民年收入增长了 10 倍，2016 年人均纯收入达到了近 21000 元，不少逐水草而居的传统牧民也开始了自己的创业历程。

2004 年从海拔 4700 多米的沱沱河雪山上搬迁下来时，有着初中文化的闹布桑周凭着勤劳和一口流利的汉语，干起了运输和建筑，三年前成了村里第一家住上二层小楼的人家。

闹布桑周说："如今，除了跑运输，还在临村主干道开了一间"台球室"，每年收入涨到了 30 万元左右，没想到移民后的生活变得这么好。"

"如今，我们住在政府盖的统一藏式新房，平整的公路四通八达，公交车开到家门口，家家吃上了自来水，老人每月都有养老金。"村民更尕南杰说，"年轻人个个忙着学技术搞发展……村子完全变了一个样。"

据中新社记者了解，除了村民生活改善，当地政府近几年先后投入资金 2000 余万元，有效改善了村民的人居环境。目前，长江源村村容整洁，水、电、路等基础设施建设完善，各项基本公共服务设施齐全。

长江源村党支部书记才让昂毛说："去年村里开始修建天然气管道，目前已经完成了全村 50% 天然气管道入户工作，等开春天然气通了，家家户户就可以用天然气做饭了，既干净环保又方便省钱。"

长江源村农村牧区新型合作医疗参合率达到 100%，养老保险参保率达到 96.5%。搬迁牧民在享受国家草原奖补政策的同时，政府还对 16 周岁以下 55 周岁以上牧民群众发放困难补助和每户发放燃料补助。

秦大云介绍说："格尔木市委市政府鼓励村民进城务工、从事运输业、手工编织和吸纳村民担任草原生态管护员、湿地管护员等多种形式增加村民的收入，并通过建设农贸市场、宾馆等扶贫项目的实施使长江源村搬迁牧户年户均分红 679 元和 715 元。"

秦大云表示："目前长江源村的贫困发生率是'零'。"

官方数据显示，从 2013 年至 2017 年，青海涉藏地区贫困人口已从 2013 年底的 28.2 万人减少到 2017 年底 16.3 万人。青海涉藏地区农村常住居民人均可支配收入年均增长 12.4%，已连续七年实现稳定增长。

2018 年 2 月 25 日　新闻中心　孙　睿

青海：脱贫攻坚电力先行

记者 6 日从中国国家电网青海省电力公司获悉，该省通过实施电力扶贫"施工图"、打造定点扶贫样板、强化政企对接等措施，助力脱贫攻坚。

青海是六盘山集中连片特困地区和国家扶贫开发重点县全覆盖区域，中国 10 个藏族自治州有 6 个在青海，占该省面积的 97.1%，均为典型的深度贫困地区。

中国国家电网青海省电力公司介绍，近年来青海相继完成玉树联网、果洛联网、网外九县资产接收等重大任务，实现了国家电网标准服务在青海县域全覆盖。

数据显示，通过精准识别贫困村用电需求，完成 555 个小城镇（中心村）电网改造、326 个村村通动力电"两年攻坚"任务，解决了 593 个贫困村、494 个易地搬迁集中安置点用电问题。

中国国家电网青海省电力公司营销部主任展洁介绍："2011 至 2017 年，中国国家电网定点扶贫援助玛多县共投入 16922 万元（人民币，含 10MW 定点扶贫光伏电站投资 9282 万元），实施扶贫项目 37 项，打造建设青藏高原首个清洁采暖示范县，2015 年以来，累计带动玛多县脱贫 752 户 1852 人。

据了解，通过强化政企对接，青海已启动扶贫光伏并网百日攻坚行动，该省 47.16 万千瓦扶贫光伏将于年内并网、足额消纳。

2018 年 9 月 6 日　新闻中心　罗云鹏

"帐篷变砖房":
黄河源头贫困牧民的易地搬迁脱贫"路"

　　11月的黄河源头玛多县已经是寒风凛冽，但玛多县易地扶贫搬迁点却热闹非凡，连日来，来自玛多县境内的贫困牧民们都忙着收拾自己的新家。

　　玛多，藏语意为"黄河源头"，地处青海省南部，果洛藏族自治州西北部，位于三江源国家级自然保护区核心腹地，素有"黄河之源、千湖之县"的美称。玛多县平均海拔4500米以上，总人口1.5万人，藏族占93%，这里自然条件恶劣，高寒缺氧，环境严酷，是青海省海拔最高、人口最少的县。

　　"做梦都没想到，我还能搬进这么亮堂宽敞的新房子，从开始盖房到搬进新家，除添置了部分家具，压根没出一分钱，一家人属于'拎包入住'。"作为易地搬迁政策受益者之一，扎陵湖乡勒那村的木洛也搬进了易地搬迁新房，心里乐开了花。

　　而这些天，像木洛一样的贫困户共有1541户4473人，他们陆续搬进了新房，脸上流露着幸福的笑容。

　　玛多县扶贫局局长岳桑杰向中新社记者介绍，2011年，玛多被列为国定贫困县，确定该县建档立卡贫困户1726户5092人，贫困村11个。针对这一实际，从2016年至今，玛多县把易地搬迁作为解决民生问题的重要内容和扶贫开发最有效的措施，下达易地扶贫搬迁资金上千万元（人民币，下同），并采取"零散搬迁、集中安置"的方式，对该县建档立卡的1541户4473人实施易地扶贫搬迁，取得了显著成效。

"以前住的地方，不光行路难、吃水难、看病难，如今告别原来偏远、贫困、落后的草原、村庄，住进了现代新村，我们的生活和城里人也没有区别了。"土尕说，"如今出门就是马路，看病方便了，孩子上学也方便了。"

而在易地搬迁花石峡镇扎地村依格的家里，崭新的电视机、电冰箱、洗衣机等生活用品家具、电器一应俱全。"我们也过上了城里人的日子，现在虽然草原和牛羊少了，但收入增加了。每年2.4万元的草原生态保护补助加上每月1800元的草原生态管护员'工资'（补助），就有不少。"说起现在的生活，依格两口子笑得合不拢嘴。

岳桑杰说："在实施易地搬迁建设时，我们尊重牧民群众意愿，考虑他们的生产生活实际，在坚持就地就近原则的基础上，尽量选择城区集中安置，做到空间的最大化利用，也方便牧民群众以后就业生产。"

岳桑杰表示："易地搬迁可以让当地民众彻底摆脱制约发展的恶劣环境，从根本上改善生产生活条件，这是一种一次性投入很大但脱贫成效持久稳定的有效方法。"

2018年11月4日　新闻中心　孙睿　靳建宏

日月山下的脱贫藏族乡：
钱包鼓了生活好了

2月4日，中国农历大年三十。在日月山下，依山而建的藏乡村落里炊烟袅袅，青稞酒、手抓牛羊肉等美味飘香。

青海省湟源县以西的日月山，是中国历史文化名山、国家重要的地理分界线。依山而建的日月藏族乡是国家六盘山集中连片特困区之一，距离县城23公里，平均海拔3000米，全乡共有3567户，其中藏族人口占49%。

一大早，日月藏族乡下若药村的藏族脱贫户李启禄将养殖的藏牦牛们关进牛棚。他麻利地和料、剁草、投食，一气呵成，藏牦牛们便开始享用它们丰盛的"年夜饭"。

"现在的日子比起以前，已经好太多了，家里的年收入从2013年2000余元（人民币，下同）到2018年的10万元。"李启禄激动地说，"2015年以前，我们住的是土木房，生活也很拮据，家里有个啥事打电话还得走好几里路。自从第一书记来村里后，通过一系列扶贫政策，我们不但住起了砖瓦房，还养殖了好几十头藏牦牛，家家户户也通了互联网和电话，钱包鼓了，生活也越来越好了。"

在李启禄家十几平方米的厨房内，记者看到，芹菜、鹌鹑蛋、西兰花等十几种蔬菜和家禽将厨房堆满。

"以前家里穷，过年也舍不得买新鲜蔬菜和牛羊肉，如今脱了贫，也能好好和家人过个年了，还置办了好多年货。"李启禄说。

湟源县日月乡下若药村第一书记王国寿说："看着村民们家家户户都过上

了好日子，我的任务也算有个交代了。我希望村民钱包鼓的同时，思想意识也有新变化，这样日渐富裕的藏族乡才会顺利脱贫。"

王国寿还记得 2016 年刚来村里时，全村人均年收入还不到 8000 元。他们因地制宜，通过引导贫困群众发展乡村旅游业、畜牧养殖业等，全力扶持贫困群众进行"企业 + 合作社 + 贫困户"等产业发展模式带动大家脱贫致富。2018 年底，村民人均年收入增收至 1 万余元。

今年 50 岁的藏族村民杨尕扎 2015 年由于残疾且家中有两名大学生，被评为贫困户。为了脱贫，第一书记结合地方实际和家庭实际，建起了 120 平方米的蓄棚养藏香猪，2017 年底有了不错的收入。2018 年，经过一年多的养殖，杨尕扎也逐渐摸索出了一套适合本地养殖藏香猪的经验，且出栏藏香猪达到了 20 多头，年收入达 4 万余元。

"真的打心底里感谢王书记对我的帮助，让我们全家都脱了贫，今年过春节，我们还购置了冰柜，买了很多年货，而这在几年前都是想都不敢想的。"说着，杨尕扎的眼睛湿润了，今年他们准备再扩大规模，让藏香猪在下若药村扎根落户，在为人们提供优质猪肉的同时也为当地农民增收致富开辟一条新途径。

"通过三年的努力，下若药村不仅实现了全体脱贫，就连村貌也发生了巨大的变化，水泥路铺到了家门口、路灯也 24 小时照明、房屋 98% 已改造完、村村通了互联网……"王国寿说。此外，为了村民脱贫致富，还利用扶贫资金为农田修建了水渠，使得该村青稞产量从 200 斤每亩增产至 800 斤每亩。

2019 年 2 月 4 日　新闻中心　胡钟艺　赵凛松　孙睿

青海六年累计减少贫困人口超百万

　　"2013 年以来，青海省累计减少贫困人口 108.3 万人，贫困发生率从 2012 年底的 24.6% 下降至 2018 年的 2.5%，计划年底实现全省绝对贫困'清零'。"青海省扶贫开发局局长马丰胜 22 日在青海省 2018 年扶贫开发工作会议上表示。至此，青海省六年累计减少贫困人口 108.3 万人。

　　"现在的日子比起以前，已经好太多了，家里的年收入从 2013 年 2000 余元（人民币，下同）到 2018 年的 10 万元。"家住青海省湟源县日月山下的日月藏族乡下若药村藏族脱贫户李启禄激动地对中新社记者说，"2015 年以前，我们住的是土木房，生活也很拮据，家里有个啥事打电话还得走好几公里路。自从第一书记来村里后，通过一系列扶贫政策，我们不但住起了砖瓦房，还养殖了好几十头藏牦牛，家家户户也通了互联网和电话，钱包鼓了，生活也越来越好了。"

　　青海省虽然人口基数不大，但是贫困发生率却高出中国平均水平近一倍。2011 年，青海全省贫困发生率高达 36.6%。受区域整体贫困与民族地区发展滞后并存、经济建设落后与生态环境脆弱并存、人口素质偏低与公共服务滞后并存"三重矛盾"的制约，青海一直是中国扶贫开发任务重、难度大的省份之一。

　　"2018 年，是全省投入资金最多、脱贫成效最显著的一年，实现了 526 个贫困村退出、17.6 万贫困人口脱贫的好成绩。"马丰胜说。一年来，青海实现了"产业扶贫""民生保障""精神脱贫"等"六个转变"，其中牦牛、青稞、村级光伏、乡村旅游、民族手工艺"五大特色扶贫主导产业"效益明显。

2018 年 10 月 12 日，中国海拔最高的村级光伏扶贫电站在黄河源头的青海省果洛藏族自治州玛多县并网发电。"该电站预计年发电量 680 万千瓦时，光伏发电收益将用于增加当地村集体及贫困户收入，惠及 11 个村 628 户 1686 名贫困人口。"中国国家电网青海省电力公司党委书记、董事长董天仁此前介绍。据测算，目前已投运的清洁取暖项目每年可减少二氧化碳排放 51635 吨。

"目前，全省剩余 17 个贫困县中还有 12 个是深度贫困县，7.7 万贫困人口中 6.4 万是深度贫困人口，为此，各地要继续把产业扶贫作为脱贫增收的'主渠道'，持续推进五大特色主导扶贫产业，确保年度全省绝对贫困'清零'目标顺利实现。"马丰胜表示。

2019 年 2 月 22 日　新闻中心　孙睿

青海涉藏地区农网改造升级投资 90.8 亿元

记者 22 日从中国国家电网青海省电力公司获悉，至"十三五"末，国家电网公司将投资 90.8 亿元（人民币，下同）实施青海涉藏地区农网改造升级三年行动计划，推动青海深度贫困地区电网提档升级，确保到 2020 年深度贫困地区供电能力达到该省平均水平。

青海涉藏地区是中国除西藏自治区之外面积最大的涉藏地区，中国 10 个藏族自治州中 6 个分布在青海境内，目前该省藏族总人口在 140 万左右。

中国国家电网青海省电力公司介绍："2019 至 2020 年将继续聚集'三区两州'深度贫困地区电网建设，大电网延伸乡镇、延伸行政村覆盖率达到 98% 和 89%，重点解决县域电网与主网联系薄弱问题，变压器重过载、供电'卡脖子'问题，三江源保护区 16 个县清洁供暖配套电网建设，易地扶贫搬迁配套电力建设等。"

近年来，青海相继建成玉树联网、果洛联网等重大工程，全面接收玉树、果洛网外九县电网资产，实现国家电网标准服务在青海县域全覆盖。

中国国家电网青海省电力公司介绍："通过实施新一轮农网改造升级，提前完成 555 个小城镇（中心村）电网改造、326 个村村通动力电，解决 826 个贫困村、641 个易地搬迁村集中安置点用电问题。"

据了解，目前在青海已累计投入 1.99 亿元在玛多县精准实施产业扶贫等项目 41 项，形成了"项目扶贫、特色扶贫、智力扶贫"三位一体定点扶贫新模式，帮助 5075 名贫困人口脱贫摘帽，并相继建成中国国内首座光伏扶贫电站、中国海拔最高光伏扶贫电站以及青海省首座联点扶贫光伏电站等，电站收益全部精准到贫困户。

中国国家电网青海省电力公司表示："通过畅通光伏扶贫绿色接网通道，服务光伏扶贫电站同步并网、电量全额消纳，受托运维青海省内 453 座独立光伏电站和 8.14 万套户用光伏电源，已形成光伏扶贫与定点扶贫相结合的品牌效应。"

2019 年 3 月 22 日　新闻中心　罗云鹏　王娟

青海省召开深度贫困地区
脱贫攻坚现场推进会

青海省深度贫困地区脱贫攻坚现场推进会于近日在青海省黄南藏族自治州泽库县召开。

由国务院扶贫办、国家发展改革委、财政部、教育部、农业农村部、住房和城乡建设部、水利部等国家部委及北京、上海、天津、江苏、浙江、山东等省市60余人组成的观摩团一行，以及青海省各地区、部门100余名人员参会。

据了解，27日参会人员走进黄南藏族自治州，参观了尖扎县德吉村乡村旅游扶贫和易地扶贫搬迁项目、同仁县热贡艺术扶贫产业园和泽库县易地扶贫搬迁集中安置项目、扶贫产业园等扶贫点。

在次日召开的青海省深度贫困地区脱贫攻坚现场推进会上，国务院扶贫办副主任欧青平代表国务院扶贫办对青海深度贫困地区脱贫攻坚成效给予肯定，"青海涉藏地区六州脱贫攻坚成效最明显，涉藏地区贫困人口从2017年底的16.3万人减少到2018年底的5.5万人，减贫10.8万人，减幅达到了66.3%。"

欧青平还指出："青海省要大力发展特色产业，深入挖掘文化旅游资源，持续强化资金项目监管，广泛开展扶贫扶志，着力加强精准培训，扎实推进深度贫困地区脱贫攻坚工作。"

会上，青海省委常委、副省长严金海通报了2018年以来青海深度贫困地区脱贫攻坚工作推进情况，指出截至2018年底，青海省3个深度贫困县摘帽、425个深度贫困村出列，净脱贫17.7万深度贫困人口；2019年青海省计划全面完成剩余12个深度贫困县、137个深度贫困村、6.4万深度贫困人口的减贫任务，确保年底实现该省绝对贫困"基本消除"。

2019年5月29日　新闻中心　鲁丹阳

青海差异化扶贫带动深度贫困人口脱贫

记者 29 日从青海省扶贫局获悉，截至 2018 年底，青海省 3 个深度贫困县摘帽、425 个深度贫困村出列，净脱贫 17.7 万深度贫困人口，贫困发生率从 2017 年的 18.5% 下降到去年年底的 7%。

据了解，青海省是六盘山和四省涉藏地区两个集中连片特殊困难地区全覆盖区域，集中了西部地区、民族地区、贫困地区的所有特征。该省的脱贫攻坚重点在东部，难点在深度贫困地区。

青海省黄南藏族自治州泽库县泽曲镇的东格尔社区是青南地区最大的易地扶贫搬迁安置点，713 户贫困农牧区群众搬到了现在的新县城定居。今年 40 岁的牧民旦正才让曾因缺乏技术导致贫困，如今他不仅换了新居、有了工作，生活条件也有了很大改善。"我家有 6 口人，现在有集体经济分红、公益性岗位工资、低保等多项收入，家庭年收入近 65000 元（人民币，下同）。"旦正才让说道。

近年来，青海省通过对交通、水利、电力、医疗卫生、通信、文化、金融、科技等十个行业进行扶贫，加快脱贫攻坚步伐。自 2013 年以来，该省累计减少贫困人口 108.3 万人，贫困发生率从 2012 年底的 26.4% 下降至 2018 年底的 2.5%。

青海省委常委、副省长严金海表示："2019 年青海省将脱贫攻坚重点放在'深度'地区，围绕'两不愁、三保障'，补短板、强弱项，重点打好稳定增收、基础设施、公共服务和特困群体四场攻坚战。计划全面完成剩余 12 个深度贫困县、137 个深度贫困村、6.4 万深度贫困人口的减贫任务，确保年底实现该省绝对贫困'基本消除'，为 2020 年决战决胜脱贫攻坚打牢基础。"

2019 年 5 月 29 日　新闻中心　鲁丹阳

探访黄河边藏族牧民：
住在景区里吃上景区饭

从青海省省会西宁出发，向东南方向驱车行驶不到两个小时，便来到了国定"三区三州"深度贫困地区之一的青海省黄南藏族自治州尖扎县。

不到早上 10 点，达巴和妻子就开始在自家的小院里忙活，"2017 年 12 月，我们一家人从尖扎县马克唐镇李加村搬到德吉村后，陆续开了农家乐和小卖部，做起了小买卖。"达巴说道

记者在德吉村看到，新村内整齐划一地建设了一排排的农牧民新居，在黄河岸边建设有休闲广场、码头、露天沙滩、小吃广场等旅游项目产业。

2016 年 8 月，尖扎县德吉村集中搬迁项目开工建设，对浅脑山区生存条件恶劣、基础设施严重滞后的 7 个乡镇 30 多个贫困村 251 户农牧户集中安置，让农牧民从海拔 3000 米以上、自然环境恶劣的大山深处，通过扶贫搬迁来到这个海拔不足 2000 米，位于黄河岸边的移民新村。

易地搬迁之前，牧民达巴每个月 1000 余元（人民币，下同）的收入便是全家人的唯一经济来源，除了要抚养 3 个未成年的孩子外，还需要给患病的妻子治病。"现在我们全家每个月的收入超过了 5000 元钱。"

提到生活上的变化，达巴开心得合不拢嘴，新村内水、电、路、通讯、污水处理厂一应俱全，服务中心、学校、卫生院等基础设施也应有尽有。在屋顶上摆放的 30 块光伏发电板给他家带来了每年 4200 元的稳定收入，全村 251 户村民每年在光伏产业上的收入就有 100 万元。

今年 46 岁的桑杰东治在搬到德吉村之前住在周边的深山里，大半辈子以

放牧为生，现在在景区打工，每个月有 3000 元收入。为了能和游客更畅通地沟通，他还自学了汉语。

黄南州扶贫开发局副局长白守泰告诉记者："德吉村 2018 年旅游总收入达到了 215 万元，2019 年'五一'小长假旅游收入约 110 万元。"

从青海省扶贫开发局获悉，青海省 2016 年至 2019 年实施易地搬迁扶贫项目，搬迁安置农牧户 52480 户 200067 人。其中，涉藏地区六州搬迁安置 28730 户、105177 人，分别占该省搬迁安置总规划的 54.7% 和 52.6%。

"青海涉藏地区六州脱贫攻坚成效最明显，涉藏地区贫困人口从 2017 年底的 16.3 万人减少到 2018 年底的 5.5 万人，减贫 10.8 万人，减幅达到了 66.3%。"中国国务院扶贫开发领导小组办公室副主任欧青平说。

2019 年 6 月 2 日　新闻中心　鲁丹阳

从易地扶贫搬迁看青海牧民生活变迁

从青海省省会城市西宁出发，沿着203省道向西南方向行驶，沿途的植被由森林逐渐变为草原。

记者到达旦正才让家时，已临近傍晚。

旦正才让家所在的东格尔社区位于青海省黄南藏族自治州泽库县泽曲镇，是青南地区最大的易地扶贫搬迁安置点，当地713户贫困农牧区群众搬到了现在的新县城定居，生活条件也有了很大改善。"我家有6口人，现在有集体经济分红、公益性岗位工资、低保等多项收入，家庭年收入近65000元（人民币，下同）。"旦正才让说。

"泽库县的藏族人口占总人口数的98.4%，是以藏族为主体的纯牧业县，同时也是国家扶贫开发重点县和青海省深度贫困地区之一。"泽库县扶贫开发局局长李宏涛介绍。

记者在东格尔社区看到，社区内一排排住房整齐划一，并建设有社区服务中心、广场、运动场等配套基础设施。"我们现在住的房子是80平方米，外带一个院子，用水、用电比以前方便多了。"旦正达杰笑着说："自己每个星期抽两天时间去草原上捡垃圾、清理河道，每年可以拿到21600元的公益性岗位工资。"

牧民卓玛杰布和妻子离婚后，独自抚养三个未成年的孩子，被识别为贫困户的他不仅能享受到每个月的低保补助，孩子们的上学问题也得到了解决。"老大现在读初中，老二和老三读小学，我们深度贫困地区的孩子们可以享受到义务教育费用全免的优惠政策，包括食宿费、学费和课本费等，家长把孩子送到学校读书可以不花一分钱。"卓玛杰布说。

截至目前，泽库县共建设搬迁安置点 38 处、搬迁安置牧户 4394 户 16832 人，其中建档立卡易地搬迁贫困户 3999 户 15159 人。成为青海省易地扶贫搬迁规模最大的县，占该省总量的十分之一。

记者从青海省扶贫开发局获悉，该省深度贫困地区易地扶贫搬迁已完成"十三五"搬迁总工程量的 98%、危旧房改造完成总任务的 95%，工作重心已从"搬得出"逐步转向"稳得住"。据调查，2018 年，涉藏地区六州搬迁贫困群众人均收入达到 9311 元。

"2013 年以来，青海省累计减少贫困人口 108.3 万人，贫困发生率从 2012 年底的 26.4% 下降至 2018 年底的 2.5%。2019 年青海省计划全面完成剩余 12 个深度贫困县、137 个深度贫困村、6.4 万深度贫困人口的减贫任务，确保年底实现绝对贫困'基本消除'，为 2020 年决战决胜脱贫攻坚打牢基础。"青海省扶贫开发局局长马丰胜说。

2019 年 6 月 7 日　新闻中心　鲁丹阳

青海省绝对贫困人口如期清零

记者16日从青海省第十三届人大四次会议首场新闻发布会上获悉，经省级核查，2019年青海省剩余的17个贫困县、170个贫困村、7.7万贫困人口符合摘帽退出标准。四年集中攻坚任务全面完成，14.55万户、53.9万建档立卡贫困人口全部脱贫，绝对贫困人口如期清零。

据悉，青海省地处青藏高原，是六盘山和四省涉藏地区两个集中连片特殊困难地区全覆盖区域，集中了西部地区、民族地区、贫困地区的所有特征。

青海省扶贫开发局副局长马正军在当天的发布会上介绍说："2019年青海全年投入财政专项扶贫资金62.38亿元（人民币，下同），同比增长27.9%，其中青海省级财政专项资金26.39亿元，同比增长81.7%，增幅为历年最高。"

截至目前，青海省已累计向深度贫困地区投入各类扶贫资金286.7亿元，完成三年计划投资总量的113%。

马正军说："青海全省义务教育巩固率达到96.9%，贫困民众基本医疗参保率达到100%，所有行政村卫生室全部实现达标，贫困民众住院自费比例控制在10%以内，5.2万户20万人易地扶贫搬迁、20万户农牧民危房改造、30.14万贫困人口饮水安全提升任务全面完成，行政村道路、电力、通信等基础设施和公共服务建、运、管水平全面提升，贫困民众住房难、吃水难、用电难、行路难问题得到历史性解决。"

马正军表示："2019年，青海省完成贫困劳动力技能培训1.7万人次，转移就业贫困劳动力1.33万人。与此同时，青海全省471.6兆瓦贫困村光伏电站全部并网发电，全省已有91.3%的村实现集体经济收入"破零"，其中年收益 5 万元以上的村达到 1553 个。

青海省扶贫开发局副局长马正军此前表示："2018 年，青海省通过产业扶贫、推进贫困劳动力转移就业等措施，全年实现 526 个贫困村退出、17.6 万贫困人口脱贫，12 个贫困县有望顺利摘帽，贫困发生率由 2017 年底的 8.1% 下降到 2.5%。"

此外，青海省深入开展消费扶贫、电商扶贫，组织开展全国消费扶贫进青海、西货东运等系列活动，2019 年电商消费扶贫完成农产品销售 2.9 亿元。

2020 年 1 月 16 日　新闻中心　鲁丹阳

青海涉藏地区：
牦牛养殖＋青稞种植闯出脱贫致富新路

"2019 年我种了 10 亩青稞，卖了 8000 多元（人民币，下同）。往年种植油菜和小麦的收入仅有 6000 元左右。"青海省海南藏族自治州贵南县沙沟乡石乃亥村农牧民公保才让说："再加上卖小牛犊的钱，去年一共收入了 2 万多元。"

地处青藏高原的青海省是六盘山和四省涉藏地区两个集中连片特殊困难地区全覆盖区域。

青海涉藏地区立足自然条件优势，重点发展牦牛和青稞扶贫产业。在扶贫产业发展过程中，通过财政补贴、小额信贷贷款、互助金补助等来扶持贫困户发展牦牛养殖和青稞种植产业。

"2019 年，全村 176 户农牧民的 1670 亩田地都种植了青稞，收入近 100 万元。国家提供青稞种子，教授青稞种植经验。扶贫企业还会高价收购青稞，促进农牧户增收。"石乃亥村第一书记松太本说，"对于建档立卡贫困户，政府给予了每人 6400 元的产业发展到户资金，用于种养殖产业发展。"

从事青稞精深加工技术与系列产品研发的青海高健生物科技有限公司在2018 年被青海省政府确定为青海青稞产业精深加工扶贫企业。2019 年企业在石乃亥村以高于市场价 21% 的价格回收青稞。

"今年企业要把青稞收购范围从一个村扩大到一个乡，收购量至少要增加一倍，收购价要高于市场价的 30%，以此提高农牧民收入、提高种植青稞的积极性。"青海高健生物科技有限公司董事长杨寿栋说，"即将上市的一款青稞饮品也将积极参与精准扶贫行动。"

而在青海省黄南藏族自治州泽库县拉格日村，"拉格日"生态畜牧业合作社按照草畜平衡基数入股，实行统一轮牧、统一配种、统一养殖、统一加工、统一销售、分群养殖，在保护生态环境的基础上发展扶贫产业。实现资源变股权，资金变股金，农牧民变股民，每个农牧民每年可以通过合作社收入 15000 元左右。

2018 年，青海省出台了《青海省牦牛、青稞产业扶贫实施方案（2018—2020 年）》；2019 年青海省出台"青海省消费扶贫带动牦牛、青稞产业发展示范项目实施方案"，围绕着牦牛、青稞等产业，与中国农业银行青海省分行签订《产业扶贫合作协议》，撬动银行资金 10 亿元，用于牦牛、青稞等产业扶贫发展。

《牦牛和青稞产业发展三年行动计划（2018—2020 年）》显示，在牦牛产业发展方面，青海省将形成以牦牛为产业载体，以企业为产业龙头、以贫困户为产业对象的"企业＋基地＋合作社＋农牧民"牦牛产业机制，带动 3000 户以上贫困户依靠牦牛产业脱贫；在青稞产业方面，构建从田间生产到精深加工的青稞全产业链条，提升青稞产业化发展水平，带动深度贫困地区 5% 以上贫困人口稳定脱贫。

2020 年 3 月 24 日　新闻中心　鲁丹阳

青海制订消费扶贫方案：
力争三年完成百亿销售额

　　青海省首届消费扶贫月活动 7 日在全国消费扶贫青海众创基地启动。记者从活动现场获悉，日前该省审议通过了《青海省消费扶贫三年行动方案（2020—2022 年）》，确定三年内力争实现扶贫产品销售额 100 亿元。

　　青海省扶贫局党组书记、局长马丰胜介绍："在青海省首届消费扶贫月活动期间，将布设 100 台扶贫专柜；完成在北京、广州、南京开设青海扶贫专馆的工作；在有条件的州县市完成扶贫专区建设任务。同时，还将举办"扶贫攻坚·你我同行""大家来采购·消费助脱贫"等系列扶贫产品展销活动、开展"把青海带回家"为主题的系列专场销售，以及县长带货直播等促销活动。"

　　为了构建消费扶贫长效机制，青海于本月 3 日审议通过了《青海省消费扶贫三年行动方案（2020—2022 年）》，明确了消费扶贫行动的总体目标、基本原则、重点任务，细化了相关推进措施。确定三年内力争实现扶贫产品销售额 100 亿元。

　　《方案》显示，青海省将加快"三专一平台"建设，即布设消费扶贫智能专柜、设立消费扶贫专馆、设立扶贫产品专区，并做好青海省"青品汇"产品销售网与全国社会扶贫网的对接，拓展销售和服务渠道。青海还将运用政府采购这一财政调控手段，引导全省预算单位通过扶贫产品销售平台，采购扶贫产品。并组织动员各对口援青和东西部扶贫协作省市以及各级定点帮扶单位，积极参与消费扶贫行动。

《方案》提出，青海将继续推进"全国消费扶贫青海众创基地"建设，以"青品汇"线上平台为依托，对接国内知名电商平台，做好线上扶贫产品销售工作。在省内著名旅游景区设立旅游消费扶贫专区。积极开展各类促销活动，确定每年 9 月为"消费扶贫月"，扩大扶贫产品销售。

2020 年 9 月 7 日　新闻中心　鲁丹阳

十年援青 160 亿
助青海涉藏六州翻天覆地大变化

青海省委书记王建军 10 日在对口援青十周年总结表彰大会上说："对口援青工作聚焦脱贫攻坚、改善民生、人才支撑、产业合作、生态建设，精准发力，各支援方共安排帮扶资金 160 亿元人民币，实施援建项目 2200 余项，用真金白银、真情实意、真抓实干，带动了产业，创造了就业，推动了发展。"

据悉，2010 年，中央第五次西藏工作座谈会后，34 个中央国家部门，17 家央企以及北京、上海、天津、山东、江苏、浙江 6 个发达省市，对口支援青海省直有关部门和玉树、果洛、黄南、海北、海南、海西 6 个自治州及所属 30 多个县（市、行委）。

2016 年 7 月，中央东西部扶贫协作座谈会后，明确江苏省南京市、无锡市分别承担对青海省西宁市、海东市的东西部扶贫协作任务。

王建军表示："青海集西部地区、高原地区、民族地区、欠发达地区于一身，各支援方出台政策之多、投入力度之大、涉及领域之广前所未有。"

王建军说："青海有六个民族自治州，是涉藏重点省份，十年对口援青，大量人力、物力、智力、财力的投入，助力青海六州发生了翻天覆地的变化，这是实现涉藏重点地区长治久安的生动实践。"

"（对口援青十年）帮助我们解决了许多长期想解决而没有解决的难题，办成了许多过去想办而没有办成的大事。"青海省委副书记、省长信长星说，"为青海涉藏州县乃至全省经济社会发展和长治久安做出了积极贡献。"

青海省委常委、常务副省长李杰翔表示："这十年，是党中央关怀备至的十年；是党中央各项决策部署在青海开花结果的十年；是援受双方不断增进感情，深化合作交流的十年；是青海生态环境保护力度最大的十年；是青海历史上发展速度最快的十年；是青海打赢脱贫攻坚不断增进民生福祉的十年；是各级各类优秀人才扎根高原无私奉献的十年。"

当日大会还表彰了优秀援青干部人才。

2020 年 9 月 10 日　新闻中心　张添福

青海省贫困民众
人均可支配收入年均增长 42%

　　记者 14 日从青海省扶贫开发局获悉，据最新统计，青海省贫困民众人均可支配收入从 2015 年底的 2196 元增长到 2019 年的 8996 元，年均增长 42%，高于全国平均水平 9 个百分点。

　　数据显示，截至 2019 年底，青海省所有贫困县、贫困村、贫困人口全部脱贫退出，实际减贫 53.9 万人，绝对贫困和区域性整体贫困问题得到历史性解决。其中贫困民众人均可支配收入从 2015 年年底的 2196 元增长到 2019 年的 8996 元，年均增长 42%，高于全国平均水平 9 个百分点。

　　据介绍，青海省地处青藏高原，虽然人口基数不大，但是贫困发生率却高出中国平均水平近一倍。2011 年，青海全省贫困发生率高达 36.6%，该省一直是中国扶贫开发任务重、难度大的省份之一。

　　五年来，青海省委、省政府坚持精准扶贫精准脱贫基本方略，以政策体系为牵引，统筹专项扶贫、行业扶贫、社会扶贫、对口援青和东西部扶贫协作，脱贫攻坚取得了决定性成就。

　　青海省委省政府主要领导担任扶贫开发领导小组"双组长"，每个市州安排 1 名省委常委和 1 名副省长包"战区"督战，39 名省级干部联县指导，以上率下，层层压实责任。8 个市州党政主要负责人向省委签署脱贫攻坚责任书、立下军令状。

　　同时，青海省直相关部门出台 200 多个政策文件或实施方案，使扶贫领域很多"老大难"问题都有了解决措施，还积极优化财政支出结构，建立省级专项扶贫资金每年增长 20% 的投入保障机制，持续加大扶贫资金投入。

此外，青海省还建立了"一联双帮三治"、定点扶贫、结对认亲等工作机制，广泛动员社会各界积极参与脱贫攻坚。积极落实各级各类帮扶资金，深入推进东西部扶贫协作和对口援青工作，开展"精神脱贫"，破除陈规陋习，减轻群众隐形负担，建立 3000 万元励志资金，通过正向激励增强内生动力。

2020 年 10 月 14 日　新闻中心　孙睿

《工人日报》

青海六盘山片区扶贫项目启动

近日，青海首个利用外资的大型综合扶贫项目——总投资 7.77 亿元的国际农发基金贷款青海省六盘山片区扶贫项目正式启动实施，该项目的实施，将惠及该省 7 个区县约 50 万贫困群众，同时意味着六盘山片区青海东部连片特困地区的扶贫攻坚开始进入全面实施阶段。

据介绍，六盘山片区曾有"苦瘠甲天下"之称，是国家新一轮脱贫攻坚主战场中贫困程度最深的片区之一，青海六盘山片区是全省脱贫攻坚的"硬骨头"。实施国际农发基金扶贫项目，是青海利用外资进行脱贫攻坚的重大举措，是对全省精准脱贫的有力补充，也是青海推广国际先进扶贫理念和方式、助推精准扶贫的有效途径。

2016 年 2 月 24 日　04 版　邢生祥

青海 7000 个党支部"结亲"1622 个贫困村

记者日前从青海省委组织部了解到，今年以来，青海各级党政机关、企事业单位党组织积极开展"党组织结对共建帮村、党员干部结对认亲帮户"的"双帮"工作。

截至目前，全省 14.5 万名党员干部与 15.92 万户精准识别确定的贫困户建立了"一对一""一对多""多对一"等固定结对关系，7000 多个机关党支部与 1622 个贫困村结对共建。

青海开展"双帮"工作坚持"全部覆盖、不留空白，坚持用力、帮扶到底，统筹兼顾、相互补充"，全省所有党组织全部结对共建帮村，所有党员干部全部结对认亲帮户，并要求做到"治贫、治弱、治乱"任务不完成，责任不脱离，"双帮"力量相互补充，相互支持。

据悉，该省"双帮"工作以抓基层党组织建设为核心，统筹推进脱贫攻坚，改善贫困地区落后的生产生活环境，增强贫困群众脱贫致富的信心，引导转变贫困群众落后的思想观念，实现长期结亲，让每一户贫困群众在城里都有"亲戚"，并通过"亲戚"的多方帮助按期实现脱贫。

"找问题、理思路，引项目、筹资金，强组织、建队伍，除隐患、促和谐……"在"双帮"工作中，要求全省各单位党组织深入结对共建村了解脱贫攻坚进展情况，与乡镇党委政府和村"两委"一道，立足实际，帮助共建村推动精准扶贫、按期实现脱贫，建强基层组织、按期整顿转化，实施集中整治、实现乡风文明。各单位党组织负责人要求每年深入结对共建村开展共建、帮扶不少于 4 次。

另外，结对帮户的党员干部要不定期到结对认亲贫困户家中，与群众同吃同住同劳动，拉家常、谋脱贫，了解结对户思想动态、家庭状况、党的强农惠民政策落实情况，以心换心增进感情。

同时，做到"结对户有重病住院必访、有婚丧嫁娶必访、有子女辍学或待业必访、有意外灾害必访、有思想异常必访、重大节假日必访"的"六必访"要求，力所能及地帮助解决贫困户生产生活中的实际困难。

2016年5月13日　07版　邢生祥

青海下达专项资金
86 万学生享 15 年免费教育

日前，青海省财政下达 15 年免费教育专项资金 17.7 亿元，全省 86.1 万名学生享受到 15 年免费教育政策，这标志着青海教育公共服务水平和能力迈上新台阶，跻身全国免费教育的"排头兵"。

今年初，青海将 15 年免费教育列入民生十件实事目标任务，决定从 2016 年春季学期开始，对海南、海北、海西、黄南、果洛、玉树六州所有学生和西宁、海东两市贫困家庭学生实施 15 年免费教育，"十三五"末前将覆盖全省。

据悉，在学前教育阶段，符合条件的学生将免除学前三年幼儿保育教育费，按年生均 1200 元补助幼儿园公用经费。义务教育阶段，对城市义务教育实施"两免一补"政策，提高城市义务教育学校生均公用经费补助标准，达到年生均小学 600 元、初中 800 元。

同时，对城市贫困家庭寄宿生给予生活费补助，年生均小学 1100 元、初中 1350 元。高中教育阶段，免除普通高中学杂费，补助学校生均公用经费标准 400 元，免费提供教科书，年生均补助 400 元，给予贫困家庭学生国家助学金补助 2000 元。

在职业教育阶段，青海继续执行中等职业教育现行免费教育政策，免除学杂费，按生均 3200 元补助公用经费，免费提供一年级、二年级学生国家规定的教材，按年生均 400 元给予补助，给予全日制正式学籍一年级、二年级农村（含县镇）学生、贫困家庭和涉农专业学生国家助学金补助 2000 元。

　　为加强资金管理，青海省财政出台《青海省 15 年免费教育补助资金管理办法》，明确了 15 年免费教育补助标准及资金使用范围，规范了补助资金的分配方式和资金监管要求。同时，要求各地管好用好免费教育补助资金，保证学校正常运转需求，做好在校学生和受资助学生及建档立卡贫困学生等信息审核工作，确保受助学生信息真实、可靠。

2016 年 6 月 10 日　05 版　邢生祥

完成 52 万贫困对象审批审核工作
青海推进最低生活保障兜底脱贫行动

记者近日从青海省民政厅获悉，该省积极开展最低生活保障兜底脱贫专项行动计划，民政部门、扶贫部门共同对全省贫困家庭进行精准识别。截至目前，已全面完成 52 万名贫困对象的审核审批工作，并将符合条件的困难群众全部纳入低保救助范围，拨付城乡低保省级补助资金 6.5 亿元，从 1 月份计算补发，目前已全部发放兑现到位。

为完善政策制度、落实资金保障，青海省民政厅先后下发《关于打赢脱贫攻坚战做好农村最低生活保障兜底工作的通知》《关于打赢脱贫攻坚战进一步做好医疗救助工作的通知》，进一步细化和规范了农村低保和医疗救助工作，助力精准扶贫。同时，协调财政部门下达城乡低保省级补助资金 6.5 亿元，支持各地对全省贫困家庭进行政策兜底。全省农村低保平均标准由 2400 元 / 年提高到 2970 元 / 年，实现低保标准和扶贫线"两线合一"。

在全额资助农牧区低保对象参保参合的基础上，青海全面开展重大疾病门诊治疗费用救助和住院医疗费用救助，救助上限分别提高到 1 万元和 5 万元。加大临时救助力度，将救助上限提高到 2 万元，对因遭遇突发事件、意外伤害、重大疾病或其他特殊原因导致基本生活陷入困境，专项救助后基本生活仍有严重困难的贫困户，及时纳入临时救助范围。

2016 年 6 月 20 日 01 版 邢生祥

青海多措并举促进就业创业

"全省城镇新增就业 6.3 万人，完成年度目标任务的 108%；农牧区富余劳动力转移流动就业 119 万人次，完成年度目标任务的 113%；全省建档立卡贫困农牧民年内转移就业 5.4 万人……"记者日前从青海省人社厅了解到，2016 年，青海省多措并举促进就业创业工作，全省就业局势持续稳定。

2016 年，为推进创新创业平台建设，青海省制定出台《青海省创业孵化基地认定和管理暂行办法（试行）》，鼓励民间资本投入创业孵化基地建设，已建成各类创业孵化基地和创业孵化园 34 家，在孵企业及创客 1897 家，已出孵企业 1006 家，带动创业就业 2.5 万人。

2016 年，青海省发放创业贷款 5.67 亿元，扶持 4452 人自主创业；做好过剩产能企业职工安置工作，年内完成分流安置职工 888 人，发放工业企业结构调整专项奖补资金 5993 万元；制定实施《转移就业脱贫行动计划》，采取送岗位下乡、送就业信息入户等措施，促进贫困家庭劳动力转移就业；全省 52.09 万建档立卡贫困农牧民，年内转移就业 5.4 万人，技能培训 3.7 万人次，开发公益性岗位 1165 个，兑现培训补贴、职介补贴等各类就业补助资金 4808.9 万元，惠及 9207 户贫困家庭劳动力。

2017 年 2 月 20 日　02 版　邢生祥

青海拟投入 100 亿元
完成 14 万贫困人口脱贫

　　记者日前从青海省扶贫局获悉，2017 年青海省财政扶贫专项资金投入增幅不低于 20%，落实易地扶贫搬迁资金 34 亿元，落实金融扶贫贷款 40 亿元，年度力争各类扶贫资金投入达 100 亿元，完成 11 个贫困县摘帽、500 个贫困村退出、14 万贫困人口脱贫的年度脱贫攻坚目标任务。

　　在对象识别管理方面，青海继续开展"回头看"，全面建立动态管理机制，摸准核实贫困对象信息，实现有进有出、规范有序。

　　今年，青海将继续加大产业扶贫专项投入力度，计划实施 24 万人到户产业扶贫项目、13 个县扶贫产业园和 50 个贫困村旅游扶贫项目，到户产业实现全省 40.2 万有劳动能力的贫困人口全覆盖，39 个县市区扶贫产业园全覆盖。

2017 年 2 月 22 日　04 版　邢生祥

一碗拉面"拉"出脱贫致富大产业

几位头戴白帽、身穿白净工作服的拉面师围着一张面案，一截近 20 厘米长 5 厘米粗的面剂，从案板上提起，立刻就变成一副"弹簧拉力器"，来回伸缩两下，又立马换成立体的"五线音谱"……经过短短十几秒时间，六七十米长的拉面银丝就制作完成了。这是前不久在青海省海东市化隆回族自治县举行的牛肉面技能大赛上，多家餐饮企业的拉面师比拼拉面技艺的一幕。

近年来，位于青藏高原东北部的海东市，不仅把一碗拉面卖到了全国各地，还拉出了 40 多亿元的脱贫致富大产业，带动当地 18 万贫困农牧民走出山门，跳出农门、跨进城门。

拉面经济带动稳定就业

作为国家级的贫困县海东化隆县，多数地方海拔超过 2800 米，年平均气温只有 2.2 摄氏度，干旱、冰雹等自然灾害频发，20 世纪 80 年代，山大沟深的当地群众加入外出打工创业潮，把拉面店开到了全国各地。

1988 年，化隆县农民马贵福怀揣着东拼西凑的 5000 元钱到福建厦门打工创业，在厦门火车站附近开了一家拉面馆，几年后，马贵福在厦门赚到了"第一桶金"。韩启明也是最早赴沿海开拉面馆的化隆县农民工之一，如今他已是杭州一家大型餐饮企业的董事长。在杭州，他开办的"伊滋味"牛肉拉面馆就有13家。

在政府相关部门的扶持下，富裕后的韩启明联络其他面馆老板，先后组织178人外出务工，30多人已成功开办起自己的拉面馆当起了小老板。"每个拉面馆一年平均收入在8万元以上，这在我们化隆算是老板啦。"韩启明说。

近年来，海东市拉面经营者通过亲帮亲、邻帮邻，逐步带领更多的亲戚邻里外出打工创业。据统计，平均一家拉面馆带动5人至7人实现稳定就业，并通过"一年打工仔、两年拉面匠、三年小老板"的"一二三步走"发展模式，使很多拉面经营户从最初的服务员、拉面匠发展成为拉面店老板。根据青海省人社厅日前发布的一组青海拉面经济发展数据显示，以海东市拉面经营者为主的农民工群体，在全国280个城市开办经营拉面店2.9万家，从业人员达18.2万人，年经营收入180亿元，务工人员工资性收入达40亿元。

同时，拉面经济还带动牛羊肉配送、副食品加工等产业的延伸发展，拉面经济已成为青海东部贫困地区，特别是海东市贫困农民最直接、最有效、最快捷的脱贫致富特色产业。

面临成长的烦恼

随着时代发展，品牌的竞争已扩展到餐桌和厨房，人们对食品的要求从吃得饱向吃得好、吃出健康、吃出品位转变。

近年来，当地把扶持发展拉面经济作为全省就业工作的重心，通过政策优惠、政府贴息贷款、技术培训等方式，努力促进拉面经济扩面升级、转型增效。

尽管以化隆拉面为代表的青海拉面已经发展得风生水起，但还存在品牌建设滞后，青海拉面馆普遍处于经营理念落后、规模偏小、组织形态分散、市场竞争力较弱的现状，面临着成长的烦恼，也严重制约着拉面经济的提升发展。

"由于大部分在外开拉面馆的青海农民工文化水平不高，对市场投资风险和发展前景的把握能力不足，连锁经营的意识和胆识欠缺，经营管理依然是凭个人摸索或家庭式管理为主，尚处于现代餐饮业发展的初级阶段，产业化仍没有形成。"化隆县驻广州办事处主任马青明介绍说。

"和所有的地方特色小吃一样，最初闯荡全国的青海拉面难以摆脱各自为政的局面。尤其是在二十世纪七八十年代外出闯荡之时，都以兰州拉面的招牌吸引顾客。时间久了，兰州拉面的名声越来越响，而青海拉面却无法打出品牌。"马青明说，"现在是品牌经济的时代了，没有自主品牌就很难进一步打开市场，提升产业附加值。"

做大做强拉面品牌

今年2月，由中国拉面网倡导发起的"伊麦佳品牌联盟"在广州启动，来自当地及邻省的300余家青海拉面企业家参加启动仪式，标志着青海拉面经济以新的发展模式阔步迈向品牌化发展道路。

据了解，这只是促进青海拉面经济发展，升级拉面产业战略的第一步，随后这一发展战略将在全国范围内全面展开，力求使这一全新的发展模式在青海拉面企业中实现全覆盖。

相关文件显示，从今年4月起，青海将重点在拉面的品牌培育推广、融资贷款等方面给予政策和资金扶持，对获得称号的拉面店最高一次性奖励50万元，进一步推动青海拉面的品牌化发展。

尽管青海拉面遇到了成长的烦恼，但把拉面经济这块"大蛋糕"做大做强，已成为青海拉面经济转型升级的方向。青海各级党委、政府高度重视拉面经济发展，通过政策引导、品牌带动、鼓励扶持、健全机构等一系列措施，促使拉面经济不断发展壮大。

另外，青海还以拉面产业为龙头，带动其上游的牦牛和藏羊养殖、菜籽油生产加工、物流配送等产业发展，开辟青海牛羊肉和土特产品直供直销的绿色通道，使更多的青海农民参与其中，获得收益，脱贫致富。

2017年5月10日 06版 邢生祥

青海医保扶贫报销比例超九成

　　记者日前从青海省人社厅获悉，2017 年全省 39.7 万建档立卡贫困群众全部参加城乡居民医疗保险，全年贫困人口住院 8.8 万人次，基本医保基金支付住院费用 2.88 亿元，基本医保、大病医保和救助后政策范围内报销比例达到93.6%。

　　据介绍，青海调整降低建档立卡贫困人口大病医疗保险起付标准、调整提高城乡居民筹资标准和大病医疗保险筹资标准，降低贫困人口门诊特殊病慢性病病种鉴定医院级别，由省内三级或本市州最高级别降为县域内有相关病种诊断科室的定点综合医院。

　　同时，青海将享受门诊特慢病待遇期内发生符合规定的药费、检查费和治疗费均纳入报销范围。

2018 年 2 月 13 日　06 版　邢生祥

贫困村里的"阳光收入"

六月的青藏高原,阳光明媚,碧空如洗。

乘车行驶在青藏公路 109 国道距青海省格尔木市区约 14 千米的地方,眼前的戈壁滩上突然出现一片深蓝色的"湖泊"。放眼望去,一排排整齐的多晶硅板在阳光下熠熠生辉,使这片广阔而又荒芜的戈壁滩充满了生机。

这里就是 2016 年 5 月建成投运的我国首座将发电纯收益全部用于贫困人口脱贫的光伏电站——玛多 1 万千瓦光伏扶贫电站。

近年来,青海积极开发利用贫困地区太阳能资源建设光伏电站,将发电收益用于扶贫,让贫困户有了长期、稳定、可持续的收入,为我国探索和创新精准扶贫特别是光伏扶贫开辟了新思路、新途径。

光伏发电作为当今最为清洁环保的新兴能源之一,在青海具有得天独厚的发展优势。一项数据显示,青海拥有荒漠化土地面积约 1900 万公顷,日照时数在 2400 小时至 3300 小时,已成为中国最大的光伏发电基地。

早在国家相关光伏扶贫政策出台之前,青海就决定在全省 8 个县的 30 个贫困村开展光伏扶贫试点,光伏扶贫项目成为青海的一项重要扶贫举措。

地处青藏高原腹地的玛多县是中华民族母亲河——黄河的发源地,素有"黄河源头第一县"之称,平均海拔 4500 米,自然环境恶劣,全县总面积 2.53 万平方公里,总人口 1.44 万人,是我国海拔最高、全省人口最少的国家级扶贫重点县。

2016 年,玛多县迎来了精准扶贫机遇。国家电网公司在当地光伏产业园区,投资 9282 万元异地建设 1 万千瓦光伏扶贫电站。截至 2018 年 5 月中旬，该电站累计上网电量 3471 万千瓦时，仅一年发电收益 380 万元，使玛多县 1132 个建档立卡贫困户户均年增收 3357 元。

"玛多县扶贫光伏电站投运后，通过做好扶贫光伏电站的运营管理和收益资金的使用管理，可以真正服务于玛多县贫困人口的脱贫致富。"国家电网青海省电力公司总经理全生明表示。

值得一提的是，5 月 22 日，青海"十三五"村级光伏扶贫电站建设项目在西宁市湟中县正式启动，标志着全省 9 个标段的光伏扶贫项目全面启动实施，贫困村里也有了更多的"阳光收入"。

"青海'十三五'村级光伏扶贫项目覆盖全省 39 个县（市、区）的所有 1622 个贫困村，全额投入财政专项扶贫资金 33 亿元建设村级光伏电站，是扶贫领域迄今为止投资规模最大、建设最为集中、政策效应最明显、效益周期最长的一项产业扶贫工程。"青海省扶贫开发投资有限责任公司董事长张宏成介绍说。

据介绍，国家能源局、国务院扶贫办此前曾下达青海 47.16 万千瓦的光伏扶贫电站建设规模，每个村级光伏电站规模约 290 个千瓦，青海目前是全国范围内唯一实现所有贫困县、贫困村光伏扶贫全覆盖的省份。

2018 年 6 月 13 日　06 版　邢生祥　王宏霞

荒坡变花海：美了乡村富了农民

金秋十月，青藏高原处处显露出霜天红叶、凉风习习的景象。蓝天白云下，橙色的金盏菊、紫色的薰衣草、红色的鲁冰花在风中摇曳……青海大地一幅幅花海田园正以强劲"卖点"和超高"颜值"吸引着游客赏花休闲。

近年来，青海依托贫困山村自然资源优势，巧打生态旅游产业牌，花海经济已经成为发展绿色经济的新兴模式，昔日一个个黑土灰的贫困山村正"以花为媒"，实现扶贫路上华丽转身。

特色花海吸引大量客流

8公顷薰衣草花海，以山为梯，映紫了蓝天；40公顷的各色花朵悄然铺满了山坡，荒坡由此变成花海；一座座观光小木屋、一条条木栈道在花海中勾勒出花海农庄的韵味……走进西宁市大通回族土族自治县边麻沟花海，成片的树林、芬芳的花海，游客们如同身临一个原生态版的天然氧吧。

"今年新增200米风车长廊、1公里的压花路面，花海中又增加大滨菊、天人菊等品种，还有1000多株山杏和李子树，目前正在新建小型动物园和儿童游乐场等游乐设施。"边麻沟花海负责人李培东说。

久居城市的人们对于山村田野、绿色农庄都有着天然的向往，这也使得近几年西宁市周边村镇花海景观"火"了起来。赏心悦目的各式特色花海吸引了大量客流。

"不去人潮涌动的热门景点,也不愿去门票昂贵的王牌景区,而是选择一处宁静的乡村花海,与大自然来一次最亲密的接触。"游客张先生说,畅游花海,亲近自然,如今已成为都市上班族最喜欢的度假方式之一。

避免同质化竞争

青海地处世界第三极的青藏高原,能够在此生长的花卉种类本就有限,这就需要花海开发者付出更多的努力。

"除了传统的金盏菊、八瓣梅等花卉,我们从外地引进 27 个花卉品种,从每年的五一到国庆节前后,都让游客有花可看。"青海湟中县上山庄花海负责人高海萍说,景区平时承接草坪婚礼、婚纱摄影、户外拓展等业务,旅游业态较为丰富。

除了上山庄花海,湟中县乡趣卡阳花海、互助土族自治县牙合花海等也都充分挖掘自身特色,以谋求整个景区的良性、可持续发展,避免同质化竞争。

作为青海唯一一个以"文化+体育+旅游"产业融合发展的景区,乡趣卡阳为花海附加了"体育"要素,走出了一条特色发展之路。

记者了解到,乡趣卡阳以花海为基础,在景区内的原始森林中,依山建起 18 公里的木栈道,吸引了大量喜爱户外运动的游人来此徒步健身,景区还为骑行爱好者铺设有自行车道和摩托车道,从各方面满足户外运动爱好者的需求。

牙合花海则把"花海"和"开心农场"结合起来,打造原生态旅游模式,让升级版的乡村旅游成为真正可以持续为村民带来效益的绿色产业。

"'开心农场'能够让常年生活在城市里的上班族到乡村体验种菜收菜的乐趣,吸引越来越多的城里人来一场返璞归真的乡村游。"牙合村驻村第一书记李晓俊介绍说。

村民脱贫的绿色产业

"今年年底又能分红了！我跟着大家将5400元的贫困户产业发展资金自愿折成股份入股花海项目，如今也算是个花海小股东了。"边麻沟贫困户仲尕文说起对未来生活的憧憬，她的脸上露出了笑容。

荒坡变成花海，不仅美了乡村也富了农民。近两年来，青海省大通回族土族自治县边麻沟村凭借超高的花海"颜值"实现贫困山村的华丽转型。"花海三个多月客流量就达到了30多万人次，门票总收益140多万元。"边麻沟村党支部书记李培东说。

眼下，青海乡村建设、现代农业、乡村旅游的融合逐渐深入，小型花海乡村经济成为乡村旅游新蓝海，不仅带动景观建设，同时增加农民收入。花海这个超越传统和想象的新型景观概念也成了掘金潜力巨大的新兴产业。

据初步统计，西宁周边形成规模的"花海"中，每处可平均吸纳就业30人，村民每月实现劳务收入近3000元；而经营农家乐和小吃的摊位户，可实现人均日收入百元以上。

从无到有，由小变大。盛放在高原大地的一片片花海不仅成了一道独特的绚烂景观，也承载了上万贫困群众过上幸福新生活的脱贫梦想，一幅幅脱贫攻坚的生动画卷正在高原大地上徐徐展开。

2018年10月10日　06版　邢生祥

我国海拔最高光伏扶贫电站并网发电

由国家电网捐赠的我国海拔最高光伏扶贫电站——玛多4.4兆瓦光伏扶贫联村电站近日并网发电，成为青海首批471.6兆瓦村级光伏电站建设中率先建成并网的电站，电站年发电量将达680万千瓦时，收益将惠及玛多县11个贫困村628户、1686名贫困人口。

修建在海拔4290米的玛多光伏扶贫联村电站，地处三江源核心区，装机容量4.464兆瓦。"该电站的光伏发电收益将用于增加玛多县村集体及贫困户收入，按每千瓦时0.75元电价计算，年发电收入510多万元，将增加扶贫收益。"国网青海电力综合能源服务有限公司总经理李炳胜说。

2018年10月31日 06版 邢生祥 王宏霞

330 个贫困村退出、64337 人脱贫
西宁贫困发生率由 12.1% 降至 0.1%

记者从西宁市农牧和扶贫开发局获悉，经过三年的脱贫攻坚，全市实现 330 个贫困村退出、64337 名贫困人口脱贫，所属湟中县、湟源县、大通县三县达到摘帽标准，贫困发生率由 2015 年底的 12.1% 下降到 0.1%。

据悉，西宁市瞄准建档立卡贫困群众，发挥专项扶贫资金的"滴灌"作用，因户施策促进增收。2018 年，330 个贫困村光伏扶贫项目全覆盖，3 个光伏扶贫电站已建成并网发电，485 个非贫困村集体经济试点项目已全部完工。同时，加强到户产业扶贫项目服务指导，持续扶持 12670 户、41122 人发展特色产业，加大对 4171 户、14291 人的资产收益监管，确保分红增收。

西宁市安排 1202 个贫困人口公益性生态管护岗位，年收入 1 万元以上，1.22 万人次落实各类教育资助 1221.1 万元，296 名贫困家庭劳动力参加职业技能培训。全力推进 19 种大病贫困患者集中救治和 25 种门诊慢性病签约服务管理工作，对重病患者实施托底保障，19 种大病已救治 450 人，救治率达到 100%，25 种慢性病建档立卡贫困户签约率 100%，扶贫与低保两项制度衔接实现"应扶尽扶、应保尽保"。

此外，西宁严格落实"一联双帮三治"工作机制，实施"机关与联点村党支部党建工作一体化"党建项目，全市 1106 家机关企事业单位党组织与 912 个村结对共建，2.5 万名机关企事业单位干部职工与 2.3 万户农村困难家庭结对认亲。全市 123 家民营企业结对帮扶 189 个贫困村、147 个非贫困村。

2019 年 3 月 21 日 06 版 邢生祥

青海80%脱贫人口通过产业扶贫脱贫

记者日前从青海省扶贫开发局获悉，青海通过发展扶贫产业、提升贫困村发展能力、推进贫困劳动力转移就业等措施，因地因人制宜，分类实施扶贫项目，脱贫人口中80%以上通过开发式扶贫稳定脱贫。

据了解，近年来，青海坚持生态保护优先理念，积极培育到户、到村、到县扶贫产业体系，大力发展特色种植养殖业、现代服务业、生态文化旅游业、民族特色手工业和新能源等"五大扶贫主导产业"。

通过3年多的发展，该省实现39个县级扶贫产业园、1622个贫困村互助资金和光伏产业项目、4024个有贫困人口的行政村集体经济扶持资金、44.35万贫困人口到户产业扶持资金"五个全覆盖"，到县、到村、到户产业扶贫体系全面构建。

此外，青海深入实施互助资金项目和村集体经济"破零"工程，提升贫困村发展能力，各地利用互助资金、村集体经济扶持资金，积极培育龙头企业、专业合作社等经济实体和新型经营主体，扶持经济能人和致富带头人，大力发展村级扶贫产业，增强村集体经济实力和村级组织带贫能力，扶贫项目成为全省村集体经济破零的主导力量。

2019年4月3日　06版　邢生祥

青海实现农村贫困人口医保全覆盖

本报讯（记者）记者日前从青海省医保局获悉，青海将农村贫困人口全部纳入基本医保、大病保险和医疗救助范围，实现农村贫困人口医疗保障制度全覆盖。

据介绍，针对全省贫困人口中因病致贫、因病返贫比例较大的实际，青海出台《青海省医疗保障扶贫三年行动实施方案（2018—2020）》，将农村贫困人口全部纳入医保范围，明确全省建档立卡贫困人口住院医疗费用政策范围内大病保险起付线由 5000 元降至 3000 元、报付比例由 80% 提高到 90%。

同时，青海农村贫困人口住院费用经基本医保、大病保险及医疗救助后剩余费用超出总费用 10% 的部分，由医疗救助资金进行全额兜底救助。今年，青海将全面开展贫困人口脱贫兜底医疗救助，将贫困人口住院医疗费用报付比例稳定在 90%，切实减轻贫困人口就医负担。

2019年5月14日　06版　邢生祥

青海优化驻村干部生活保障

　　记者日前从青海省委组织部获悉，今年，青海明确驻村干部生活补助标准，提高驻村工作经费标准和驻村干部人身意外伤害保险缴费标准，进一步优化驻村干部生活保障措施，确保奋战在扶贫一线的 7030 名第一书记和驻村工作队员心无旁骛扎根一线致力脱贫。

　　青海出台并严格执行《第一书记和驻村工作队管理办法》，在足额落实艰苦边远地区津贴、青海津贴、乡镇工作补贴的基础上，进一步规范驻村干部生活补助标准，并与日常考勤挂钩，切实解决以往驻村干部生活补助发放标准不一、责任不清、难以落实的问题。

　　为提高驻村工作经费标准，出台《青海省驻村工作经费使用管理办法（试行）》，规范驻村工作经费支出、报销和管理。规定县级财政部门每年为每支扶贫驻村工作队安排的驻村工作经费，在原定不低于 1 万元标准的基础上，再提高 1 万元，达到不低于 2 万元的标准，主要用于扶贫工作、交通补贴和生活补贴"三类支出"。

　　同时，青海首次明确驻村干部驻村期间未使用公车开展工作产生的公共交通费、加油费、过路费支出可以报销，彻底解决了驻村干部普遍反映的"私车公用"费用无法报销的问题。

2019 年 6 月 2 日　02 版　邢生祥

围绕 4 条就业扶贫主渠道，确保政策惠及每个贫困家庭

青海力推就业扶贫脱贫

近日，青海省人社厅、省扶贫开发局联合下发《关于深入做好就业扶贫工作的通知》，聚焦就业扶贫关键节点，精准对标，持续加强农民工等贫困家庭劳动力就业脱贫工作，全面巩固就业扶贫攻坚成果。

青海围绕"就业扶贫车间"等载体、公益性岗位安置、有组织劳务协作、返乡创业带动就业等 4 条就业扶贫主渠道，将政策清单、申办流程、补贴标准和服务机构向社会公开公布，确保政策惠及每个贫困家庭。

该省依托东西部扶贫协作对口援青和省内区域间劳务协作工作机制，加紧落实协议内容，及时推进劳务协作。优先向符合条件的农民工等贫困劳动力推荐岗位，确保有就业意愿的贫困劳动力至少获得 3 个以上有针对性的岗位信息。

支持全省各地依托当地资源积极发展特色种养殖业、现代服务业、生态文化旅游业、民族特色手工业和新能源等 5 大扶贫主导产业，吸纳农民工等贫困劳动力就业。及时锁定离校未就业高校毕业生中建档立卡贫困家庭人员，根据就业需求和专业特点，实施"1 对 1"就业援助。

随时排查公益性岗位在岗人员情况，对不符合要求的，按规定及时予以督促整改，避免福利化倾向。扎实做好深度贫困地区、易地扶贫搬迁大型安置区就业帮扶，继续实施高校毕业生"三支一扶"计划，对贫困程度深、帮扶力量弱的 100 个贫困村实施招募计划单列。

　　同时，将有就业意愿，具备劳动能力的贫困劳动力纳入大规模职业技能培训行动，确保其至少接受 1 次职业技能培训。做好贫困村创业致富带头人培育工作，加强培训后的职业介绍、职业指导，提高就业率和创业成功率。

　　此外，青海持续关注已就业农民工等贫困劳动力的就业状况，督促企业与贫困劳动力依法签订并履行劳动合同、参加社会保险、按时足额发放劳动报酬。对发生劳动人事争议的贫困劳动力，开辟仲裁"绿色通道"，快立、快调、快审、快结，切实维护贫困劳动力合法权益。

2019 年 8 月 9 日　02 版　邢生祥

建立排查台账，确保"不漏一户、不少一人"
青海开展绝对贫困"清零"专项行动

近日，青海开展社会救助兜底脱贫绝对贫困"清零"专项行动。针对全省 17 个贫困县、170 个贫困村、7.7 万贫困人口及全省已脱贫建档立卡对象，提出多项救助举措，力保到 2019 年底，现行扶贫标准下贫困地区农村贫困人口全部脱贫、贫困村全部退出、贫困县全部摘帽，全省贫困人口按期实现整体脱贫，实现绝对贫困"清零"目标。

根据青海省社会救助兜底脱贫绝对贫困"清零"专项行动实施方案，全省各地将全面开展困难群体排查，建立排查台账，对贫困地区长期支出型贫困的家庭和符合单人施保条件的纳入农村低保范围，确保"不漏一户、不少一人"。

据介绍，青海将对符合农村低保条件的建档立卡贫困户，按规定程序全部纳入低保范围；对符合扶贫条件的农村低保家庭和特困供养人员，按规定程序纳入建档立卡范围；对贫困地区农村贫困人口按每户每年 800 元标准给予取暖救助。

此外，该省对完全丧失劳动能力或生活自理能力的困难家庭，按低保标准全额补助；部分丧失劳动能力或生活自理能力的比较困难家庭，月人均救助水平提高 20 元，低保标准不低于 320 元 / 月；一般困难家庭月人均救助水平提高 20 元，低保标准不低于 220 元 / 月。同时，及时足额发放孤儿和困境儿童基本生活费，推动事实无人抚养儿童帮扶救助。

2019 年 10 月 17 日　04 版　邢生祥

青海 100 万农牧区劳动力实现转移就业

记者从青海省人社厅获悉,截至 8 月底,青海就业困难人员实现就业 3212 人,全省农牧区富余劳动力转移就业 100.51 万人(次)。

今年以来,青海对就业困难人员帮扶力度进一步加大,尤其在全省组织开展就业政策落实服务落地专项行动,进一步加强对就业援助对象实名制动态管理和分类帮扶,确保零就业家庭至少 1 人就业,实现"动态清零"。

据悉,青海召开全省"拉面经济"工作推进会,开展拉面产业宣传推介活动,开办"拉面经济"管理人才培训班,促进农牧区劳动力就业创业。截至目前,全省在省内外、港澳台及境外开办拉面店达到 3.2 万家,从业人员达 18.99 万人;年经营性收入 182 亿元,从业人员工资性收入近 70 亿元。

同时,青海举办全省"枸杞采摘"劳务对接活动,促进农牧区劳动力有序转移就业,预计实现农牧区劳动力转移就业 10 万人次,人均劳务收入将达到 1.7 万元以上。

该省还围绕包括就业困难人员、农民工等重点群体在内的各类劳动者,有针对性地开展技能培训,助其掌握一技之长,促进实现高质量就业。截至 8 月底,全省组织培训城乡劳动力 6.35 万人次。

此外,多部门组织开展"就业援助月""春风行动""民营企业招聘周"等系列公共就业专项服务活动,为高校毕业生、就业困难人员和农牧区劳动力等劳动者搭建平台,共举办专场招聘会 232 场,提供就业岗位 8.5 万余个。

2019 年 10 月 24 日　07 版　邢生祥

青海基本实现绝对贫困"清零"目标

记者日前从青海省扶贫开发工作会上获悉，青海 170 个贫困村、7.7 万贫困人口全部脱贫退出，17 个计划退出县也有望顺利实现摘帽，全省绝对贫困"清零"的目标已基本实现。

去年，青海投入深度贫困县财政资金 30.32 亿元，年度分别争取东西部扶贫协作、对口援青、中央定点扶贫资金 3.63 亿元、17.66 亿元和 0.9 亿元，力推全省脱贫攻坚进程。投入 8700 万元建立防止返贫资金，开展"精准防贫保"试点，织密织牢了防止返贫的"安全网"。

今年，青海将以集中搬迁安置区为重点，跟进做好基础设施、公共服务、后续产业等配套，健全完善基层党组织和村民自治组织，帮助贫困群众解决好户口迁移、上学就医、社会保障等实际困难。

2020 年 1 月 24 日　01 版　邢生祥

青海新政支持贫困劳动力就业

近日，青海省扶贫开发局、省人力资源社会保障厅、省财政厅、省银保监局联合制定出台7条政策措施，支持受疫情影响的贫困劳动力（农民工）就业。

据悉，4月至7月，青海支持开展职业中介服务，对公共就业人才服务机构、经营性人力资源服务机构、行业协会和劳务经纪人免费推荐贫困劳动力（农民工）就业，与用人单位签订劳动合同并进行就业登记的，按照合同期限长短给予一次性每人150元至400元补贴。

同时，跨区域转移就业的，按照实际交通费用由县级政府给予补贴。对吸纳贫困劳动力（农民工）就业并签订劳动合同的企业给予每人1000元的一次性奖励，参加农牧区基础设施建设和人居环境改善的给予每人1000元的一次性就业补助。

根据疫情防控工作的需要，青海设置村级临时公益性岗位，在全省4146个行政村中每村增设4个防疫消毒、巡查值守、宣传疏导等临时性公益岗位，重点安排贫困户和低收入户中的弱劳动力，并给予每人一次性5000元岗位工资。

此外，在支持产业发展方面，青海对贫困户（农民工）发展生产需借用互助资金的，年内可将借款最高额度提高到4万元，借款占用费可在原有规定基础上下降1个百分点。对家庭人均可支配收入低于本县2019年农村常住居民人均可支配收入70%的、且有意愿发展生产需要资金支持的低收入农牧户，可参照贫困户扶贫小额信贷政策，给予1年期3万元以下的小额信贷支持，按同期基准利率予以贴息。

2020年5月29日　07版　邢生祥

一碗"脱贫面"里的甜头

热气腾腾的牛肉汤、撒上碧绿的香菜和蒜苗、捞上爽滑劲道的拉面、浇上色泽鲜亮的辣椒油，让很多食客对这一碗拉面情有独钟。在地处青海省东部的化隆回族自治县，拉面不仅仅只是舌尖上的美味，更是承载着乡亲们脱贫致富奔小康的金名片。

将一捧捧质朴的面粉，揉成一个个剂子，做成一碗碗喷香的拉面，踏实肯干的化隆人将西北风味带到全国甚至世界各地，富了口袋也拓宽了路子。越来越多的化隆拉面人回到家乡开办企业，回馈一方热土，带动更多乡亲走上致富的康庄大道。

"拉面扶贫"引领扶贫新模式

"山大沟深、十年九旱，粮食根本吃不够。"谈起过去，青海省餐饮行业协会拉面专业委员会主席、海东都市绿洲生态开发有限公司董事长韩进录记忆犹新。

1960 年，韩进录出生在化隆回族自治县巴燕镇庙尔沟村，属于国家和六盘山集中连片特困地区。恶劣的自然条件，导致当地经济发展长期滞后。读完初中后，他成为一名教师，但每个月 20 元的工资，根本不够家里开支。

"听说开拉面馆能挣钱，在同乡的介绍下，我去了厦门。"韩进录说，初到厦门，从买菜、洗菜到打扫、管理，都亲力亲为。熬过了创业最艰难的时间后，1988年，他终于办火了自己第一家拉面馆。

从第一批化隆农民到厦门开拉面馆算起，经过近30年的发展，遍及全国的1.7万家拉面馆约占全省的一半，全国的四分之一。

一碗拉面里让很多化隆人看到了脱贫致富的希望。白手起家的韩进录，创办了都市绿洲生态开发有限公司，现在有300多名员工，创建了诺尔曼品牌，在青海各地形成了连锁规模，在上海、广东等地开了多家连锁店。

"从前，拉面是一碗'脱贫'面，现在是'小康面''致富面'。"在韩进录看来，"面一代"们在五湖四海闯出了路子，在亲帮亲、邻帮邻的带动下，"面二代""面三代"接过前辈的星星之火，正在将拉面产业做得越来越红火。

"一人拉面、全家脱贫"，脱贫攻坚战打响后，化隆县打造了"拉面扶贫"为引领的劳务扶贫新模式。2019年底，化隆县脱贫摘帽，累计脱贫的13万人中，有9万人是通过拉面产业脱贫的。

靠拉面手艺过上小康生活

墙上悬挂着化隆牛肉面的宣传海报、展室里陈列着做拉面的面粉和专用厨具、玻璃罐里存放着草果和桂皮等做牛肉汤的香料，在位于化隆县的青海省扶贫拉面产业培训服务中心，处处都是与拉面相关的物件。

"很多人通过做拉面过上了小康日子，很多拉面老板能在市区住别墅、开轿车。"在培训服务中心，拉面师韩海明熟稔地展示着拔面、揉面等技艺。

2001年，听说"做拉面能挣钱"的他来到上海市浦东新区，开始了与拉面结缘的20年。勤奋的韩海明跟着店里的师傅学习做拉面，2002年下半年，在距离家乡的2000多公里外，他拥有了自己第一家拉面馆。开店前7个月，韩海明就挣到了约50万元。

"现在，我有5家拉面直营店和12家加盟店。"和很多同乡一样，韩海明从跑堂、面匠、店长做到了老板，拉面馆遍布南北多省市。2009年，意识到"拉面馆遍地开花,门店辨识度不高"的他,创立了自己的化隆牛肉面连锁品牌——迈芝顿。

在化隆县,农民纯收入的 54% 都来自拉面餐饮行业或拉面相关产业链。2019 年底,化隆县农民年人均可支配收入达到 10777 元。

拉面鼓了"钱袋子"

拉面产业让三代化隆人撑鼓了"钱袋子",关于拉面的故事还在续写。

"没有拉面,就没有这片花海。在江浙地区开拉面馆的时候,看到过很多旅游项目,想着回乡也能办。"2018 年 5 月,拉面老板马金山合伙拉面返乡人员,投资 3600 万元,建设了花海旅游扶贫项目。

"由拉面经济撑起来的花海经济,每年给安达其哈贫困村土地流转费 32 万元,解决了 60 余位乡亲的就业问题,其中包括建档立卡群众 20 余人。"马金山介绍,"做旅游并不比做拉面轻松,但花海美了环境、富了百姓。"

"化隆拉面产业园规划投资 13 亿元,建设标准化厂房、拉面一条街、拉面产业大厦以及面粉加工、灶具加工、牛羊肉深加工、品牌运营等项目。"化隆县地方品牌产业培育促进局副局长马建国介绍。

在位于青海省扶贫拉面产业培训服务中心的智慧拉面平台大数据电子屏,实时显示着全国上万家化隆拉面馆在线运行情况,后厨画面、上菜速度、成交金额等信息在电子屏上一目了然。

拉面插上了"云"的翅膀,"致富面"进阶为"智慧面",带动着地方经济发展。在化隆人看来,拉面产业让他们"挣了票子、育了孩子、换了脑子、练了胆子、拓了路子、创了牌子",尝到了一碗"脱贫面"的甜味。

2020 年 09 月 13 日　01 版　赵　琛　邢生祥　罗筱晓

《农民日报》

青海"十三五"将易地搬迁 20 万贫困人口

近日，记者从在互助县召开的青海省易地扶贫搬迁动员大会上获悉，"十三五"期间将完成 20 万贫困人口的搬迁任务，占该省总贫困人口的 38.5%。

青海省委副书记王建军说："从全国和青海多年的扶贫实践来看，易地搬迁可以让当地群众彻底摆脱制约发展的恶劣环境，从根本上改善生产生活条件。这是一种一次性投入很大，但脱贫成效持久稳定的有效方法。这一举措符合青海经济社会发展的规律，符合生态保护的长远需要，符合百姓安居乐业的迫切愿望。"

据介绍，"十三五"期间，青海易地扶贫搬迁项目总投资达到 88.66 亿元，其中，住房建设投资 61.98 亿元，基础设施建设投资 26.68 亿元。对集中安置的建档立卡贫困户，西宁、海东两市每户补助 8 万元，涉藏地区 6 州每户补助 9 万元。自主安置的建档立卡贫困户每户一次性补助 10 万元。整村整社同步搬迁的非建档立卡贫困户，西宁、海东两市每户补助 4.5 万元，涉藏地区 6 州每户补助 5.5 万元。

2016 年 4 月 16 日　01 版　郜晋亮

齐心协力打赢脱贫攻坚战
——青海省扎实推进脱贫攻坚的思路和举措

贫困问题，一直都是习近平总书记心之所惦。党的十八大以来，习近平总书记提出了一系列新思想新观点新论述，为做好当前及今后一个时期脱贫攻坚工作提供了思想引领和基本遵循。今年3月10日，习近平总书记在参加十二届全国人大四次会议青海代表团审议时，作出了"扎扎实实推进脱贫攻坚"的重要指示。这是习近平总书记对青海打赢脱贫攻坚战的谆谆教诲和殷切期望。打赢青海脱贫攻坚战，必须以习近平总书记重要指示精神为指引，以横下一条心的决心，扎扎实实推进脱贫攻坚。

第一，要全面贯彻落实中央决策部署，强化责任、担当意识。新时期脱贫攻坚的目标，就是到2020年现行标准下确保农村贫困人口实现脱贫，确保贫困县全部脱贫摘帽。青海省委省政府结合省情实际，作出了只要思路对头、措施得力、积极作为，进一步创新工作机制，可以提前一至两年实现整体脱贫的科学研判。并于2015年12月召开了扶贫开发工作会议，作出了"四年集中攻坚，一年巩固提升"的战略部署，即到2019年，贫困人口全部脱贫，贫困村全部退出，贫困县全部摘帽，到2020年，全面消除绝对贫困现象，与全国同步全面建成小康社会。

第二，要坚定不移贯彻精准扶贫、精准脱贫基本方略。必须着力解决好四个方面的问题。一是解决"扶持谁"的问题。长期以来，扶贫线和低保线是两个标准，给工作带来一些掣肘。习近平总书记指出："要通过低保政策兜底一批，研究贫困地区扶贫线和低保线'两线合一'的实施办法"，从顶层设计上破了题。2015年底，青海省委作出"两线合一"精准识别的部署安排，精准识别出建档立卡贫困人口52万，在全国率先实现了"两线合一"。二是解决"谁来扶"的问题。目前，青海省已形成脱贫攻坚省负总责、市（州）县抓落实的工作机制和省、市、县、乡、村五级书记一起抓的工作格局，明确了县级党委政府的主体责任和行业部门的行业责任，实现了对贫困村选派第一书记和驻村干部、贫困户结对帮扶"全覆盖"。三是解决"怎么扶"的问题。青海结合贫困人口和贫困村的具体情况，实施发展特色产业、转移就业、易地搬迁、生态保护、资产收益、教育支持、医疗保障和救助、低保兜底脱贫等"八个一批"脱贫攻坚行动计划和交通、水利、电力、通信、医疗卫生、文化惠民、金融、科技、电子商务和市场体系建设、农牧民危旧房改造等十个行业扶贫专项方案，实现工作效率最大化和资源利用最优化。四是解决"如何退"的问题。落实贫困退出机制，明确退出标准、程序及时间表；在一定时间内实行摘帽不摘政策；建立第三方评估机制；实行逐户销号，做到脱贫到人。

第三，要始终注重提高脱贫的效果和可持续性。一要全面落实领导责任。青海省委省政府对全省扶贫工作负总责；市（州）党委和政府把精力集中在贫困县如期摘帽上；县级党委和政府承担主体责任，乡镇党委和政府承担具体责任，把工作中心放在认真抓好各项扶贫政策措施落实上。二要解决资金保障问题。各行业部门管理的涉农资金，各项惠民政策、项目和工程，优先保证贫困村、贫困户需求。以县为单位建立专项扶贫资金、相关涉农资金和社会帮扶资金捆绑集中使用机制。健全金融扶贫机制，解决好扶贫对象贷款难问题。三要健全部门合力攻坚机制。行业部门要对承担的脱贫攻坚任务进行倒排工期，做到扶贫项目优先安排，扶贫资金优先保障，扶贫工作优先对接，扶贫措施优先落实。四要加强服务型基层党组织建设。一是要加强以村党组织为核心的村级组织配套建设，切实提高贫困村党组织的创造力、凝聚力、战斗力。二是要激发贫困群众的志气，增强他们对帮扶项目的拥有感、效益的获得感，提高自我发展能力。

第四，要广泛有效地凝聚各方力量，健全社会参与机制。在脱贫攻坚阶段，青海省继续加强对中央国家机关定点扶贫单位的工作汇报和衔接协调，争取政策和资金的更大倾斜支持。将发达省市对口援青和东西扶贫协作资金重点投向民生领域，重点支持脱贫攻坚。全面落实"123"帮扶工作机制，全力支持派驻贫困村干部开展工作。扎实开展"百企帮百村、百企联百户"行动，引导更多民营企业（异地商会）结对共建贫困村。进一步发挥各民主党派、工商联、群众团体、大专院校、科研院所、驻青解放军和武警部队等在整体脱贫攻坚中的重要作用。

第五，要切实强化监督管理，发挥好扶贫资金效益。一要抓好集中整治和加强预防扶贫领域职务犯罪专项工作。紧紧围绕脱贫攻坚重点领域、重点环节、重点区域，依法查办扶贫领域贪污贿赂、渎职侵权等职务犯罪案件，形成"不敢腐"的高压态势，筑牢"不想腐"的思想防线，构建"不能腐"的防范机制。二要严肃脱贫攻坚督查问责。全面建立脱贫攻坚工作责任清单，实行以目标倒逼任务、时间倒逼进度、责任倒逼落实工作机制。要落实督查巡查工作机制，对督查发现的问题及时提出整改措施和时限要求，并加强跟踪问效。三要依法推进脱贫攻坚。认真贯彻落实《青海省农村牧区扶贫开发条例》，依法落实脱贫攻坚措施，管理扶贫项目和资金，不断提高规范化、制度化、法治化水平。

2016 年 12 月 10 日   03 版   马丰胜

走出深山天地宽

——青海省实施易地扶贫搬迁纪实

"青海好，青海好，青海的山上不长草，风吹石头跑……"这是青海省贫困山区一方水土养不活一方人的真实写照。受自然条件、区域环境的影响，那些祖祖辈辈居住在青海干旱山区、高原牧区的群众靠天吃饭，收入微薄，生活困难，但他们从来都没有停下追求富裕、幸福生活的脚步。要走出大山过上好的生活——这是来自大山深处的呐喊。

这样的呐喊声就有吕有金的一份儿。在吕有金的记忆里，从爷爷那时候起他们家就一直生活在沙沟山上。村里的老人们说："山上已经住了六七代人。"青海省海东市互助县班彦村五社和六社100多户人世代居住在这里。且不说，吃水用电不方便，要是遇上个雨雪天气，山下通往村里的山路走走都费劲。现如今，他们已陆陆续续地搬进了山下的新房。远远地望着那沉重的沙沟山，吕有金幸福地说："好日子来了。"

"政策+资金"：整合力量为搬迁提供双重保障

从旧居到新房，今非昔比两重天。有电、有自来水，还有为发展产业集中建设的规模化猪舍，出门就是宽阔的马路，看病方便了，孩子上学也方便了，说起搬出大山的变化，班彦村五六社村民脸上洋溢着幸福的微笑。吕有金说：

"这些还都不算什么，关键是党的政策好。这一套独门独院的房子造价是 8.4 万元，我们贫困户只需要出 4000 块钱，这是天大的好事。"

班彦村五六社村民陆陆续续搬进的新房，是青海省脱贫攻坚易地扶贫搬迁的一部分。在"十三五"期间，青海省要在 38 个县（市、区）的 1234 个村实施易地扶贫搬迁项目，精准锁定的搬迁对象有 5.25 万户 20 万人。也就是说，到 2020 年至少有 20 万贫困群众将住上像吕有金家一样的新房子。

近年来，青海省委、省政府始终将易地扶贫搬迁作为脱贫攻坚的头号工程，作为从根本上解决贫困群众生计问题的最有效方式，要求各地党委政府要以强烈的责任意识和担当精神打好脱贫攻坚"当头炮"。不仅如此，省委、省政府主要领导和分管领导先后 30 余次就易地扶贫搬迁工作作出批示。

在如此庞大的精准脱贫工程的背后，是政策和资金构筑的坚实保障。

海南州共和县是实施易地扶贫搬迁工程的重点县。县扶贫局局长吴斑告诉记者："在易地扶贫搬迁工程实施进程中，土地审批是最重要的环节之一，也是最有难度的环节之一。假如今年没有了土地指标，那就得等明年，这样对项目执行和资金落实就带来了一系列的难题。"

在易地扶贫搬迁工作中，土地审批是共同的难题。为了能把这条"短腿"补起来，青海省国土资源部门要求各地优先保障易地扶贫搬迁安置用地，并每年增加国家扶贫开发重点县用地指标 600 亩，用以解决搬迁安置土地审批难的问题。

2016 年，青海省在面临省级财力减收的情况下，仍顶住压力设法增加财政扶贫资金。据初步核算，包括建房补助、征地补偿、配套设施、后续产业发展资金等，建档立卡搬迁户每户扶持资金总量达到 20 万元以上。

青海省扶贫开发局局长马丰胜表示："这样的扶贫搬迁力度前所未有。""十三五"期间，青海易地扶贫搬迁计划投资规模 88.6 亿元。资金则由省政府通过中央财政预算内补助、发行地方政府债券、专项建设基金、政策性贷款等方式解决。同时，青海省政府还在全国率先组建扶贫开发投资公司，承担易地扶贫搬迁投融资业务，统筹整合资源，搭建多元化投融资平台。

"示范 + 产业"：让贫困户搬得出稳得住能致富

"搬得出、稳得住、能致富"是衡量易地扶贫搬迁脱贫成效重要的标准之一。有的不愿意搬，怎么办？

海东市乐都区瞿昙镇祁家村在易地扶贫搬迁的过程中，村"两委"遇到的最大难题就是部分村民不愿意搬。村第一书记马国杰告诉记者，最重要的原因就是新村的位置距离现在村民居住地有 30 多公里，而且还是另一个镇，并且对于搬迁后种地问题、生活问题等有很多顾虑。

为此，青海各地都在积极探索。乐都区扶贫局副局长马文建说："对祁家村一部分贫困群众不愿意搬的问题，我们有两手准备。一是给贫困群众讲脱贫政策、讲发展对策，让他们不仅对现状也对今后发展都明明白白；二是先让一部分愿意搬迁的群众搬下来，做示范，形成带动效应。"

而在黄南藏族自治州尖扎县，针对贫困群众的耕地问题，县扶贫部门灵活应对，有的将旧村复耕后和原先的耕地一起交给合作社进行统一经营，搬迁群众享受经营分红；有的则依照贫困群众意愿，愿意继续耕种的则继续耕种；有的则在新村的荒山荒坡整理新的耕地分给搬迁来的贫困群众耕种。基层最有经验，基层最能创新，但不论如何，能解决搬迁中的疑难杂症，能让贫困群众受益才最重要。

脱贫产业的实招、新招开始在青海大地上涌现。祁连、门源等县把旅游资源配置给搬迁村，引导搬迁群众借助景区资源发展增收产业；达日、杂多等县将县城黄金地段无偿划拨建设扶贫产业园，吸纳搬迁群众入园务工增收；湟源、贵德等县通过将迁出区土地打包流转建设生态牧场，拓宽搬迁群众增收渠道；化隆县借助"带薪在岗实训 + 创业"项目，扶持搬迁群众异地在岗实训就业。

"参与 + 红线"：严控风险确保政策落地

20 万人的搬迁任务，这样的规模差不多相当于青海一个中等县，要让这部分群众"挪出穷窝、拔掉穷根",不是一件容易的事情,这里面涉及土地、林地、宅基地怎样整合增效问题,涉及一产、二产、三产怎样助力脱贫的问题……

易地扶贫搬迁工程是脱贫攻坚的头号工程、德政工程、民心工程,如何才能使这项工程既防范了风险,又不失民心呢?马丰胜表示:"其实答案非常简单,一是要尊重贫困群众意愿,让他们亲身参与进来,群众的事情群众可以说了算;二是要给扶贫部门扶贫干部划好政策红线,拉紧高压线。"

如何让群众参与进来?西宁市湟中县委副书记周志诚深有体会。他告诉记者:"湟中县易地扶贫搬迁遵循群众的意愿建立了'四让'工作法,即搬迁对象让群众评、安置地点让群众选、规划设计让群众议、建设方案让群众选,以此来保障群众的知情权、参与权和监督权。"

除此之外,青海多数县还成立了群众监督委员会,让搬迁群众全程参与项目监督。除了这样的参与方式,果洛藏族自治州甘德县还将有能力的贫困群众安排到工地打工,在对工程建设监督的同时,还增加了收入。

脱贫的初心不能变,脱贫的主线不能偏,政策的红线不能碰。易地扶贫搬迁不是建富裕房、小康房,而是着力解决"两不愁、三保障",解决绝对贫困问题。搬迁房面积必须控制在80平方米之内,底线是不能让贫困群众因搬迁负债,再陷入贫困的漩涡。

有红线、有底线,还有高压线,就触碰不得,甚至连苗头都不行。针对搬迁推进中出现的超标准建设、举债建房、安置点存在安全隐患等问题,青海省政府两次下发紧急通知,重申"保障基本"的建房原则,明确80平方米是必须守住的政策红线,安置地选择要统筹考虑,长远打算,不图一时之便。

今年以来,青海就易地扶贫搬迁政策执行落位情况开展多次督查暗访,现场指明问题,严令整改,对问题突出的县重点跟踪督导。易地扶贫搬迁的政策不折不扣地落了地,新房就建到了贫困群众的心坎上,改善了环境,又能可持续发展,何愁赶不走贫困。

2017 年 2 月 20 日　01 版头条　郜晋亮

59 位能人认领 200 多贫困户
金滩乡有个扶贫能人议事会

牛生有是青海省海晏县金滩乡东达村党支部书记，也是村里特色种养合作社的理事长，还是乡里能人议事会的成员。前两个职务并不稀奇，可是第三个职务大家或许会纳闷儿，这个能人议事会是干什么的。

原来，在今年 3 月份，金滩乡党委、政府在党建促脱贫、党建促发展的大格局下，凝聚社会力量，号召能人大户、专业合作社、私营企业在致富路上回报家乡，积极认领贫困户助力精准扶贫，并组建了金滩乡能人议事会。在能人议事会挂牌当天，全乡建档立卡贫困 223 户以及 26 户贫困边缘户被 59 位能人全部认领。

牛生有和合作社一起认领了 9 户贫困户，安排在合作社的养殖基地里务工，每人每月工资 1500 元。牛生有告诉记者：“这两年合作社发展不错，帮助贫困户脱贫义不容辞，只要他们靠自己劳动能有份稳定的收入，脱贫奔小康就不是什么难事。”

近年来，金滩乡利用各类项目政策大力扶持当地小实体、小产业发展，将一批小微企业和专业合作社推上了发展快车道。金滩乡党委书记靳有元说：“在精准脱贫攻坚进程中，动员这些受过政府扶持的企业和合作社积极参与精准扶贫，回报社会，让他们成为贫困群众摆脱贫困，发展产业的驱动器和活水源，让贫困群众增收真正实现可持续。”

议事会会长、宏源苗木种植专业合作社理事长张金元表示：“我们是依靠党和政府的好政策先发展起来了，但永远不能忘了挖井人，不能忘了身边的父老乡亲，有党和政府的信任和支持，我们有信心把大家从贫困中领出来，一起奔小康。"

说得再好都不如行动起来实在。为了充分发挥能人"会挣钱、能挣钱"的优势，金滩乡党委、政府决定将县里今年下达的 200 万元产业发展资金中的 100 万元注入能人议事会，能人议事会则选择 4 家优秀企业和合作社撬动银行贷款 500 万元，集中力量做强产业，并将在年底拿出 80 万元利润，30 万元用于发展壮大，剩余的 50 万元全部用于建档立卡贫困户分红。

金滩乡主管扶贫工作的武装部长李永光告诉记者："能人议事会就是要激发贫困户自主脱贫的内生动力，让他们打消等靠要的懒人想法，除了做好思想工作，乡党委、政府还专门制订了详细的奖励性分红办法，以此来激励大家。"

据记者了解，奖励性分红办法打破了平均分配，打破了人人皆享，也打破了不劳而获，贫困户必须通过积极务工、主动创业、自主经营、参加技能培训等方式增加收入，年内务工时间要不少于 3 个月，或务工收入要高于能人议事会的分红资金，达到以上条件，能人议事会才会按照不超过 5000 元的标准给予奖励性分红，对于那些列入计划却无故拒绝参与劳动，拒绝参加学习培训的不予奖励性分红。

"刨去精准扶贫政策性收入这块，按全乡的人均自主性收入算，脱贫还不敢说稳定二字。今年年底，能人议事会将进行首次奖励性分红，要让那些真干实干的贫困户受益，也要让那些抱着等靠要思想的贫困户红红眼，激发大家的动力，不断增强自主性收入的能力。"靳有元说。

从扶贫议事会成立至今，虽然只有短短几个月，可如今要说在金滩乡名气最大的，当属扶贫能人议事会。

2017 年 5 月 17 日　04 版　郜晋亮

民族地区扶贫干部培训的思考

　　民族地区扶贫开发工作是一项长期而艰巨的战略任务，涉及民族、经济、农业、水利、科技、法律、统计等多个领域，在实际工作中会遇到很多新情况和新问题，这就要求扶贫干部，尤其是民族地区的扶贫干部具有较高的理论水平，能用科学的理论武装头脑、指导实践，推动精准脱贫攻坚工作。

　　青海是我国西北欠发达地区一个多民族聚居的省份。在脱贫攻坚的道路上，青海始终将民族地区扶贫干部培训作为建设高素质扶贫开发干部队伍先导性、基础性、战略性工程。加强民族地区扶贫开发干部培训作为推进扶贫开发事业、推动科学发展的重要保证，在建设富裕文明和谐新青海中具有不可替代的地位和作用。

　　不过，在新阶段、新形势下，民族地区扶贫干部培训工作还存在一些问题：有的地区只看到培训的短期投入，忽视长远效益和可持续发展；干部队伍的政策理论水平、知识和专业结构以及业务能力不适应新时期扶贫开发的要求，缺乏现代管理和现代科技知识及实践经验；培训领域不宽，内容设计在贴近地方实际、贴近干部实际上把握得不够等等。

　　精准脱贫贵在精准、重在精准，笔者建议，民族地区扶贫干部培训也应走向精准。

　　一是要更新培训理念，把握前瞻性。转变重基础设施和产业扶持，轻扶贫开发干部培训的观念，将民族地区扶贫开发干部培训提高到贫困地区人力资源开发的高度来认识，做到基础设施改善、产业扶持与人力资源开发并举。

　　二是要创新培训内容，提高针对性。需求是培训的前提，要从干部的理论层次、认知水平和实践能力等入手，研究不同层次、不同类别干部的学习需求，研究内容、需求与质量间的内在联系和作用规律。

三是要改变培训方式，增强实用性。要通过改革传统培训模式，充分利用现代化信息技术发展的成果，将传统教学手段与现代远程、网络教学、电化教学、多媒体教学相结合，增加培训的覆盖面和直观性，提高培训效率，增强培训效果。

2017年8月9日　04版　马青军

班彦村：易地搬迁斩穷根　产业兴旺共小康

2016 年 8 月 23 日，小雨。习近平总书记来到青海省互助土族自治县，考察实施易地扶贫搬迁的班彦村新址。在簇拥的人群中，总书记握住吕有荣老人的手，寒暄问暖："老人家你好啊。本来是打算到山上看你们的，可是下雨天路不好走，就来新村看看你们。"总书记的话，吕有荣每一个字都记在心里。

那个时候，班彦村的易地搬迁房主体工程已基本完工，配套设施也在加紧建设，要赶在新年前让第一批贫困群众搬进新居。如今一年多时间过去了，新村早已大变样，整齐的房舍、干净的巷道、崭新的路灯、开阔的广场，不仅如此，新村家家户户还通了天然气，也有了脱贫致富的产业，日子过得一天比一天红火。

搬出大山，是做梦都在想的事。从班彦新村远远望去，看见一座光秃秃的大山，当地人都叫沙沟山，村里五社和六社 129 户村民就生活在那里。沙沟山正如其名，不仅荒凉而且沟壑纵横，有人曾用千疮百孔来形容它。一方水土养不了一方人，这里的人没有选择，不要说种庄稼得靠天吃饭，就连下山进趟县城都费劲。

今年 77 岁的吕有荣，有些瘦弱却也精神，留着花白的胡须，满脸是黝黑褶皱的皮肤，就是只看一眼也能让人感觉到这位老人经历过不少沧桑。他打趣地说："以前在山上种地，守着地都没有粮食吃，现在搬下来不种地了，反倒不会饿肚子，吃的花样还多了。"

沙沟山属于浅山地区，土地贫瘠，干旱少雨。只能依靠土地过日子的村里人，种地的收成还得看老天爷的脸色。吕有荣说："早些年，村里人都对种庄稼很上心，是为了能多收点粮食，留着够自家吃，要是收成好再卖点换钱，就更好了。可是，有时候天不遂人愿，要不就干旱旱死，要不就被冰雹打了，绝收的事情也有过。"

除了靠天吃饭的苦，还有行路、吃水、看病、上学、娶妻的难。通往山上的路是一条土路，一遇上雨雪天气，就只能步行上山；山上缺水，村里人吃水只能靠镇政府每月送上来的水存在窖中节约使用；村里距离镇上的卫生院有 10 公里，要是遇上突发疾病，想想都后怕；山上没有娶到媳妇的大龄青年有 19 个人。

搬出大山，是这里每一个过惯了苦日子、穷日子的村民每天做梦都在想的事情。习近平总书记在考察时告诉大家，党和政府就是要特别关心你们这样的困难群众，通过移民搬迁让你们过上好日子。如今，他们的梦成真了。

住上新房，定能过上好日子

在贫困户吕有金家，习近平同村民围坐在一起，观看反映乡亲们一直居住的旧村状况的视频。

习近平拿起扶贫手册和贫困户精准管理手册，逐一询问发展种养业、参加劳务培训、孩子上学、享受合作医疗和养老保险等扶贫措施的落实情况。每每回想起与总书记在一起的情景，吕有金都掩饰不住内心的激动。

129 户易地搬迁户建造的房屋都是统一标准，三室一厅一厨 80 平方米，院内一个厕所和预留空地。说起新房花费，吕有金不停地感谢党和国家的好政策。他给记者算了一笔账："房子的造价 8.4 万元，要是算上征地、配套设施等费用，差不多近 20 万元，可自己只出了 4000 元，其他都是国家出；装修、买家具需要两万多左右；修建地窖、杂物间需要 1 万元，全部活儿都是自己和儿子干，节省不少的人工费。"

对于今后的日子，吕有金早早就做好了规划。他告诉记者："自己的爱人主要负责在家带孙娃，儿子等明年学成了挖掘机技术就和儿媳妇一起出去打工。而自己不仅要把家里 10 多亩地继续种好，保证家里的口粮，还要利用村里为贫困户统一盖的猪舍发展养殖。"吕有金说，"这几年养猪的行情不错，一年养个十来头，挣几万块钱应该不成问题。"

选准产业，誓与贫困斗到底

"大家生活安顿下来后，各项脱贫措施要跟上，把生产搞上去。"按照总书记的要求，结合村里的实际，尊重群众的意愿，班彦村制定了村里产业发展实施方案和贫困户产业实施方案，确定了八眉猪养殖、资产收益、技能培训等一系列脱贫措施，为贫困群众增收拓宽了渠道。

今年 5 月，45 岁的赵万录凭着以前学到的本事，租了一间新村旁边的门面房，开了一家小饭馆。"现在生意不错，每天能卖个三四百块钱，从开业到现在，纯利润差不多有 5000 多元。守在家门口就能挣钱，还能照顾父母，多好。"赵万录说，"日子好了，要是能娶上媳妇儿，老父母的心愿就了了。"

新村旁边的门面房一共有 10 间，其中两间留作农村电商用房，剩余的 8 间全部租给了村里最贫困的 8 户群众。村党支部书记李成英告诉记者，每间铺面的年租金是 3000 元，算下来每天才 8 块多，就是为了让贫困群众能从中得到实惠。收到的租金将留在村委会用于村里的发展。

像赵万录一样有点儿小技能、小手艺的村里有不少人。要不是因为以前住在山上，各方面条件都不好，这些人应该早早就脱贫奔小康了。盘绣是土族刺绣中最主要的绣法，搬到新村后，县文化局专门为村里妇女办了刺绣培训班，鼓励大家通过自己努力勤劳致富，定期给她们下订单，并定价回收绣品。驻村第一书记赵成生告诉记者："村里要把刺绣产业做大做强，做成村里的特色产业，成立刺绣盘绣合作社，建造一个集刺绣盘绣文化、产品展示、加工于一体的园区。"

开餐馆、开小卖铺、刺绣、养猪，新村里搞起的产业一片红火，村里人也都忙得不亦乐乎。新村在忙，老村也不能闲着，村里决定在老村建设一个养驴场，流转土地规模种草。只要选准了产业，群众撸起袖子加油干，就没有赶不走的贫困。

牢记嘱托，心念党恩跟党走

从高处俯瞰班彦村，就像是一颗镶嵌在绿树丛中的红宝石。一年多来，班彦村牢记总书记的嘱托，新村建设"注重农户房屋安全实用、公共设施配套功能齐全、民族特色突出"，班彦新村正在发出夺目的光彩。

为了纪念这份真情，村里群众将总书记来考察时的合照精心装裱后，摆在了客厅最醒目的位置上。一些村民还将总书记赠送的被褥毛毯珍藏在衣柜里，一直都舍不得拿出来用；为了纪念这份真情，今年8月23日，村里还举办了"喜迎十九大·感恩跟党走"习总书记视察班彦新村一周年群众纪念活动，载歌载舞，表达对党和国家的感恩之情。

赵生成说："习总书记的叮嘱犹在耳边。我们深深体会到，脱贫攻坚是党和国家向全世界作出的承诺，我们基层干部必须站在讲政治的高度，坚决贯彻执行党中央决策部署，按照习近平总书记的指示不折不扣抓落实，带领贫困群众脱贫致富，过上幸福美满的小康生活。"

2017年10月12日　01版　邰晋亮

再难啃的硬骨头也要啃完

——青海聚焦深度贫困地区脱贫攻坚记

清晨早起，林永成干的第一件事情就是先把猪舍里的猪喂饱，这些寄托着他脱贫希望的猪，不能有一点怠慢。吃完早饭，他就下地干活了，正是春耕时节，土地一样也不能怠慢。偶尔，他还要开着三轮车帮别人跑跑运输，每天能挣200多元。为了摆脱贫困，让家里人过上好日子，每一天，林永成都不会闲着。

林永成家在青海省海南州共和县铁盖乡托勒台村，这里是青海省涉藏地区深度贫困地区的典型代表。像这样的深度贫困地区在全省共涉及15个县和129个乡镇，"这些地区能否顺利实现脱贫，事关青海脱贫攻坚的成败，事关全面建成小康社会的目标能否如期实现。必须横下一条心，再难啃的骨头也要啃完，再难攻克的堡垒也要拿下。"青海省扶贫开发局局长马丰胜说。今年2月，青海省正式印发《深度贫困地区脱贫攻坚三年（2018–2020年）行动方案》，打响了青海深度贫困地区脱贫攻坚的第一枪。

要脱贫得选准个好产业

相较于其他贫困地区，深度贫困地区发展脱贫产业更为困难。作为玉树州治多县多年来的基础产业，畜牧业并没能成为真正的富民产业。治多县扶贫局局长昂卡巴松说："如果畜牧业发展不起来，精准脱贫就难以有强有力的支撑。"为了改变现状，让畜牧业真正成为县里的致富产业，治多县在发展生态畜牧业合作社，探索传统畜牧业转型升级的路上花了不少的功夫。

以股份合作的方式，实现草场和牲畜的统一管理、统一经营，同时通过发展畜产品加工、销售，经济效益大幅提升——治多县生态养殖繁育基地、生态畜牧业合作社就是这样的典型。经过几年探索，合作社理事长才仁昂布告诉记者，加入合作社的社员不仅可以享受分红，还能在合作社工作挣工资。如今，已经有90%以上的社员摆脱了贫困。

与治多县相隔千里的海东市互助县丹麻镇拉庄村，则依托村里马铃薯资源优势，建立了一座小型的粉条加工厂。第一书记柴义军告诉记者："建设粉条加工厂是经过深思熟虑的，直接目的是要延伸马铃薯产业链条，实现种植加工联动发展，以此提升马铃薯的附加值，间接地带动贫困群众增收。"

在柴义军看来，脱贫产业除了要选准，更要实现可持续发展。他说："要建立一个长效的发展机制，必须做好几个方面的事情，一是要理清权属，明确为村集体经济；二是要培养不同年龄段的人才；三是要对接市场，打造品牌，只有这样才能保证在帮扶力量撤出后不垮掉，还能发展得更好，真正实现稳定脱贫。"

搬出去才能看到新希望

在共和县廿地乡切扎村易地搬迁的建设工地，工程队已经提前20天开工了。切扎村原第一书记南夸多杰告诉记者："为了让村里的贫困群众赶在今年10月份搬进新村，开工日期比正常时间提前了。早一天搬进新村，就离脱贫的日子近了一步。"

切扎村气候寒冷，昼夜温差大，牧草生长期短，自然灾害频繁，其中干旱、雪灾对以畜牧业为主的地区危害最大，造成的损失也最严重。在全村101户建档立卡贫困户中，绝大多数都是无畜户、少畜户，连像样的房子都没有。留在草原上，生活的出路在哪里？搬出去，才能让大家看到脱贫的希望。

新村不仅配套有生活广场、幼儿园、卫生室、村民服务中心、商铺等设施，最主要的还在于其独特的区位优势——临近国道，距离县城中心不到两公里，旁边就是即将开工建设的全县最大的物流区。"环境优美、设施齐全、交通方便，能住到条件这么好的村子，想想都激动。"村民扎西向记者说道。

"新村建成后，我们不仅要让贫困群众搬得出来，住得舒服，而且要有赚钱的路子。村里的商铺要承包给贫困村民中有能力的人来经营，帮助更多的人赚钱，鼓励大家到县城务工增收，物流园区建城后，要让更多的贫困群众在家门口就业。"切扎村新任第一书记关却当周说。

与切扎村贫困群众希望搬出来的心情相比，海北州门源县泉口镇后沟村村民似乎更加强烈。后沟村夹缝于一条南北走向的山沟里，从一头到另一头距离 9 公里，平均海波 3000 米。不必在乎这条沟叫什么名字，用贫瘠二字足以代替。

后沟村村委会主任黄延德说："搬出去是全村人多年的愿望。在山沟里谋发展，就是再谋，地里种不出东西的还是种不出来，村里人的认识只能局限在这么大个地方。只有挪出穷窝，大家的眼界才能开阔，观念才能转变，才能真正拔掉穷根。"

不掉队多措并举解民忧

林永成一家的日子原先也算过得不错，可两个孩子上高中的时候，接连查出了先天性心脏病，巨额手术费用一下子把全家拉入了贫困的深渊。在政府的帮扶下，虽然减轻了不少负担，但还是不足以让全家脱贫。林永成告诉记者："现在只想加油干，尽快把欠亲戚的 3 万多元还上。"

特殊困难群体是脱贫攻坚的难中之难，困中之困。青海省扶贫开发局数据显示，全省有特殊困难群体 6.4 万人，占贫困人口总数的 16%：其中重大病患者 2.9 万人，占特困群体的 45%；重度残疾贫困人口 1.4 万人，占 22%；六盘山片区大龄未婚贫困青年 1 万人，占 15.6%；涉藏地区单亲家庭贫困人口 0.7 万人，占 10.9%。

马丰胜表示："在攻克深度贫困堡垒时，重点要瞄准 6.4 万特殊困难群体。对重大疾病、重度残疾贫困群众等，综合运用民政低保、商业保险等手段，做到保基本、保生活；对大龄未婚青年和单亲贫困家庭，要通过住房改善、技能培训等方式，提高他们的生活质量，确保能脱贫、可持续。"

如何解决大龄未婚青年脱贫的难题，青海各地也都在不断探索。海东市就业部门通过免费职业技能培训，使他们掌握一技之长，并鼓励和扶持农村大龄未婚男青年创业，把他们列入农村信用小额贷款的重点扶持对象，支持他们利用当地资源优势，因地制宜发展一些"短、平、快"项目。

门源县专门从全县大龄未婚青年中选派90余名有意愿的青年作为务工人员，从事绿化造林工作，有效转变了大龄未婚青年"不想、不说、不做"的行为，从思想上树立了脱单先脱贫的意识。同时，门源县还给他们搭建相亲平台，积极解决他们的婚姻问题，激发他们对生活的希望和憧憬。现如今，通过对特困群众的全方位帮扶，脱贫路上不让一个人掉队的誓言，在门源县正慢慢变成现实。

2018年4月21日　07版　郜晋亮

看青海摘帽县如何确保脱贫质量

保质量·必须靠奋斗

在青海省海南州同德县尕巴松多镇德什端村的易地搬迁新址，村民才排回忆起以前在草原上贫穷的生活，眼泪直在眼眶里打转。家里没有牛羊，也没有草场，妻子病痛缠身，只能靠着亲戚的接济勉强度日。他告诉记者："如果继续留在那里，生活只能是雪上加霜，只有搬迁出来，生活才会有希望。"

基础设施建设、公共服务覆盖等历史欠账已久；草场面积小、耕地少、可利用资源短缺等问题，多年来一直是同德县脱贫致富路上最大的绊脚石。巴沟乡松多村党支部书记兰本加回想起几年前村里的道路，告诉记者："要是碰上下雨天，在村里走一圈，鞋子就会带上厚厚的泥巴。"

历史欠账的问题不解决，脱贫的质量就难以保证，再精准的扶贫都会被拖累。

立足实际，直面困难，同德县委、县政府创造性地提出了"三分布局"，即三分之一的牧户搬迁到城镇定居；三分之一的牧户搬迁到农业点；三分之一的牧户在草场放牧。其核心就是通过转入来降低资源短缺、生态环境对一产的发展压力，通过发展二三产业增强脱贫攻坚的动力。

"三分布局"的实施，需要强大的财力支撑，更需要源头活水。光靠着原有的量小、分散的扶贫资金，根本不能解脱贫攻坚之渴。同德县委、县政府决定彻底摈弃小而散撒胡椒面式的资金投入方式，集中财政、行业部门资金，汇集社会帮扶资金，形成强大的资金合力，同时，推进"十个一批十到户"精准帮扶。

四面八方的源头活水汇集到了这片"最干涸的土地"上，浇灌在每一个贫困群众的心里，住房难、吃水难、用电难、行路难、通讯难、上学难、广播电视收看收听难等老大难问题得到解决。如今，松多村里的硬化路早已通到了每家每户的家门口，才排也在村里开起了小卖铺，收入也算不错。

古老而又深邃的哲理在脱贫攻坚战中给予了我们诸多启示——事物的发展是内因和外因共同起作用的结果。仅仅依靠外来的源头活水，不能解决贫困群众思想上的、根子上的问题，脱贫也只能是一条腿在跑。因此，在脱贫攻坚实践中我们又多了一条经验，扶志与扶智相结合，激发贫困群众内生动力。

几年前，周先加是尕巴松多镇贡麻村有名的懒汉，不仅懒而且还喜欢喝酒，喜欢闹事，成了村干部们重点关注的对象。驻村干部斗周加说："不改掉身上的这些毛病，就是给再多的钱，周先加也摆脱不了贫困。后来，在村干部的教育下，在上大学女儿的影响下，周先加的思想有了不小的转变。"

现在，周先加戒了烟，戒了酒，也戒了喜欢闹事的毛病，成了村里的草原管护员，每月能拿到1800元的工资。他说："真的要感谢党的好政策，感谢村里干部们对我的教育，是他们改变了我，还让我家里过上了好日子，也让我明白了只有靠自己的劳动，才能创造美好的生活。"

在同德县，像周先加一样转变的人不在少数。思想的转变，志与智的融合，让他们开始懂得幸福是靠奋斗来的，摆脱贫困必须靠奋斗。

可持续·产业跟上趟

精准扶贫，精准脱贫，增收是核心。解决了贫困群众最需要的生活保障问题，后续产业发展也必须跟上步子，而且从产业选择，到产业与贫困群众对接，都要实现精准。只有让贫困群众有增收技能，有增收渠道，有稳定的收入，才有实现脱贫的可持续的基础。

究竟如何做强扶贫产业，青海省海南州同德县五年多的实践给出了这样的答案。一是村级产业，立足贫困村的禀赋、条件和基础，培育专业合作经济组织，重点发展有利于贫困户增收致富的特色优势产业；二是龙头带动，通过建设扶贫产业园，培育龙头企业，带动贫困群众成为产业工人。

说起村级产业，贡麻村可圈可点。贡麻村属半农牧村，全村耕地 1674 亩，种植油菜每亩的产量仅有 90 多斤，"种地赚不了钱"是村民们多年来形成的一致认识。这么多地，怎样才能挖掘出它应有的效益呢？村两委的干部们动了不少脑筋，最后决定由村里的合作社统一流转，规模经营。

驻村第一书记多杰索南告诉记者，规模经营的最大优势就是节省成本，节本就是增收。卖油菜籽、卖秸秆有一笔收入，收获后租出耕地放牧又是一笔收入，合作社的机械设备还有跨区作业的收入，2017 年给全体村民的分红达到 36 万元。

5 年多的时间里，同德县依托 4478.08 万元的产业扶贫资金，对 1160 户4471 人实施了"一村一策"集体脱贫产业政策；对 713 户 2526 人实施了"一户一法"脱贫产业政策。村级产业的发展已经释放出了巨大的红利。

巴沟乡松多村党支部书记兰本加说："在扶贫政策的支持下，村里人凭借着藏服加工的传统手艺，已经改变了以前贫穷的日子。最明显地体现在两个80% 上：5 年前，村里有 80% 的都没有出过远门，有的连县城都没去过；如今，县城市场上 80% 的藏服都出自松多村，差不多家家户户都买上了小轿车。"

与村级产业相比，扶贫产业园在同德县释放出的脱贫攻坚力量更不能小觑。2014 年，才让通过易地搬迁从唐谷镇合乎土村搬到了县城边上的新村社区，在接受一轮又一轮的技能培训后，成了扶贫产业园中措未托贡矿泉水厂的技术工人。才让告诉记者："现在每个月的工资加上绩效奖励差不多四五千元，生活一点都不愁。"

越来越多的贫困群众开始成为产业园里的产业工人，过上了富裕的生活。同德县扶贫开发局副局长杨小文说："这个精心建设的省级扶贫产业园，就是要通过培育龙头企业，实现多种形式带动贫困群众脱贫。现在要成为全县产业扶贫的'拳头'，将来要做持续脱贫的'稳定器'。"

烧旺产业之火，筑牢脱贫之基。五年的奋斗，迎来了同德县的完美蜕变。未来怎么办，如何保障脱贫不返贫，除了产业支撑，还需要长效机制护航。

目前，同德县金融服务、社会参与、责任考核、巩固提升等精准扶贫机制，科学完善的扶贫考核评价体系，贫困脱贫户、贫困边缘户的帮扶工作机制已初步形成，开始呈现出专项扶贫、行业扶贫、社会扶贫、金融扶贫"四位一体"的大格局。

2018 年 5 月 10 日　05 版　郗晋亮

构筑脱贫路上的健康防线

家住青海省玉树州玉树市隆宝镇代青村的昂江措毛现在还沉浸在喜悦中，不仅因为做完包虫病手术后这一年来身体恢复得不错，更重要的是这个手术没有花一分钱。

昂江措毛今年 50 岁，家里有三口人，草场不多，牛羊也少，一家子的收入仅够维持生活，是村里的建档立卡贫困户。她告诉记者："我得包虫病已经很多年了，花钱做手术差不多要 2 万多元，这会要了全家人的命。真的想都不敢想，国家扶贫好政策让自己赶上啦。"

没有全民健康，就没有全面小康，青海省贫困面大，贫困程度深，因病致贫返贫率高，只有让"让贫困群众看得起病、看得上病、看得好病、少生病"，他们才能在健康的路上致富奔小康。

近年来，青海省将健康扶贫作为一项重要政治任务，推进大病集中救治一批、慢病签约服务一批和重病兜底保障一批措施落地，因病致贫返贫存量明显减少，增量得到有效遏制。2016 年—2017 年，青海全省因病致贫返贫人口由 7.8 万人减少到 3.8 万人。

实行双签约，服务送上门

在隆宝镇卫生院的一间小会议室里，文件柜上整齐地摆放着全镇患病贫困群众的健康档案。每个档案盒上还粘贴着不同颜色的小标签，黑色的表示包虫病，白色的表示肝炎，橘色的代表高血压，绿色的代表糖尿病，打开盒子，患病贫困群众的个人信息、家庭信息、健康扶贫帮扶情况一目了然。

卫生院院长更尕索南说："去年，我们卫生院对全镇群众进行了免费体检，重点筛查了乙肝、包虫病等疾病，为我们做好健康扶贫工作，落实慢病签约服务一批政策摸清了底。这样做不仅方便管理，更方便提供服务。"目前，全镇的签约医生共有15人，覆盖了所有的贫困群众。

李海萍是隆宝镇卫生院的一名护士，也是代青村和杂年村患病贫困群众的签约医生。每周，她都会到签约的牧户家做一次巡查，为牧民们送去最及时的服务。在李海萍签约服务的贫困群众里，杂年村才仁索南家是最远的一户。

"去一趟索南家，需要开5个小时的车，再骑2个小时的马才能到。"李海萍说，"不管路有多远，不管身体有多累，只要能为牧民群众送去最及时的服务，让他们得到及时的救助，我就很开心，很满足。"

"双签约"指的是签约医生与贫困患者签订慢病管理服务协议，为他们送去及时的医护救助；乡村干部与贫困患者签订医疗报销服务协议，为贫困患者讲解医疗报销的相关政策及流程等，帮扶他们足额、足项享受政策，为他们送去政策服务。

青海省卫生和计生委员会政策法规与宣传处处长唐红梅说："推进'双签约'，为贫困患者提供基本医疗、公共卫生和约定的健康管理服务，不仅发挥了卫生部门健康'守门人'作用，也发挥了政策保障'引路人'的作用，有效地解决了贫困群众看病就医报销的问题。"

大病有保障，看病不再愁

每年七八月份，中山大学眼科中心的专家们都会来到玉树市八一医院开展"光明行"活动，为全州的白内障患者提供免费治疗。玉树市八一医院党委书记索南尼玛告诉记者："由于手术不需要支付任何费用，这几年，治愈的白内障患者已经达到了1200多人。"

今年 70 多岁的德西巴扎正是其中的受益者之一。他告诉记者，自己患白内障已经 5 年多了，视力很差，现在完成了手术，希望能快点恢复。医生们服务态度好，技术也高，真的要感谢他们。也要感谢党有这样的好政策，给我们牧民带来了福音。

大病有保障，花费不再愁，在玉树，越来越多的贫困群众正在享受着健康扶贫政策的恩泽。

玉树州人民医院院党委班子主动作为，对患有老年骨关节疾病的贫困群众进行免费治疗。院长刘云军说："一例骨关节手术，仅材料费就得几万元，甚至更多，贫困群众自己承担压力太大，而且手术还可能会导致新的贫困。"

杂多县扎青乡格塞村的色曲老人，因为常年劳作，左侧膝关节磨损破坏严重，行动极其不便。不过，现在他已经做完置换手术，再有半个月就可以出院了。一想到又可以行动自如了，色曲老人乐开了花。

他告诉记者："我家里没有草场，也没有牛羊，收入是最大的问题。以前也到医院打听过，做膝盖置换手术大概要六七万元，只能硬撑着。现在有了党和国家的好政策，能免费做手术，真是想都不敢想。"

至今，在玉树州人民医院已经有 7 名贫困群众完成了膝关节、髋关节置换手术。

从玉树州放眼整个青海，重特大疾病医疗救助正在加快覆盖全部贫困人口。有数据显示，青海自健康扶贫工作开展以来，各级医疗卫生机构累计让利于民 2.5 亿元，"看得起病"的保障水平明显增强。

消灭包虫病，用心守健康

包虫病是一种人畜共患寄生虫病，又有"虫癌"之称，是导致青海农牧区群众因病致贫和因病返贫的主要原因之一。据 2012 年全国包虫病抽样调查和 2016 年青海省人群筛查结果显示，青海人群包虫病患病率为 0.63%，在牧业区达到 2.51%。

唐红梅表示："做好包虫病防治工作，不仅关系着患病贫困牧民群众的身体健康，也关系着他们能否脱贫致富。对此，青海省提出了'政府主导、部门联动、全民参与、防治并举'的防治思路，逐步实现'从被动抓到主动防，从末端治向源头控'的转变。"

一场包虫病防治攻坚战打得轰轰烈烈。

农牧部门重点推进包虫病源头控制，犬犬投药、月月驱虫；民族宗教部门、教育部门开展包虫病知识宣讲工作，发动群众参与防治；公安部门实行家犬登记挂牌管理，降低包虫病感染风险；卫生部门通过体检筛查、手术治疗，守好健康最后一关。

在玉树市流浪动物救助中心，800多条流浪犬已经过上了"安居"的日子。兽医部门的工作人员会定期来投喂驱虫的药物，中心的工作人员每天都会清理笼舍中的粪便，并进行无害化处理。中心负责人才旺表示："控制好流浪犬，就能有效地阻断包虫病的传播途径。"

此外，为科学高效阻断包虫病传染源，玉树市专门建设犬粪及死亡动物无害化处理池，统一管理、统一收集、统一处理，村社收集的犬粪及动物死亡尸体，由乡镇兽医站收回，集中处理，并指定专人负责看管维护。

防治包虫病经验丰富的玉树市畜牧兽医工作站站长阿保地说："除了做好犬管理、驱虫工作，兽医站还加强了对定点屠宰场所及畜产品农贸市场的检疫工作，实现牲畜屠宰检疫和病变脏器无害化处理率均达到95%以上。"

做好源头防治，守好最后一关。目前，青海省已累计1.4万名包虫病患者得到医疗救治，包虫病患病率由2012年的0.63%下降至2017年的0.30%，流行态势得到基本遏制。

2018年8月17日　08版　郜晋亮

走出脱贫"阳光路"

——青海省创新光伏产业扶贫模式观察

从党中央国务院《关于打赢脱贫攻坚战的决定》提出"开展光伏扶贫工作",到《关于打赢脱贫攻坚战三年行动的指导意见》明确"在条件适宜地区,以贫困村村级光伏电站建设为重点,有序推进光伏扶贫",青海省抓牢政策机遇,大力创新推进光伏扶贫工作,不仅有效破解了扶贫产业发展难题,而且打造出了贫困群众持续稳定增收的新路径。

时值仲夏,在青海省西宁市大通县长宁镇新添堡村的光伏电站里,工人们正在抢抓工期,进行并网发电前最后的设备调试。俯瞰整个电站,一片片光伏板在阳光下熠熠生辉,折射出希望之光……大通县扶贫办干部李国钧告诉记者:"该电站是大通的村级光伏扶贫电站,覆盖 116 个贫困村 4776 户贫困户。并网发电后,年均收益 3500 万元左右,平均每村收益约 30 万元。"

大通县的村级光伏扶贫电站只是青海光伏扶贫浩大工程的一隅。青海省光伏扶贫始于 2015 年的试点项目,2017、2018 年开始扩大建设规模。目前,该省光伏扶贫总规模达到 721.6 兆瓦,全部并网发电后,每年可创造用于扶贫的收益约 5.7 亿元,直接或间接带动建档立卡贫困人口 32 万人。

从河湟谷地到青南高原,海北草原到海西戈壁,一座座光伏电站拔地而起,一条精准脱贫的"阳光之路"愈发明亮。这是一条创新路,也是一条致富路。

创新建设模式
集约资源，集中优势建设异地电站、联村电站

　　时间回溯到 2016 年 5 月，青海省果洛藏族自治州玛多县 10 兆瓦扶贫光伏电站正式并网发电。不过，这个光伏电站并没有建在玛多县，而是建在了相隔千里的格尔木市。之所以建在格尔木，不仅是因为这里的光照条件是青海最好的地区之一，更重要的是为了守住三江源地区的良好生态。

　　玛多县位于果洛藏族自治州西北部，黄河发源于此，其境内河流密集、湖泊众多，全县共有大小湖泊 4000 多个，素有"黄河之源""千湖之县"的美誉。其生态地位十分重要，是三江源国家公园核心区，是青藏高原重要的生态屏障，也是黄河中下游地区经济社会发展的重要生态功能平衡区。

　　"为了能够让三江源地区的生态环境得到最大的保护，县里和援建单位一致决定采取异地建站的模式，最终选址在格尔木市，并实现了"当年建成、当年投运、当年收益"的目标。目前，累计收益突破 1000 万元，超过 5000 名贫困群众从中受益。"玛多县扶贫开发局局长岳桑杰告诉记者。

　　玛多县异地电站的探索与实践为青海省进一步创新光伏电站建设模式提供了宝贵的经验。

　　位于大通县长宁镇新添堡村的光伏电站，正是青海创新光伏电站建设模式的又一实践——联村电站。该电站占地 960 亩，建设总容量 34.1 兆瓦，覆盖大通全县 116 个贫困村，预计年均收益 3500 万元左右。李国钧说："要是把电站分布建在每个村，土地、建设、管理、运维等成本可想而知。"

　　青海省扶贫开发投资公司董事长张宏成坦言："吸取其他省市一村一电站的经验教训，结合青海贫困村点多面广的实际，若以村委单位建设光伏电站，不仅在电网接入、后期运维等方面将面临巨大的投入，而且对于电站的管理也会带来很多问题，联村电站模式则将这些问题一一化解。"

创新合作模式
用好国家指标，用足政府、企业投资，用活银行融资

光伏扶贫工程是国务院扶贫办提出的精准扶贫十项工程之一，是精准扶贫、精准脱贫的重大政策创新。2015 年国家正式启动光伏扶贫 150 兆瓦项目，青海选择在湟中、互助、民和、循化、共和、兴海、贵南、同仁等 8 个县进行试点建设。

"当时开展试点，就是摸着石头过河，大家基本都不知道怎么干，资金投入也面临着不少的困难。为了能够解决资金问题，大家提出了'国家安排光伏指标、企业全额投资、贫困地区落实建设用地、建档立卡贫困户受益'的建设模式，但必须首先找到合适的企业。"张宏成说。

位于海南藏族自治州共和县廿地乡协和天颂光伏电厂正是当时的试点之一。共和县扶贫开发局副局长董得财告诉记者，该电厂由共和协和新能源有限公司全额投资 1.8 亿元建设，所占 650 多亩土地由共和县政府落实，不论发电量多少，每年为贫困群众保地分红 200 万元，期限 20 年。

与协和天颂光伏电厂距离不远的海阔光伏电站则采取的是由政府和企业共同出资，再通过银行融资的建设模式。该电站是青海省最大的集中式光伏扶贫电站，装机容量 100.68 兆瓦，总投资超过 7 亿元，每年用于扶贫分红的收益近 1000 万元。

记者了解到，该电站由青海省扶贫开发投资公司与北京国新融智基金共同出资建设，其中，青海扶贫开发投资公司代行政府出资职责，筹措扶贫专项资金 5560 万元，约占资本金的 40%，国新融智基金出资 8400 万元，约占资本金的 60%，剩余全部为政策性银行融资贷款。

青海省扶贫开发局局长马丰胜表示："这两种建设模式从根本上讲，既用好了国家的光伏指标，又用活了社会资本力量，还有效解决了地方财政投入不足的问题。可是说这是一条青海特色光伏扶贫的新路子，对助力全省脱贫攻坚，带动贫困群众持续稳定增收意义重大。"

与前两种模式不同，村级光伏扶贫电站采用的是"政府全额投资、资产确权到县、收益全部归贫困村和贫困户"的模式。

创新分配模式
集体有收入，劳动有工资，实行动态管理，杜绝发钱养懒

近年来，随着光伏扶贫的深入推进，青海脱贫攻坚工作取得了前所未有的成绩，但成绩的背后，也暴露出了一些亟待解决的问题。就光伏扶贫而言，首当其冲的要算收益分配的问题。为此，结合国家相关政策，青海省专门制定了《村级光伏扶贫电站收益分配管理指导意见》，旨在加强收益分配使用管理，建立利益联结和带贫减贫的长效机制。

在青海1622个建档立卡贫困村中，多数村集体经济发展基础薄弱，基本上都没有集体经济收入。张宏成表示："为了壮大村集体经济，我们明确将联村电站资产按比例确权至各贫困村集体，形成的收益一部分可留作村集体使用，一部分须用于建档立卡贫困户，同时还详细规定了使用途径。"

记者了解到，留作村集体使用的光伏扶贫收益可用于村内小型基础设施的维修维护，统筹统购医疗、养老保险，提供临时性救助，奖励扶弱助残、脱贫典型等，但不得用于从事宗教活动，不得用于村委会办公场所装潢装修及办公经费开支。针对建档立卡贫困户，则要求提供或设置就业、公益岗位，或采取以奖代补形式，激发贫困群众内生动力。

为了能够让贫困群众动起来，用自己的劳动致富，近年来，青海省在不断开发生态公益性管护岗位的同时，也鼓励地方结合自己实际大力开发公益性岗位。董得财告诉记者："目前，共和县已经设置了保洁员等公益性岗位438个，涉及弱劳动能力建档立卡贫困户229户，岗位工资全部由光伏扶贫收益支出。贫困群众要领到工资，所在岗位的工作必须考核合格。"

此外，光伏扶贫受益对象采取"脱贫出、返贫进"的动态管理模式，保障收益用处不跑偏。不仅如此，青海省扶贫部门还在省级层面成立了监督委员会，专门负责村级光伏扶贫电站收益分配使用的监督管理，对违反、违规、违纪等行为进行督促整改并问责。

2019年9月3日　06版　郐晋亮

四省涉藏地区·青海省格尔木市长江源村：
幸福就像那长江水

保护三江源是党中央确定的大政策，生态移民是落实这项政策的重要措施，一定要组织实施好。

——习近平

"金秋八月的那一天，您神采奕奕地来到长江源，深情望着中华水塔，坚定的信念永不变，守护长江源，嘱托在心间，一江清水向东流，实现您的大期盼……"

每天清晨，伴随着冉冉升起的太阳，青海省海西州格尔木市南郊的长江源生态移民村漂亮的文化广场上，一首《情系长江源》歌曲响彻天空。

2016 年 8 月 22 日，习近平总书记来到海拔近 3000 米的长江源村，看望这里的藏族同胞，共话幸福生活。雪白的哈达、盛满麦粒与青稞的切玛、清香扑鼻的青稞酒，在"扎西德勒"的问候声中，长江源村的村民们用最尊贵的礼仪，将吉祥如意的祝福献给总书记。

三年后的今天，当我们沿着总书记的足迹，来到这座高原上的小村庄，村民们说："我们把象征吉祥如意的哈达献给了总书记，总书记给我们村庄带来了幸福安康。"

老人们说——
"搬出来，跟党走，日子就会甜！"

村里的老人总念叨，长江源村现在并不在"长江源"。

长江的正源是沱沱河，它就流淌在青藏高原腹地，昆仑山脉和唐古拉山脉之间。在蒙古语里，"唐古拉"的意思是"雄鹰飞不过的地方"，那片海拔近 5000 米的高寒草原，是斑头雁、藏野驴、藏羚羊等野生动物的繁衍栖息地，孕育了众多的珍稀动植物。潺潺的溪流沿着冰川汇聚在雪山脚下，是长江、怒江等大江大河的源头。沱沱河畔的唐古拉山镇平均海拔在 4700 米以上，是世界海拔最高的乡镇，也是我国面积最大的乡镇，这里草场资源丰富，人均占有草场都在万亩以上。牧民们世代牧马放羊，过着艰苦而平静的生活。

长江源村距离唐古拉山镇 400 多公里。当长江源村的上一任村党支部书记更尕南杰抬头仰望时，云朵依旧高远洁白，但那曾经熟悉的雪山、冰川、草原已经远非他目力所能及。

2004 年 11 月，唐古拉山镇已是冰雪天地。镇上 6 个行政村的 128 户 407 名牧民，响应国家三江源生态保护政策，挥别世代放牧居住的草原，来到了现在的长江源村定居点——格尔木市南郊。牧民们开始了山上禁牧、保护生态，山下创业、融入城市的新生活。把那颗曾经豪迈奔放的草原之心，安放在喧哗热闹的新家园。

"说不想念草原，那是假的。"如今已经 65 岁的长江源村村民申格回忆，2016 年 8 月 22 日，总书记走进他移民居住的藏式民居，第一件事就是看他的草原承包经营权证，"总书记懂得我们牧民的心啊，草原就是我们的命根子。"

"我告诉习近平总书记，生态移民之前，我们住在三江源自然保护区内，那里海拔 4700 多米，住帐篷、睡地上、烧牛粪。搬迁后，住上了国家给盖的新房，睡在了床上，家具家电也齐全了。党的政策特别好，生活已经好了，提前圆梦了。总书记高兴地说，你们的幸福生活还长着呢，希望你们健康长寿。"申格说道。

更尕南杰是带着 128 户牧民从唐古拉山走下来的带头人，回忆起长江源村人刚刚走下草原的生活，他五味杂陈："藏族谚语说'是甜是苦，尝过的人明白；是远是近，走过的人明白'，我们这代人从祖父的祖父就生活在草原上，草原就是我们的母亲。离开了草原，我们的心里空落落的。搬下来，我们吃啥、喝啥，又不会打工，跟城里人能不能说得上话，大家心里都没底。"可更尕南杰记得，他代表唐古拉山镇的干部去给牧民做工作，告诉牧民要生态搬迁，为三江源留出一片净土的时候，"户户心里犯难，可没有一家反对。"

收起帐篷，卖掉了牛和羊，翻越昆仑山，跋涉 400 多公里，从唐古拉山上搬了下来，128 户牧民有着最朴素的信仰，风雪来时，是党和政府送来饲草，帮助我们救出被困的牛羊；伤病来时，是党和政府派车子接我们下山医治——搬出来，跟党走，日子就会甜！

2004 年刚建好的长江源村还没有通路，"车子开不过来，大家从公路边下了车，扛着行李走，脚上都是土"，看到一排排还没来得及粉刷墙壁的房子时，牧民群众把东西卸下，拍拍身上的尘土，更尕南杰招呼大家："这里就是我们的新家了。"

搬下来的日子过得确实越来越甜了。很快，村子建起了民族学校、卫生室、文化广场、公交车站。申格的妻子子布在草原上患上的风湿病、心脏病都得到了有效的治疗，孙子在家门口的长江源小学上了学，不用再像当年自己的儿子那样，寄宿在几百公里外的亲戚家读书了。申格学了一些简单的普通话，在格尔木当建筑工人，用不高的收入把 4 个孩子拉扯大。

2012 年，国家启动实施了草原生态保护补助奖励政策。如今，申格一家每年能拿到 6 万元的奖补资金，再加上每人 5600 元的困难补助，以及每户3000 元的燃料补助金，生活完全不用发愁。他们用自己的勤劳和智慧，带领孩子们度过了搬迁下山最困难的时期。

年轻人说——
"总书记来了，好日子有奔头了！"

尽管搬离长江源已近 15 个年头，闹布桑周仍然很怀念自己长大的地方："经常回山上看看，每次回去都要在沱沱河边静静地待一会儿。如今，山上的草长得更好了，水也干净了。我们的搬迁是值得的。" 2018 年，格尔木市重点监测的唐古拉山镇草原植被覆盖度为 42%，比上年增加 1.51%，植物种类也增多了。

一口手把肉、一口糌粑，再就一口奶茶，这些依旧是 40 多岁的村监督委员小马家最习惯的传统藏族吃食。小马告诉记者："小时候读书，没办法只能寄养在镇上，一学期都回不了一次家。实在不习惯离开家的生活，干脆扔了课本，拿起羊鞭，放牧去了。"

搬进长江源村后，小马和妹妹小羊参加了乡镇组织的语言培训和就业培训，丈夫白巴次仁以前在那曲加油站工作，因身体原因回到长江源村，在格尔木市的驾校做教练。白巴次仁说起今年参加了高考的儿子："国家政策好，他上学就再没有发愁过，初中高中都是在内地上的，高考成绩也不错，等着上大学。只是我们兜里的钱一直不多，没给孩子从小报个学习班、兴趣班什么的。"

今年 34 岁的长江源村村主任扎西达娃，搬迁的时候才 19 岁。近 15 年的光阴，很多当初从草原搬下来的牧区少年像扎西达娃一样长大成了家里的顶梁柱。他们从小在草原上长大，没有受到过和城里孩子一样好的教育，只能靠外出打工为生。他们不时回想起曾经草原上自由自在的日子，一边为生活奔波忙碌，一边努力融入城市。

扎西达娃觉得，习近平总书记考察长江源村后，村里的变化快了，日子的奔头也多了。

习近平总书记在长江源村调研时强调，我们国家是多民族国家，各民族是一家人，大家要相亲相爱、共同团结进步。为让长江源村人真正像城里人一样享受完善的公共服务，格尔木市不断加大投入力度，400 多万元用于改造水管网建设、180 万元用于民族特色大门和文化长廊建设、总投资 1200 多万元的卫生院、幼儿园配套基础设施、长江源学校维修改造等项目，使村里的基础设施建设得到不断加强。先后建起的集贸市场、长江源村牛羊育肥基地，不但丰富和优化了村民的购物环境，也吸引了大量外出务工的人回到村里，一边建设家园，一边在家门口创业。

45 岁的闹布桑周搬下山后，倒卖过牛羊，做过生意，还当过草原管护员，定期巡查草原、捡拾垃圾。在外闯荡一番后，2017 年他当选为村支委组织委员，每天按时上班，为村民服务。

"村子越来越漂亮,吸引了越来越多的人来村里做客,大家的生活更好了。"闹布桑周说。

走在长江源村的街道上,可以看到,家家户户房前屋后都收拾得干干净净。家里铺上藏式的花毯,家具上都描绘着藏式的花纹,再搭上一个阳光房,让阳光暖暖地照进家里,也暖暖地照在长江源村村民心上,阿妈们比在草原上更爱笑爱说了。

2019年7月2日,80岁的老党员才布旦早早地在敬老院门口张望。每逢"七一"、春节、重阳等节日,长江源村党支部的年轻党员们都会到镇敬老院陪她一起度过。现在,长江源村成了"明星村",很多党支部都到这里来开展活动,村党支部只好把看望才布旦的时间推迟了一天。"希望村党支部继续带领村民感恩党,听党话,跟党走,把长江源村建设得更加美丽富足。"

草原上的风物,一些改变了,一些却留了下来。长江源村的名气越来越大,每年来的人络绎不绝。浓烈的民族风情,让休闲旅游成为长江源村下一步发展的亮点。村里开办了农家乐,还组建了一支舞蹈队,逢年过节就去市里表演藏族舞蹈。

"为了打造集藏式餐饮、产品展销、宾馆住宿、生态保护教育、休闲娱乐等于一体的综合产业项目,长江源村民俗风情园正热火朝天地建设着。"村支部书记才让昂毛说。

更尕南杰感慨地说:"现在国家给的补助一天比一天多,牧民们劳务输出赚的钱也比以前多,收入越来越高。村民都有了医保,也有了养老保险,大家实实在在地感受到了党和国家的温暖。"

孩子们说——
"等我长大了,把长江源村的故事讲给更多人听。"

7月1日是党的生日,也是格尔木市长江源民族小学每周一次升国旗的日子。全校师生集中在操场上,庄严地注视着国旗缓缓升起。

长江源民族学校,前身是创办于1958年的唐古拉山完全小学,1985年更名为唐古拉山乡希望小学，2006年3月搬迁至长江源村。

索南扎西1987年从唐古拉山乡希望小学毕业，1994年师范学校毕业后又回校任教。他告诉记者："以前的教学设施太简易了，在破旧的教室里老师主要靠黑板和课本给学生上课，也没有音乐、美术课。搬下山后，投影仪、录播室、语音教育室等现代化教学设备应有尽有。更重要的是，学校和家庭能够随时互动，帮助学生健康成长。"

以前在草原上，牧民住得分散，离学校也远，家里的大人要照顾牛羊，孩子的生活、学习全都要靠老师。很多学生想家就跑回去再不来上学了，连小学都毕不了业。现在学校离得近，家长对孩子的教育都重视起来。学校还设立了定期家访制度，开学时，班主任要登记学生家长的姓名、住址、电话号码等信息，以便经常与家长沟通。

"学校的师资力量和水平不断壮大和提高。"长江源民族小学教务处主任万么南杰告诉记者，现在学校共有教职工30人，其中20多人都是2006年以后，通过当地教育部门统一组织的招聘考试分配而来，学历基本在本科以上。而他本人是从青海师范大学毕业后，主动到长江源村来任教的。

如今，随着格尔木市牧民定居点在长江源村周边兴建，定居点上的孩子们也来长江源村民族小学上学，学校的学生也越来越多。

卓玛吉今年13岁，在长江源民族小学上五年级，是唐古拉山镇土生土长的小姑娘。"我上学之前，一直在牧区生活。一年级开始，家就搬到了这里，阿爸出去打工，阿妈留在家里照顾。"卓玛吉说。

同样上五年级的尕玛扎西是学校的升旗手，家里还有两个哥哥，在格尔木市民族中学读初一和初二。爷爷奶奶和阿妈一边开茶馆，一边照顾他们的生活起居。

格尔木市郊的长江源村，正在一点点地融入这个城市，城市的触角，正源源不断地把资源、知识、信息注入这个村子。15年的建村史，是一部三代人的心灵变迁史。高山、草原、牛羊已经和他们渐行渐远，可是对故土依恋的情怀，藏族人民的精神图腾，仍深深地镌刻在他们心中。

"等我长大了，要把长江源村的故事讲给更多人听，让更多的人了解这片美丽的草原，和我一起保护它。"尕玛扎西认真地说。

长江源村村民保护生态环境付出的努力，已经收到了成效。2018年7月发布的《青藏高原生态文明建设状况》显示，2005 年以来，三江源自然保护区荒漠化得到遏制，湿地面积增加，植被生态状况改善，野生动物栖息地破碎化趋势减缓且完整性逐步提高，生态环境明显好转。2013 年三江源生态保护与建设一期工程完成后，林草生态系统年均水源涵养量比工程实施前增加了 15.60%，与 2004 年相比，长江、黄河、澜沧江三大江河年均向下游多输出 58 亿立方米的优质水。

如今的长江源村，已由当初的 128 户 407 人，发展到 247 户 572 人，全村 501 万亩草场已实现全部禁牧。长江源村现在有 172 名草原生态管护员、33 名湿地生态管护员，全面覆盖了禁牧区域。

搬下来、留得住、能就业、有收入，日子越过越好。长江源村的村民始终坚信习近平总书记对他们说的话：“你们的幸福生活还长着呢！”

2019 年 9 月 3 日　01 版　焦宏　郭少雅　郜晋亮　姚媛

迁新居　谋新业　斩穷根

——看青海省海东市乐都区如何打赢脱贫攻坚硬仗

　　山区面积占区域总面积一半以上，山大沟深、资源禀赋差，基础设施和社会事业薄弱，生态承载力脆弱。虽然只有短短几句话，但不难想象在这片土地上战胜贫穷的难度。2015 年，海东市乐都区精准识别出建档立卡贫困村 141 个、贫困人口 30079 人，贫困发生率达 18.4%。

　　那会儿，山里有的群众还用不上自来水，沟里有的群众还住着土房子，行路难、看病难、上学难……这里的穷，这样的穷，用眼睛看得到，用手摸得到，用心感受得到。每一个"难"都像是一座大山，牢牢拖住了大家追求幸福富裕生活的脚步。

　　脱贫攻坚战就是要把群众身上的这些大山全都搬走！乐都区委、区政府横下一条心，誓与贫穷斗到底。乐都区委书记左耀锋说："这几年，我们坚持因地制宜、精准施策，发展特色产业，推进易地搬迁，强化教育扶贫，让全区贫困群众走上了致富小康的宽敞大路。"

　　经过 4 年的奋战，乐都区 141 个贫困村全部退出，动态调整后的 29663 人全部脱贫，"两不愁、三保障"目标全面实现，受限于地理区位、自然因素、基础设施等原因导致的缺资金、缺技术等致贫因素和贫困问题全部得到解决。

特色产业遍地开花

紫皮大蒜、长辣椒、大果樱桃、藏香猪……说起这些特色农产品，青海人总是第一个想到乐都。如果把这些特色农产品做成特色扶贫产业，必将在带动贫困群众稳定脱贫上发挥重要的作用。对于特色产业扶贫，乐都区是这样思考的，更是这样实践的。

虽已近暮春，乐都区引胜沟的草木却才刚刚冒芽。大大小小的白色拱棚和错落有致的青灰色农舍构成了整条沟里最美的景色。这里正是乐都区通过东西协作扶贫、产业强镇等项目精心打造的长辣椒特色种植产业基地。

李兴彪是寿乐镇李家台村的长辣椒种植户，早早就脱了贫。他告诉记者："去年种植了两个棚的长辣椒，纯收入有1万多元。今年，我又争取了两个拱棚，打算扩大种植规模，而且不愁销路。"如今，李家台村已经投入生产的拱棚达134个。

乐都区农业农村局蔬菜技术服务中心主任保守智说："所有拱棚都是根据群众种植意愿免费为大家建设的，实现了贫困户全覆盖。农业农村部门通过技术培训、种苗补贴等措施，引导和带动群众发展长辣椒种植。"

引胜沟长辣椒特色种植产业、下营沟养殖产业、卯寨沟乡村旅游产业等特色产业像报春花一样次第开放。这些特色产业通过"专业合作社＋农户""公司＋基地＋农户"等模式，实现了有劳动能力的建档立卡贫困户到户产业全覆盖，让"输血"向"造血"转变。

资源禀赋差并不意味着没有挖掘的潜力，卯寨沟乡村旅游产业正是在这样的逆境中崛起的。卯寨新庄村党支部书记李连和带领全村群众埋头苦干，让卯寨的山坡绿起来，让乡村旅游热起来，也让贫困群众的生活富了起来，穷山沟变成了"金窝窝"。

村民李善玉就是最大的受益者之一。他说："以前真的穷，可现在我发展起来了。家里养的猪、羊、土鸡、鸽子都直接供应景区的餐饮公司，每年的收入都在4万元左右，这还不算爱人在景区打工的收入。家里的日子是越来越好了。"

下山上楼幸福圆梦

乐都区七里店安置小区是青海省最大的易地扶贫搬迁集中安置点。这里集中了乐都区马厂乡、马营乡、芦花乡、李家乡、中岭乡、共和乡、城台乡、蒲台乡、中坝乡、寿乐镇、高庙镇等 11 个乡镇 1946 户搬迁群众，其中建档立卡贫困户有 1350 户 4775 人。

"搬迁的贫困群众原先大多生活在山里，处于封闭或者半封闭状态，生存条件严酷，尤其是水资源匮乏。山里的耕地基本都是 25 度以上的坡地，靠天吃饭，生产成本投入高、产出低，群众增收非常困难。"乐都区扶贫开发局局长晏尚福说。

走进安置点，道路整洁、楼房林立，花园树木别有景致。不仅如此，社区医院、老年日间照料中心、生活超市、幼儿园等配套设施也一应俱全。66 岁的老人李玉莲热情地招呼记者进门。李玉莲是马厂乡八旦村村民，去年 10 月搬进了新居。

她告诉记者："山里穷，住的都是土房子。在山里生活了几十年，我连乐都城里都没有去过。真是做梦都没有想到自己还能住上楼房，而且一下子就搬进了城里。以前吃水、看病、孙子上学是家里最发愁的三件事，现在都解决了。"

一方水土养活不了一方人。乐都区把易地扶贫搬迁作为实现脱贫攻坚的重要途径，高起点规划、高标准建设，实施干旱山区整乡整村搬迁试点，如今已建成七里店、"梦圆居"、李家壕等 11 个易地扶贫搬迁安置点，16 个乡镇 160 个村的 7466 户 24993 名群众下山入川，进镇住楼，圆梦新居。

芦花乡丰洼村村民来金忠一家人去年底搬进了"梦圆居"安置点，在新房里开开心心地过了个年。他说："能从山里搬到城里，过上现在的幸福生活，都是党的政策好，给了我们贫困群众大实惠。我们自己更要撸起袖子加把油，让日子更红火。"

再过一周，来金忠就要到电网建设的工地上务工去了。他告诉记者："按照每个月 6000 元的工资算，4 个月的工期下来能挣到 2.4 万元，再算上妻子打工的收入，算上家里托养的 11 头猪的分红，今年的日子差不了。"

阻断贫困代际传递

党的十九大提出"幼有所育",要求要重视办好学前教育、特殊教育等,努力让每个孩子都享有公平而有质量的教育,逐步解决人民群众,尤其是贫困家庭孩子入园难、入园贵的问题。

其实,对这一工作的探索,十多年前就在乐都区开始了。2009年,乐都区政府与中国发展研究基金会合作开展贫困地区儿童"早教试验项目",即"一村一园计划"。在农村开设类似于"教学点"的村级幼儿园,最大限度地为贫困儿童、留守儿童创造接受学前教育的机会。

长期参与这一工作的乐都区教育局副局长张永鹤告诉记者:"通过十年的努力,山村幼儿园设置乡镇已从起初的9个乡镇扩大到现在的15个乡镇,共开办了97所,覆盖了全部山区乡镇,覆盖人口占乡村总人口的92%,行政村覆盖面达到89%。"

据记者了解,这些幼儿园为所有入园的孩子提供免费学前教育,区财政按照每个孩子每年600元给予幼儿园经费补贴,并对贫困家庭入园的孩子给予生活补贴。

在寿乐镇杨家岗村幼儿园,老师们正忙着给教室消毒、打扫卫生,为复学提前做准备。该所幼儿园共有31个孩子,配备了4名教师。各式各样的教具、各种游乐设施,以及墙壁上、桌子上孩子们的绘画作品、手工创作,与城里的幼儿园并无两样。

韩春英的儿子今年6岁,9月就要从这里升入小学了。他说:"村里的幼儿园,真给我们帮了大忙。这里不收学费,给我们这样的贫困家庭减轻了不小的负担。孩子在幼儿园能学到不少东西,我们也可以放心地外出务工。"

张永鹤说:"十年来,乐都区政府与中国发展研究基金会共同努力,把实施'一村一园计划'作为'教育兜底工程'和阻断贫困代际传递的扶贫工程来抓,先行先试,善作善成,使最应该由政府兜底的贫困边远地区学前教育得到了持续健康发展。"

乐都自古崇文尚文。长期以来,乐都区坚持把教育作为最大的民生工程和助力贫困地区脱贫和阻断贫困代际传递的最好途径,不断加大教育投入,精确瞄准教育薄弱领域和贫困群体,确保每一个孩子都能走好人生的第一步。

2020 年 4 月 8 日　01 版　郃晋亮

青海省全部贫困县脱贫摘帽

经县级申请、市州审核、省级核查，省扶贫开发工作领导小组委托评估机构进行专项评估检查和向社会公示等程序，4 月 21 日，青海省人民政府发布了关于海东市民和县等 17 个县（区）退出贫困县序列的公告，至此，全省 42 个县（市、区，含大柴旦行委、原茫崖和冷湖行委）、1622 个贫困村、53.9 万名贫困人口实现脱贫摘帽。

地跨六盘山和四省涉藏地区两个集中连片特贫地区的青海省，集西部地区、民族地区、贫困地区于一身，且贫困程度深，贫困发生率高，区域性贫困问题突出，扶贫成本高、战线长，脱贫难度大。42 个贫困县（市、区、行委）中，国家扶贫开发重点县 15 个，贫困发生率高于全国 6.5 个百分点。

几年来，青海省委、省政府以脱贫攻坚统领经济社会发展全局，按照"四年集中攻坚，一年巩固提升"总体部署，加大资金投入，强化精准意识，落实精准要求，下足绣花功夫，紧紧围绕"两不愁三保障"要求，构建了"1+8+10"政策体系，组织精兵强将打攻坚战，实现了绝对贫困"清零"目标。

脱贫攻坚首先离不开真金白银的投入。据了解，2016 年以来青海省已累计投入各类专项扶贫资金 328.9 亿元。尤其是 2019 年，共落实财政专项扶贫资金 62.38 亿元，较上年增长 27.88%。其中，省级财政专项扶贫资金达到 26.39 亿元，增长 81.68%，增幅为历年最高。

真金白银换来的是民生短板基本补齐。目前，青海已全面完成 5.2 万户易地扶贫搬迁和 20 万户危旧房改造任务。贫困群众基本医疗参保率达到 100%，住院政策内报销比例超 90%；九年义务教育巩固率达到 96.9%；30.14 万名贫困群众安全饮水得到巩固提升;行政村道路、电力、通信等基础设施和公共服务建、运、管水平全面提升。

同时,青海省加快实现贫困地区"输血"向"造血"转变,坚持"扶志"与"扶智"相结合,加强东西协作,强力推进产业扶贫、就业扶贫、消费扶贫、光伏扶贫,加快培育壮大村集体,促进贫困群众稳定增收。2019 年,全省贫困地区农牧民人均可支配收入达 11499 元,较上年增长 10.6%。

巩固提升,防止返贫。为此,青海省将按照"四个不摘"的要求,保持现有帮扶政策总体稳定,并集中开展"补针点睛"专项行动,坚持长短结合,围绕"三保障"提升、基础设施建设、产业就业扶贫、贫困监测、基础工作等方面,补短板、强弱项,完善长效机制,固化成功做法。

此外,青海省扶贫部门还将联合太平洋财险公司全面推广"精准防贫保"试点经验。针对脱贫不稳定户、边缘易致贫户以及因疫情或其他原因收入骤减户、支出骤增户加强监测,及时发现、提前干预,开展针对性帮扶。鼓励支持各地各部门围绕巩固中出现的新情况、新问题,健全完善各类政策举措,积极开展探索实践。

2020 年 4 月 22 日　01 版　郜晋亮

澜沧江畔的铁骨扶贫人

——记青海省囊谦县扶贫开发局局长郭晓荣

位于青海省最南端的玉树州囊谦县，贫困发生率曾一度达到36%，是1984年国务院最早确定的全国首批贫困县，属于全省特殊类型贫困地区和15个深度贫困县之一。2019年底，囊谦县32301名建档立卡贫困户全部脱贫，28个深度贫困村全部出列，顺利实现了脱贫摘帽。

在囊谦县的脱贫攻坚历程中，随处可见囊谦县扶贫开发局局长郭晓荣攻堡垒、啃硬骨头的足迹。这位来自黄土高原腹地——陕西洛川的关中汉子，29年来，扎根在平均海拔4000多米的囊谦县，而其中的13年，战斗在脱贫攻坚的第一线。郭晓荣用忠诚与担当，书写了铁骨扶贫人的奋斗风采。

既要上接天线　更要下接地气

戴着一副金丝眼镜，身穿衬衣长裤，流露出谦逊、踏实的气质。这是记者见到郭晓荣时的第一印象。除了略显黝黑的皮肤，与内地的汉族扶贫干部毫无二致。然而，当郭晓荣开口说出流利的藏语，记者感到，他仿佛又是一位藏族出身的民族干部。

在囊谦县，郭晓荣被称为"澜沧江畔的康巴汉人"，是藏族群众眼中"我们的晓荣"。

初到囊谦县时，由于不懂藏语，郭晓荣到基层开展工作十分困难。

如何克服语言沟通的"拦路虎"？

郭晓荣的办法是，与藏族群众同吃、同住，打成一片，在自然交流中主动学习。他将理解到的单词，用汉字注音，一一记录在工作日记本中。他还坚持"学以致用"，凡是学到的，就要在接下来的语言交流中使用。日积月累，连词成句，连句成篇，郭晓荣终于能说一口流利的藏语。

"出于对工作、社会的责任心，出于对藏族群众的感情，我会自己逼迫自己，一定要出色。"郭晓荣说，他藏语水平大提升，是2007年初从基层调动到扶贫局、从事扶贫工作开始的。

"精准扶贫是一项系统性工作，涉及方方面面的知识；精准扶贫又是一项政策性很强的工作，必须坚持用政策办事，把纪律和规矩挺在前面，让经手的每一件事都经得起考验。"郭晓荣如饥似渴地搜集和学习相关政策、文件，将与扶贫相关的知识弄懂、吃透，再将其变成老百姓通俗易懂的语言。

郭晓荣举了一个例子："精准扶贫中的'精准'二字，直接翻译只需要四个字，可老百姓仍旧很难理解。我的办法是'绕圈'，用老百姓身边的事物，多打比方，比如'打你左眼不伤你右眼''肚子疼决不给你吃头疼药''像打枪一样，要瞄准病灶，对症下药'……多说几个比喻，就能准确传达'精准'的政策含义。"

如今，无论是开展基层工作，还是召开群众大会，郭晓荣的藏语都得心应手。在一些专业的政策宣传上，就连当地干部都自愧不如。

郭晓荣常说："干扶贫工作，既要'上接天线'，也要'下接地气'。用心、用情开展工作，办法总比困难多。"

高强度　满负荷的"不倒翁"

脱贫攻坚战打响后，2017年5月，郭晓荣出任囊谦县扶贫局局长，同时担任县脱贫攻坚领导小组办公室主任，省、州、县、乡的农业、牧业、住建、水利、卫健等十多个业务部门，都需要他来统筹协调；项目、资金分配引发的矛盾，也都要郭晓荣——化解。

郭晓荣原本是一个不善交际的人，但自担任县扶贫局局长以来，他的组织能力、协调能力都有了较大的提升。遇事不慌张，总能冷静地分析，别人说他"姜还是老的辣"，郭晓荣称自己是"不倒翁"。

在郭晓荣的记忆中，最长的一次会议，从中午 12 点开到了晚上 11 点。那天的会议上，考虑到白扎乡也巴村自然条件恶劣，房屋依山而建，地势险峻，交通不便，群众增收渠道单一，县里决定将全村 200 多户村民中的 158 户，易地扶贫搬迁到多昌村邦达滩安置点。项目即将落地时，村民们得知根据国家占补平衡政策，搬迁户在村里的老房子必须拆除，顿时产生了抵触情绪。

"且不说对住了多年的老房子多么不舍，根据藏族的习俗，有的人家，先辈们的尸骨就埋在房屋周围。村民代表提出："老房子一个砖瓦都不能动，否则，就不搬迁了。"郭晓荣回忆道："那时，省里已经批复了这个项目，搬迁是势在必行，可谓'骑虎难下'。"

漫长的 11 个小时里，与会代表坐在桌前纹丝未动，"连晚饭都是打包送进会议室的，结束时，我站起身来，感觉全身都要飘起来了。"第二天，囊谦县组织县、乡、村的工作人员与挂牌督办单位县检察院的工作人员一行 14 人，挨家挨户地上门做工作。经过整整一周时间，终于做通了村民的思想工作。

如今，也巴村的搬迁户们全都住进了宽敞明亮的房屋，安置点道路、排水、供电等生活设施一应俱全，从幼儿园到高中都能就近入学。村民过上了好日子，也理解了当初扶贫干部的初心和善意。

这只是郭晓荣从事扶贫工作的一个缩影。深度贫困县的脱贫事业，总是矛盾与困难交织。国家脱贫攻坚的好政策，需要郭晓荣这样的扶贫干部们用十倍的热情、百倍的耐心、细致的工作，才能把好事办好，把政策落到实处。

郭晓荣告诉记者："我白天的工作时间，大都用来协调各类事情，只有午休时和晚上下班后，才能静下心来，查阅文件资料，筹划下一步工作安排。'白加黑''5 加 2'成了家常便饭。脱贫攻坚战打响以来，我 12 点以前没有睡过觉，加班到晚上三四点都很常见，有时要到四五点才能休息。早晨 7 点左右，又要起床迎接新一天的工作。"

长期高强度的工作，郭晓荣却不断在实干中创下业绩。学习借鉴贵州黔西南州脱贫攻坚战略模式，在郭晓荣的亲自策划下，囊谦县将 10 个乡镇划分为南方、北方、毛庄、娘拉"四大战区",形成了"四大战区、十个作战单元、六十九个作战小组"的脱贫攻坚作战指挥体系,强化了脱贫攻坚的制度保障。

为解决建档立卡贫困户就业渠道窄的问题,郭晓荣积极争取生态公益性岗位。目前,全县共有生态管护员 3240 名,农牧民群众享受到了生态保护的红利。

为促进老百姓多渠道增收,郭晓荣持续推动产业扶贫。落实扶贫到户产业资金 1.89 亿元,实现村集体经济全面"破零";集中力量开展技能培训,开发就业岗位;建设县扶贫产业园,培育和孵化脱贫产业,目前已有 12 家企业入驻;扶持发展前景好、辐射带动强的毛庄乡雅杰、半边天等专业合作社,项目户群众每年增收 300 元至 3000 元不等;大力发展旅游扶贫,白扎乡巴麦村、吉尼赛乡麦曲村等旅游扶贫项目已开始发挥效益……

一颗"铁心"的坚守

工作压力大、休息时间少、作息不规律,使得郭晓荣的身体出现了问题。2017 年 4 月初,囊谦县脱贫攻坚年度推进会刚结束,郭晓荣刚走出会议室,顿时觉得天昏地暗,心脏仿佛就要跳出胸腔。幸亏身边有人及时扶住,帮助服用速效救心丸后火速将他送到医院。

医生诊断,郭晓荣的心脏出现了问题。从那以后,郭晓荣就养成了丹参滴丸随身携带、速效救心丸床头常备的习惯。这些年来,他先后三次心脏病发作,与死神擦肩而过,还有痛风等疾病缠身。

家庭更是让郭晓荣感到深深的愧疚。多年来,妻子独自扛起了家庭的重担。2018 年 11 月的一天凌晨,郭晓荣结束工作刚躺下不久,手机突然响了起来,电话那头杂乱的哭诉声中,传来父亲突发脑出血病危的消息。当见到住进 ICU、身体插满管子的父亲时,郭晓荣再也忍不住,在父亲的病床旁哭了起来。

郭晓荣的父亲是一名援青兽医。从黄南州泽库县到囊谦县,父亲的职业轨迹成就了郭晓荣日后与囊谦县的不解之缘。在郭晓荣的印象中,父亲从不因为个人的问题而影响工作。郭晓荣回忆道："父亲时常叮嘱我，'要把国家的工作做好，家里的事不用操心'。虽然父亲去世前，我没能时常在他面前尽孝，但我相信，父亲是理解我的，不会责怪我。然而，在父亲临终前，我没能赶在他清醒的时候见上最后一面，又让我无法释怀。"

从那时起，每年清明节和父亲的忌日，无论多忙，郭晓荣都要请假回家给父亲上坟。

今年是脱贫攻坚的收官之年，郭晓荣说："等脱贫攻坚战胜利，真希望有时间能'返厂维修'一次，医治身体的病痛，孝敬健在的母亲，对妻子、儿女好好尽一尽家庭责任。"

"目前脱贫攻坚的成果还不稳定，我们把老百姓扶上了马，一定还要送一程。"郭晓荣紧接着又说，"作为扶贫干部，要敢于'啃最硬的骨头'，要秉承一颗'铁心'，才能一直走下去。"

2020 年 8 月 14 日　06 版　姚媛

青海已脱贫劳动力转移就业 17 万人

近日记者获悉，2020 年，青海省就业扶贫工作全面转入巩固提升阶段，截至目前，全省贫困劳动力就业规模已达到 17 万人，人均年劳务收入超过 6000 元。

近年来，青海健全多层次就业扶贫政策体系，以"就业援助月""春风行动"等公共就业活动为牵引，每年组织各类专场招聘会超 300 场，贫困劳动力专场招聘会实现县域全覆盖；同时不断强化失业保障，为所辖 6 州 2405 名符合条件的失业贫困人员发放失业保险金 1504 万元，并确保临时价格补贴、一次性生活补助等其他失业保险待遇按时足额发放。2016 年至 2019 年，全省人力资源和社会保障系统累计转移就业建档立卡贫困劳动力 12.63 万人，组织贫困劳动力技能培训 2.97 万人次，扶持贫困劳动力创业 486 人，调剂扶贫公益性岗位 2000 个。

2020 年 12 月 9 日　02 版　孙海玲　郡晋亮

《南方周末》

对话青海省扶贫开发局局长马丰胜
"五成贫困人口吃'阳光饭'"

2020 年 4 月 21 日,在经过专项评估检查后,最后一批 17 个贫困县区摘帽。至此,青海全省 42 个贫困县(市、区、行委)全部退出贫困县序列,实现了绝对贫困全面"清零"目标。

这是一场艰巨的脱贫攻坚战。作为该省扶贫开发局党组书记、局长,马丰胜认为青海"集西部地区、民族地区、高原地区、贫困地区于一身",省情特殊,这场胜仗更显得有特殊意味。

着眼"今天怎么搬,明天怎么办"

南方周末:你最近一次去过青海贫困发生率(指低于贫困线的人口占全部人口的比例)最高的地方是哪?当地生活条件怎么样?

马丰胜:我最近去了玉树市调研,该市贫困发生率由 2015 年的 35%,到 2018 年底实现绝对贫困"清零"。通过进村入户实地查看,村里引来了自来水,修通了水泥路,办起了生态畜牧合作社,建起了扶贫车间,也开起了牧家乐,生产生活方式发生了根本转变。2019 年底,全市农牧民人均可支配收入从 2012 年底的 3951 元增长到 10055 元,7 年增长了 2.6 倍。

南方周末:青海涉藏地区是典型的"贫中之贫",在深度贫困地区脱贫问题上，青海之前的压力大不大？

马丰胜：2017 年，我们全省确定了 15 个深度贫困县、559 个深度贫困村和 24.1 万深度贫困人口。青海打赢脱贫攻坚战面临一些特殊困难。一是致贫因素交织叠加，农牧区资源禀赋差，贫困群众抵御自然灾害和市场风险能力弱，返贫压力很大。二是脱贫成果的巩固压力很大，农牧区大多数贫困群众受教育程度低，就业创业能力不足，扶贫产业生产经营方式简单粗放，收入结构不合理，收入预期不稳定。三是思想转变任重道远，薄养厚葬、高额彩礼、相互攀比、禁杀惜售等问题在一些深度贫困地区依然突出；部分贫困群众观念落后、等靠要思想严重，少数贫困群众不善理财、不会理财，有钱乱消费、没钱等帮扶的问题还需要长期关注。

南方周末：青海加码了哪些具体措施？

马丰胜：我们将新增财政扶贫资金的 70% 统筹用于深度贫困地区脱贫攻坚，各行业惠民项目向深度贫困地区倾斜，对口支援和东西部扶贫协作资金的 80% 用于深度贫困地区基础设施、公共服务项目建设和产业就业扶贫。

同时，我们紧盯全省 6.4 万特殊困难群体，将农村低保标准由 2016 年 2970 元提高到今年的 4800 元。深度贫困地区敬老院建设、养老服务设施能力提升、残疾人无障碍设施改造及康复救助、托养服务、技能培训等工作都得到持续加强。截至 2019 年底，全省特困群体已全部脱贫。

南方周末：青海省易地扶贫搬迁的规模很大，在后续扶持和促进搬迁群众就业增收方面，青海想了哪些办法？

马丰胜：截至 2019 年 7 月，青海全面完成了"十三五"易地扶贫搬迁工程建设任务，5.2 万户 20 万农牧民全部搬迁完毕。

省委省政府着眼"今天怎么搬，明天怎么办"，持续强化后续扶持，促进搬迁群众稳定增收。一是强化产业扶持，实现了全省 38 个项目县扶贫产业园、761 个有搬迁任务的贫困村互助发展资金和村级光伏扶贫项目、10.01 万有劳动能力搬迁贫困人口到户产业扶持资金"四个全覆盖"。二是强化就业帮扶，2016 年以来累计培训贫困农牧民近 12 万人次，70% 的受训人员找到了就业门路，稳定就业率达到 60% 以上；建设扶贫车间 310 个，解决就业岗位 2.18 万个，帮助搬迁群众实现家门口稳定就业；全省 3.17 万搬迁建档立卡户中，有 1.53 万户每户 1 人从事生态公益性管护、保洁保安等工作，户均年度增收最高达到 2.16 万元。三是强化低保兜底，逐年提高补助标准，将一般困难家庭、比较困难家庭、困难家庭年度补助水平由 2016 年每人 400 元、2016 元和 2500 元分别提高到了 2018 年 1800 元、3000 元和 3600 元。2019 年又将全省农村最低生活保障标准年人均提高 600 元，达到 4300 元，有条件的地区据实补差，为搬迁群众稳定脱贫系上了"保险绳"。

行百里者半九十

南方周末：2019 年是脱贫攻坚三年行动最关键的一年，青海将工作重点放在哪？

马丰胜：这一年里，青海着力推进产业扶贫、就业扶贫、消费扶贫、光伏扶贫，群众收入稳定提升，农牧民人均可支配收入达到 11499 元，全省 91.3% 的行政村实现村集体经济"破零"。青海在 2019 年投入深度贫困县财政资金 30.32 亿元，年度分别争取东西部扶贫协作、对口援青、中央定点扶贫资金 3.63 亿元、17.66 亿元和 9000 万元。目前全省实现绝对贫困"清零"目标。

南方周末：绝对贫困全面"清零"后，2020 年，青海还面临哪些挑战？

马丰胜：行百里者半九十，2020 年是脱贫攻坚全面交账、兑现责任的一年，是全面建成小康社会的收官之年，没有任何退路和弹性。特别是我省作为民族地区，脱贫成效不仅是经济问题、社会问题，而且也是政治问题。虽然我们实现了现行标准下绝对贫困"清零"目标，但在脱贫后续巩固上还面临不少挑战。

目前，青海省委、省政府在强力推进产业、就业、教育、健康、住房、基础设施、环境整治、低保救助、精神脱贫等九大后续巩固行动，持续做好扶贫、民政两项制度衔接，将有致贫返贫风险的人口及时纳入民政救助体系，实行低保渐退制度，帮助实现稳定脱贫。

南方周末：2020 年已经过半，疫情给脱贫工作带来了哪些影响？

马丰胜：新冠肺炎疫情给脱贫攻坚带来了诸多不利影响，一是人员外出务工受阻；二是个体工商户收入减少，比如海东市在全国的 2.78 万家拉面店，约有 2.6 万家歇业，16.9 万从业人员增收受到影响，其中贫困劳动力 2.14 万，截至目前人均年收入减少 3500 元左右；三是扶贫项目建设成本增加。

为减低疫情影响，青海出台了一系列激励举措抓好复工复产、抓好务工就业。对参与劳务组织输出或参加农牧区基础设施建设、人居环境整治的贫困劳动力，给予每人 1000 元的一次性就业补助；对跨区域转移就业的贫困劳动力，由县级政府发放返岗务工补贴。对于吸纳贫困劳动力并签订就业合同的企业，按照每人 1000 元的标准给予一次性奖励。结合新冠肺炎疫情防控，在全省 4146 个行政村中每村增设 4 个防疫消毒、巡查值守、宣传疏导等临时性公益岗位，优先安排低收入群体就业增收，所需资金从村集体经济收益和光伏电站收益中列支。

南方周末：光伏扶贫是青海的特色，目前效果如何？

马丰胜：青海省充分利用丰富的太阳能资源优势，抢抓脱贫攻坚政策机遇，大力发展光伏扶贫产业。目前，全省建成 4 类光伏扶贫项目，装机规模 73.16 万千瓦，占全省光伏容量的 8%，年发电产值预期 8.8 亿元，扶贫收益 5.7 亿元，带动 7.7 万户 28.3 万贫困人口，占全省贫困人口的 52.5%，五成贫困人口吃上了"阳光饭"。

我们积极协调各级电力部门简化工作流程，快捷办理手续，确保建成电站按期并网，实现"即投产、即稳定、即盈利"目标。整体效益超过预期，收益的 60% 作为村集体经济，主要用于产业发展、基础设施维修维护、农牧民教育培训、临时救助等，40% 作为扶持资金。

"留得住、学得好"

南方周末：在阻断贫困代际传递方面，青海有何独特经验？

马丰胜：教育扶贫是阻断贫困代际传递的根本之策。截至 2019 年底，青海省学前教育毛入园率、九年义务教育巩固率、高中阶段教育毛入学率分别达到 90.69%、96.87%、90.31%，较 2015 年分别提高了 9.95、3.85、10.31 个百分点，影响贫困家庭子女义务教育有保障的突出问题得到根本性解决，贫困地区教育基本公共服务水平显著提升。2016 年至 2019 年，累计投入贫困地区教育建设项目资金 118.5 亿元，建设校舍 298 万平方米，基层办学条件得到明显改善。

在师资队伍建设方面，青海实施乡村教师支持计划，建立乡村教师生活补助和荣誉制度，实施藏汉双语定向公费师范生培养计划和农村牧区理科、小学全科和紧缺学科骨干教师培养计划，努力建设一支面向贫困地区"下得去、留得住、教得好"的教师队伍。

对接脱贫需求，青海省在教育上注重强化技能培训。我们实施职业教育"圆梦行动计划"，统筹协调 24 所国家示范和重点中等职业学校（技工学校），单列招生计划、单独考试招生、单独录取，同等条件下优先录取建档立卡等贫困家庭学生。每年面向"两后生"、农牧民等开展技术技能培训 5 万人（次）。同时加强对家庭贫困学生就业指导，着力提高职业素养和就业能力，举办全省高校毕业生困难群体就业专场招聘会，帮助家庭贫困毕业生及时充分就业，贫困家庭学生就业签约率高于全省平均水平。

南方周末：如何防止因贫失学？

马丰胜：一方面扩大定向招生规模，2016 年以来，累计安排省内高职精准扶贫招生计划 11869 名，本科扶贫、涉藏地区、生态三个专项招生计划 2950 名，为贫困地区学生接受高等教育创造更多机会。涉藏地区省内外异地办班规模逐步扩大，三江源民族中学、西宁果洛中学、玉树海东中学相继建成，2019 年面向民族地区招生规模达到 2024 名，服务涉藏地区的优质教育资源不断扩大。另一方面，不断完善教育资助政策，构建从学前教育到高等教育地域全覆盖、阶段相衔接的教育资助体系。2016 年起，面向六州全体学生和西宁海东贫困家庭学生实施教育资助政策，加大对特殊困难群体的保障。

南方周末：辍学的适龄儿童怎么办？

马丰胜：青海开创"互联网+"控辍保学全新工作模式，建立户籍信息、建档立卡贫困人口信息与学籍信息比对机制，对疑似失学、辍学适龄儿童少年逐一摸排劝返，并确保劝返复学学生"留得住、学得好"。

2020 年 5 月 21 日　05 版　谭畅

《中国扶贫》

青海打造特色扶贫产业园
加快贫困地区发展和贫困群众脱贫致富

青海集中了西部地区、民族地区、高原地区和欠发达地区的所有特征和困难，也是全国最典型的集中连片特困地区之一。为破解贫困地区资金难筹、人才难找、技术难求、项目难上、结构难调、产业难兴、规模难大、市场难寻、产品难销、效益难高、群众难富的一系列难题，2014 年，省政府决定在海东市、玉树州玉树市、西宁市大通县、海北州刚察县实施扶贫产业示范园试点工程，2015 年，在全省建设 11 个县级扶贫产业示范园，以精准扶贫、精准发力为指导，鼓励大众创业，万众创新，为有能力的贫困人口提供就业平台，探索了青海特色的产业化扶贫之路，加快贫困地区发展和贫困群众脱贫致富进程。

一、思路与做法

青海省围绕"四区两带一线"（东部地区、柴达木地区、环青海湖地区、三江源地区和沿黄河发展带、沿湟水发展带及兰青 – 青藏铁路发展轴线）产业发展布局，以集中连片特困地区为主战场，以贫困村和贫困户为重点，以富民强村为目标，按照"政府主导、市场运作、精准扶贫、滚动发展、提质增效、示范带动"原则和"建园区、引龙头、扶产业、扩基地、增效益、带农（牧）户"的工作思路，结合当地农牧区特色优势，围绕全省"十大特色产业"在东部、环湖和青南三种不同类型的地区建设 4 个扶贫产业示范园，有力助推了贫困地区资源优化配置，产业扶贫在新的起点上高位推进。其做法主要表现为：

（一）政府主导，整合资源，加大贫困地区扶贫产业基础投入

以实施产业化扶贫战略为平台和契机，动员各方力量，优化资源配置，整合各类资金，加大投入力度，形成"政府主导、部门配套、各方参与、市场运作、综合开发、全面发展、整体推进"的大扶贫格局，合理攻坚。按照"渠道不乱，用途不变，统筹安排，配套建设，各负其责，各记其功"的原则，把专项扶贫的特惠制与行业扶贫的普惠制有机结合起来，形成以专项扶贫扶持发展特色主导产业，以行业扶贫完善基础设施和社会保障等公共服务建设，整合产业基础资源，加大对龙头企业和产业基地扶持力度。产业园统筹投入各类资金近 10 亿元，打牢产业发展基础，有针对性地实施了扶贫开发产业基础设施和产业扶持项目，努力实现不同的贫困地区和各族贫困群众之间的协调发展，加快各族贫困群众脱贫致富奔小康进程。

（二）突出精准，创新思路，努力打造有生命力的产业富民扶贫工程

创造性打造特色扶贫产业园，积极探索、不断完善产业扶贫与扶持对象的利益联结机制，把扶贫产业与产业结构调整、资源开发、生态保护、城镇化建设、改善民生、现代农牧业发展结合起来；把扶贫产业发展和改善民生结合起来，进行综合开发。把突出精准扶贫和区域扶贫攻坚结合起来，实行"双轮驱动"。围绕延伸产业链、提升产业发展层次，实现特色产业发展新突破，扶持带动贫困户发展特色优势产业，打造品牌，形成规模，增加收入，为可持续发展注入强大的动力。

（三）依托资源，培育特色，积极拓展扶贫产业发展新领域

坚持扶大、扶强、扶优和引进与培育相结合、大中小并举的原则，把扶贫开发政策优势与地方资源优势有机结合，加大对带动能力强的产业化扶贫龙头企业的扶持力度，积极引导企业强化与生产基地及贫困农牧民的利益联结，大力发展具有地方特色和市场前景广阔的优势产业，逐步实现了规模化生产，集约化经营、产业化发展。主要形成三种模式：

1. 企业带动型。就是充分发挥扶贫龙头企业依托自身资源和技术优势，实行"基地＋企业＋合作社＋贫困户"的经营模式，带动贫困户脱贫致富，共同发展，实现双赢。例如玉树市省级扶贫产业示范园，以民族服饰和民族

特色手工艺加工为特色产业,引进"诺布噶琼民族服饰工贸有限责任公司""诺布岭藏族服饰加工厂""安冲白旺藏式精品工贸有限责任公司"和"安冲康巴松宝民族手工艺品加工中心"。解决农村剩余劳动力就业岗位 730 个,项目辐射 3 乡(镇)、12 个村,带动辐射农牧民 3719 户、12635 人,其中带动贫困群众 952 户、3122 人,人均增收 2000 元以上。

2. 租赁经营型。就是村委会将产业扶贫资金投资建设的集体项目资产对外租赁,收益平均分配给贫困户,长期受益。例如西宁市大通县易地扶贫搬迁工程后续产业商贸建设示范园,青山乡多兰村,新庄镇上山村、下山村,城关镇东门村、好来村的 5 个贫困村的 1059 户 4248 人,在大通县城关镇购置商铺 70 间 3416.3 平方米进行租赁经营,产权归项目户所有。项目村贫困户具有优先租赁经营权。贫困户既有租赁分红收入,也有经营收入,受益明显。户均增收 14516.25 元,人均增收 3617 元,人均纯收入从 2013 年的 2200 元增加到 5817 元。

3. 集中带动型。就是产业集中发展,起到带动辐射作用,从根本上解决脱贫致富问题。例如刚察县省级扶贫产业示范园,集中建设农牧民就业技能实训基地、农牧业科技成果孵化转化展示中心、高原现代生态农牧业、藏城民俗风情园为一体的特色支柱产业体系,形成"核心区—示范区—辐射区"有效衔接,扶贫产业"点、线、面"梯度发展的模式,使示范园成为涉藏地区扶贫产业新技术吸纳、示范、转化及技术培训与技术辐射的平台和样板区。生态畜牧业项目,可分配利润 471 万元,户均增收 3659 元,人均增收 1265 元。农畜产品加工项目,解决牧区剩余劳动力就业岗位 567 个,人均增收 3000 元以上。藏城民俗风情园项目,项目户以扶贫资金投资入股分红的方式参与项目,带动 5 乡(镇)10 村贫困群众 800 户。人均增收 730 万元,合作社提取公积金 10%,项目户户均增收 2000 元,人均增收 480 元。

二、取得的成效

通过扶贫产业园工程,发展特色产业,产生了综合效益,提高了扶贫开发水平，加快了脱贫致富进程。

（一）优化了生产要素

以扶贫产业园为平台的集中连片特色产业基地建设，整合了项目、资金、土地、人才、技术、信息、管理等生产要素向连片特困地区集中，优化了资源配置，推进了贫困地区资源优势转化为经济优势，形成了集聚、集群效应。

（二）促进了发展方式转变

通过集中力量主攻覆盖千家万户的高原特色农业、特色生态畜牧业、特色旅游业和特色环保型加工业，从而带动相关产业和区域经济发展，实现了三个转变：扶贫开发资金由"撒芝麻盐"向配套集中使用、培育发展特色产业转变；生产经营由零星分散、各自为战向集中连片、规模开发转变；发展方式由粗放经营向集约化经营转变。

（三）调整了产业结构

在实施集中连片特色产业基地建设中，积极调整和优化产业结构，大力发展具有地方特色和市场前景广阔的优势产业，着力打造了区域化、特色化、专业化、规模化、集约化、高效化的产业基地，贫困地区实现了由单一的农牧业向二、三产业多元化发展，实现了产业结构的调整升级。

（四）实现了精准脱贫

4 个扶贫产业示范园辐射带动建档立卡的贫困户，效益明显，人均纯收入从 2014 年的 2894 元，增加到 2015 年初的 4945 元，年均增长 13% 以上。

三、经验与启示

扶贫产业示范园的实践给我们以下几点启示：

（一）牢固科学扶贫和精准扶贫相结合，是实现扶贫开发又好又快发展的根本前提

习近平总书记指出："贫困地区完全可能依靠自身的努力、政策、长处、优势，在特定领域先飞，以弥补贫困带来的劣势。"青海的产业扶贫模式表明：扶贫产业园把企业先进的经营理念、管理方式、生产技术等要素引入农牧业生产发

展，弥补了贫困地区农牧业发展缺人才、缺资金、缺信息、缺技术、缺装备的劣势，探索符合科学发展的扶贫开发新模式，才能开创扶贫开发新局面。

（二）坚持不懈地在转变扶贫开发方式上下功夫，是保证扶贫开发取得实效的关键

实践证明，过去单一的、分散的、短期的扶贫开发方式和措施，已经不能适应发展变化的新形势，难以从根本上解决脱贫致富问题。实施产业扶贫战略真正实现了"输血"型扶贫方式向"造血"型扶贫开发方式的转变，使贫困地区群众走上了依靠产业带动、长期受益的道路。青海的产业扶贫模式表明，只有加快转变扶贫开发方式，努力实现贫困地区农牧业规模化、集约化、特色化、产业化、市场化，才能突破资源环境和发展条件的瓶颈制约，实现贫困地区经济社会又好又快发展。

（三）培育产业要尊重意愿，因地制宜，是促进民族团结、和谐稳定发展的基础

在产业项目的选择上，充分尊重群众意愿，因地制宜，立足当地的资源优势、生态优势、市场优势、地理优势，大力发展特色农牧业、生态畜牧业产业，贫困群众收入水平稳步提高，为构建和谐社会、维护民族地区社会稳定和繁荣当地经济起到积极的推动作用。

（四）统筹各类资源，是打好新一轮扶贫攻坚战的重要保障

党中央、国务院和省委、省政府反复强调，加快贫困地区发展，不仅是一个重大的经济问题，而且是一个重大的政治问题，不仅是党委和政府的任务和责任，而且是全社会的任务和责任。青海产业扶贫模式表明：欠发达地区只有以扶贫为平台，整合各部门资源，水、电、路、科、教、文、卫、邮政、通信等齐上阵，基础设施和社会事业发展由各行业部门投入，扶贫产业发展由扶贫开发部门专项扶贫资金投入，既有分工，又有合作，才能有效改善贫困地区发展基础和贫困群众生产生活条件，为脱贫致富打下坚实的基础。

2015 年 第 5 期 马青军

金融扶贫的青海经验

青海是全国最典型的连片特困地区之一，自然条件严酷，各种灾害频繁，生态环境脆弱，农牧业发展基础薄弱，生产力发展滞后，农村牧区贫困面大，贫困人口多，贫困程度深。扶贫开发难度大、成本高，实现脱贫致富受到多重制约。其中最主要的制约因素就是资金短缺，投入不足。特别是农牧民担保难、贷款贵，农村基础金融服务不足，农牧民金融知识和市场意识缺乏等问题最为突出和明显。

为有效破解这一系列难题，2014 年，青海省扶贫开发局决定在全省实施金融扶贫示范村建设工程。2015 年，在全省建设 1 个金融扶贫示范州、10 个金融扶贫示范县，以精准扶贫、精准发力为导向，积极探索财政扶贫资金有偿使用方式，充分发挥扶贫资金四两拨千斤的作用，不断提高贫困群众自我发展能力，加快贫困地区、贫困农牧民脱贫致富步伐。

无偿资金和有偿资金"两轮驱动"

一是政府主导，完善机制，确保扶贫富民工程有效开展。按照开发式扶贫和精准扶贫的工作要求，坚持"政府主导、市场运作、银行参与、融资推动"的原则，在广泛调研论证的基础上，会同省财政厅、金融办、中行西宁中心支行、中国保监会青海监管局等部门联合制定印发了《关于创新金融扶贫机制加大产业化扶贫工作力度的意见》，建立了扶贫开发金融服务主办银行制度，省信用联社、邮储银行青海分行作为第一批主办银行。进一步扩大了扶贫资金来源渠道，引导和鼓励商业性金融机构创新金融产品和服务，不断增加贫困地区信贷投放。继续对民贸和民族特需商品生产贷款实行优惠利率，落实贫困地区符合条件的金融机构新增支农再贷利率再降 1 个百分点的优惠金融政策。贷款发放坚持"政府引导、平台担保（县级支农信贷担保体系）、金融机构自主放贷"原则，财政扶贫资金主要用于担保和贴息，按银行年基准利率的 3%~5% 贴息，贴息期限与贷款期限一致。财政部门按照"放得出、收得回、有效益"的原则，对贷款对象的担保、贴息资格及所选项目效益进行评估、审核、确认。建立了金融扶贫工作联席会议制度，负责金融扶贫制度设计和沟通协调，建立考评考核奖励机制，为解决贫困群众发展致富产业资金"瓶颈"问题提供了强有力的政策保障。

二是围绕重点，加大宣传，促进扶贫富民工程扎实推进。工程实施过程中，针对贫困农牧民对金融扶贫富民工程政策认识不到位、了解不全面的问题，省扶贫开发局及时策划方案，积极与媒体对接，组织媒体记者走进贫困村，通过电视、广播、报刊、选派乡镇扶贫专干和驻村干部进村入户宣讲等多种形式广泛宣传金融扶贫富民工程的政策要求、扶持范围、对象、产业、贷款发放程序等等，让广大贫困群众清楚地知道金融扶贫富民工程要干什么、哪些人能够贷款、贷款支持哪些项目，真正做到家喻户晓，人人皆知。努力营造一个社会各界理解支持、广大农牧民积极参与的良好氛围，让"金融扶贫"这池活水更好地浇灌贫困地区。

三是科学规划，加大投入，稳步推进富民工程健康发展。选择村"两委"班子能力强，带头讲团结、讲稳定、讲信用，信贷条件较好、群众积极性高、产业基础好和能人带动强的贫困村先行先试，积累经验后再逐步分批次推进实施，最终实现贫困村、贫困户的全覆盖。

去年 10 月、11 月中旬，分别组织西宁市、海东市和海南、海北、海西州及所辖县区扶贫开发局项目干部及省局业务干部共 36 人组成 2 个学习考察组，先后赴宁夏回族自治区、甘肃省和内蒙古自治区，对三省区的金融扶贫工作进行实地考察学习，学到了实招，为青海省创新金融扶贫富民工程注入了强劲动力。

截至目前，全省金融扶贫示范村已达到 148 个，引导金融部门以基准利率发放贷款 18.6 亿元，扶持贫困户发展特色产业。2015 年，力争撬动资金规模突破 20 亿元，提升了扶贫开发工作水平，为扶贫攻坚打下了坚实的基础。

四是创新模式，注重实效，加快贫困地区脱贫致富进程。充分发挥当地资源优势，创新多样化金融扶贫模式，构建多元化金融扶贫资金供给保障体系，使贷款跟着穷人走，穷人跟着能人走，能人跟着产业走，产业跟着市场走，使金融扶贫资金真正发挥最大效益，形成集中扶贫攻坚的强大合力，主要形成了四种创新模式：

支持能人大户提高带动发展能力。充分发挥贫困村能人大户的帮带作用，实行"多户联保＋大户帮带＋基地＋理事会＋农牧户参与＋整体推进"的经营模式，实现了农牧户共同参与、共同发展、共同富裕的目标。例如海北藏族自治州海晏县哈勒景蒙古族乡哈勒景村将 150 万金融扶贫资金作为担保基金向银行质押，银行按 1：10 的比例放贷，发放贷款 1500 万元。民主选举产生村扶贫担保基金理事会、监事会。确保精准扶贫"落地生根"，采取"能者多贷、10 户联保、能者帮贫"的方式，对信用度较高的能人和大户分配较大额度的贷款。获得贷款的大户必须义务帮带一个贫困户，保证其年创收至少1 万元。对确无能力贷款的特困户，从大户贷款时交纳的 4% 扶贫滚动基金中按每户 2000~5000 元给予补助，用于购置周转牲畜或务工设备。在扶贫资金的杠杆撬动下，积极培育和发展舍饲养殖、牛羊贩运、饲草饲料、旅游四个主导产业，经济效益显著。全村 165 户户均年增收 2.2 万元，人均增收 5500元以上。

支持龙头企业和合作组织，提高辐射带动能力。进一步加大对优势特色产业发展的扶持力度，提高扶贫龙头企业市场竞争能力，充分发挥扶贫龙头企业依托自身资源、技术优势和市场优势，实行"基地＋企业＋合作社＋贫困户"的发展运作模式，结成利益联结体，实现双赢。2014 年，投入金融扶贫贷款贴息资金 900 万元，直接拉动各类金融机构贷款 3.8 亿元，扶持全省44 家产业化扶贫龙头企业用于流动资金、技能改造升级、建设产业基地等。直接间接辐射带动农牧户 14.47 万户，其中建档立卡贫困户 4.87 万户，吸纳贫困劳动力 7767 人，户均年增收 4000 元以上。

支持贫困户提高自我发展能力。积极协调引进中国扶贫基金会中和农信并签订合作协议，中和农信三年共出资 1.8 亿元、青海省配套投入 0.9 亿元，在西宁、海东等 9 个贫困县实施免抵押、免担保、不以营利为目的的合作小额信贷扶贫工作，目前，2700 万元项目资金已安排落实到位。例如海东市互助土族自治县截至 8 月中旬，累计发放贷款 320 万元，经回访调查，贷款的贫困户普遍反映中和农信服务好，放款灵活快捷，有效缓解了农户发展生产、生活周转资金短缺问题，为贫困群众增收和扶贫开发增添了后劲。

支持大学生创业能力。为切实解决青年创业资金短缺的瓶颈，助力实现返乡大学生的创业愿望，在全省 20 个贫困县开展了青春创业扶贫行动，实施青春创业贷款项目 113 项，贷款规模达 7565 万元，有 1838 名贫困家庭大学生和有志青年通过创业贷款实现就业。

创新金融破解脱贫难题

通过精准实施金融扶贫富民工程，发展特色产业，产生了综合效益，提高了扶贫开发水平，加快了贫困地区、贫困群众脱贫致富进程。

首先，解决了贫困户贷款和担保难的问题。"金融扶贫富民工程"的作用是通过财政扶贫资金，为贫困户贷款提供担保，降低准入门槛。扶贫小额信款政策的出台，拓宽了致富产业发展的融资渠道，有效缓解了贫困农牧民发展致富产业资金短缺的问题，加快了脱贫步伐。

其次，放大了扶贫资金的总量。借助银行这个平台，进一步扩大扶贫资金来源渠道，不断增加贫困地区信贷投放，将更多扶贫资金运用到贫困户的民生上，引导金融机构放大扶贫资金的投放规模，逐步增加扶贫资金总量，扩大扶贫覆盖面，加大扶贫开发力度。

再次，解决了贫困户贷款贵的问题。财政扶贫资金为贫困户贷款提供贴息，金融机构适当让利，既有效解决了贫困地区农牧户"贷款贵"的问题，对民间借贷也有很明显的"挤出"效应，让贫困群众得到真正的实惠。

最后，推进了"大众创业、万众创新"的步伐。积极搭建农牧区青年创业就业金融平台，鼓励创业就业，拓宽致富增收渠道。通过资金、技术、培训、电商、咨询服务等支持，实现培育市场主体，壮大扶贫产业的双赢目标，为扶贫攻坚汇聚了持久的澎湃动力。

实践中总结经验与启示

在实施金融扶贫富民工程的具体工作实践中，主要有以下几点工作启示：

一、充分发挥财政资金"四两拨千斤"的作用，吸引和带动银行信贷资金、社会资金甚至民营资本进入扶贫开发领域，是增强贫困地区"造血"功能，推动贫困地区经济社会全面发展的有效途径。

二、坚持科学发展，创新机制，加强与相关部门和银行的沟通协调与通力合作，深化精准扶贫，强化攻坚合力，形成齐抓共管、全面发展、整体推进的局面，才能保证金融扶贫富民工程持续、健康、高效发展。

三、在资金分配、项目的选择和实施上，只有广泛听取贫困群众的意见和建议，充分考虑当地的传统习惯和生产生活需要，才能调动农牧民参与的积极性和主观能动性，是搞好融扶贫富民工程的关键。

四、以抓好项目建设为突破口，抓点示范，扩面带动，采取多种形式展示试点中好的经验、做法、亮点，让更多的贫困群众了解和享受到国家扶持政策的支持，提高自己脱贫奔小康的信心和能力，让金融扶贫成果更巩固、更长远、更见实效。

2015年　第18期　马青军

"幸福日子还长着呢！"

——来自青海省格尔木市长江源村的报道

对于 53 岁的藏族申格和他的妻子子步来说，2016 年 8 月 22 日下午 5 时，是他们此生最为隆重的时刻。

"见到总书记我们非常幸运。当时光是激动，就是不知道该说什么。"子步在他们充满藏族风情的宽敞明亮的客厅里，向本刊记者如此描述他见到习近平总书记的心情。

8 月 22 日下午，习近平总书记来到青海省海西藏族自治州格尔木市唐古拉山镇长江源村考察，老村支书更尕南杰向总书记敬献了圣洁的哈达，村民代表向总书记敬献了切玛、青稞酒。在村委会，总书记听取了长江源村生态移民搬迁、民族团结创建、基层组织建设等情况的介绍后，来到村民申格的家，详细了解他们生态移民后的生产生活情况。总书记走后的几天里，申格、子步接待了他们已经分辨不清的多家媒体以及村里村外众多好奇的乡亲们。

记者采访这天，就有两位人民日报的记者前来补充采访。今年 62 岁、穿着漂亮花袄、涂着口红、佩戴着很多首饰的子布，照例微笑着捧出酥油茶招待客人。高原特有的明亮晨光穿过窗户射进屋里，使她的家更加窗明几净，大客厅、大电视、大冰箱、大群的朋友……幸福的时光，就这样在一个牧民的生活中从容呈现。

申格的心思

长江源村在格尔木市南郊 10 公里处。看到记者进来，申格用简单的普通话和我们打招呼，妻子子步不会说普通话，只是一边微笑着，一边拿着扫帚继续扫地。

子步扫完地，刚走到梳妆台前，一个令人惊奇的场景发生了：申格走到妻子身后，从她手里接过梳子，熟练地替她梳理着满头银丝。梳毕，又娴熟地将她的头发拧成一个麻花，用发卡固定好。这一幕，把记者和格尔木市农牧和扶贫开发局的两位同志看得目瞪口呆。

当我们对他们夫妻间的恩爱之情表达敬意时，申格指指子步的胳膊，向我们解释说，妻子患有风湿，胳膊抬不起来。陪同我们前来的长江源村老村支书更尕南杰介绍，子步患有高原型疾病——心脏病、关节炎、风湿病，这些病对居住在唐古拉山镇这样高海拔地区的牧民来说，很普遍。

唐古拉山镇，一个驴友们魂牵梦绕的生态天堂，对子步来说，并不是宜居的温柔之乡。

1983 年，草场承包入户，申格在唐古拉山镇承包了 30 万亩草场。从夏季草场迁移到冬季草场，再从冬季草场转移到夏季草场，蓝天碧野间的日子，就这样一天天流逝着。申格眼见着青草越长越低，一些原本常见的动物日渐稀少，内心隐隐有了危机感。再加上唐古拉山镇因海拔高、气候寒冷，一年中只有七、八、九三个月才能长牧草，发展养殖十分受限。与此同时，因长期高寒缺氧，住帐篷、睡草地，子步也落下不少毛病……每当看到一向爱美的妻子伸不直腰，甚至连抬起胳膊梳头都变得困难时，申格就心痛：什么时候，才能带上自己的爱人、孩子，到一个更好的地方去生活呢？

更尕南杰告诉记者，由于地广人稀、人员流动性大，草原上长大的孩子辍学率也比较高，拿着羊鞭做牧童，在孩子们的成长中似乎是自然而然的选择。申格的 4 个孩子，上学时间都不长，其中三个是牧民。

那一年，携妻告别牧场

2004 年，生活在唐古拉山镇的牧民们，面临一个重大抉择。

青海，被誉为"中华水塔"，是长江、黄河、澜沧江三条大河的发源地。近几十年来，由于人口增加、生产活动增多、气候变暖，三江源生态环境持续恶化。2000 年 8 月 19 日，为保护三江源的自然资源，我国最大的自然保护区——三江源自然保护区纪念碑正式落成揭碑；2003 年 1 月，国务院正式批准三江源自然保护区晋升为国家级自然保护区，一场生态移民工程就此展开。

地处青藏高原腹地的唐古拉山镇，属三江源自然保护区，有"长江源头第一镇"的美誉。这里平均海拔 4700 米，距格尔木市区 420 公里，常年高寒缺氧，气候恶劣。2004 年 11 月，唐古拉山镇 128 户 407 名牧民群众积极响应国家三江源生态保护政策，移民搬迁到 400 公里之外的格尔木市南郊居住，申格一家就是其中的代表。申格顺利地动员妻子离开牧场，到市里开始新生活，夫妻俩逐草而居的日子从此成为过去。据了解，三江源生态移民共有近 5 万人。

"采用的是志愿报名的方式，整个唐古拉山镇有一半搬下了山。没搬来的，也开始实行以草定畜、草畜平衡的养殖方式。多大的草场可以承载多少牛羊，有明确规定，并且必须严格执行，三江源的生态得到明显修复。这是国家的好政策，我们知道国家在保护草场、保护我们的家乡，所以我们是拥护的，再说，国家给了很多补偿性政策。"更尕南杰告诉记者。

生态移民后，三江源一带有 501 万亩草场禁牧，其余草场也以草定畜，草原的载畜力明显减轻，保护力度逐年加大，三江源重新变得天蓝、草绿、水清。现在，禁牧草场的草势明显优于在牧草场，各种野生动物如藏羚羊、黄羊、盘羊、野牦牛、野驴、棕熊、沙狐、狼等越来越多，辽阔的草原恢复了勃勃生机。

生态移民后，世代放牧为生的移民们过上了新生活：海拔低了，呼吸舒畅了；交通方便了，孩子上学、老人就医便利了，禁牧的牧民也逐渐融入了城市生活。

128 户响应党和国家的政策移民定居后，为这个移民新村起了一个很有意义、十分好听的名字：长江源村，其寓意是"来自长江源头，饮水思源、不忘党的恩情"。

山下的新生活

移居长江源村后，申格感到生活一下子舒服、便利了好多。300 平方米的小院，62 平方米的房子，水、电、天然气俱全，一些家用电器也是统一配送。虽是平房，但房间内有厨房、厕所。学校、卫生室、文化广场更是一应俱全。后来的几年里，政府不断改善住房条件，统一对院里的地面进行硬化，对屋顶和墙体加装了保温层，建设了院墙和院门，"为长江源村'穿衣戴帽'的投资，不下 500 万。今年还准备将村里的下水管接入城市主管网，需要投资 400 万，已经立项。"在镇政府工作多年的格尔木市农民和扶贫开发局办公室主任董兵介绍道。

土地是农民的命根子，草场是牧民的命根子。128 户牧民为了国家生态大计自愿告别草场，国家对他们也做出了多种补偿。最初几年，每年每户享受 5000 元的饲草补助，2000 元的燃料补助，2011 年起，还对 16 周岁以下、55 周岁以上的人口每年给予困难补助。近年来，这些补助标准大幅度提高，饲草补助改为草原奖补，根据家庭可利用草场面积计算，申格家每年可获得 14 万元。与此同时，燃料费增加到每年每户 3000 元，困难补助增加到 5600 元。此外，村民在相关区域为保护生态从事草场管护或林业管护，每月可分别获得 1800 元、3000 元的补助。

输血的同时，当地政府还采取多种方式帮扶长江源村造血。先后帮助村民建起了养殖场、集贸市场，并无偿划拨 300 亩耕地扶持他们发展后续产业，还针对富余劳力开展了雕刻、舞蹈、驾驶、烹饪等技术培训，千方百计培养他们的生存技能、增加他们的收入。现在，年轻人大多能讲一口比较标准的普通话，不少人在外打工，已基本融入了现代生活。

2012 年，包括长江源村在内的唐古拉山镇整体脱贫，去年，长江源村年人均纯收入达 19422 元。现在，一半以上的村民有小轿车，部分村民还买来大卡车跑运输、贩牛羊。"翻身不忘毛主席，幸福不忘共产党。国家政策越来越好，替我们考虑得越来越周到。"申格说。

长江源村聚合了唐古拉山镇原先 6 个村的部分牧民，但因为移民坚持了自愿原则，移民后补偿工作和后续产业发展到位，这个藏族移民新村多年来无一起维稳案件发生,并获得多项荣誉:2007 年被省妇联评为"巾帼示范村",2009 年被评为"城市民族试点工作先进单位",2014 年被评为"海西州民族团结进步先进集体"。

"我们是草原上最幸福的人家了"

在申格家的显著位置,记者看到一条洁白的哈达围着几盒包装精致的礼品。申格介绍说,这是总书记带来的礼物,有冰糖和茶叶各两盒。总书记离开后,子步就精心用哈达围了起来。客厅中还挂着一大幅他们全家和总书记的合影照。

谈到总书记的到来,申格说:"之前听说要来,但还是有点儿难以相信。我是一个普通牧民,难道我能有福气迎接中央领导吗?直到总书记和我握手,我才相信眼前的一切是真的。"

申格回忆道,总书记进家后,亲切地问家里有几口人,还关切地问外孙的上学情况。当看到茶几上由青海省人民政府颁发的《青海省草原承包经营权证》时,总书记详细了解了申格家的草原面积和移民后享受的生态补偿情况。在了解到每个家庭成员都参保后,总书记高兴地说:"参保了,以后看病就方便了,就能报销了。"并仔细询问了他家的生产生活情况,申格一一回答。总书记说:"幸福的日子还长着呢!"

从他家离开时,总书记和他们全家合影,申格夫妻俩分坐在总书记两边。子步说,现在,这张摆在客厅的合影照,每一位客人来了都会驻足欣赏,脸上都会生出羡慕之色。她说:"我们家现在和以前不一样了,总书记来了,我们是草原上最幸福的人家了。"

那天,总书记从他家出来,又来到村文化广场,和等在那里的乡亲们合影留念。"90% 的人都和总书记握上了手。老人们握手时基本都哭了。总书记上车要走时,我也忍不住流下眼泪,觉得这美好的时光就像做梦一样。"申格边回忆边说。

这时,更尕南杰告诉记者,当看到总书记坐车要离开时,他觉得总书记来的时间太短了。他非常遗憾地对记者说:"总书记没来时,我隔几分钟就撩开袖子看一下表，等总书记坐的车一到，我一激动就忘看了。所以，我看了那么多次表都白看了！"

落实是关键

早在 2010 年 1 月，习近平同志在中央学习实践活动《简报》第 997 期《青海省格尔木市唐古拉山镇积极转变发展方式努力打造长江源头生态第一镇》上就作出重要批示："转变经济发展方式，是贯彻落实科学发展观的必然要求，也是学习实践活动需要取得的认识成果和实践成果。青海省格尔木市唐古拉山镇采取有效措施积极转变发展方式，努力打造长江源生态第一镇，他们这种科学发展理念和积极做法值得肯定，值得各地学习借鉴。"几年来，这一批示一直激励着格尔木市在生态立市上不断创新、再攀高峰。

格尔木市是一座新兴城市。1954 年，慕生忠将军率领青藏公路筑路大军来到当初的这片荒漠，在克服重重困难修路的同时，亲手种下第一棵树，一座城市也由此诞生。目前，格尔木市还有 16 个贫困村、278 户 814 个贫困人口，市农牧和扶贫开发局局长周延山介绍道，为实现全市今年脱贫摘帽的目标，现在，他们正因户施策，积极推进发展产业、转移就业、危房改造、生态保护、资产收益、发展教育、医疗保险和救助、低保兜底等"八个一批"，其中，生态保护方面，今年新吸纳 124 名贫困人员加入护林员队伍，他们每人每月可获得 3000 元收入，实现贫困人员在治山治水中增收致富。

谈到总书记视察长江源村，周延山说："总书记来青海视察，大概谈了五个重点，脱贫攻坚是其中之一。我们一定不辜负总书记的期望和激励，一定完成好格尔木市今年脱贫摘帽的任务，做到精准脱贫不落一户、一人、一个民族，扎扎实实完成好每一项工作。"

据了解，8 月 24 日晚，新闻联播播放时，格尔木市委中心组就提前部署，组织集中收看、讨论。记者采访当天，在市农牧和扶贫开发局看到了市委办公室印发的《贯彻习近平总书记在青海视察时重要讲话精神的工作任务清单》，清单分全力保持经济持续健康发展，切实筑牢国家生态安全屏障，切实做到脱真贫、真脱贫，持续推进民族团结进步先进区建设，切实抓好全面从严治党这一根本性基础性工作五个方面，把全市的任务分解到部门，各部门又分解到科室，并责任到人。采访中，记者看到周延山又收到会议通知，将于第二天上午再次参加学习。

"收看新闻联播后，觉得压力更大。我们必须把总书记的指示落实好，必须把贫困户的困难解决好，使他们真脱贫、真退出，确实做到让贫困户、老百姓、第三方评估'三认账'。因此，落实是关键。只有把工作落实好，脱贫攻坚战才能打赢，才能让每个人都共享发展成果。"周延山坚定地说。

为了保护三江源，以申格为代表的牧民告别草原，移居城市；为了让移民适应新生活、过上好日子，格尔木市因户施策，多措并举。申格的幸福生活告诉我们，保护生态与脱贫致富的美梦，可以同圆。申格的好日子，还在后头。

2016年 第18期 王晓霞

"总书记来到俺们村"

"那天中午，我们都吃不下饭。总书记坐车走了，我们回到家心空得不行，没心思吃饭。"

8月27日上午，谈起在新家与习近平总书记握手的情景，坐在旧村院里与记者聊天的青海省海东市互助土族自治县五十镇班彦村建档立卡贫困户吕有章，低头返回屋里，取出一块洗得有点儿僵硬的毛巾，边擦眼泪边坐下来。

好一会儿，他才抬起头来。记者看到，他哭过的眼睛已经明显发红。

吕有章低头擦泪时，旁边的吕志发、吕志武也开始眼圈发红，23日下午，他们都见到了总书记。身材壮硕、浓眉大眼、说话声音响亮的吕志发，使劲眨巴着大眼睛，但泪水还是流在他黝黑的面庞上。稍年轻些的吕志武，把头别到一边去，再扭回头来时，浓密的睫毛已经濡湿。

这一刻，风轻云淡，他们身后菜地里的西番莲花开得正艳。屋前，装在透明塑料包装里的两床毛毯、两床被子，静静地讲述着发生在三天前的引起全村轰动、全国关注的故事。

上篇：一个村庄的变迁

（一）山顶上的老村庄

班彦村有8个社，共369户、1396人，其中五社、六社的129户、484

人住在山头，四社住在另一座山的山腰。贫困发生率为52%，五六社高达56%。吕有章、吕志发都在六社。互助县的平均海拔在2700米左右，五社、六社的海拔自然更高。这高高在上的日子并不好过，远离水源，交通闭塞，出趟门，先要七拐八绕地走下几条总长6公里的山路。遇上下雨下雪，下山、上山举步维艰。村民吃水，更是历程艰辛，下山挑水，收集雨水，买水，水泵抽水……节约用水是这里人人具备的好习惯。

吕有章是土族人，五社、六社都是土族人。县扶贫局局长朱安金告诉记者，土族人在全国共有24.2万，其中18.8万在青海，互助县有7.4万，是全国唯一的土族自治县。女孩子们的领口、衣袖上，是赤橙黄绿青蓝紫各色拼起来的颜色，恰似彩虹，因此，互助县又被称作"彩虹的故乡"。互助，各民族之间要"互助友爱"之寓意。

站在吕志发的小院门口，极目远眺，山下，一片片梯田上种植的小麦、蚕豆、油菜刚刚收割，麦垛在地里打着整齐的捆儿，前两天刚下过一场透雨，空气中飘荡着草木和泥土的清香。山头上的房子大都年代久远，"我们在山上住了六七代人了，至少有四百年。房子都盖了110年了。"吕志发仰头望着自家房梁上的雕花，自豪地说道。他家院子规划得很好，土院墙围起一个方方正正的院子，有正房、东西厢房，还有菜园。互助县十年九旱，收成不稳，因此，这里的村民都有储粮备荒的习惯，家家户户用铁皮围起一个两米多高、直径一米的空间，粮食放进去可防鼠。吕志发家的大铁皮桶上方，还挂着几条腊肉。

这两年，扶贫开发的力度越来越大，其中的一项重要措施——易地扶贫搬迁直接影响到了吕有章们的生活。他们搬离了那居住了400年的村庄，那里，有他们的昨天，有祖先的印记，有汗水、泪水、欢笑交织出来的无数故事……他们虽有留恋，却决意要搬。

"没有不愿意搬的，住山上孩子上学、老人看病都很不方便，我们都想住山下去，都想住新房。"吕志发坚定地说。

（二）山下的新房子

山下的新房子，地势低，交通便利，共有129套，五社、六社户户有份。每户80平方米，因为不像城市的房子有公摊，所以看起来挺大。三室一厅一厨的户型极好，客厅和两个卧室朝阳，另一间卧室、厨房朝北，厨房有上下水。根据村民习惯，朝阳的卧室还垫了一盘了土炕，烟道设计合理，利于散热。客厅前面有一个宽阔、明亮的阳台，房顶采用了具有防震功能的现浇工艺。厕所则因地制宜建在院里，是旱厕，有两个好处：一是可以避免水厕因海拔高、冬季寒冷而冲水不畅；二是粪便可用来发展有机农业。村民吕志武高兴地说：看，就连厕所盖、清掏口也是统一为我们设计的，既不污染空气，又方便定期清掏。

县扶贫局副局长杨鹏介绍说，这里铺装了排水管网，建设了化粪池，生活废水经沉淀后，清水可渗透于地下，污物会定期清运。如此一来，困扰农民的生活污水排放将得以妥善解决。

面积达 267 平方米的大院子，可种蔬菜、养花草、搞养殖。配上统一围起来的院墙，统一安装的漂亮大铁门，统一规划的出行通畅的街道，站在院里，看得见山，望得见水，呼吸得到清新空气……

这样的住房，这样的环境，令久居都市、如在樊笼的记者好生羡慕，难怪老吕说村民们都急着要搬下来呢。

对班彦村享受易地扶贫搬迁政策的建档立卡贫困户来说，拥有这样一套新房，自己仅需出 4000 元。县扶贫开发局副局长杨鹏介绍，路、水、电、通信设施、村庄绿化、卫生室、卫生厕所、综合服务中心、文化广场等方面的基础设施和公共服务，也都会一应俱全地建设好。

与新房同时产生的，还有三个小组：领导小组负责整个工程的管理，由村"两委"成员、村民代表组成；质量监督小组从搬迁户中产生，年富力强、精明强干的吕志武是小组成员之一；还成立了理财小组，负责在工程完工后对各种资金进行公示。吕志武告诉记者，房子的基础做得很好，村民以后有需要、有条件，可加盖为二层；施工中，每一分钱都花得节省、透明，比如，一块红砖出厂价是 0.28 元，运费是 4 分，成本是 0.32 元。施工队也是搬迁户自主选择，县扶贫局和乡政府联合为他们推荐了几家有资质的，村民代表去考察、去谈价，最后自己确定中意的施工队；就连户型，也是县扶贫局联系好几家后，由搬迁户的代表实地考察后选择初样，再经搬迁户们集中讨论后，拿出修改意见，由设计师修改后才确定。因此，一说起新房，搬迁户们个个笑眯眯的。

（三）即将开始的好日子

乔迁新居是人生大喜事，但对于新生活来说，只是开头。班彦新村于今年 4 月 1 日开工建设，目前主体已基本完工，村民入住大概要到 10 月份。那以后，他们的生活将是一副全新模样。

为他们的新生活做规划的，是去年10月驻村任职的"第一书记"苏江宁，他是省国土资源厅的一名副处级干部。经历了最初一个月的睡不着觉，经过了走村入户的访贫问苦，班彦新村的建设蓝图在他心中逐渐清晰起来。

新村在规划中，特意留出30亩，将用来为搬迁户发展养殖基地，养殖项目包括眉毛呈八字形的本地黑猪——八眉猪，准备卖驴皮、驴肉的肉驴，以及已经有养殖基础的藏系羊。按照青海省的扶贫政策，农区的建档立卡贫困户可人均获得5400元产业扶持资金，班彦村在征求贫困户意愿的前提下，准备将这笔资金集中使用，帮助贫困户发展生产、增收致富。

新村规划时，特意在村口规划出10间门面房，将交由具备条件的建档立卡贫困户从事经营，以开小超市、洗车、餐馆的方式实现稳定脱贫。

俗话说，一张白纸，可画最新最美的图画。而对于班彦村来说，不仅新村规划得好，旧村地盘上，同样做出了大文章。

旧村占地124.5亩，为集体建设用地，面积比新村住宅区、村民活动广场等建设用地大将近50亩。按照易地扶贫搬迁政策要求，新村占了耕地，旧村就要复垦为耕地，并且要办理相关土地手续，以实现耕地的占补平衡。那么，多余出来的50亩，如何利用才能发挥最大效益？苏江宁巧借政策，将使这近50亩耕地增值为500万元。我们来看看他的做法。

"我们利用的是城乡建设用地增减挂钩政策，对这近50亩地通过青海省耕地占补平衡指标交易平台流转交易。有建设需求的单位需要建设用地，就必须在其他地方找到等面积的耕地，这样，他们就可以购买我们这个指标，按照现在的交易行情，我们村就可以获得500万元左右的集体经济。"

50亩变500万元，500万元还将变出更大的效益。

这500万元，将作为发展班彦村村级经济的第一桶金，主要用作产业发展，所获收益归村集体调配使用。初步计划分两块，一是投资建设一个肉驴养殖基地和驴肉深加工项目；二是拟建一个省级蔬菜基地，目前蔬菜基地项目正在调研论证中，"这样，村集体就有了自己的经济收入，班彦村不仅会尽快退出贫困村行列，还会致富奔向小康，成为富裕、文明、和谐的新农村"。

记者了解到，旧村复垦后，五、六社的村民相当于每户新增一亩耕地，这将进一步促进他们增收。今年，苏江宁从青海一家种子科研所引进了耐高寒、高产的蚕豆新品种"青海 13 号",该研究所承诺,市场价低于每公斤 5 元时,研究所以该价格收购;高于该价格时,农民自由出售,目前已播种 500 亩,引种基本成功。此外,种燕麦、种豌豆,也是苏江宁的打算……

新房子,新产业,新生活。对新生活的渴盼和激情,写在了班彦新村每一位搬迁户的脸上。今夏,班彦村连续 30 多天无降雨,是几十年来少有的干旱天气。去年绝收,今年预计产量也只有 20%。但因为有盼头,老天带给他们的这点儿挫折,似乎减少了许多。

盼望着,盼望着,搬家的日子近了。在好日子的靠近中,班彦村又添喜事一桩、大事一件——总书记来了!

下篇:"总书记来到俺们村"

8 月 22 日,习近平总书记来到青海,在位于青海西部的格尔木市,考察了盐湖工业股份有限公司,看望了长江源村的藏族百姓。8 月 23 日上午,总书记又来到位于青海东部的互助县五十镇班彦村,冒着细雨,在县长安永辉的介绍下,了解了住在山上的五、六社 129 户村民的搬迁情况,走进建档立卡贫困户吕有金、吕有章的新居,详细询问他们的生产、生活情况,并祝乡亲们早日搬到新家,希望把新村建设好,把后续产业发展好。《新闻联播》中,对总书记在班彦村考察的报道,不到三分钟。但对于班彦群众来说,却是一段日思夜想、终生难忘的珍贵记忆。

8 月 27 日早上,记者来到班彦村,采访了总书记看望过的建档立卡贫困户吕有章,与总书记说过话、握过手的建档立卡贫困户吕志发,以及苏江宁,深深地为他们对总书记的那份质朴、深挚的感情所打动。

(一)吕有章:送的棉被、毛毯不铺不盖,就摆着看

63 岁的吕有章,在山下的易地扶贫搬迁新居里迎接了总书记的到来。

27 日上午,记者在吕有章山上的小院里采访了他。吕有章胃不好,2014 年做了部分胃切除,干不了重活。老伴身体更差,患有颈椎病、风湿病、甲状腺结节,年初在县医院、省医院住院花了 2 万多元,费用正在报销中。现在,

儿媳妇因脑积水，也正在省城西宁住院。儿子身体较好，在西宁市做环卫工，工资每月 1800 元，除去租房、吃饭，最多能剩 1000 元。因病、因缺乏技术致贫，是这个家庭的主要特征。

在红色的扶贫手册上，记者看到，他家属低保户，全家 6 口人每人每年享受 2016 元的低保。谈到山下的新居时，身体不好、说话声音不大的吕有章，忽然抬头大声说道："就要搬下大山啦！"他的目光望向前方，消瘦的脸上满是期待。他告诉记者，好日子马上就要来了，10 月份搬新家，11 月份，儿子将参加电焊工培训，培训完，出去打工一个月能挣回三四千。

谈到驻村帮扶时，吕有章说，端午节前，他家的"亲戚"还送来 5 斤粽子，很好吃。原来，班彦村的每户建档立卡贫困户都有一位"亲戚"，他们是帮扶单位——省国土资源厅的干部。这些"亲戚"要对结对户进行精准帮扶，要求一年中至少要在端午节、中秋节、春节三个节日前走亲，在村民有大事时前来帮助，并且还要有记录。记者看到，吕有章的帮扶手册上，端午节一栏已经打上了对钩，帮扶人的姓名、联系方式都一清二楚。当被问是否给"亲戚"打过求助电话，吕有章不好意思地一笑："他们总跟我说，有事就打电话。我没有大的事，不麻烦人家。不过听说，人家给了村里好多钱，这个苏书记知道，你问苏书记。"

记者从苏江宁口中得知，吕有章家共有 11 亩地，搬下山后，留下 7 亩种口粮，每亩可获得三农补贴 100 元。其余 4 亩将退耕还林，可获得每亩每年 240 元生态补偿。另外，他家将加入村里的肉驴养殖合作社获得分红，加上儿子务工所得，预计到 2018 年，吕有章家年人均纯收入可达 4200 元，超过了当年的贫困线。又因为解决了住房、医疗、孩子上学问题，他家 2018 年可实现脱贫。班彦村也计划在 2018 年退出贫困村行列。

采访中，吕有章兴奋地晒出了总书记的"见面礼"——崭新、厚实、花色雅致的棉被、毛毯各两条。总书记到村前一天，镇里就将礼物送来。守着这么高大上的礼物，吕有章全家人当晚兴奋得一夜没睡好。记者看到，四份床上用品摆在另一间屋里，并不放在卧室。"和老伴说好了，不铺不盖，就摆着看。"吕有章说。

谈到见总书记的情形，吕有章眼圈红了。进屋里取出毛巾擦干泪水后，他详细地回忆了那天的情形。

23日那天，上午10点多，细雨中，总书记一行走进了山下他新家的院子，在院门口，总书记握住了吕有章的手。

家里几口人？身体怎么样？住多大的房子？什么时候搬下来？搬家时原来的家具怎么办？搬家后生活靠什么？有什么自己克服不了的困难？总书记细细问来，吕有章如实回答，吕有章说，不知为什么，当时他并不觉得紧张。

"吃水怎么吃？"总书记问。

"新房有水。"吕有章说。

"水从哪里来？"

"从附近的甘滩引来的。"

"吃水花钱吗？"

"以前好像是每人每年八块钱。去年没收，我们搬下来怎么收，还不知道。"吕有章实话实说。

尤其让吕有章感动的是，总书记对帮扶计划一项项问得很仔细，听得很专心。

"从家里出来，走到院里时，总书记又问我，院子这么大，准备怎么利用？我说，种点菜，自己吃，就不用花钱买菜了。总书记点头说，好！"

从他家出来，总书记向村口走去，和乡亲们握手、合影、道别。吕有章站在送别的人群中，目送着总书记一行坐车离去，久久不愿离开。回到家，他觉得心里很难受："心空得不行，就像丢了啥东西一样，就像庄户人家把闺女嫁了出去一样，说不清楚，就觉得心里很空，闹得慌。我们都一样。"坐在院里的吕有章，指着旁边的吕志发、吕志武说。

这时，吕志发、吕志武已经泪流满面。

（二）吕志发：老伴忘了带鞋垫，回家大哭一场

吕志发56岁，和老伴、儿子、儿媳、孙子孙女共同生活在山上的一处农家院里。他行动敏捷，待人热情，对党和政府十分感恩。

"党的政策好呀！去年老伴在互助县人民医院做子宫肿瘤手术，花了11000元，报了将近8000元；孙子、孙女上学都不要钱。还给我们在山下盖新房，那么好的房子免费让我们住，哪朝哪代能有这么好的政策？记者同志，你说是不是呀？搬新家后，还免费送猪仔，听说每人补助5400元，俺们一家子能给三万多，不过，好像钱不给到自己手里，是让我们发展生产、脱贫致富，

国家对穷人真是想得太周全了！"见到记者，声音洪亮的吕志发激动地夸开了享受到的好政策。

当被问是什么时候得知总书记要来时，吕志发坦言："提前三四天，乡里来人通知我了，说有中央领导很可能要来家看看，让在家等着不要出远门。"

究竟是哪位大领导要来？吕志发不知情。但他知道，应该把家里的卫生好好搞一下。老伴甚至赶工纳制出一副做工精美的鞋垫，希望表达一点儿心意。头天晚上临睡前，吕志发告诉小孙子，第二天，如果看到的大领导比较年轻，就喊叔叔；如果年龄比较大，就喊爷爷。

夜里，下起了大雨。屋外，夜雨潺潺。屋内，吕志发辗转反侧。早早起床后，吕志发惆怅地想，也许自己只是空欢喜一场而已。10点多，乡里来车了，说时间关系，中央领导不进旧村了，乡里决定把他们一家直接开车送往移民新村。

听说还能见到总书记，吕志发和老伴赶紧带着小孙子上了车，赶到新村时，远远看到一个高大的身影正和乡亲们一一握手。

吕志发激动地下了车，当看到电视上那个伟大的、这几年让自己的日子变得越来越好过的人物就站在面前时，吕志发激动得流出了眼泪，他一边大声说"总书记好"，一边紧紧握住了那只伸向自己的温暖大手。懂事的小孙子也脆生生地仰头喊："爷爷好！"

"你好！小朋友好！你们大家好！祝你们早日搬到新家。"总书记亲切地望着他们爷俩，高兴地说。

那一刻，时光似乎凝滞了。总书记的声音和目光，一瞬间进入吕志发的心灵深处。

握手后，吕志发赶紧用袖口擦去眼泪。他看到，旁边的乡亲们和他一样，都眼含热泪，有些人问好时，甚至声音哽咽起来。

"那我们就合个影吧！"听到总书记的话，吕志发赶紧拉着小孙子走到总书记身边。于是，他的小孙子成了那个被总书记揽在身前的幸运儿。

"我孙子在总书记身前，我在总书记后边，紧挨总书记站着，看见没？这就是我！这个就是！"吕志发指着塑封照片上的合影，自豪地指认着自己。总书记离开后，乡干部给他们送来了合影，吕志发就把这张塑封的合影放在家中两张红色桌子的正中央。几天来，那张并不大的六寸合影，成为他出出进进看也看不够的地方。

"总书记身材很高大，人很慈祥，和我握手时，眼睛看着我，很亲，就像家里人一样。"吕志发激动地说，"合影后，总书记上了一辆大巴车，坐在前面那个单人位置上。车门没关，他一直和大家挥着手,一直挥着。"吕志发边说，边伸出自己的右胳膊，在身前摆动着。

车缓缓启动了，从乡亲们身边经过时，吕志发看到，总书记依然在挥手。他们就跟在车后追，二三百米后，车到了公路边，速度渐快。目送着那辆中巴车走远、拐弯，终于看不到了，乡亲们仍未散去。足有二十分钟，他们才各自回家。

乡里的车把吕志发一家送回来，刚进家门，老伴看到走得匆忙竟然忘带的鞋垫,趴在炕头就哭了起来。"老天爷呀！你40多天不下雨,迟不下,早不下,今天总书记要来俺家，你偏偏今天下，害得总书记没来成俺家……"

中午，一家人都没心思吃午饭。

"麻烦记者同志回到北京给传个话，希望我们搬到新家以后，总书记或重要首长再来，看看我们住得咋样。我们一定不辜负总书记的期望，早日脱贫。"临别时，吕志发这样对记者说。

（三）苏江宁：总书记看着让人心疼

"我不像乡亲们那样幸运，能和总书记握上手、说上话，但我也近距离地见到了总书记。"在班彦村小学暑期安静的校园里，苏江宁接受了记者采访。

苏江宁是宁夏人，在国土资源厅执法监察总队工作,去年10月，主动请缨、经组织同意后，成为省厅驻班彦村"第一书记"。据了解，省国土资源厅对扶贫工作很重视，抽调精干力量，向全省18个贫困村派驻"第一书记"、驻村干部各1名，向3个定点扶贫村派驻村干部各1名，并且筹措资金1200万元帮扶这21个贫困村。驻村近一年来，苏江宁一边精心规划种养殖业增加贫困户收入，一边发挥行业优势在土地平整、增减挂钩上做文章，把全部心思用在了为班彦村脱贫致富上，很快赢得了村民的认可和爱戴。除了外出跑项目、调研，他一周最少五天在村，周六周日也常常加班。他和另一名驻村干部、国土厅地调局的年轻小伙徐龙一起合伙做饭，"我俩一天做一顿饭，做一顿饭吃一天，简单得很。"苏江宁笑着说。

谈到驻村工作，苏江宁感触很深。他说："扶贫有两句话，扶贫先扶智，扶贫先扶志。发音一样,但概念不同。扶志更关键,贫困群众在一个地方待久了,习惯了贫困,这是扶贫工作首先要解决的问题。只有先把扶志解决好,搞培训、发展产业的扶智才有内生动力。另外,必须把集体经济做强大。前些年村干部说话为什么没人听?主要原因并不是村干部不想为村民做事情,而是有想法没办法,缺乏经济基础。现在,贫困村退出的指标中,有一项就是对村集体经济的考核,我觉得这一招抓得太准了。"

他介绍,省国土资源厅资助的 150 万元,将用来在新村建 10 间门面房,产权归集体所有。一方面租给有能力经营的建档立卡贫困户增加收入,一方面为村集体经济积累资金。同时,增减挂项目的部分收益,也将注入村集体经济。他希望,自己驻村结束时,能为班彦村留下一个坚强有力的支部班子,留下一份可为村民遮风挡雨的强大的集体经济,同时,也精准施策,为贫困户找到富民产业,解决实际困难。

记者下山路上,遇到一位行为奇怪的年轻人,同行的村民们纷纷告诉记者,这位年轻人学习很好、学历较高,但因精神出现问题,不能外出工作,且常常与家人发生激烈冲突,严重时甚至打骂父母,搞得家人很痛苦。苏江宁说,他准备和省厅联系一下,带这位年轻人去省城好好检查一下。如果是身体方面的原因,就积极治疗;若是情绪方面有障碍,就耐心做思想工作。"做思想工作是我们党的优势,如果他确实身体方面没问题,我就想办法与他沟通,解开他的疙瘩。"苏江宁说。

"如果说脱贫攻坚是一场战役,我们驻村干部就是冲锋在第一线的战士。我们直接面对堡垒,直接接触群众,我们的工作直接影响一个村庄的脱贫任务能否实现。"苏江宁脸上露出坚毅的神色。

谈到 8 月 23 日上午总书记来村的情景,苏江宁说:"我这次有幸近距离接触总书记,觉得总书记确实很平易近人,很有人格魅力。总书记和村民握手时,都望着村民的脸,很亲切。和总书记握过手的村民,基本上都流泪了,握过手后都擦泪。"

苏江宁还告诉记者这样一个细节。在贫困户吕友金家,总书记走进厨房,看到案板上放着一团面,面团上盖着一块毛巾,就说:"这是正醒面呢。"苏江宁说,从这个自然而然的生活细节能看出,总书记一定有过和面的经验。没和过面,不会知道和面中有一道程序是醒面。他说,总书记是从农村基层干起来的,吃过很多苦,总书记在梁家河任村支书的经历,尽管年代不同,仍使他深受教育。

"有幸参加总书记和农户的座谈，看到总书记明显比十八大召开时期电视画面上憔悴，真的很心疼。"苏江宁动情地说。

苏江宁告诉记者，总书记对乡亲们"祝愿你们早日搬到新家"的祝福，是对自己工作的鞭策。他说，10月份搬家时，村里会统一安排交通工具、人力，届时，省厅认亲的干部会来，一起帮助129户村民顺利下山居住，愉快地开始新生活。他说，这几个月来，乡亲们本来就沉浸在搬下大山的期待中，现在，总书记冒雨访贫，更让土族群众喜上加喜，全村凝聚力明显加强。

夕阳西下，校园里浓密的绿树罩上了一层金光。苏江宁站起身，信心满满："'把新村建设好，把生产搞上去'是总书记的嘱托，也是对我们干部的工作要求和命令。我们村'两委'一定要按照总书记的'三个结合'要求——新村建设要同发展生产和促进就业结合起来，同完善基本公共服务结合起来，同保护民族、区域、文化特色及风貌结合起来，把班彦村建设好，让土族群众早日过上好日子！"

对班彦村的采访就要结束了，走在出村的路上，记者看到"精准扶持，齐心脱贫"的标语写在村庄的明显位置。苏江宁说，有总书记心系民生的情怀激励，有国土资源厅党委、214名认亲干部做坚强后盾，有互助县委县政府的科学部署，有村"两委"的齐心协力，有全村193户贫困户的共同努力，他有信心有决心带领群众脱贫奔小康。

出村时，记者巧遇根据支队安排从西宁赶来考察村情的武警交通第一支队一大队政治教导员张敬辉。他介绍说，看了总书记视察青海的新闻后，得知村民的居住条件将很快得到改善，为方便村民发展生产，他们准备发挥交通部队的人才、技术、装备优势，官兵自行施工为村民修砂石路。

（四）朱安金："8·23"是里程碑

离开班彦村，来到县城，当晚，记者见到了县扶贫局局长朱安金，他行如风、声如钟的特点给人印象深刻。朱安金早年从事过乡镇工作，后在县就业局工作6年，互助县的转移就业在全市比较突出，全县12万富余劳动力有11.2万在外务工，劳务收入占农民年人均纯收入的一半以上。年初，县委县政府成立了脱贫攻坚指挥部，县委书记任总指挥。并决定加强扶贫局的工作力量，把朱安金调来任扶贫局一把手。在十三五的开局之年走马上任，朱安金有压力，更有激情，几乎每个星期日，他都在办公室度过。

互助县 40.4 万人，农业人口 34.5 万，贫困人口 48523，贫困发生率 14.1%。如何在计划脱贫时间 2018 年真正实现脱贫？朱金安幽默地说，互助县正在努力做好大自然、老祖宗这两篇文章。做大自然的文章，即引导贫困户依托当地旅游资源，开办农家乐、藏家乐，发展电商销售当地的土特产品；做老祖宗的文章，即发挥藏族、土族民俗特点，挖掘历史底蕴，开展文化内涵深厚的旅游。现在当地的青稞面、豌豆面、八眉猪肉等已打开市场、造福贫困乡亲，民俗旅游也已发展得风生水起。同时，光伏扶贫、易地扶贫搬迁正在因地制宜的实施中。

谈到总书记来互助县考察，朱安金很激动，他说："总书记行程紧张，在互助县虽然待的时间很有限，只有 50 分钟，但能明显看出来，总书记想与贫困户多交流，多了解情况，他拿着扶贫手册问得很详细，对基础设施建设、百姓后续产业发展、精准帮扶这些方面很重视，这也是对我们今后工作的要求，我们一定要在这方面做好、做扎实，让总书记放心。"

25 日下午，县扶贫局及时组织学习总书记青海考察讲话精神。朱安金说，总书记的互助之行，给县里的扶贫工作指明了方向，注入了强大能量。"8·23"，已成为互助县脱贫攻坚征程中的里程碑。

2016 年　第 18 期　王晓霞

以习近平总书记重要指示为指引
全力打赢青海脱贫攻坚战

自中央扶贫开发工作会议召开以来，青海省委省政府把脱贫攻坚工作作为全省头等大事和第一民生工程，以习近平总书记扶贫开发战略思想和"四个扎扎实实"重大要求为指引，坚持精准扶贫、精准脱贫基本方略，举全省之力，聚全民之智，多政策、多途径、多方式综合发力，实现脱贫攻坚首战告捷。

一、坚持高位推进，着力建强攻坚拔寨"指挥部"

省上成立了由省委、省政府主要领导担任组长的扶贫开发工作领导小组，首次以"双组长"制强化责任落实，建强脱贫攻坚"指挥部"。市（州）、县（区、市）、乡镇全面落实党政一把手主体责任和分管领导直接责任，逐级组建作战单元，层层传导压力，责任到人、上下贯通、横向到边、纵向到底的责任体系基本形成，攻坚合力全面加强。

二、强化顶层设计，着力织密政策体系"保障网"

围绕"四年集中攻坚，一年巩固提升"的目标要求，立足区域特点和资源优势，制定出台了覆盖范围广、针对性强、含金量高的"1＋8＋10"脱贫攻坚政策体系，明确了精准施策的行动路径。编制完成了《青海省"十三五"脱贫攻坚规划》，突出规划引领，打好脱贫攻坚"组合拳"。同时，根据地域贫困程度和脱贫难度，在产业脱贫和易地搬迁脱贫中，制定差异化扶持政策，大幅度提高补助标准，既落实了政策要求，又体现了制度关怀。

三、健全工作机制，着力用好脱贫攻坚"指挥棒"

围绕抓规范、固根本、打基础，注重探索创新，建立健全了脱贫攻坚精准识别、精准管理、督查巡查、考核评价、贫困退出、惩防监督、资金投入七项工作机制，形成了规范、系统、高效的管理运行体系。其中在资金投入方面，积极统筹财政专项、行业扶贫、地方配套、信贷资金、社会帮扶和援青资金，积极整合使用涉农资金，形成了"多个渠道引水，一个池子蓄水，一个龙头放水"的扶贫投入新格局。2016年全省共落实财政专项扶贫资金73.4亿元，相当于"十二五"总投入的77%。其中，省级财政资金8.44亿元，增幅67.3%；整合涉农资金28类67项、119.5亿元。市州、县级财政投入扶贫配套资金7.8亿元，较上年增长3.7倍。省财政注资19.5亿元成立了扶贫开发投资公司，落实扶贫贷款24.7亿元。

四、拓展增收渠道，着力增强群众发展"后续力"

一是发展特色产业增收。投入产业扶贫资金13.2亿元，实施33个县到户产业扶贫项目、10个县精准扶贫产业园和50个贫困村旅游扶贫项目，带动19万贫困人口增收。二是推进就业转移增收。大力实施"雨露计划"，完成贫困劳动力短期技能培训13810人次、贫困村致富带头人培训1551人次，转移就业4.2万人。开发扶贫公益性岗位1165个，实现劳务收入1.78亿元，人均增收4238元。三是实施资产收益增收。对产业选择难和无经营能力的贫困户，探索建立扶贫项目资产收益机制，将产业扶持资金折股量化到贫困户，持续稳定增加财产性收入，受益贫困群众达到2.71万户、9.3万人。四是实施生态保护增收。新增贫困人口公益性生态管护员岗位1.45万个，贫困群众生态管护公益岗位达1.88万个，年人均增收2.16万元。五是实施社会保障兜底增收。

充分发挥低保制度的"兜底"作用，对农牧区12万无劳动能力或部分丧失劳动能力贫困群众按照年人均2500元标准实施低保补助。对11万名有劳动能力、29万名新增低保对象，分别按照年人均2016元、400元标准实施分档低保补助，并根据条件扶持发展适宜的产业增加收入。

五、改善民生条件，着力打造脱贫致富"新环境"

一是改善发展环境。按照"搬得出、稳得住、能致富"要求，对居住在"一方水土养不起一方人"地区的20万农牧民实施易地搬迁，2016年下达易地扶贫搬迁专项资金19.1亿元，涉及2.1万户、7.8万人的年度搬迁项目已全部开工建设。立足"今天怎么搬、明天怎么办",积极探索搬迁群众后续产业发展路径,带动贫困群众脱贫致富。二是改善基础设施条件。投入行业扶贫资金65亿元,新改建乡村公路5500公里;实施312个贫困村饮水安全巩固提升工程、108个贫困村电网改造工程、151个贫困村综合性文化中心项目、7个县全国电子商务进农村综合示范项目。三是改善教育和医疗条件。投入财政资金17.6亿元,全面落实六州涉藏地区和西宁、海东两市贫困家庭子女15年免费教育。投入4054万元,实施职业教育和贫困大学生资助项目,9000余人受益。全额资助贫困家庭参加医疗保险,全面落实医疗救助、"一免七减"政策,累计为贫困群众减免医疗费用550万元,开展临时和医疗救助13.5万人次,发放救助金3.3亿元,建成86个村标准化卫生室。

六、创新帮扶模式,着力用活脱贫攻坚"助推器"

一是健全完善领导干部联县联乡包村机制。省委、省政府主要领导亲自带头,包"战区"督战,8位省级领导分包8个市州,39名省级领导定点联系39个贫困县,实行重点督导。全省共建立各级领导干部联系点1310个。二是建立驻村帮扶"123"工作机制。选派第一书记和扶贫(驻村)干部7865名,实行挂钩扶贫。建立"一联、双帮、三治"帮扶工作机制。大力推进党员干部结对认亲活动,10.9万名党员干部与15.4万户贫困户认亲结对,帮助贫困群众解决生活困难,发展扶贫产业。三是健全完善社会帮扶机制。全省2500家省市县级定点扶贫单位与1824个"三类村"建立帮扶对子,投入各类帮扶资金超过10亿元。扎实推进"百企帮百村、百企联百户"精准帮扶行动,全省247家民营企业(异地商会)与300个贫困村建立结对帮扶关系,落实帮扶资金约2亿元。13家中央定点扶贫单位落实各类帮扶资金1.12亿元,较上年增长近6倍。

2016年,青海的脱贫攻坚工作取得开门红,呈现良好开局,为坚决打赢脱贫攻坚战奠定了扎实的工作基础。2017年是全面推进脱贫攻坚政策落地的关键之年,我们以深入贯彻落实总书记视察青海时的重要讲话精神为主线,按照党中央、国务院关于扶贫开发工作的一系列决策部署,着力在落实落细落小上下功夫,在综合施策上见实效,努力开创脱贫攻坚新局面。一是加强建档立卡和信息化建设工作,加快精准扶贫综合信息平台建设,完善系统功能,实现行业部门信息互联共享。进一步核准核实贫困对象信息,提高数量质量和精准度，建好"明白账"。二是深入实施年度十项重点工程，计划落实各类专项扶贫资金 100 亿元，按照精准施策要求，根据致贫原因、群众需求等，坚持对症下药、"按需点菜"，多渠道增加贫困群众收入，不断增强发展后劲，甩掉贫困"帽子"，唱好"进行曲"。三是进一步细化实化脱贫攻坚政策。抓住薄弱环节，加强政策研究，在"精准"上下功夫，围绕"短板"问题，强化补齐措施，不断完善细化政策体系，打造"新引擎"。四是加大脱贫攻坚督查巡查工作力度，全面落实督查巡查机制，结合阶段性工作重点，不定期开展督查巡查工作，加大问责通报力度，确保脱贫攻坚各项政策举措落地见效。进一步完善监管制度，加强资金使用管理情况的跟踪监督，切实看好惠民生的"钱袋子"。五是加大宣传工作力度，继续保持大扶贫、大宣传的良好态势，注重加强脱贫攻坚成就宣传和典型宣传，进一步激发贫困群众内生动力，讲好"民生情"。

2017 年　第 1 期　青海省扶贫开发局局长　马丰胜

决战深度贫困——青海之变

几年前，当驴友们围着周长 360 公里的青海湖骑行时，当他们带着高级户外装备向着年保玉则雪峰冲刺时，当他们惊异于三江源保护区的清水出芙蓉时，或许，他们并不知道不远处的藏族同胞，可能还存在着人畜吃水困难、出行难、住房难、上学难等诸多他们难以想象的困难。美丽与贫困交织，这就是大美青海在发展中面临的特殊难题。

2016 年 8 月 22 日—24 日，习近平总书记走进青海，留下了"四个扎扎实实"要求，特别强调要下大力气保护好高原绿色生态屏障。近一年来，青海是如何落实习近平总书记的指示的？ 2017 年 7 月 3 日—5 日，本刊记者走进青海省海南藏族自治州的同德县与贵南县，亲身感受到了曾经的"全省最穷县"同德县率先摘帽的巨变，也聆听到了正在脱贫路上、计划 2018 年摘帽的贵南县奋进的足音。

同德县篇
巩固提升百尺竿头更进一步

位于青海省东南腹地的同德县，不仅有个动听易记的名字，更有着超常规的干劲。2016 年底，这个曾经的深度贫困县在各方帮扶和自力更生下，率先脱贫摘帽。

这是艰难的大跨越。

2012 年以前，同德县有 2.3 万人、44.3 万头（只）牲畜饮水困难，一半牧户看不到卫星电视，4630 户不通电，无房户 1227 户，无畜户 2901 户，贫困发生率高达 75%。基础设施滞后，资源十分匮乏，严重制约着同德县的全面小康进程。

同德县的特殊贫困状况，引起了青海省委、省政府的高度重视。在专题调研及多次征求州、县、乡、村干部和群众意见的基础上，省委、省政府于 2012 年 11 月 1 日正式启动了《同德县特殊类型三年扶贫攻坚规划》，决定通过三年时间，总投资 40.6 亿元，实施基础设施、产业发展、民生改善、公共服务、能力建设、生态保护六大项目，集中力量解决同德特殊类型贫困问题，使 3.69 万农牧民摆脱贫困。

回头看去，扶贫攻坚这三年，全县生产总值年均递增 12%，农牧民人均纯收入年均递增 13%；群众住房难、吃水难、行路难、上学难、就医难等"十难"问题得到彻底解决，4.9 万人从中受益；全县 73 个行政村拥有产业和集体经济，开创出青海省特殊类型地区扶贫攻坚的"同德模式"。

产业园提升了牛羊肉加工档次

坐落着 14 家企业的同德县省级扶贫开发产业园，是该县在脱贫攻坚中的一大创新。产业园毗邻县城，总投资 1.69 亿元，主要建设有藏服加工、木雕工艺加工、藏文化影视拍摄制作、哈达加工、铜艺加工、有机畜产品冷链基地、天然矿泉水生产、粉条和粉丝加工、青稞加工等 14 家生产基地，这些企业均为环保型企业，有 433 名建档立卡贫困人口在园区就业。

靠山吃山，靠水吃水。醉美草原、有机牛羊是高原青海的特色，为把同德县高原有机牛羊肉打造成中高端产品，带动更多贫困户脱贫致富，总投资 5996 万元的日雪肉食品加工有机畜产品冷链基地落户产业园，现有的 46 名生产一线工人，全部为建档立卡贫困人口，预计年底可录用到 80 人，其工资为 2600~3500 元 / 月，即使是 5—8 月的非生产期，仍可领到月工资 1200 元。

"我们的生产工序有牛羊肉分割、封膜和冷藏，这些都是力气活，贫困户一般都比较能吃苦，珍惜工作，加之企业的扶贫责任，所以我们公司生产一线的工人全部是贫困人口。"公司负责人如是说。据了解在向贫困户收购牛羊时，该公司的收购价每斤高于市场价 0.5 元，并主动与科研院所合作，承担起对贫困户开展养殖技能培训的任务。

唐古镇加拉村 40 岁的藏族建档立卡贫困户南太加，经过日雪公司 60 天的培训后，于 2016 年 10 月成为一名剔骨工，每月能领到 2800 元工资。"我不认识汉字，只会简单的藏文，没想到现在竟然能挣到这么多钱。"南太加高兴地说。

以全民健康促进全面小康

有效解决因病致贫、返贫问题，是同德县巩固提升期的重要工作。在同德县的采访中，记者巧遇县卫生和计划生育局正组织工作队，以村为单位，对 34000 名 16~65 岁之间的人口进行乙肝、结核病等传染病的普查。普查费用为 540 万元，计划历时 45 天。"这项工作深受广大藏族同胞欢迎。习近平总书记指出，没有全民健康，就没有全面小康。我县这次开展的普查工作，采集到的都是实打实的数字，这将为全县健康档案的建立提供基础，同时，对检查中已经发现的比例较高的疾病，我们将研究出统一方案。"局长列日多杰介绍。

据了解，同德县 72 个行政村已拥有村医 114 名，贫困户患常见的 25 种慢性病之一，年可门诊报销 2000 元。生病住院报销比例最高为 90%。随着医疗观念的进步，现在，90% 的藏族妇女分娩时选择到县城医院。

在同德采访期间，记者还了解到，为加强对因病返贫人口的救助力度，同德县成立了"党政军企"返贫救助基金会，由党委、政府主导，融合军队、企业及社会各界力量，原始启动基金额为 120 万元。因病返贫，即将在这个平均海拔 3660 米的县域成为历史。

脱贫攻坚几年来，同德县实现了六个"全省第一"：在全省牧区中第一个全面解决人畜安全饮水和农林灌溉用水问题；第一个实现县、乡、村三级路网和生产生活用电全覆盖；第一个实现公共医疗卫生、教育文化基础建设、村综合办公服务中心、广播电视和网络宽带全覆盖；第一个牧民全部实现定居、全面解决危房户和无房户问题；第一个实现全县行政村产业发展和村级集体经济全覆盖；第一个提前达到退出贫困县的标准，全县贫困发生率降至 1.5%。

目前，同德县正进一步完善贫困对象动态管理机制，在兜底保障全覆盖、基础建设补短板、培育产业强支撑、教育培训拔穷根上下大力气，将扶贫重点从注重解决贫困问题向巩固脱贫成果、解决"边缘户"问题转变。全面小康，正在这里变为生动的现实。

贵南县篇
综合施策撸起袖子加油干

同德县先行一步，达到了退出标准，贵南县则紧盯 2018 年摘帽脱贫这一目标，尚处艰难爬坡期。

贵南县处于青海河湟地区与青南涉藏地区咽喉要道，平均海拔 3100 米，素有"高原牧草之乡""藏绣之乡"等多项美誉。但截至 2016 年底，贵南县仍有建档立卡贫困人口 8825 人，占全县人口总数的 10.7%。

记者了解到，为确保顺利完成 2018 年脱贫摘帽总体目标，贵南县今年将投入 3.95 亿元，全力夯实农牧区安全饮水、生产生活用电、乡村道路通畅、通信网络覆盖四大脱贫攻坚基底工程。

基础设施建设要赶上，人力资源素质更不能落后。扶贫先扶智，贵南县的培训工作可谓紧锣密鼓。先是今年 3 月份，为让第一书记和扶贫工作队更好地服务藏族群众，县里举办了为期 26 天的藏语口语培训班。5 月份，为使贫困对象掌握一门以上的就业创业技能，贵南县统筹农牧、移民、三江源二期、妇联、人社、教育、扶贫等 7 个部门 326.8 万元培训资金，实施了实用技术、劳务经纪人、创业就业、民族服饰加工、民族歌舞、建筑施工技能等 19 类农牧民实用技能精准扶贫培训项目，涉及贫困对象 4237 人。6 月中旬，全县又召集 30 个贫困村及 45 个非贫困村的包村干部、第一书记等共 270 余人，举办脱贫攻坚相关文件政策解读培训班。

为了让农牧民住上好房子，今年以来，贵南县在前些年农牧民定居工程、危房改造、易地扶贫搬迁的基础上，进一步加大统筹力度，整合扶贫、住建、民政部门 8669 万元项目资金，持续加大农牧民安全住房建设。项目实施完成后，将有效解决 1578 户（包括非贫困户）群众住房安全问题。

5369 公司的现代化养殖

脱贫致富，产业是根本。近几年，青海省积极探索财政扶贫资金与金融资金整合使用的新路子，以终年积雪、海拔 5369 米的年保玉则雪山的海拔为名，成立了青海 5369 生态牧业科技有限公司，专业从事高原特色资源开发、利用、研究，是青海省农牧业产业化重点龙头企业、青海省科技型企业，先后获得"中东国家第一品牌""中华国礼生产基地"等荣誉称号。

7 月 5 日，记者来到了该公司位于贵南县森多镇的 5369 分公司。该公司今年流转草场 10 万亩、耕地 1 万亩建成了可养殖 3000 头牦牛并能进行饲草种植、青储饲料加工、牦牛养殖及屠宰加工的大型基地。由于流转地绝大部分为森多镇 6 个村的集体牧场，因此，这些村庄家家户户可获得资产收益分红。

放眼望去，四周是看不到边的青青牧场。在青储饲料加工车间里，记者看到今年 28 岁的才让当周正在饲料加工车间熟练地操作着饲料搅拌机。他加工出来的饲料，将作为精饲料，为有机化养殖的牦牛提供丰富营养。

才让当周是森多镇加尚村贫困户，2016 年 10 月，经培训后在这里从事饲料加工，管吃住，目前月工资为 2600 元。他的妻子也在该厂工作，是厨师，每月 2100 元。两个孩子分别 7 岁、5 岁，由家中尚健康的父母照料。夫妻俩每月 4700 元的收入，这样的日子，是他从前想都不敢想的："没想到俩人都能找到工作，现在最大的愿望是多攒点儿钱，明年把房子收拾得更舒服。"

才让当周告诉记者，他们村有 4 人在这家工厂工作，全部为贫困户。

告别才让当周，记者来到现代化的牦牛养殖车间。犄角弯弯、或黑或白的牦牛生活在有饮水槽、食料槽、装有换气通风设备的现代化养殖车间里。据了解，为提升肉品的新鲜度和档次，这些牦牛经过 2 年的养殖期，会长途运输至北京、上海等一线城市，在销售地直接加工。

羊忠达杰的收入账

在贵南县森多镇加当村，记者见到了皮肤黝黑、性格憨厚的藏族同胞羊忠达杰。羊忠达杰全家 5 口人，他、妻子、女儿，以及妻子的弟弟、妹妹。掰着指头，对着红色的扶贫手册，羊忠达杰向记者一笔笔算开了变化账：

2015 年，他家享受游牧民定居政策，全家不花一分钱搬入了 60 平方米的集中安置房，结束了祖祖辈辈逐水草而居、以帐篷为家的游牧生活，老人就医、孩子上学都方便多了。

2016 年，因 5369 扶贫产业园流转了该村的集体公共草场，他和其他村民一样，获得了 4076 元项目分红。此外，与他们一起生活的妻妹因二级残疾，每年还可享受 2400 元的残疾补助。

2017 年，羊忠达杰还多了一个职务——草原生态管护员，负责管护 380 亩草场，主要任务是防火、夏季草场的禁牧，每月工资收入 1800 元。

此外，依照青海省产业扶贫政策，羊忠达杰一家 5 口每人可享受 6400 元的牧区产业发展资金。羊忠达杰准备用这笔资金养 10 头牦牛，牦牛养殖今年将是加当村的一项主产业，第一书记、村"两委"、村民代表目前正在联系羊种、防疫、贷款等工作，羊忠达杰已申请了 2 万元的扶贫小额信贷，免利息，无担保，能贷 3 年，目前已签字。"现在的政策真是太好了，我希望把牛养起来，母牛生小牛，实现滚动发展。"拿着自己的扶贫手册，羊忠达杰兴奋地说。

贫困村的热闹场景

红旗招展，笑语喧哗，牧民与干部们手握手、互问讯，7 月 5 日上午的加当村委会别样热闹，包村单位——州水利局及两个下属单位的 30 多名干部来村慰问，这已经是今年的第二次了，这样的慰问活动一年至少开展 4 次。

这天上午，州水利局局长先是在这里为全体干部职工上了党课，接下来是结对干部与牧民间的一对一交流，他们将力所能及地帮助结对户解决生产生活中的实际困难。驻村第一书记王生云介绍说，贫困户可在这次慰问中收到数目不等的慰问金和食用油、面粉等慰问品，这都是干部职工自掏腰包。

王生云告诉记者，在各方支持下，加当村 5.7 公里的水泥硬化路建起来了，今明两年自来水将对所有村民实现全覆盖，剩余 4 户危房户将享受危房改造政策，住上 60~80 平方米的新房，灭鼠、种草、防火、建设网围栏等草原生态保护工作正在扎实进展中……记者了解到，州里还会对驻村帮扶工作进行考评，村委会的办公桌上就放有考评文件。王生云一边向记者介绍今年村里的规划，一边要回答前来开会的贫困户们的问题，还要与单位的同事交流帮扶经验，忙得团团转。

走出村委会，记者看到设有盲道、留有绿化带的镇村之间的主路正在施工中。街面的商铺前，身着藏袍的藏族同胞出出进进，各得其乐。在驶向县城的路上，不断有越野车、摩托车呼啸而过。第二天，为期五天的贵南县第二届"民族团结杯"机车文化旅游节即将开幕，节庆活动将使贵南县的旅游、土特产、藏族工艺品销售更上层楼……

　　坚持生态保护与扶贫开发并重，高原青海，正为破解深度贫困难题交出令人耳目一新的答卷。

2017 年　第 15 期　**王晓霞**

雨中访藏家

——国务院扶贫办主任刘永富青海驻村调研侧记

"建档立卡识别时,你们开过会、举过手吗?"

"今年羊好卖吗?"

"供3个孩子上学,有外债吗?"

"扶贫小额信贷,免利息,不需要担保,能贷5万,期限3年,你家贷了没?"

"还有什么需求或者困难吗?"

"对国家的精准扶贫政策有什么建议?"

……

6月27日,青海省平安区巴藏沟乡堂寺尔村的藏族乡亲,见到了一位冒雨访贫问苦的领导,听到了十分贴心、给力的叮咛。

出东家,走西户,看产业发展,问资金需求,关心教育,情牵医疗,与藏族群众手牵手,跟干部心交心……这一幕幕,是国务院扶贫办主任刘永富驻村调研的剪影。

驻村调研:小活动 大意义

前不久,刘永富主任主持召开国务院扶贫办驻村调研动员会,要求全国扶贫系统开展两轮驻村调研活动,包括先期的设计性调研和后期的全面调研。

设计性调研由办领导带队，每组 10 人左右，分赴各地选择一个贫困村，开展为期一周的驻村活动。

记者在相关文件上看到了活动的任务：为深入贯彻落实习近平总书记关于脱贫攻坚的重要指示精神，深入了解中央脱贫攻坚决策部署、政策措施在基层特别是贫困村的落实情况，改进调研方式，转变工作作风，在扶贫一线找经验找问题找办法，着力研究解决当前工作中的突出问题和困难，进一步总结推广先进典型，进一步推进脱贫攻坚工作。

6 月 26 日，刘永富主任主持召开全国扶贫办主任座谈会，传达了习近平总书记在深度贫困地区脱贫攻坚座谈会上的讲话精神。当晚，即抵青调研，驻村目的地是一个藏族村庄——堂寺尔村。

唐寺尔属海东市平安区巴藏沟乡，是该乡唯一的纯藏族村。村庄不大，70 户、265 口人，居住在海拔 2700~2800 米的脑山地区，人均耕地 3.95 亩，种有小麦、马铃薯、油菜、豆类等农作物，养着猪、牛、羊等家畜，高直的土院墙是农家特色，砖木结构的房子绘有藏族风格的图案，生活方式上半农半牧，不少村民会讲简单的普通话。发扬自力更生精神，依靠国家扶贫政策帮扶，该村于 2016 年底整村脱贫。

"扶贫工作必须务实，脱贫过程必须扎实，脱贫结果必须真实。"这是习近平总书记最近在深度贫困地区脱贫攻坚座谈会上的重要要求。堂寺尔村的脱贫结果是否真实；70 户藏民依靠哪些方式实现了两不愁、三保障；现在还存在哪些困难；哪些扶贫政策对这个村庄比较有效；哪些政策在这里还不太接地气；群众对扶贫政策的满意度怎样，这些问题成为此次驻村调研的关注点。

养殖规模要适度

6 月 27 日中午，堂寺尔村骄阳高照，碧草青青，一片片面积不大的农田里，金黄色的油菜花分外鲜艳。高原上强烈的紫外线晒得人皮肤生疼，几位皮肤黝黑、戴着各式草帽的藏族群众，坐在一株白杨树下聊着天。

进入村庄，刘永富主任一行首先走入低保建档立卡贫困户李万玛才旦的院里。

看到李万玛才旦建有面积 150 平方米、可换气通风的羊圈,养了 110 只羊,刘永富主任关切地询问道:"县里的畜牧科技人员来过吗?冬天没草时,买饲料要花多少钱?"李万玛才旦以不太标准的普通话回答:"科技人员来指导过,买饲料花了 2000 元左右。"接着,刘永富主任详细询问了资金来源。李万玛才旦说,现在搞养殖有补助,建羊圈补了 3 万元,买羊补了 2 万元,今年的行情较去年稍有回升,一斤羊肉能卖到 23 元,卖一只羊能有一二百元的纯收入。

村里的第一书记叫才让,来自区民政局,于 2015 年 10 月开始全脱产式的驻村帮扶。他介绍说,李万玛才旦一家还享受有每人 5400 元的产业扶贫资金,他家户口上有 3 口人,能享受到 16200 元。情况介绍到这里时,李万玛才旦连连点头,说自己享受到了,这部分资金也投入到养殖中,因此才有一百多只的规模。

"养这么多,能忙得过来吗?养多少只对你来说比较合适?公羊、母羊的数量如何搭配?这里面都有科学,你要多琢磨、多总结,要算账。"刘永富主任边查看羊群情况,边对李万玛才旦说。

在了解到村里有 46 户人家从事养殖、建有家庭牧场时,刘永富主任说:"对你的小家庭来说,要注意养殖规模。对村里这个大家庭来说,也要提前考虑这个问题。村里养羊太多,草就长不好,你们的生存环境就会变差,要算长远账啊!"

子女有上进心,家就有奔头

走进李万玛才旦家干净整洁的屋里,看到墙上孩子们的照片,当了解到李万玛才旦有三个女儿时,刘永富主任一句"好啊,三朵金花嘛!"逗得李万玛才旦开心地笑了。

李万玛才旦的"三朵金花"学习成绩都不错,大女儿在青海师范大学读大三,二女儿中专幼教专业毕业后任教于一家幼儿园,三女儿在县城读初中。刘永富主任竖起大拇指,连夸李万玛才旦"教育得好"。李万玛才旦自豪地回应说,二女儿在幼儿园打工,每月 1800 元,业余时间还在学习,省吃俭用准备考大专。刘永富主任高兴地说："子女有上进心，你这家人就有奔头，有希望！"一直专心倾听的李万玛才旦，此时眼睛显得特别有神。

"供3个孩子上学，有外债没有？"李万玛才旦说："我没外债，乡亲们困难，我还借钱帮呢。"刘永富主任高兴地拍着李万玛才旦的肩："那就好，说明你会过日子。"

李万玛才旦有点不好意思地说："还是国家的政策好。"大女儿上大学，享受每年6000元的补助。二女儿读中专期间，每年也能享受到3000元。村里考虑到他家的实际困难，给办了低保。虽说国家给了这么多，但前两年的日子还是有些紧。去年多养了羊，种了牧草，再卖点儿粮食，加上二女儿的孝顺，现在日子过得挺好。今年过年，他打算宰一只200斤的大肥猪，这是自己养猪这么多年来的第一次。

说到兴奋处，李万玛才旦打开了话匣子：2010年，自己享受危房改造政策盖了新房；今年3月，养羊还贷到了3万元没有利息的扶贫小额信贷；前不久，他们一家参加了免费体检，医生给抽血、做心电图……

"家里还有什么需求或者困难吗？"

李万玛才旦腼腆地笑了："没有（要求）了，国家已经给这么多了，政策都好得让人不好意思了。"

听到这里，刘永富主任笑了："你现在的好日子，离不开习近平总书记关心穷人的政策，同时也离不开你自己的努力。"

微笑着的李万玛才旦连连点头。

当了解到李万玛才旦的妻子参加了串珠（一种工艺品制作）培训，目前还未实现收入时，刘永富主任对一同入户的村干部说："搞培训国家要花钱，贫困户参加要投入时间，所以，培训要增强目的性，培训完要让有活儿干，这个问题今后要注意。"

贷款好借好还，再借不难

从李万玛才旦家出来，刘永富主任一行来到非低保贫困户李多杰本院里。

李多杰本今年49岁，一家四口，妻子患有高原常见的关节炎，只能料理家务，不能下地干活。他家有22亩地，其中6亩种马铃薯，去年马铃薯一斤能卖到4毛多，加上卖油菜籽的收入，去年粮食收入1000多元。此外，还养羊30只、黄牛3头。

"我们对贫困户发展生产有个小额信贷，免利息，不需要担保，能贷5万，期限是3年，你贷了没？"刘永富主任问。

扶贫小额信贷是国家为解决贫困人口发展生产、增强内生动力而推出的一项扶贫品牌工程，这一品牌工程究竟能对贫困人口发展生产起到多大作用，利用率有多高，效益如何，是刘永富主任十分关心的问题。

"贷了，贷了2万元。"

"你们村有互助资金吧？你用了吗？"

"我用了1万元。"

"这些钱你都要还吧？"

"要还的，借上就要还，不会不还的。"

"那就好。贷到款就好好使用，努力去挣钱，到期了就好好地把钱还上。这叫好借好还，再借不难，是不是这么个理儿？"刘永富主任一边说，李多杰本一边心悦诚服地点着头。

"你识字吗？"

"只能认百十来个字，名字会写。我供俩孩子念书，就图他们日后有出息。"李多杰本不好意思地说。

李多杰本一儿一女，大儿子上技校，享受每年3000元的"雨露计划"补助；女儿今年升高中，学习还不错。谈到女儿的学习成绩时，李多杰本面露自豪之色。

刘永富主任幽默地说："儿子学习虽然不如姑娘，但上职业学校也挺好，如果他能努力学到一门技术，就能挣到钱，也能帮衬到你。现在国家需要有实用技术的人才。"他回过头来对身边的村干部说，"告诉县上，技校要好好办。"

"供两个孩子读书，除了养殖和种地的收入，还出去打工吗？"刘永富主任问。

"地里不忙时，出去在建筑工地打个小工，一天能挣个一百来块。"

"房子是你打工攒钱盖的吗？"

"这是2012年国家危房改造给盖的。"李多杰本家的房子有80平方米左右，门窗上彩绘有藏族特有的图案。如同李万玛才旦家一样，李多杰本家也是窗明几净。据县干部介绍，这里的藏族人家普遍爱搞家庭卫生。由于妻子身体不是太好，李多杰本还是一把做家务的好手。

"在脱贫书上签字，你是自愿吗？干部有没有给你施加压力？"

"自愿的。过好了就不能再当贫困户了，国家帮我们，我们也得自己使劲。"憨厚的李多杰本一边笑着，一边摸着自己的脑袋。

把独居老人照顾好

高原六月的天，像是孩子的脸，在李多杰本家时，突然下起了大雨。从他家出来时，雨势已见小。打着雨伞，淌着硬化路面上溅起来的朵朵雨花，多杰本握着刘永富主任的手送到了院门口。

正告别间，一位老人拄着拐杖自巷头蹒跚而来，行至此处，停下脚步主动问好。

"老人家好！今年高寿？"刘永富主任主动迎上前去握手。

"我71了，这个村的。你们是哪里来的？县上的？"

同行的人不约而同微笑起来，陪同调研的村干部告知是北京来的领导后，老人一时怔住了。

"您老几个孩子？日子过得有困难吗？"刘永富主任关切地问。

老人叫李旦正，前些年摔伤了腿行动不便，老伴早些年已去世。只有一个儿子，已到其他村做上门女婿，很少回来。

老人家挺健谈，说自己亲眼看着社会越变越好，又给盖房，又给贷款发展生产，念书的给帮钱，生病住院能报销，但就是自己家里不幸，现在孤身一人。生活上倒还能过得去，去年有2500元的低保，有2400元的残疾补助，每月还能领到155元的养老金，逢年过节，总有领导来家送慰问金。吃饭、穿衣没啥问题，房子也是危房改造的好房子。这阵子雨小了出来走走，透透气儿，解解闷儿。

"您愿意去敬老院住吗？到那里不用自己做饭，还有人跟您聊天。"刘永富主任问。

老人摇摇头：不愿意去那种地方，生人、生地方，不习惯。

第一书记才让补充道，他驻村后，也曾上门劝过，但老人家说要守着新房子、老村子、乡亲们。说房子空久了，就糟蹋了，等实在不能自我照料再说。

刘永富主任对村干部们说："既然老人家不愿意离开，就要想办法照顾好，关照好身体、起居，同时还要有个好心情。"

告别这位老人家、李多杰本后，刘永富主任一行去往村里的能人、大户——李豆拉家。要拐出巷口时，记者回头望去，依然能看到雨巷里这位老人家、李多杰本挥手送别的身影。时令虽已阳历 6 月下旬，雨后的高原仍颇有些凉意，细雨霏霏中，他们依依不舍的凝望、送别，成为一道温暖的风景。

致富能人要发挥带富作用

今年 40 岁的李豆拉曾在外打工多年，积累了经验、开阔了眼界，于 2011 年—2014 年回村任村支书。2014 年，他瞅准青海发展畜牧业的大势，流转土地 600 种牧草，去年纯收入 9 万元。

刘永富主任问："建档立卡识别时，村里开过会、举过手吗？"

李豆拉说，虽然自己当时不担任村支书了，但是他认为村里的建档立卡工作程序严格、过程扎实，村民对这项工作意见不大，比较公平。

"你写申请（希望成为贫困户得到政府帮扶的申请书）了吗？"刘永富主任问。

"我没写。我不应该写。"李豆拉笑着说。

"这就对了。你应该发挥致富带头人作用，成立合作社，带动更多贫困户一起干，让乡亲们都过上好日子。愿不愿意完成这样一个光荣的任务？"

看到李豆拉有积极性，刘永富主任告诉他，国家对致富带头人是有支持政策的，需要资金，可以贷款；需要技术，科技部门可以提供帮助。并建议他组织合作社成员一起开荒，种植更多牧草促进当地养殖业发展；还建议他在羊的销售上出些力，做个经纪人，帮乡亲们把羊卖出好价钱。

第一书记制度好

"你做过村支书，怎么看村里这几年的变化？" 刘永富主任又问。

"派第一书记这个制度好。自打前年秋驻村工作队进村以来，村部的二层办公楼盖起来了，产业扶贫的力度上来了，乡亲们的养殖规模扩大了，村里的路通了，灯亮了，村民有困难能解决了。我们村是区民政局帮扶，他们能给解决不少实际问题。今年过年时，民政局一对一帮扶的干部都来了，给每家贫困户送来1000元慰问金。现在村里风气好了，闲人少了。有位在外面放羊20多年的乡亲，听说村里的变化后，也回村搞养殖了。"李豆拉说。

"村里比你干的时候变化大？"

"那是真的。"李豆拉坦诚地点头。

告别李豆拉出来，雨已停，天还未放晴，远山、草原、绿树、土墙、金色的屋檐……雾中的堂寺尔村宛若一幅山水画，雨水顺着斜坡较大的村主路流向山下的田野。

入户访谈结束后，刘永富主任一行在现任村支书家里吃晚饭。喝着奶茶，嚼着馍馍，聊着村情民意。小院正中央，一株大得出奇的粉色芍药花，雨后含露，分外娇艳。

深夜的座谈会

这天驻村调研的最后一站是村委会。

刘永富主任在村部主持座谈会，向村干部、第一书记、村民代表全面了解村情，叮嘱他们要把基层党建开展好，把党员干部的先锋模范作用发挥好。并向村里的藏式家具木匠大户、马铃薯种植大户、牧草种植大户、农家乐店主、养殖大户等详细询问发展产业的相关情况，鼓励他们发挥懂市场、懂技术的优势,把人生格局放大,把致富路子走宽,带领更多乡亲脱贫致富共同奔小康,作出更大贡献。

这些能人大户大都见多识广,思维敏捷,能说会道。在对发展思路的分析中,在对具体途径的争论中,在对好日子的追寻中,在对堂寺尔村未来的谋划中,在对国家扶贫政策的感恩中,那间墙上贴有建档立卡信息表、脱贫攻坚作战图,坐了十几个人的村部办公室,热闹得如同过年一般。藏语、青海话、普通话交织着,似乎碰撞出一个环境美、产业兴、藏民富的新堂寺尔村来。满头银丝的刘永富主任时而问询,时而引导,时而点评,时而开句玩笑引得大家笑声一片。

座谈会结束了。

走出村委会,高原的夜风送来阵阵雨后草木的清香,头顶星星格外明亮。不远处的大山,勾勒出一道弧线优美的剪影。辛劳了一天的堂寺尔村的藏族同胞,和他们的牛羊一起,已入梦乡。

高原之夜,很静,很美。

2017 年　第 15 期　王晓霞

青海：用精、管紧扶贫资金
坚决保障打赢脱贫攻坚战

　　青海省果洛藏族自治州东南部的班玛县历史文化底蕴深厚，境内气候宜人，风景独特，是三江源核心保护区。也是当年红军长征唯一走过青海的地方，山川广布是人们对班玛县的第一印象。走进马可河乡马格勒村，公示墙上醒目地贴着扶贫惠农政策的详细解读、扶贫资金项目和各家各户的资金分配情况。在办公室，能看到摆放整齐有序的扶贫政策汇编和各类扶贫资金账册。"每一笔扶贫资金都是贫困户脱贫的希望，确保扶贫资金专款专用是打赢扶贫攻坚战的关键。"县扶贫局局长李秀泉说。为看好扶贫资金"钱袋子"，县委、县政府加强扶贫资金安全使用及监管教育，明确扶贫资金用途和使用管理办法，要求任何组织和个人都不得以任何理由截留、挪用、浪费扶贫资金，牢固树立扶贫资金"高压线"意识，认真管好用好扶贫项目资金。

　　贫困户叶西正在自家夏季草场上放牧，他兴致勃勃地指着不远处10多头正在悠闲地吃着草的牦牛让笔者看，紧接着又指向一排排整齐的房屋，"我现在日子过得舒服多了，这多亏党和国家好政策的照顾，如果没有扶贫资金帮扶，哪有牛，哪能住上这么好的房子，感谢党和国家让我的生活慢慢变好"。

　　地处澜沧江源头的杂多县，是国家扶贫开发工作重点县。近年来，该县通过统筹国家扶贫资金和三江源生态补偿机制资金，开启了"扶贫先扶智，治穷先治愚"的教育脱贫之路。杂多县隶属青海省玉树藏族自治州，县域面积3.01万平方公里，境内平均海拔4200米，为纯牧业县。笔者到访时，杂多县第二民族中学的学生们正在宽敞明亮的食堂吃着午饭。"原来早上上学掰块馍馍带着，中午馍馍就着水吃。现在每年上学的学费和吃住都不用花钱，学校害怕我们吃不饱，每天还有一顿加餐。我在县城上学，家里人根本不用担心这些（开支）。"初二学生更松文毛说。"自从享受了教育扶贫资金后，现在我没有任何负担，最大的任务就是努力学习，将来考上大学。"学生尼玛旺毛告诉笔者。

沿着古丝绸南路西行，翻过橡皮山，就是被誉为柴达木盆地东大门的海西蒙古族藏族自治州乌兰县。当笔者来到柯柯镇东村因病卧床的巨克通老人家时，正好碰上县扶贫局局长尹君和驻村第一书记带着生活用品前来探望老人，"他们隔三岔五就来看我，每次还带东西来。"老人边说边从枕头下面拿出与扶贫产业园签订的协议和上面发的低保证给我们看，"在家待着，每月能领到 230 元救助金，年底还能享受到产业园收益分红 1000 元和医疗救助等政策，真是太感谢政府和扶贫干部了！"

脱贫攻坚战打响以来，青海省委省政府扎实推进精准扶贫、精准脱贫，坚持资金使用精准，强化财政专项扶贫资金管理，把资金使用与建档立卡结果紧密相衔接，与脱贫成效紧密挂钩，统筹整合财政涉农资金，发挥整体效益，切实使资金惠及贫困人口。财政专项扶贫资金使用管理实德令哈市现代化绵羊育肥场湟中县共和乡转嘴村蔬菜种植项目现了新突破，脱贫攻坚工作取得了新成效。

再穷也要保证扶贫资金稳定增长

财力保障是脱贫攻坚的关键。2016 年，青海省充分发挥财政投入主体作用，着力统筹财政专项、行业扶贫、地方配套、金融信贷资金、社会帮扶和援青资金，形成了"六位一体"的投入保障机制。全年落实财政专项扶贫资金 73.4 亿元，较上年增长 136.8%，是"十二五"总投入的 77%。去年省财政一次注资 8.1 亿元，1622 个贫困村互助资金实现全覆盖。30 个贫困县开展了财政涉农资金统筹整合试点，整合资金 119.5 亿元。省财政注资 29.5 亿元，成立了省扶贫开发投资公司，大力推广"双基联动"合作贷款模式，落实产业发展和易地扶贫搬迁贷款 35.4 亿元。各地充分发挥财政投入主体作用，加大扶贫资金投入力度，市州、县级财政投入扶贫配套资金 8.02 亿元，较上年增长 3.9 倍。

今年，在经济下行压力仍然较大的形势下，"要保证让贫困群众和扶贫企业、合作社等真正受益。同时，利用好社会投入，引导社会资源聚集精准、有效使用，提升资金使用效率。"青海省扶贫开发局局长马丰胜介绍，今年青海省积极调整省级财政支出结构，加大扶贫资金投入力度，省委、省政府明确再穷也要保证扶贫资金每年稳定增长。2017 年已落实财政专项扶贫资金 31.1 亿元，其中中央财政扶贫专项资金 21.05 亿元，增幅 23.1%；省级财政扶贫专项资金 10.05 亿元，增幅 16.7%。39 个试点县年度计划统筹整合资金 148.8 亿元，实际整合 127.52 亿元，已完成支出 57.38 亿元。

健全制度规范管理是管好扶贫资金的前提

财政扶贫资金是贫困群众的"保命钱"和减贫脱贫的"助推剂"，但若监管不力，扶贫资金也可能沦为"唐僧肉"。越往基层走，其监管难度也越大。

加强制度建设是促进项目管理规范、搞好扶贫项目的支撑措施，也是确保财政扶贫专项资金安全有效使用的前提条件。青海省先后制定印发《青海省国有贫困林场财政扶贫资金使用管理实施细则》《青海省扶贫开发项目和资金监督检查办法》《青海省财政专项扶贫资金管理办法》等 10 个意见办法，为全省提前实现整体脱贫提供了操作性强的政策指导依据。省扶贫开发局对全省 8 个市（州）、42 个县（市、区、行委）及 1622 个建档立卡贫困村所在的县（市、区）扶贫部门负责人、项目管理人员 300 多人进行了集中系统培训。

"为确保扶贫项目资金放得下、接得住、管得好，青海坚持开好'三会'，即：年初项目对接会、年中片区推进会、年末绩效考评通报会，对项目设计、资金投向、资金管理、项目效益等进行全过程、全方位督导服务，实现项目管理的规范化、科学化和精细化，使财政专项扶贫资金发挥最大效益。"青海省扶贫开发局规划财务处处长秋立朝介绍说。

广泛参与全程监督是管好扶贫资金的保证

项目乡（镇）村（社）在扶贫项目实施前后，要将项目名称、资金来源、资金使用、扶持对象、补助标准等情况，通过广播、电视、报纸、政府门户网站和乡村"政务公开栏""村务公开栏"进行公示公告。同时，设立"12317"扶贫监督举报电话，以全面有效地监督确保扶贫资金真正用到贫困群众脱贫致富上。青海省扶贫开发局项目监督处处长李凌民介绍，省扶贫局与省纪委、省检察院、省财政厅等部门定期开展扶贫资金专项检查，先后联合督查 6 次、暗访 5 次。并适时邀请人大代表、政协委员对扶贫项目资金使用情况进行视察监督。念好扶贫"紧箍咒"，确保扶贫资金都用在刀刃上。青海省检察机关与省扶贫开发局共同部署开展为期 5 年的集中整治和加强预防扶贫领域职务犯罪专项工作，建立检察机关与扶贫部门精准扶贫大数据平台共享机制。

把钱真正用在"刀刃上"

精准扶贫，精准脱贫。同步全面建成小康社会，青海省干部群众同心所向，追逐梦想。

怎样才能啃下贫困这块"硬骨头"呢？作为地跨六盘山和四省涉藏地区两个集中连片特贫地区的省份，去年以来，青海省坚持提高财政专项扶贫资金使用精准度，落实建档立卡成果运用，按照项目资金到村到户的要求，优化项目设计工作。积极创新扶贫工作方式，多措并举，分类施策，变"大水漫灌"为"精准滴灌"，将扶贫资源精确集中到贫困户。

一朵朵山花成了"聚宝盆"，一株株苗木成了"摇钱树"。

8 公顷薰衣草花海，以山为梯，映紫了蓝天；白色、粉色、红色、蓝色，40 公顷的各色花朵悄然铺满了山坡；一座座观光小木屋、一条条木栈道在花海中勾勒出花海农庄的韵味……

这幅大通回族土族自治县朔北藏族乡的边麻沟村美景，去年夏季已成为西宁人心目中最美的小乡村，也让这个曾经外村姑娘不愿嫁入的贫困村发生了翻天覆地的变化，在乡村旅游的"淘金"路上，村民们将贫困的"帽子"远远地抛在了记忆中。

从河湟谷地，到青南高原，再到柴达木盆地。在全省的每一个贫困区县，处处可以感受到脱贫攻坚的温度。

"俗话说，治病要找病根，扶贫也要找穷根。对不同原因、不同类型的贫困，要采取不同的脱贫措施，不能一个方子抓药，必须因地因人制宜。"省扶贫局局长马丰胜说，"贫困人口致贫原因各不相同，有的读不起书，有的看不起病，有的住危房，有的没有劳动能力，有的缺乏启动资金，不能'眉毛胡子一把抓'，而要'一把钥匙开一把锁'，分类施策。"

如今，依托着更好的优惠政策、更多的扶贫资金、更适宜的产业项目，一幅脱贫致富、共奔小康的美好画卷正在青藏高原这片方兴未艾的大地上徐徐展开……

从"输血"到"造血"、从"大水漫灌"到"精准滴灌"，青海省在精准扶贫的道路上走得愈加笃定。

"十三五"时期，青海省扶贫开发面对的是"硬骨头"，打的是"攻坚战"，全省上下将坚持定力、开足马力、精准发力，下"绣花"功夫，不忘初心，砥砺前行，把每一分扶贫资金精准用在扶贫上，加快贫困人口的增收脱贫，提升贫困人口的发展能力，到 2020 年与全国一道全面实现小康。

2017 年　第 16 期　马青军

咬定目标不放松，狠抓攻坚不懈怠

这次会议，主要任务是认真学习贯彻习近平总书记关于脱贫攻坚工作重要指示、李克强总理重要批示和全国打赢脱贫攻坚战三年行动电视电话会议精神，隆重表彰 2017 年度脱贫攻坚工作中涌现出来的先进集体和先进个人，动员激励全省上下进一步坚定信心、鼓足干劲，为决战脱贫攻坚、决胜全面小康不懈奋斗。

这次会议，既是表彰会，更是打赢脱贫攻坚战的一次再动员。

第一，打好思想认识攻坚战。脱贫攻坚事关第一个百年奋斗目标的如期实现，是一场必须要打赢的攻坚战。对打赢这场攻坚战，习近平总书记高度重视、多次强调，亲自谋划、亲自出征、亲自督战，走遍了全国 14 个集中连片贫困地区，多次召开专门会议研究部署，为打赢脱贫攻坚战提供了科学指南和根本遵循。省委、省政府认真贯彻习近平总书记的要求，精心组织相关战役，我省的脱贫攻坚工作取得了一定成效，但对照习近平总书记的要求还有差距。提高思想认识，就是要进一步树牢"四个意识"，对标中央、看齐核心，把全面打赢脱贫攻坚战、让贫困群众尽快摆脱贫困，作为坚定看齐追随、维护核心的政治检验，作为对贫困群众庄严承诺的真诚兑现，更加注重聚焦薄弱环节，更加注重攻坚克难，更加注重形成合力，更加注重整体推进，以思想认识的大提升来强化脱贫攻坚的大担当。

第二，打好精准脱贫攻坚战。习近平总书记以"绣花"为比喻，强调了脱贫攻坚精准发力的重要性，提出的"六个精准""五个一批"扶贫方略，科学定义了"怎么扶""如何扶"的问题。实践也充分证明,脱贫攻坚要害在精准,成败也在精准。目前,我省还有 24.6 万建档立卡的贫困人口,今年的脱贫目标是 15 万人,任务十分艰巨。定精准之策,下"绣花"功夫,是我们必须始终坚持的重大原则,我们要围绕"两不愁三保障"目标,继续在"六个精准""八个一批"和"十个专项"上聚焦用力,咬定精准目标不放松,采取针对性帮扶,把精准帮扶的举措落实到村、落实到户、落实到人,打好精准脱贫攻坚战。

第三,打好深度贫困地区脱贫攻坚战。攻克深度贫困堡垒,是打赢脱贫攻坚战的重中之重。国家核定我省有 15 个深度贫困县、129 个深度困难乡镇、559 个建档立卡深度贫困村,24.1 万深度贫困人口。深度贫困县乡村比较明显的特征是综合贫困发生率高、因病因残致贫比例高,农牧民人均可支配收入低、自我发展能力低,产业选择难、农牧民增收难,基础设施和住房条件差,生态保护任务重,概括讲就是"两高、两低、两难、一差、一重"。我们要站在"全面小康,一个不少,确保同步"的高度,按照新增脱贫攻坚资金主要用于深度贫困地区,新增脱贫攻坚项目主要布局于深度贫困地区,新增脱贫攻坚举措主要集中于深度贫困地区的"三个主要新增"要求,凝心聚力在一个战场打赢脱贫攻坚和生态保护两个战役。

第四,打好整改提升攻坚战。脱贫攻坚要压茬进行,整改提升是其中的重要环节。脱贫攻坚每年都有考核、评估、验收。去年,我们针对考核评估验收发现的履行职责、基础工作、资金管理等方面存在的问题,通过制定方案、落实责任、明确时限、跟踪督办等务实举措,收到了好的整改效果。从今年考核验收反馈的初步意见看,去年整改的问题,今年又出现了不同程度反弹。反弹就意味着整改不彻底、不到位,要持续狠抓一下,确保整改不反弹,成效能巩固。整改是政绩,巩固也是政绩,在整改和巩固的同时,我们要建立完善长效机制,抓紧抓实抓好。

第五,打好高质量脱贫攻坚战。脱贫攻坚的高质量,是推动经济社会发展高质量的题中应有之义。我们要把高质量脱贫与高质量发展结合起来,推动脱贫攻坚从数量型向质量型转变。实现这个转变,一方面要确保到 2020 年现行标准下农牧区贫困人口全部脱贫,贫困县全部摘帽,解决区域性整体贫困。另一方面,脱贫和摘帽之后,还有一个可持续发展的问题。十九大报告提出实施乡村振兴战略,为我们推动由数量型向质量型转变指明了方向。我们要把脱贫攻坚与实施乡村振兴战略和村集体经济"破零"工程结合起来,按照乡村产业振兴、人才振兴、文化振兴、生态振兴、组织振兴的要求,不急功近利、不好高骛远、不赶时间进度、不搞拖延耽误,确保脱贫攻坚成果经得起历史和实践检验,推动脱贫攻坚高质量发展。

第六,打好借力脱贫攻坚战。东西部扶贫协作和对口支援,是党中央推动区域协调发展、全面打赢脱贫攻坚战的重大战略举措。2016年习近平总书记在银川主持召开东西部扶贫协作座谈会以来,我省对口援青和东西部扶贫协作工作进入了新阶段。在中组部、国家发改委、国务院扶贫办的有力指导下,北京、天津、山东、上海、江苏、浙江6省市,南京、无锡2市,18家央企,32个国家部委对口支援我省8个市州33个县市区。截至目前,各支援方援青资金和捐赠资金累计突破100亿元,实施项目1626个,培训各类人员近7万人次。"十三五"援青规划资金79亿元,规划项目903个,已落实40.48亿元,实施项目700多个,各支援方累计选派援青干部人才552名,这有力促进了我省脱贫攻坚工作。我们要继续借力打好脱贫攻坚战,特别是把人才支持、市场对接、劳务协作、资金支持作为支援和协作的重点,强化责任落实,建立台账制度,每年对账考核,提高支援和协作的规模和成效。一方面要争取更多的支持,另一方面还要强调自力更生,只有两条腿走路,才能走出一条有效的脱贫攻坚之路,以脱贫攻坚的实际成效回报对口援青省市、部委、央企的大力支持。

第七,打好精神脱贫攻坚战。扶贫事业是物质变精神、精神变物质的事业。扶贫容易扶志难。扶贫扶志,远比给钱给物难度大,又远比给钱给物收效大。我们要按照习近平总书记提出的注重调动贫困群众的积极性、主动性、创造性,注重培育贫困群众发展生产和务工经商的基本技能,注重激发贫困地区和贫困群众脱贫致富的内在活力,注重提高贫困地区和贫困群众自我发展能力的"四个注重"要求,扎扎实实抓好扶贫、扶志、扶勤各项工作,强化脱贫光荣导向,提高贫困地区和贫困群众自我发展的能力,不断焕发各族群众用自己的勤劳双手创造美好生活的精气神。

第八,打好作风建设攻坚战。中央确定今年为"脱贫攻坚作风建设年",在全国范围开展扶贫领域腐败和作风问题专项治理,着力解决形式主义、官僚主义、弄虚作假、急躁和厌战情绪以及消极腐败现象。我们要把作风建设贯穿于脱贫攻坚的全过程，把"脱贫攻坚作风建设年"活动同即将开展的"不忘初心、牢记使命"主题教育结合起来，坚决纠正脱贫攻坚中的各种不正之风，用"三严三实"的标准打好脱贫攻坚战。特别强调要依纪依法坚决查处贯彻中央和省委脱贫攻坚部署决策不坚决、不到位，弄虚作假，主体责任、监督责任和职能部门监管责任不落实的问题。各级领导干部要发挥"关键少数"作用，带头走基层、转作风，多到联系点走一走、看一看，以上率下，树立榜样。第一书记和驻村工作队要沉到基层，扑下身子，融入群众，以实际行动帮助贫困群众脱贫致富奔小康。

青海省委书记王建军在青海省 2017 年度脱贫攻坚表彰大会上的讲话

2018 年　第 19 期

回　声

　　党中央确定北京市对口支援青海省玉树州，这是以习近平同志为核心的党中央对青海涉藏地区的特殊关怀，是中国特色社会主义制度优越性在青海的具体体现。北京市委市政府讲政治、顾大局，作奉献、当表率，以首善精神、首善标准高起点、高效率、高水平推进对口援青工作，为青海省和玉树州的改革发展稳定注入了强大动力，一个崭新的社会主义新玉树已屹立在雪域高原。

——青海省委书记、省人大常委会主任　王建军

2019 年　第 5 期

《青海日报》

走精准路径　打赢脱贫攻坚战

——访省扶贫开发局局长马丰胜

我省"十三五"规划建议指出，要坚决打赢脱贫攻坚战，动员全省力量，创新工作机制，按照精准扶贫的要求，扎实开展扶贫攻坚，确保 2020 年实现整体稳定脱贫。未来五年，我省面临怎么样的扶贫现状？将会采取哪些措施推进脱贫工作？就此，记者专访了青海省扶贫开发局局长马丰胜。

问：："十二五"收官，五年来，扶贫开发工作取得了哪些成效？目前全省扶贫开发工作面临的困难有哪些？

答：："十二五"，在省委、省政府的坚强领导下，我省扶贫开发工作取得了显著成效。贫困人口大幅减少。五年累计投入专项扶贫资金 95 亿元，实现减贫超过百万人，年均减贫 20 多万人，贫困发生率由 36.6% 降至 13.2%。贫困地区发展能力不断增强。在全省建设扶贫产业园 18 个、扶贫产业基地 1274 个，支持扶贫龙头企业 128 家、扶贫产业合作社 203 家，在 53 个贫困村实施旅游扶贫工程。贫困地区基础设施明显改善。大力推进贫困地区水电路讯房建设，全面解决了贫困群众饮水安全和用电问题，改造贫困农牧户住房 20.8 万户，贫困地区面貌发生了巨大变化。贫困地区社会事业长足发展。贫困地区办学条件不断改善，九年义务教育巩固率达 93%，中职就读贫困生全部免除学杂费。贫困地区城乡居民医疗保险参保率达到 98%。特殊类型扶贫攻坚取得突破。投入资金 7.27 亿元，整合资金 40 多亿元，实施了同德、兴海县南部三乡、青甘川交界地区等特殊类型贫困地区扶贫攻坚工程，形成了以"同德模式"为代表的典型经验，为涉藏地区扶贫探索了路子，提供了借鉴。

当前，我省扶贫开发已进入啃硬骨头、攻坚拔寨的冲刺期，脱贫攻坚任务仍相当艰巨。主要表现在以下几个方面：贫困人口点多面广，我省地跨六盘山和四省涉藏地区两个集中连片特贫地区，有 42 个贫困县（市、区、行委），其中国家扶贫开发重点县 15 个，贫困发生率高于全国 6.5 个百分点。贫困程度深，大多数贫困人口居住在东部浅脑干旱山区和青南高寒牧区，生态脆弱，气候恶劣，灾害频发，交通不畅，是全国生存环境最严酷的地区之一。致贫原因复杂，我省贫困人口致贫因素复杂多样，且交织叠加，需要采取针对性的帮扶措施。

问：扶贫工作重在精准，贵在精准，成败在于精准，我省精准扶贫工作从哪些方面着手推进？

答：去年以来，我省结合解决扶持谁、谁来扶、怎么扶、如何脱四个方面的问题，着力打牢精准扶贫基础，硬化精准扶贫举措。

解决"扶持谁"的问题，精准识别。按照省委 2015 年内实现贫困标准和低保标准"两线合一"的部署，通过"五看法"，按照个人申请、村民评议、村级公示、乡镇复核、县级审定的程序，开展了建档立卡"回头看"，精准识别贫困人口 52 万，在全国率先实现了"两线合一"。下一步，我们要建设扶贫攻坚大数据平台，建立多部门联网核查机制，对识别出的扶贫对象进行网络实名公示，实行有进有出的动态管理。

解决"谁来扶"的问题。精准扶贫，关键在人，贫困群众脱贫离不开自力更生，也离不开各级干部的引导帮扶。为此，我省建立了驻村帮扶"123"工作机制（即一联，双帮，三治），省、州、县三级单位按照选派"能人"、"强人"、实干的人的要求，共计选派第一书记和扶贫（驻村）干部 7865 名，实现了因村精准派人。2015 年 10 月中旬，全省第一书记和扶贫（驻村）干部全部到位驻村，全身心投入到谋划发展思路等工作中。

解决"怎么扶"的问题，精准施策。俗话说，治病要找病根，扶贫也要找"贫根"。对不同原因、不同类型的贫困，采取不同的脱贫措施，不能一个方子吃药，必须因地因人制宜，有针对性地解决好"怎么扶"的问题。对此，省委、省政府将制定出台"1 ＋ 17"脱贫攻坚政策体系，进一步细化和实化精准扶贫的措施路径。

解决"如何脱"的问题，精准脱贫。实现精准脱贫，我们将推进抓好四个方面的工作：第一，建立贫困退出机制。目前，我省研究制定了《青海省扶贫对象脱贫退出标准》，同时设定了2016—2019年脱贫退出时间表，实现有序退出。第二，在一定时间内实行摘帽不摘政策。对提前摘帽的贫困县给予奖励，形成正向激励，保证苦干实干先摘帽的不吃亏。第三，建立第三方评估机制，实行严格评估。将严格脱贫验收办法，明确摘帽标准和程序，确保摘帽结果经得起检验。如出现"数字脱贫"的情况，要严肃追责。第四，实行逐户销号，做到脱贫到人。对建档立卡的贫困户要实行动态管理，做到政策到户，脱贫到人，实现有进有出。

问：扶贫攻坚已经进入攻坚拔寨冲刺期，我省将采取哪些超常措施，确保2020年打赢脱贫攻坚战，实现整体脱贫？

答：要想做到"精准扶贫，不落一人"，必须要号准脉、开好方，针对不同原因、不同类型的贫困，要对症下药、精准滴灌、靶向治疗。对此，省委、省政府将制定出台"1＋17"脱贫攻坚政策体系，打出一整套脱贫攻坚政策"组合拳"。"1＋17"，1，即1个《关于打赢脱贫攻坚战提前实现整体脱贫的实施意见》，17，即"八个一批"脱贫攻坚行动计划和9个行业部门专项脱贫方案。"八个一批"，包括发展特色产业脱贫一批、转移就业脱贫一批、易地搬迁脱贫一批、生态保护脱贫一批、资产收益脱贫一批、加强教育脱贫一批、医疗保障和救助脱贫一批、低保兜底脱贫一批。9个行业扶贫专项方案包括交通、水利、电力、通信、医疗卫生、文化惠民、金融、科技和电子商务和市场体系建设等方面。

与此同时，坚持规划先行。通过编制《十三五脱贫攻坚规划》将中央和省委关于脱贫攻坚的重大举措，变成可落地、可操作的具体项目，精准扶持到村到户到人。列出补齐"短板"任务清单，由行业部门认领，缺什么补什么，统筹解决问题"短板"。着力夯实基层基础，加强以村党组织为核心的村级组织配套建设，切实提高贫困村党组织的创造力、凝聚力、战斗力。调动贫困群众积极性，充分发挥贫困群众主动性和创造性，增强贫困群众"造血功能"和自我发展能力。让贫困群众参与脱贫计划和实施方案的制定，参与扶贫项目建设、管理和监督全过程，充分尊重他们的民主权利，发挥他们的主体作用。

2016年1月4日　04版　孙海玲

青海：坚定不移推进全省脱贫攻坚工作

2016 年，我省深入贯彻落实习近平总书记扶贫开发战略思想和"四个扎扎实实"重大要求，把脱贫攻坚作为全省头等大事和第一民生工程，举全省之力，高位推进，集中攻坚，坚定不移推进全省脱贫攻坚工作。

省上成立了由省委、省政府主要领导担任组长的扶贫开发工作领导小组，建强脱贫攻坚"指挥部"。省、州、市、县基本形成责任到人、上下贯通、横向到边、纵向到底的责任体系。制定出台了覆盖范围广、综合性强、含金量高的"1 + 8 + 10"脱贫攻坚政策体系，明确了精准施策的行动路径，着力打造脱贫攻坚政策新引擎。编制完成了《青海省"十三五"脱贫攻坚规划》，突出规划引领，着力打好脱贫攻坚"组合拳"。

按照精准施策要求，坚持"一把钥匙开一把锁"，有力有序推进"八个一批"行动计划，稳步提高贫困群众收入水平。以发展特色产业促脱贫，构建了户有到户项目、村有集体经济、县有产业园区"三位一体"的扶贫产业体系，实施 33 个县到户产业扶贫项目，扶持带动 16.2 万贫困群众增收，实施 10 个扶贫产业园项目和 50 个贫困村旅游扶贫项目，分别带动贫困群众 5000 余户。全年已下达易地扶贫搬迁专项资金 19.1 亿元，涉及 2.1 万户、7.8 万人的年度搬迁项目已全部开工建设，完成投资 18.3 亿元，完成住房建设总工程量的 73%，项目开工率和工程进度均位居全国前列。

同时，不断加大就业转移促脱贫，大力实施"雨露计划"、开发扶贫公益性岗位、安排"青春创业行动"。大力推进生态保护与服务脱贫，今年新增贫困人口公益性生态管护员岗位 1.45 万个，贫困群众生态管护公益岗位达 1.88

万个，年人均增收 2.16 万元。投入财政资金 17.6 亿元，全面落实六州涉藏地区全部和西宁、海东两市贫困家庭子女 15 年免费教育。全额资助贫困家庭参加医疗保险，全面落实医疗救助、"一免七减"政策。充分发挥低保制度的"兜底"作用，确保贫困人口按期实现整体脱贫。

2016 年 12 月 25 日　01 版　孙海玲

首战告捷　青海 11.6 万人如期脱贫

　　近日，记者从国务院扶贫开发领导小组对我省扶贫成效开展省际交叉考核汇报会上了解到，2016 年，我省以习近平总书记扶贫开发战略思想和视察青海时"四个扎扎实实"的重大要求为指导，精心谋划，精准发力，脱贫攻坚首战告捷，圆满完成了 6 个贫困县（行委）摘帽、404 个贫困村退出、11.6 万贫困人口脱贫的年度目标任务，贫困发生率由 2015 年底的 13.2% 下降至 10.3%。

　　过去一年来，我省坚持理论先导，夯实脱贫攻坚思想根基；坚持高位推动，全面贯彻中央扶贫开发决策部署；坚持结合实际，创新脱贫攻坚机制；坚持综合施策，大力实施脱贫攻坚重点工程；坚持补齐短板，破除贫困地区发展瓶颈制约；坚持干部"打头阵"，着力铺设精准滴灌"输水管"。脱贫攻坚全省工作重视程度之高、政策举措之实、推进力度之大前所未有。

　　2016 年，我省提出"四年集中攻坚、一年巩固提升"的目标要求，制定出台覆盖范围广、综合性强、含金量高的"1 + 8 + 10"脱贫攻坚政策举措，明确了精准施策的行动路径。编制完成了《青海省"十三五"脱贫攻坚规划》，特别是在特色产业和易地搬迁脱贫专项行动中，省委、省政府根据地域贫困程度和脱贫难度，制定差异化扶持政策，加大帮扶力度，既落实了政策要求，又体现了制度关怀。

　　目前，全省把建立协调有效、务实管用的扶贫开发新政策新机制，作为打赢脱贫攻坚战的重要举措，分别建立了精准识别、精准管理、督查巡查、考核评价、贫困退出、惩防监督和投入保障"七大新机制"。通过大力发展特色产业、推进易地搬迁、就业转移、资产收益、生态保护、加强教育、医疗保障和救助与社会保障兜底等脱贫攻坚重点工程，起步就展开冲刺，开局就迎接决战，扭住"精准"，因地因人分类施策，对症下药，有力有序推进"八个一批"行动计划，稳步提高了贫困群众收入水平。

去年全省投入行业扶贫资金 65 亿元。新改建乡村公路、便民桥（涵），完成贫困家庭危房改造项目；启动实施贫困村饮水安全巩固提升工程、电网改造工程、综合性文化中心项目，大力发展水电路讯等基础设施和教育、医疗等公共服务，破除贫困地区发展制约瓶颈。尤其全省健全完善领导干部联县联乡包村机制。选派 7865 名第一书记和扶贫（驻村）干部入村提升基层党组织带领贫困群众脱贫致富的能力和水平，建立驻村帮扶"123"工作机制和健全完善社会帮扶机制，以干部"打头阵"，铺设起精准滴灌的"输水管"。

2017 年 1 月 15 日　01 版　罗连军　孙海玲

青海省财政专项扶贫投入
每年不低于 20% 增幅

财力保障是脱贫攻坚的关键，2016 年，我省充分发挥财政投入主体作用，着力统筹财政专项、行业扶贫、地方配套、金融信贷资金、社会帮扶和援青资金，形成了"六位一体"的投入保障机制。全年落实财政专项扶贫资金 73.4 亿元，较上年增长 136.8%，是"十二五"总投入的 77%。

去年省财政一次注资 8.1 亿元，1622 个贫困村互助资金实现全覆盖。30 个贫困县开展了财政涉农资金统筹整合试点，整合资金 119.5 亿元。省财政注资 29.5 亿元，成立了省扶贫开发投资公司，大力推广"双基联动"合作贷款模式，落实产业发展和易地扶贫搬迁贷款 35.4 亿元。各地充分发挥财政投入主体作用，加大扶贫资金投入力度，市、州、县级财政投入扶贫配套资金 8.02 亿元，较上年增长 3.9 倍。

"让贫困群众和扶贫企业、合作社等真正受益。同时，要利用好社会投入，引导社会资源聚集精准、有效使用，提升资金使用效率。"据省扶贫局相关负责人介绍，今年我省将积极调整省级财政支出结构，加大扶贫资金投入力度，省委、省政府明确财政扶贫投入每年保持不低于 20% 的增幅，市（州）县两级财政也将加大投入力度，保证全年落实各类专项扶贫资金 100 亿元。要把对口援青资金和东西部扶贫协作资金主要用于民生领域，重点投入脱贫攻坚。

市（州）、县（市、区）也将落实财政扶贫资金投入稳定增长机制，继续加大本级财政投入力度。深入推进贫困县涉农资金整合工作，加大改革力度，从资金、政策、监管等方面继续为贫困县资金整合创造条件。社会帮扶资金将继续向脱贫攻坚聚焦，对口援青资金的 80% 要用于脱贫攻坚，东西扶贫协作资金要全部用于脱贫攻坚。充分发挥土地政策推动作用，保障扶贫开发用地需求，提高审批效率，加强城乡建设用地增减挂钩政策支持易地扶贫搬迁力度。

2017 年 3 月 9 日　02 版　孙海玲　马青军

我省 75% 以上财政支出
用于补民生"短板"

2016 年，省财政把补齐民生短板放在更加突出的位置，通过增加预算安排、优化支出结构、统筹整合存量资金等措施，集中财力统筹解决民生问题，政府承诺的民生 10 件实事圆满完成，13 项民生调标政策全部落实到位，全年用于民生的财政支出继续保持在 75% 以上。

下达扶贫资金 42.1 亿元，同比增长 31.2%，重点支持实施产业扶贫、易地搬迁、连片特困地区特色优势产业发展等项目。选定 30 个贫困县开展涉农资金统筹整合使用试点工作，涉及资金 119.5 亿元。探索解决长期以来资金使用"碎片化"等问题，初步形成"多个渠道进水、一个池子蓄水、一个口子放水"的统筹整合使用机制，提高了脱贫攻坚的精准性和有效性。

出台了 10 项促进机关事业单位及企业退休人员增收的政策，统筹提高最低生活保障等标准，全面落实各项强农惠农政策，有效拉动城乡居民收入增加，圆满完成预期目标。

下达资金 49.2 亿元，对涉藏地区六州全部学生和西宁、海东两市建档立卡贫困家庭学生实行 15 年免费教育，支持实施学前教育三年行动计划、义务教育"全面改薄"、高等教育和职业教育综合实力提升计划以及青海师范大学搬进新校区等项目，加快改善办学条件。

下达资金 11.4 亿元，落实企业稳岗补贴、社保补贴等政策，支持开展小微企业创业创新基地城市示范工作、举办创业大赛、实施新生代农民工职业技能提升计划，以及创业孵化基地、职业技能实训基地等建设。全面启动实施机关事业单位养老保险制度改革，调整提高各类退休人员养老金，以及城乡医保、低保等补助标准，建立困难残疾人生活补贴、重度残疾人护理补贴等制度，全面建立三级公立医院经费补偿机制，提高人均基本公共卫生服务补助标准，有力促进了卫生与健康事业持续发展。

2017 年 3 月 21 日　01 版　卢海

青海省全方位构建
"三位一体"产业扶贫格局

春分一过，气温回暖，大地回春。大通回族土族自治县朔北藏族乡边麻沟村的花海农庄开始热闹起来。"去年村里的花海吸引了不少游客，今年一开春就开始平整土地、栽植花卉。"村民王玉章说，"以前大家都不知道的脑山村变成了美丽的花海，村庄变美了，村民变富了，生活变样了……"

王玉章所说的这几个"变"缘于去年村里充分利用独特的林区资源，栽植各类花卉，建成花海景观及田园风光为主的徒步旅游线路。在此基础上，通过发展农家宾馆，拓展农家养殖、种植等项目，形成了以农家种植、养殖、餐饮、住宿为一体的旅游产业链。

产业是发展的基础，是脱贫的主要依托，选准扶贫产业，成了打赢脱贫攻坚战的关键。去年以来，我省针对扶贫产业选择培育难、贫困群众持续增收难、贫困边缘人口多等实际困难，着眼实现持续稳定脱贫、有质量脱贫的目标，在扶贫产业扶持方面构建了"三位一体"工作格局。即户有产业项目、村有集体经济、县有产业园区。

户有产业项目。2016 年，我省投入财政扶贫资金 9.7 亿元，实施到户产业扶持项目，扶持带动 16.2 万贫困群众增收。按照西宁、海东人均 5400 元、涉藏地区 6 州 6400 元的标准进行扶持，根据群众意愿，立足资源优势和产业基础，宜农则农、宜牧则牧、宜林则林、宜商则商、宜游则游，实施种植业、养殖业、二三产业加工服务以及资产收益等项目，通过自身发展产业人均增收 1200 元以上，以资产收益方式人均增收 800 元以上。今年，计划安排 14.4 亿元，对有劳动能力的 24 万建档立卡贫困人口安排到户项目全覆盖，确保及早实施项目，尽早发挥项目效益。

村有集体经济。为有效解决贷款难、贷款贵和贫困村集体经济薄弱等实际问题，2016 年省财政一次性安排 8.1 亿元，在全省 1622 个贫困村按照 50 万元的标准全部建立互助发展资金，可对农牧民家庭发展产业有偿借贷，也可用于向银行质押，按 5~10 倍放大，重点发展村级产业和村级集体经济。2017 年，对今年摘帽和计划摘帽的 14 个县所有村安排互助发展资金，力争到 2018 年全省所有行政村互助发展资金全覆盖。

县有产业园区。按照"建园区、引龙头、扶产业、扩基地、增效益、带农户"思路，我省先后投入资金 3.9 亿元，在 26 个县建成扶贫产业园。2017 年，计划安排 13 个县扶贫产业园建设项目，使贫困县产业园建设全覆盖。

2017 年 3 月 23 日　01 版　孙海玲　马青军

青海省扶贫领域监督执纪问责工作推进暨省查纠"四风"联动协作联席会议召开

4月10日，省纪委组织召开全省扶贫领域监督执纪问责工作推进暨省查纠"四风"联动协作联席会议，认真传达中央政治局第39次集体学习会、中央政治局听取2016年省级党委和政府脱贫攻坚工作成效考核情况汇报会、省扶贫开发工作领导小组会议精神，审议了《2017年全省扶贫领域监督执纪问责工作要点》，对扶贫领域重点问题线索进行了交办督办，总结了2016年度工作，重点指出了存在的问题，研究部署了下一步工作。

会议指出，过去一年，各地各有关部门按照省纪委的部署，扎实开展扶贫领域监督执纪问责工作，为我省脱贫攻坚各项决策部署落实提供了有力保障。会议要求，要从讲政治的高度充分认识扶贫领域监督执纪问责工作的重要性，将其摆到更加突出的位置，层层压实责任，深入排查问题线索，扎实开展专项整治，加大通报曝光力度，严厉查处侵害群众利益的不正之风和腐败问题。对扶贫领域腐败问题频发或者突出问题整治不力、走过场以及查处问题不认真、责任处理不到位等问题，要追究主体责任和监督责任。对违纪违法问题应发现而未发现，以及发现后不报告、不移送的，坚决问责，保证资金安全、项目安全、干部安全，让广大群众有更多的获得感。

2017年4月12日 01版 青 纪

2017 年度全省脱贫攻坚宣传工作会议召开
为全面打赢脱贫攻坚战再擂战鼓

11 月 1 日，省委宣传部、省扶贫局召开全省脱贫攻坚宣传工作会议，通报我省脱贫攻坚成效，安排部署下一步脱贫攻坚宣传工作，表彰奖励一批先进集体和个人。这是自去年以来，召开的第二次扶贫宣传专题会议。

一年多来，省委宣传部、省扶贫局紧紧围绕脱贫攻坚目标任务和重点工作，坚持抓导向、促引领、抓部署、促落实，积极为脱贫攻坚加油鼓劲，凝心聚力。各级新闻媒体开辟专栏专题，留足版面时段，全方位解读精准扶贫政策措施，深层次讲好青海脱贫攻坚故事，形成了强大的舆论声势。2016 年，中央主流媒体及省内各媒体刊播脱贫攻坚稿件 5700 余篇，是 2015 年的 9.2 倍，位居全国前十，是历年来扶贫宣传成效最好的一年。今年截至目前，稿件量已达到 8500 余篇，同比增长近一倍。

据介绍，下一步，我省将以学习贯彻党的十九大精神为主线，着眼健康扶贫、旅游扶贫、扶贫产业园、拉面经济、专业合作社等工作亮点，做好脱贫攻坚工作，讲好脱贫故事，为打赢脱贫攻坚战提供强大的舆论支持。

2017 年 11 月 2 日　02 版　孙海玲

青海脱贫攻坚取得决定性进展

翻开脱贫攻坚走过的 2017 年，如同翻开了一份"亮眼"的成绩单：

河南、同德、都兰 3 县接受史上最严格的国家第三方评估验收，顺利摘帽，"三率一度"在全国 28 个摘帽县中位居前列；

7 个贫困县摘帽、500 个贫困村退出、15 万贫困人口脱贫的年度目标任务有望顺利实现；

提前三年实施 26.43 万贫困人口到户产业，实现有意愿有能力的 42.63 万贫困人口全覆盖，14 个贫困县扶贫产业园、52 个乡村旅游项目全面开工……

在政策、资金、人力的聚光灯下，青海脱贫攻坚在温暖中走过了一年，在砥砺奋进中交出了一份惊喜而亮眼的成绩单。

"应该讲，青海的脱贫攻坚工作的确取得了决定性进展。更应该看到，在平均海拔超过 4000 米的高原腹地开展扶贫，山大沟深、高寒缺氧、交通不便、条件艰苦，取得同样硕巨的扶贫成绩，其实你们的付出要比内地高出几倍，的确不容易。"2017 年 11 月 15 日，省委省政府向国务院扶贫开发领导小组汇报工作时得到了充分肯定。

2017 年，全省上下着力以"四个转变"贯彻落实"四个扎扎实实"重大要求，精心谋划，精准发力，脱贫攻坚基础更加牢靠，政策体系更加完善，制度体系更加有效，社会动员体系更加健全。

无疑，经过这一年的努力，青海民生"头等大事"的解决思路正越发清晰。

抓领导促落实，增强组织力执行力

天气转寒，脱贫攻坚的热度却丝毫没有减弱。

"光靠这一亩三分地根本脱不了贫，正在我发愁时，村里给我们用扶贫产业资金购买了小猪仔，现在我家养的猪达到40多头，今年过年时出栏一半，就能脱贫了。"互助土族自治县东山乡上元保村村民保积山高兴地说，"在党的好政策下，我们的日子一年更比一年好！"

"规划到村、扶持到户、脱贫到人"，上元保村第一书记田长宁告诉记者，"通过产业发展及各项惠民政策的实施，上元保村贫困村退出7项标准均已达标，48户贫困户均已达标，目前我们村贫困户人均收入全部超过3532元，今年能够脱贫。"

2017年是脱贫攻坚承上启下、全面深化的关键性一年，也是全省迎难而上、负重前行的一年。

一年来，全省上下切实提高政治站位，着力补齐"四个短板"，化压力为动力，变被动为主动，坚决打好"翻身仗"。

省委书记王国生、省长王建军亲力亲为，靠前指挥，扑下身子抓脱贫、促攻坚，为全省作出了表率；各地各部门坚决贯彻执行省委、省政府决策部署，以"钉钉子"的精神、"绣花"的功夫扎实推进问题整改和政策落地。

省上先后4次召开扶贫开发工作领导小组会议、3次全省性大会部署工作，2次现场观摩会以及监督执纪、党建脱贫、舆论宣传等专题会议推动落实。

全面落实各级领导干部联点制度，8名省级干部包"战区"督战，39名省级干部联点到县，密集开展蹲点调研，现场解决问题，强力推动落实。

严格执行脱贫攻坚责任制实施细则和五级书记抓扶贫的工作机制，突出落实各级党委政府主体责任、一把手第一责任和分管领导直接责任，凝聚形成了强大的攻坚合力。

树导向、严规矩，敲警钟、压责任。建立了最严厉的约谈问责机制，推动中央和省委决策部署落地生根。

抓重点促高效，脱贫攻坚取得新进展

隆冬时节，正值"上有老下有小"年纪的才巴，今年终于可以不再像往年一样眉头紧锁了。

黄南藏族自治州尖扎县昂拉乡河东易地扶贫搬迁安置点，黄色的松木大门，青瓦铺盖的仿古式屋檐，水泥硬化了的农家小院收拾得干净整洁，加上雪白的墙壁和明亮的玻璃窗，让才巴的新屋看上去格外亮丽。

"心里比去年轻松了不少，毕竟全家人住进了新房子，家里的情况好了许多。"才巴说，"搬来这里后，我和妻子计划利用到户产业项目资金，在自家院子开一家小超市，销售日常用品、副食品，同时利用旅游产业，把当地的特产花椒、土馍馍卖给外地游客。"

2017年以来，我省以"百日攻坚""决战黄金季""夏秋季攻势"行动为载体，坚持抓重点、克难点，突出关键领域，紧盯薄弱环节，狠抓推动落实，脱贫攻坚重点工作取得新进展。

易地扶贫搬迁工程成为脱贫攻坚"标志性工程"。截至2017年底，2016年2万户7.8万人搬迁安置项目入住率达到98.4%；2017年2.5万户9.2万人搬迁安置项目全部开工，工程量完成70%。两年累计完成"十三五"搬迁安置计划的85%，高出全国平均进度30%，预计到2018年底，"十三五"搬迁安置任务有望提前2年完成。

大力实施专项扶贫。提前三年实施26.43万贫困人口到户产业，实现有意愿有能力的42.63万贫困人口全覆盖；为14个贫困县各安排1500万元，扶持发展扶贫产业园，推动扶贫产业集聚发展，实现39个贫困县产业园全覆盖，解决就业岗位8000个，辐射带动15.8万贫困人口；立足贫困村旅游资源优势，52个乡村旅游项目全面开工；生态扶贫取得实效，新增贫困人口生态公益性管护岗位2.53万个，累计达到4.31万个，发放工资5.14亿元。

打基础、增后劲，深入开展行业扶贫。坚持多方联动，协同作战，不断加大投入力度，全力推进十个行业专项扶贫行动，着力改善贫困地区基础设施条件，破解贫困地区发展制约瓶颈。全年共投入行业扶贫资金63.5亿元，下大力气解决贫困地区水电路讯等基础设施短板，深入推进健康扶贫、教育扶贫、文化扶贫、保险扶贫、电商扶贫等扶贫项目。

全面深化社会扶贫。广泛凝聚社会力量参与脱贫攻坚，建立完善各级干部联点、定点帮扶、结对帮扶、"一联双帮三治"机制，严格实行不脱贫不脱钩。全省建立干部联系点 1310 个，选派第一书记及扶贫驻村干部 7865 名，10.9万名党员干部与 16 万贫困户结对认亲，13 家中央企业和 2500 家省市县定点扶贫单位与 1824 个"三类村"结成帮扶对子……

与此同时，认真做好摘帽验收。坚持把评估验收作为脱贫摘帽的关键环节，通过开展各种形式的自查自纠活动，集中精力查漏补缺，确保万无一失。注重做好考核迎检工作，把考核迎检作为年终收官工作的重中之重，为顺利通过"国检"奠定坚实基础。

抓基础促保障，以制度落实推动政策落地

随着"八个一批""脱贫攻坚十项重点工程"等一系列重大项目、重要工程的全面推进，今年能减贫 15 万贫困人口。

扶持对象更精准，精准扶贫基础更牢。从 4 月 20 日开始，全省组织 3 万余名干部，利用 4 个月时间开展精准识别"回头看"，清退识别不精准、"应退未退"人员 3.83 万人，将"应纳未纳"的 1 万人重新"挂号录入"，提前全国 2 个月完成动态调整任务，实现有进有出、动态管理。

民和回族土族自治县、甘德县的 7 个村开展了贫困人口动态调整试点工作，进一步细化贫困人口评定标准，有效解决了情况相近家庭评议难的问题。

"把已经脱贫的清退出去，把因各种原因返贫的再纳进来，进一步细化建档立卡贫困户的评定标准，在筑牢脱贫攻坚基础时，让贫困群众感受到公平公正。"民和县大庄乡台集村驻村第一书记王斌云说。

坚持固根本、抓长远、打基础，以制度落实推动政策落地。

资金是打赢脱贫攻坚这场战役的基本保障。去年，我省严格执行省级财政专项扶贫资金增长不低于 20% 的政策。全年落实中央专项扶贫资金 25.4 亿元、省级财政专项扶贫资金 11.4 亿元、市县配套 13.8 亿元。

投入易地扶贫搬迁资金 34.47 亿元，落实外资项目资金 2.4 亿元，东西部扶贫协作及外资项目资金 4.7 亿元，扶贫再贷款及"530"小额信贷 34.3 亿元，贫困户户贷率达到 31%，高出全国平均水平 16 个百分点。

有真金白银的投入，也有动真碰硬的考核。

强化督查巡查。严格落实督查巡查机制和"月通报"制度，切实加强对脱贫攻坚政策落地的跟踪问效。全年省上开展集中督查 3 次，专项督查覆盖到每个县，各地累计开展大督查 100 余次。

强化监督执纪。健全完善联席会议、案例通报等工作机制，深入开展扶贫领域监督执纪工作，坚持严防严查，始终保护高压态势，形成强大威慑力。截至目前，各级纪检部门办理扶贫领域重点督办案件 51 件，处置问题线索 546 件，给予党纪政纪处分和组织处理 306 人。

2018 年 1 月 15 日　01 版　孙海玲

青海五年累计减贫 90.7 万人

记者从 2 月 5 日至 6 日召开的全省扶贫开发工作会议上了解到，党的十八大以来，我省五年累计减贫 90.7 万人，贫困发生率从 2012 年底的 24.6% 下降到现在的 8.1%。这是全省贫困发生率首次降到个位数，首次实现贫困县总量减少。

"这是全省脱贫力度最大的五年，是贫困地区发展条件明显改善的五年，是生态与脱贫协调推进的五年，是贫困地区整体面貌发生根本性改变的五年，也是人民生活水平显著提升的五年。"据了解，五年来，我省全面加强顶层设计，形成"五级书记抓扶贫、全党动员促攻坚"的生动局面，建立各负其责、合力攻坚的责任体系，全力抓重点、补短板、强弱项。同时全方位构建并精准落实"1+8+10"脱贫攻坚"组合拳"政策,贫困群众"造血"能力显著提升，5 年共建设扶贫产业基地 1274 个、扶贫产业园 42 个，实现全覆盖。易地搬迁安置 7.53 万户 31.96 万人，资助"两后生"和贫困大学生取得明显实效。

五年来，我省坚持生态保护优先，协调增绿增收，努力探索生态脱贫新路子，大力实施生态保护与服务脱贫攻坚行动计划，新增贫困人口生态公益岗位 4.7 万个。大力推进基础设施建设和公共服务能力建设，贫困地区整体面貌发生根本性改变，贫困群众吃水难、用电难、行路难、住房难问题得到基本解决。15 年免费教育政策在涉藏地区六州和西宁、海东贫困家庭实现全覆盖，九年义务教育巩固率达到 94.21%。全面完成城乡居民参保扩面任务，农牧区低保基本实现应保尽保。

　　与此同时，坚持政府投入的主体和主导作用，累计投入财政专项扶贫资金 143.5 亿元，其中省级扶贫资金年均增长 34.95%。贫困地区农牧民人均可支配收入年均增长 11.1%，增幅高于 GDP 增长和城镇居民的收入增长，"两不愁"目标有望提前实现。贫困群众住院自费比例降到平均 6%，全省近三分之二的农牧户住房条件得到改善，90% 以上的贫困户有安全住房，"三保障"能力持续增强。

2018 年 2 月 7 日　01 版　孙海玲

我省超额完成年度减贫目标任务
7个贫困县摘帽　525个贫困村退出
15.8万贫困人口脱贫

　　记者从2月5日至6日召开的全省扶贫开发工作会议上了解到，2017年全省上下坚持精准扶贫、精准脱贫基本方略，多措并举、狠抓落实，五大扶贫主导产业有力推进，深度贫困攻坚迈出坚实步伐，实现了全省7个贫困县摘帽、525个贫困村退出、15.8万贫困人口脱贫，超额完成减贫目标。

　　瞄准最困难的群体，紧盯最迫切的问题，集中攻坚、久久为功。四梁八柱性质的顶层设计基本完成，严格、规范、管用的制度体系基本建立，五级书记抓扶贫、全省动员齐参与、立足精准促攻坚的大扶贫工作格局全面形成，有力解决了"扶持谁、谁来扶、怎么扶、如何退"等一系列重大问题。

　　"2017年是全省脱贫攻坚极不平凡的一年，在脱贫难度越来越大的背景下，各项扶贫工作扎实有效。"据省扶贫局局长马丰胜介绍，去年，我省以"百日攻坚""决战黄金季""夏秋季攻势""收好官、开好局"专项行动为载体，突出关键领域，加快推进脱贫攻坚政策落地见效。

　　都兰、同德、河南3县经受住了史上最严格的国家评估检查并率先摘帽。提前三年实现有意愿有能力的42.63万贫困人口到户产业全覆盖，14个扶贫产业园、52个乡村旅游项目稳步推进。新增贫困人口生态公益性管护岗位2.53万个，发放工资5.22亿元。2.5万户9.2万人易地搬迁安置项目全部开工，完成总工程量的 70%。累计投入行业扶贫资金 63.5 亿元，乡村道路建设、危旧房改造、饮水安全提升、电网改造以及教育、医疗、文化等基础设施和公共服务项目持续推进，教育扶贫、健康扶贫、科技扶贫、电商扶贫、保险扶贫等扶贫项目扎实开展，贫困地区尤其是基层的生产生活条件明显改善，增强了发展后劲。

2018 年，是贯彻落实党的十九大精神的开局之年，是打好脱贫攻坚战的关键之年。今年，我省将更加注重深度贫困地区脱贫攻坚，更加注重脱贫质量，更加注重增强贫困群众获得感，更加注重精准帮扶稳定脱贫，更加注重开发式与保障性扶贫并重，确保 12 个贫困县摘帽、500 个贫困村退出、15 万贫困人口脱贫的年度目标顺利实现。

2018 年 2 月 7 日　01 版　孙海玲

贫困群众政策范围内青海基本医保+大病医保+救助后报销比例达 93.6 %

近日，记者从省人力资源社会保障厅获悉，2017 年，我省 39.7 万建档立卡贫困群众全部参加了城乡居民医疗保险，全年贫困人口住院 8.8 万人次，基本医保基金支付住院费用 2.88 亿元，基本医保+大病医保+救助后政策范围内报销比例达到 93.6%。

为扎实做好贫困人口参保工作，省人社厅指导各市州人社部门核查比对贫困人口参保情况，建立了医保扶贫 QQ 群，及时解决贫困人口参保中遇到的困难；并在各级社保经办机构为贫困人口开通了绿色通道，随时随地为贫困参保对象享受医保待遇服务；同时利用多种媒介广泛宣传医保资助政策。

2017 年，我省建档立卡贫困人口大病医疗保险起付标准由原来的 5000 元/人次降低到 3000 元/人次；将城乡居民筹资标准由 610 元提高到 680 元，其中财政补助由 486 元提高到 526 元，个人缴费由 124 元提高到 154 元，个人缴费部分由民政全额资助；城乡居民大病医疗保险筹资标准由原来人均 50 元提高到人均 60 元；降低贫困人口门诊特殊病慢性病病种鉴定医院级别，由省内三级或本市州最高级别降为县域内有相关病种诊断科室的定点综合医院，并简化申报程序、减短申报时间，确保符合条件的贫困人口及时纳入保障范围内。同时，明确将享受门诊特慢病待遇期内发生符合规定的药费、检查费和治疗费均纳入报销范围，及时、准确报付医保待遇，确保贫困人口全面享受门诊特慢病政策，减轻贫困人口负担。

　　此外，贫困人口住院 88002 人次，住院医疗总费用 57859.08 万元，基本医保政策范围内报付比例 60.53%，基本医保＋大病医保报付比例 65.38%，实际报销比例 78%。西宁市、海西州，平安区、祁连县、刚察县积极探索实施商业补充医疗保险，建档立卡贫困人口住院医疗费用个人自费部分再按 25%~60% 的比例予以补偿。

2018 年 2 月 16 日　01 版　金玥彤

青海脱贫攻坚交出"赶考"新答卷

全面建成小康社会的主旨与要义，既在"小康"，又在"全面"。"小康"追求的是发展水平与质量，"全面"追求的是发展的协调性、可持续性。

"要更加注重教育脱贫，不能让贫困现象代际传递。要更加注重提高脱贫效果的可持续性。"2016 年 3 月 10 日上午，习近平总书记参加十二届全国人大四次会议青海代表团审议时的殷殷嘱托仿佛还在耳畔。

如何消除贫困现象的代际传递？如何提高脱贫效果的可持续性？

总书记言简意赅切中发展要义！青海扎扎实实破题向人民答卷。

发展教育，培养人才，扶贫先扶智。

发展产业，增强"造血"能力，彻底拔穷根。

按照总书记指明的方向，两年来，高原儿女在变革的求索中前行，从发展的困顿中突围，在知行合一上下功夫，在真抓实干上见成效，把脱贫攻坚责任扛在肩上，精准发力推进攻坚战。

发展产业增强"造血"功能，彻底摘掉贫困帽

天空湛蓝，阳光明媚，山下积雪消融，滋润着苏醒的田野。

大通回族土族自治县黄家寨镇平乐村的温室大棚里，赵富明和妻子索有

花以及同村来帮忙的李延秀，正忙碌地收地里的鸡腿葱。

"不光是他们这一家，其他种葱的农户这两天也都在忙碌，就为了能有个好收入。通过几年时间的发展，'鸡腿葱'已经成了这片土地上增收致富的主导产业。"平乐村的村会计赵富财说，村里的320户人家，有100户都在种植鸡腿葱，其中22户建档立卡贫困户去年全部脱贫。

"把产业扶贫作为带动贫困村增收的根本途径，因村施策，差异化发展特色产业，提升贫困村'造血'能力，促进可持续发展，这是我们的使命和责任。"省扶贫局局长马丰胜认为，产业扶贫是提高脱贫效果可持续性的一把"利剑"。

贫困地区只有通过发展产业，才能实现永久脱贫。去年以来，青海将产业扶贫作为重中之重，强力推进。

摘掉"贫困帽"，产业是根本。发展啥产业？

我省因地制宜走好三条路：依托特色，发展优势产业；根植绿色，打造生态产业；另辟蹊径，培育新型产业。

地处海东市的乐都区充分利用当地富硒土壤资源和特色农产品资源，以宏恩科技有限公司为依托，建成海东市乐都区扶贫产业园区。按照"农户种植＋基地加工＋市场营销"的科技扶贫模式，直接受益群众3528户、14953人，建档立卡贫困户年人均增收4350元。

"建起一个技能培训中心，发展一种特色产品、带动一批群众脱贫。"位于黄河源头第一县、全国海拔最高、条件最为艰苦的县份之一的曲麻莱县，听取群众意愿，依托农牧民特色产业，建设农牧民技能培训中心，让牧民增加了就业收入，分享到了"发展红利"，"减贫"路上日子越过越安稳。

西宁市投入6300万元，实施21个村旅游扶贫项目，打造了花海农庄、乡趣卡阳等一批乡村旅游品牌，带动811户贫困户、2777个贫困人口参与发展农家乐、乡村土特产品销售等实现增收。

或发展种植养殖，或发展手工艺，或挖掘新优势……

放眼全省，各地特色产业日益焕发出新活力，昔日的贫困村正呈现出"人人有事做，家家有收入"的喜人局面。

把教育纳入扶贫"政策包",阻断贫困代际传递

教育是希望、教育是未来。只有把贫困地区的教育搞上去,才能打通贫困地区的内部动脉,使贫困地区真正实现"自我造血"功能。

近年来,我省将"教育"纳入扶贫的"政策包"里。

"因为家里穷,父母商量让我继续读书,还是出去打工,这个时候,学校告诉我从去年开始,贫困家庭学生的高中学费已经全免了!"

眼看着马上就要开学了,正当海东市乐都区桃红营乡的苏月因学费问题而一筹莫展时,15 年免费教育政策为她打开了另一扇希望窗。

为了让贫困家庭子女接受公平有质量的教育,阻断贫困代际传递,我省实施了 15 年免费教育,按照普惠加特惠的原则,更加注重教育脱贫。

根据《关于实施 15 年免费教育后相关收费政策》,我省 2016 年共投入资金 17.6 亿元,包括六州所有学生和西宁、海东两市贫困学生在内的全省 80 余万名学生受益。2017 年,省财政又投入资金 18.36 亿元,全省近 90 万名学生受益。

2016 年上半年,一份饱含贫困家庭学子希望的"教育脱贫攻坚行动计划"全面实施。预计到 2019 年实现贫困家庭子女教育档案"全覆盖",从而基本构建"到村、到户、到人"的教育精准脱贫体系。

此外,我省还进一步完善助学金、助学贷款等高等教育资助制度,按照本科 6000 元、大专 5000 元、少数民族预科资助 4000 元,职校中职和高职 3000 元的扶持标准对贫困家庭大学生进行资助,从根本上解决了因学致贫的问题。

充分利用对口支援和东西协作机制,采取异地办班方式,输送涉藏地区六州 7700 余名学生到省外就学,占涉藏地区高中阶段学生的 11%。

2017 年又争取内地西藏中职班招生计划 840 名,9 月份选送这部分涉藏地区学生赴江苏、上海、天津、辽宁等 10 个省(市)免费接受职业教育。

扶贫必扶智!我省努力补短板优化教育结构,让贫困地区的孩子们接受良好教育,阻断贫困代际传递。

让贫困户会门手艺、有个"饭碗",有致富技能

在我省,文化程度不高,没有一技之长,是不少贫困群众脱贫的障碍。

对此,我省全面展开职业教育扶贫,实施技能脱贫行动,让贫困家庭的劳动力会门手艺、有个"饭碗"。

去年,我省将全省贫困地区劳动力技能培训列入年度培训重点项目,对贫困地区就业困难人员培训期间给予生活费、交通住宿费补贴;对六州和六盘山片区就业技能培训和补贴标准上浮 10%;对企业新招聘贫困家庭劳动力开展岗前培训或劳动力预备制培训的,给予培训费补贴和技能鉴定费补贴。

全年开展贫困劳动力技能培训、致富带头人培训 1.65 万人次,大部分受训群众找到就业门路,实现就业一人、脱贫一户的目标。

如今,在我省各地落地的"雨露计划",成了贫困群众脱贫致富的"加油站"。

毛玉兰的家在互助土族自治县哈啦直沟乡孙家村,全村 248 户中有 105 户贫困户,这"穷根子"在哪呢?孙家村地处偏远山区,多数人上完初中就再也没进过校门,没技能是脱贫的"拦路虎"。

"念完初中就没再继续读书,吃了没有文化的亏,出去要么找不到工作,要么就是工资太低。"毛玉兰感慨道。

去年,毛玉兰学了 40 多天的服装加工,成了村服装厂的一名缝纫工。"通过免费的技能培训,我在村上的服装厂找到了一份工作,每个月有 3000 多元的工资,我就希望能指着这项技能尽快脱贫,如果有条件再开一家属于自己的服装店。"说起将来的打算,毛玉兰信心满满。

"通过一系列'雨露计划'措施,不但让贫困群众提高了收入,而且换了思路,使贫困群众获得从靠力气吃饭到靠本事赚钱的资本。同时,解决了贫困群众面临的迫切问题,帮助贫困家庭减轻了教育负担。"互助县扶贫局负责人说。

2018 年 3 月 9 日　09 版　孙海玲

今年我省将对 6 万户农牧民实施危旧房改造

记者近日从省住房城乡建设厅获悉,今年我省将对 6 万户农牧民实施危旧房改造,主要针对建档立卡贫困户等重点对象,加大深度贫困地区倾斜支持力度。将因地制宜推广成本低、工期短、效果好的农房加固改造方式,尽最大可能减轻贫困户建房负担。

据介绍,今年我省将按照乡村振兴战略实施意见,制定农牧区人居环境整治三年行动实施方案,明确整治目标,以建设美丽宜居村庄为导向,以农村垃圾污水治理和村容村貌提升为主攻方向,切实改善农村环境面貌。实施农牧区生活垃圾污水治理检查和评估制度,定期通报各地治理工作进展。推进农村生活垃圾分类和资源化利用,加快农牧区生活污水治理,推广成熟适用技术模式,抓好示范典型。大力推动农村厕所革命,实施厕所改造和粪污治理。

同时,还将进一步提升村容村貌,开展乡村风貌改造分类指导,保护乡村山水林地田园景观,整治美化乡村公共空间,推进村庄绿化和道路照明。组织开展设计下乡活动,建设体现地域特点、民族特色、时代特征的乡村建筑。在此基础上,还将加强传统村落和传统建筑保护,推动传统建筑标识挂牌。研究制定《青海省传统村落保护发展指导意见》和《青海省传统村落保护发展规划编制导则》,同时做好特色小镇申报工作。

2018 年 3 月 30 日　01 版　邢曼玉

王建军在主持召开省扶贫开发工作
领导小组会议时强调
以百倍的信心决心打好打赢脱贫攻坚战

4月18日，省委书记、省长王建军主持召开省扶贫开发工作领导小组会议并讲话。他强调，要深入学习习近平新时代中国特色社会主义思想和党的十九大精神，认真贯彻落实习近平总书记在中央政治局常委会和成都精准脱贫攻坚座谈会上的重要讲话精神，认清形势、坚定信心，聚焦精准、转变作风，创新机制、加强领导，坚决打好打赢全省脱贫攻坚战。

会议学习了习近平总书记有关脱贫攻坚工作重要讲话精神，听取我省贯彻落实中央打好精准脱贫攻坚战座谈会、2017年全省脱贫攻坚目标责任考核评估检查等情况汇报，研究了贫困县脱贫退出考核评估办法等。

王建军指出，要进一步认清形势。习近平总书记和党中央、国务院高度重视脱贫攻坚，作为三大攻坚战之一，越往后面临的任务越重、要求越高，群众的期待越强烈，特别是随着各项扶贫政策、资金、项目倾斜力度加大，既要看到有利条件，也要看到严峻挑战，保持对当前形势的清醒认识。要进一步坚定信心。信心源于重视，要从总书记的信心中坚定我们脱贫攻坚的精气神，善于发现问题、研究问题、解决问题，对涉及健康、教育、文化、产业扶贫等领域行业的部门单位要明确责任，把每项工作盯紧盯实，确保脱贫攻坚工作落到实处。要进一步转变作风。各级领导干部要带头深入实际，认真开展调查研究，拓宽工作思路方法，通盘考虑脱贫工作，整合形成政策合力，特别是要关心关爱第一书记和驻村工作队，鼓励他们发扬好的传统和作风，坚持尽力而为、量力而行，正确引导群众预期，努力做好群众工作。要进一步聚焦精准。聚焦"两不愁三保障"和"贫困户脱贫、贫困县摘帽"这两个重要标志，既不降低标准，也不吊高胃口，紧盯目标，站在讲政治的高度扎扎实实完成好年度脱贫攻坚任务。要进一步探索创新。认真总结脱贫攻坚工作中的好做法好经验，着眼正向激励和反向激励，研究探索创新工作机制。发挥好第一书记和驻村工作队作用，激发贫困群众靠勤劳双手创造美好生活的内生动力。要进一步加强组织领导。充分发挥党员领导干部的示范带动作用，省市县乡村五级书记一起抓，特别是要全面提升实施扶贫项目的能力水平。高度重视扶贫领域的腐败现象，部门联动，提前介入，强化防范措施，加强资金监管，对苗头性、倾向性问题早发现、早处理，营造脱贫攻坚风清气正的政治生态。

滕佳材、严金海、杜捷参加会议。

2018 年 4 月 19 日　01 版　薛　军

激发脱贫攻坚的"社会活水"

——我省社会扶贫工作综述

国家电网有限公司立足电网企业实际，扎实开展定点帮扶，在玛多县和湖北"三县一区"，建成 7 座集中式光伏扶贫电站和 236 座村级光伏电站，帮助 3.2 万户近 10 万名贫困人脱贫，赢得了当地政府和群众的高度赞誉，成为央企扶贫范例。

加强优势互补，推进产业合作；深化劳务协作，拓展输出渠道；强化人才交流，发挥人才援助……2016 年 7 月东西部扶贫协作座谈会后，党中央、国务院调整东西部扶贫协作对象，确定由江苏省对口帮扶青海省，为我省坚决打赢脱贫攻坚这场硬仗注入了强大的活力……

社会扶贫结硕果，涓涓暖流润高原。打赢脱贫攻坚战，全面建成小康社会，责任重大，时间紧迫，任务艰巨。在脱贫攻坚的关键时期，必须凝聚全社会的力量。社会扶贫作为青海大扶贫工作格局中不可缺少的一支重要力量，不断创新扶贫思路，探索新的扶贫模式，追求更大的扶贫效益。

强对接，东西扶贫协作见成效

七月盛夏，大通回族土族自治县朔北藏族乡东至沟村迎来了最美的季节。

"自从有了南京的对口帮扶，村上的旅游产业发展起来了，来的人越来越多，我们赚钱的路子也多出许多。"在农家院忙得不亦乐乎的贫困户张永军高兴地对记者说。

自 2016 年 11 月江苏南京市雨花台区对口帮扶青海大通县以来，大通县全力打造东西部扶贫协作升级版，紧紧围绕组织领导、人才交流、资金使用、产业合作、劳务协作、携手奔小康等六个方面，东西部扶贫协作向纵深推进。

跨越千里，扶贫情深。为积极响应党中央东西部扶贫协作的庄严使命，在东西部扶贫协作的大背景下，江苏、青海这两个相隔 2000 公里的东西部省份紧紧拥抱，结为共建对子，牵手扶贫协作。

从强化组织领导到主动对接推进，从借力资源推广到加强优势互补，两年来，苏青东西扶贫协作深入开展。

人才来了。江苏省选派 25 名干部、青海省选派 39 名干部分赴对方省份挂职锻炼，取长补短，相互学习。西宁市、海东市根据实际需求，组织党政干部、中小学教师、医务人员、科技人才等 1000 余人次赴江苏省学习交流，江苏方面安排 1600 余人次到我省学习交流。

资金活了。江苏省本级累计落实帮扶资金 2.65 亿元，其中，在落实 2018 年 8000 万元帮扶资金的基础上，江苏追加 5500 万元帮扶资金，并于 6 月底拨付到位。为确保资金投向精准、投有效益，我省与江苏省共同研究，确定 7 类 89 个帮扶项目，带动贫困群众 10535 人。

就业多了。两省帮扶市之间签订了劳务协作协议，建立劳务协作输出基地、培训基地、输入基地等 12 个。江苏省提供就业岗位 5172 个，我省已有 537 名贫困劳动力转移就业。

"应该说，这是民和、滨湖两地拓展协作范围、加强多领域交往交流、共同凝聚脱贫攻坚强大合力的一次倾情牵手。"民和县扶贫局相关负责人介绍，就在半个月前，江苏省无锡市滨湖区党政代表团与民和回族土族自治县签订了对口扶贫协作协议、人力资源合作协议、文化旅游合作协议和医疗卫生对口帮扶协议。

助发展，多方给力社会扶贫资源聚集

"我觉得'第一'不仅仅是'一把手'、'第一负责人'，还是一种模范，一根标杆，更是一种使命、一种担当。"前不久获得"2017年度全省脱贫攻坚奖"的大通回族土族自治县逊让乡后拉村第一书记王占武说。

第一书记是脱贫攻坚主战场上的"急先锋"，也是贫困群众的"知心人"。配好"精兵强将"，责任义不容辞。

今年上半年，省扶贫局积极配合省委组织部出台了《关于新一轮第一书记和驻村工作队选派方案》和《关于加强第一书记和驻村工作队选派管理工作的实施意见》，全省各级党政机关、企事业单位向1625个建档立卡贫困村、688个有贫困人口的深度贫困行政村选派的7030名第一书记和驻村工作队员全部到位工作，并进一步明确了工作要求和纪律。

"民营企业参与精准扶贫是广大民营企业先富帮后富、为全面建成小康社会争作贡献的积极实践。"据省扶贫局局长马丰胜介绍，今年上半年以来，"双百"精准扶贫行动扎实推进，全省共有428家民营企业分别与868个村结成帮扶对子，累计投入帮扶资金达5.75亿元，实施了产业、就业、技能培训、公益捐赠等帮扶项目1191个，惠及贫困人口15.5万。

与此同时，大力推介中国社会扶贫网，发挥帮扶需求与社会资源的对接平台作用，目前，中国扶贫网青海管理中心累计注册爱心人士11万人，注册贫困户14万户，发布帮扶需求3000余次，受赠金额31万余元。

数千个扶贫项目落地高原，上千名党政机关干部走进扶贫一线与贫困户建立结对关系，"百企帮百村，百企联百户"活动如火如荼地展开……如同灿烂阳光，普照高原大地，使农牧区基础设施条件和农牧民生产生活条件不断改善，农牧区经济发展水平进一步提高，更多的农牧民群众共享了改革发展成果，使一大批贫困群众脱贫致富。

重民生，定点扶贫全面发力

去年春天，循化撒拉族自治县大庄村 77 岁的老人马建业收到了有生以来的第一笔住院医疗补充保险赔款，共计 1874.05 元。

收到赔款的马建业老人，激动不已："感谢党中央对贫困群众的牵挂，感谢中再集团和大地保险对我们的关爱，有了这个保险，今后有个病有个灾，我们再也不用发愁了。"这是国家机关及企事业单位定点扶贫成效的一个缩影。

自去年以来，13 家中央国家机关企事业单位不断强化帮扶的力度和精度，派出人员赴帮扶县挂职、任第一书记，组织进行实地调研。截至 2017 年年底，13 家中央单位落实帮扶资金 2700 多万元，主要实施了基础设施配套、特色养殖、规模化种植、保险扶贫、医疗扶贫、学生营养餐补助、资助贫困生等各类帮扶项目 26 个。

同时，各帮扶单位积极开展产业、教育、医疗等方面的扶贫工作。中再集团与循化县签署了《中国再保险（集团）股份有限公司 2017—2020 年帮扶循化县框架协议》，为循化建档立卡户兜底"因灾""因病"返贫，拔除"穷根"；中国信达资产管理股份有限公司驻村第一书记通过电商平台，销售大蒜，人均增收近 1000 元，村民的市场化意识进一步增强；求是杂志社积极联系广东深圳康泰生物制品有限公司给杂多县无偿捐赠了价值 270 万元的乙肝疫苗、19.5 万元的疫苗冷藏车和 50 万元的疫苗注射培训费……

与此同时，省直机关及各市州县单位定点帮扶扎实推进。各定点帮扶单位坚持将定点扶贫与部门单位工作同计划、同研究、同部署、同落实，并通过实施农林牧、水电路、文教卫、广电讯等基础设施建设项目，给予了定点村实实在在的帮扶。

2018 年 7 月 9 日　01 版　孙海玲

六盘山片区政协精准扶贫
交流推进会在西宁召开

7月10日上午，青海六盘山片区政协精准扶贫交流推进会第四次会议在西宁召开。全国政协副主席杨传堂出席并讲话，青海省委书记、省长王建军致辞，陕西省政协主席韩勇、甘肃省政协主席欧阳坚、宁夏回族自治区政协副主席王紫云等出席会议，青海省政协主席多杰热旦主持会议。

杨传堂代表全国政协对会议的召开表示热烈祝贺。他说，六盘山片区是全国14个集中连片特困地区之一，多年来，特别是党的十八大以来，按照党中央实施精准扶贫精准脱贫的战略部署，六盘山片区脱贫攻坚工作在陕西、甘肃、宁夏、青海四省区党委政府的坚强领导下，在国家各部委的大力支持下，在社会各界的广泛参与下，在片区各级党委政府及广大干部群众的共同努力下，成效显著。但由于自然条件差、基础薄弱、贫困程度深、抗风险能力差，剩下的贫困地方和贫困人口减贫成本更高、脱贫难度更大。2018年6月，习近平总书记对脱贫攻坚工作作出重要指示，强调脱贫攻坚时间紧、任务重，必须真抓实干、埋头苦干。我们要深入学习贯彻习近平总书记的重要讲话精神，结合实际抓好落实，在工作中体现中央的精神、人民的期盼，以更加昂扬的精神状态、更加扎实的工作作风，打赢打好脱贫攻坚战。

杨传堂指出，四省区政协建立六盘山片区政协精准扶贫交流推进会合作机制，体现了人民政协围绕中心、服务大局的高度政治自觉和行动自觉。这个会议机制，为地方政协更好履行职能、发挥作用搭建了合作协商平台，是政协工作的创新之举。全国政协将一如既往地高度关注会议所形成的意见建议，积极向中央和有关方面反映，努力推动六盘山片区脱贫攻坚向纵深发展。政协组织和广大政协委员要以助力脱贫攻坚为己任，深入调查研究，注重自我提高，不断提升议政建言质量。四省区政协要充分发挥好这一合作机制作用，加强联系协作，积极献计出力，继续为推进六盘山片区脱贫攻坚作出新贡献。

王建军在致辞中代表省委省政府向与会嘉宾表示诚挚欢迎，对会议的召开表示热烈祝贺。他说，六盘山片区政协精准扶贫交流推进会已经开了三次，每次开得都富有成效，既体现出了四省区党委、政府对脱贫攻坚工作的高度重视，又体现出了四省区政协为脱贫攻坚献计出力的责任担当。青海集西部地区、民族地区、高原地区、欠发达地区于一身，是国家确定的"三区三州"深度贫困地区之一。近年来，在以习近平同志为核心的党中央坚强领导和对口援青的中央国家机关、省市区、央企的大力支援下，青海省委、省政府与全省各族人民一道，强化政治站位，落实攻坚责任，坚持精准方略，累计减少贫困人口90.7万，贫困发生率从2012年的26.4%下降到8.1%，取得了阶段性成效。这次会议的召开，必将有力推动包括青海省在内的六盘山片区的脱贫攻坚工作。他说，有以习近平同志为核心的党中央的高度重视，有社会主义制度无比的优越性，有"五个特别"青藏高原精神的激励，青海一定能打赢脱贫攻坚这场硬仗。他表示，我们将借此次推进会的东风，更加深刻领会总书记对脱贫攻坚作出的一系列重要指示，应用并放大推进会成果，密切与全国政协和国家相关部委的汇报沟通，密切与对口支援和东西部扶贫协作省市的交流合作，共同推进六盘山片区脱贫攻坚进程，让贫困群众早日摆脱贫困。

会议书面通报了六盘山片区政协精准扶贫交流推进会第三次会议有关情况。韩勇、欧阳坚、王紫云、多杰热旦分别代表四省区政协作交流发言。

国家住房和城乡建设部副部长黄艳，国务院扶贫办副主任欧青平，全国政协提案委员会委员孙来燕，全国政协常委、农业和农村委员会委员于革胜，陕西省政协副主席陈强，甘肃省政协副主席尚勋武，青海省委副书记刘宁，青海省委常委、副省长严金海，青海省委常委、秘书长于丛乐，青海省政协副主席王晓勇、仁青安杰、杜捷、马海瑛、王绚、杜德志，国家部委相关司局负责同志，陕甘宁青四省区政府、政协相关部门负责人以及六盘山片区相关市（州）县政协负责人出席会议。

2018年7月11日　01版　罗藏　张晓英

同心共筑"小康"梦

——我省东西部扶贫协作工作综述

江苏,地处长江下游,是中国改革开放的前沿阵地,经济发达。

青海,深居青藏高原,担负着脱贫攻坚、生态保护的重任,脱贫攻坚任务十分艰巨。

千百年来,奔流不息的长江,从青藏高原出发,历经千山万水抵达东海,不仅哺育了沿江两岸人民,更拉近了江苏与青海的时空距离,地缘相近,山海相连,人缘相亲。

尤其是 2016 年 7 月东西部扶贫协作座谈会后,党中央、国务院调整东西部扶贫协作对象,确定由江苏省对口帮扶青海省,更让相距千里的青海与江苏,携手书写脱贫攻坚的新篇章,共同描绘小康梦的同心圆。

强对接,东西部扶贫协作高层重视,推动有力

6 月下旬,江苏省无锡市滨湖区与民和回族土族自治县签订了对口扶贫协作协议、人力资源合作协议、文化旅游合作协议和医疗卫生对口帮扶协议。

"应该说,这是民和、滨湖两地拓展协作范围、加强多领域交往交流、共同凝聚脱贫攻坚强大合力的一次倾情牵手。"据民和县委书记杨海林介绍,目前,民和县与无锡市滨湖区确立的对口扶贫协作项目已到位资金 1664 万元,

中川乡特色养殖、民和奶产业扶贫基地、带薪在岗实训、贫困村创业致富人带头培训等 9 个项目已经实施。

东西协作共助扶贫，山海同心共赴小康。青海的脱贫攻坚，既需要全省上下齐心协力打好攻坚战，也需要社会各界的大力支持和无私帮助。

为积极响应党中央东西部扶贫协作的庄严使命，江苏、青海这两个相隔 2000 多公里的东西部省份结为共建对子，牵手扶贫协作，目前，我省两市 9 县（区）与江苏省两市 9 县（区）结对全覆盖。

强化组织领导、积极做好对接工作，我省高层次推动东西部扶贫协作纵深推进。

2016 年以来，我省从省、市、县三级成立了以主要领导任组长，相关部门为成员的支援帮扶合作交流工作领导小组，全面负责本地区帮扶支援工作。省级主要领导和分管领导分别赴江苏省沟通协调，对接工作。西宁市、海东市主要领导带领相关部门负责同志共 208 人（次）分别赴南京市、无锡市先后 10 余次对接工作。双方市、县（区）先后召开 20 余次扶贫协作联席会议。

青海两市 9 县（区）主要负责同志全部赴帮扶市区开展对接工作，在 9 县（区）结对全覆盖的基础上，已有 20 个乡镇（街道）、22 个行政村（社区）携手结对，开展帮扶活动，累计落实结对帮扶资金 2394 万元，资助贫困学生 630 人。

另外，西宁市与南京市、海东市与无锡市分别研究编制了《"十三五"扶贫协作规划（2017—2020 年）》，签订了《关于进一步加强帮扶协作和经济合作战略协议》，各县（区）也根据各自的实际编制了"十三五"扶贫协作规划，为工作的有序开展提供了遵循和依据。

重民生，加强优势互补，推进产业合作

今年 4 月，西宁（国家级）经济技术开发区与南京江北新区缔结友好园区。同时，利用 2300 万元江苏省扶贫专项资金，实施湟源宗家沟景区文化旅游开发、大通回族土族自治县黄家寨镇陈家村光伏电站等 10 个东西部扶贫项目，有效

改善贫困村生活生产质量，帮助贫困群众实现稳定增收。

"自从有了南京的对口帮扶，村里的旅游产业发展起来了，来的人越来越多，我们赚钱的路子也多了起来。"大通回族土族自治县朔北藏族乡东至沟村贫困户张永军在自家农家院忙得不亦乐乎。

自 2016 年 11 月江苏省南京市雨花台区对口帮扶大通县以来，该县全力打造东西部扶贫协作升级版，紧紧围绕组织领导、人才交流、资金使用、产业合作、劳务协作、携手奔小康六个方面，向纵深推进。

"自开展东西部扶贫协作以来，江苏省本级累计落实帮扶资金 2.65 亿元，其中 2018 年新增的 0.55 亿元已于 6 月底拨付到位。"省扶贫局局长张马丰胜介绍，为确保资金投向精准、投有效益，我省与江苏省共同研究，确定 7 类 89 个帮扶项目，带动贫困群众 10535 人。

携手青海，江苏并没有将"扶贫协作"简单定义在"给钱给物"上，而是在"输血"的同时，推进社会事业、经贸合作等领域齐头并进，强化青海的"造血"功能。

2017 年，西宁市相关部门在江苏省举办各类项目推介会 20 余次。其中，西宁市商务局组织本市 60 家商贸企业参加"2017 年第六届南京国际时尚消费品博览会"，达成意向采购协议 1.28 亿元。

借力资源推广。积极借助对口帮扶地区宣传媒体、地区品牌和销售渠道，将青海特色产品推介出去。西宁市湟源县与南京市六合区巴布洛生态谷有限公司合作，依托该公司遍布南京市数百个营销点的"云厨 E 站"销售青海特色商品。

引进企业合作。加大政策扶持力度，鼓励吸引江苏企业到青海投资发展。截至去年年底，有四家无锡企业在海东市注册，总投资 2000 余万元。

拓路径，强化人才交流，发挥人才援助

亲戚越走越近，感情越走越深。合作越走越多，道路越走越宽。风光越走越美，前景越走越好。如今，在东西部扶贫协作的背景下，江苏与青海的

東西部扶贫协作结出累累硕果。

加快推进产业合作，推进帮扶项目建设，加强人才交流，不断充实帮扶内容……今年以来，青海省西宁市与江苏省南京市不断深化东西部扶贫协作，各项工作取得积极成效。截至目前，西宁经济技术开发区与南京江北新区缔结友好园区，10个东西部扶贫项目全面开工建设，两地对接交流、往来合作450余人次。

深化劳务协作，拓展输出渠道。两省帮扶市之间签订了劳务协作协议，建立劳务协作输出基地、培训基地、输入基地等12个。江苏省提供就业岗位5172个，我省已有537名贫困劳动力转移就业。

跨越千里，山海情深。如今，来自东部发达地区的资金、技术、人才、理念正在源源不断地输入我省，扶贫协作之花已在广阔的高原大地上多彩绽放。

去年以来，江苏省选派25名干部、青海省选派39名干部分赴对方省份挂职锻炼，取长补短，相互学习。积极推动多层面合作交流，西宁市、海东市根据实际需求，组织党政干部、中小学教师、医务人员、科技人才等1000余人次赴江苏省学习交流，江苏方面安排1600余人次到我省学习交流。西宁市12所学校与南京12所学校建立结对关系，开展互帮互学。

据悉，从今年起，我省计划分两年组织1000名左右致富带头人赴江苏培训，提升创业技能，遴选部分人员作为重点支持对象。

下一步，两省将深入推进结对市县"园区共建"，吸引更多江苏企业到园区落户，吸纳贫困人口就业。实施农村致富带头人培训"千人计划"。同时，将继续推动西宁、海东党政干部和专业技术人才赴江苏挂职交流，主动争取江苏有针对性地增加选派专业技术人才。

一条长江，让青海与江苏血脉相连；东西部扶贫协作，让青海与江苏凝聚了血浓于水的亲情。两省就在这样越来越紧密的交往中，不断加强联系，加深感情，走向未来。

2018年7月12日　01版　孙海玲

刘永富讲话　王建军主持

青海省深度贫困地区脱贫攻坚
现场推进会在玉树召开

　　青海省深度贫困地区脱贫攻坚现场推进会 7 月 12 日在玉树召开。国务院扶贫开发领导小组副组长、国务院扶贫办主任刘永富出席会议并讲话，省委书记、省长王建军主持会议。

　　刘永富在讲话中充分肯定了党的十八大以来青海脱贫攻坚工作取得的成绩。他指出，深度贫困地区是贫中之贫、难中之难、坚中之坚。要以习近平新时代中国特色社会主义思想为指导，认真贯彻党的十九大关于脱贫攻坚的新部署新要求，下大力气攻克深度贫困堡垒，积极支持青海打赢脱贫攻坚战。一是要坚决打赢三年攻坚战，各部门、各协作省市和青海省要认真贯彻落实《中共中央国务院关于打赢脱贫攻坚战三年行动的指导意见》，一件一件抓落实，加大干部培训力度，认真开展扶贫领域作风问题专项治理，有效调动贫困群众的积极性主动性创造性。二是要加快实施深度贫困地区脱贫攻坚实施方案，细化年度攻坚任务，落实到村到户到人措施，聚焦抓推进，逐项抓成效。以推进会为抓手和平台，不断推进实施方案落实落地。三是要突出青海特色抓脱贫攻坚，坚持生态保护与扶贫开发并重，以生态保护优先理念引领脱贫攻坚工作持续推进。突出抓好青稞、牦牛、光伏、民族手工艺、特色旅游等产业扶贫。四是要不断提升东西部扶贫协作和对口支援工作水平，紧紧围绕脱贫开展东西部扶贫协作和对口支援，针对脱贫实际需求开展帮扶，聚焦脱贫，突出精准，管好用好帮扶资金，进一步加大产业合作、干部人才交流力度。五是中央单位要积极支持，青海要针对薄弱环节和突出短板，积极争取中央单位行业扶贫政策落地落实；定点扶贫青海的中央单位可以优先在青海试点示范行业扶贫政策，同时加强对定点扶贫县扶贫工作的全面指导和监督，确保脱贫攻坚经得起检验。六是要及时总结经验推广典型，进一步加大力度，不断总结推广青海在产业扶贫、生态扶贫、干部培训、作风建设、激发内生动力等方面的成功经验和典型案例，宣传表彰脱贫攻坚先进模范，营造良好社会氛围。

王建军在主持讲话中对国家部委、援青省市、帮扶单位表示感谢。他指出，打赢深度贫困地区脱贫攻坚战，要站在人民的立场上，像习近平总书记一样把群众放在心中最高位置，这是脱贫攻坚始终要站稳的立场；要树立辩证观点、底线思维观点，这是脱贫攻坚要把握的最重要观点；要按照习近平总书记的要求，聚焦"精准"二字，这是脱贫攻坚最重要的方法；要以群众的期盼来转变干部的作风，干部作风好，群众少怨言，脱贫攻坚必须要作风攻坚。他强调，落实好会议精神，巩固好会议成果，关键是提高政治站位。要持续拧紧思想螺丝，把能否如期完成脱贫攻坚任务，作为检验是否与以习近平同志为核心的党中央保持高度一致、检验"四个意识"树得牢不牢、检验与人民群众的感情深不深的重要标尺，抓紧每一天，干好每件事，种好责任田，兑现军令状。前提是把好工作导向。要强化"精准"意识，拿出"绣花"功夫，按照习近平总书记提出的"六个精准"和"五个一批""四个新增""五个振兴"等要求，抓重点、补短板、强弱项，久久为功，善作善成，扶真贫、脱真贫、真脱贫。重点是推进政策落地。要坚持目标标准，突出问题导向，强化实践要求，从严从细从实推动党中央决策部署落实落地，继续在实施"八个一批""十个专项"上聚焦用力，重点在产业扶贫、健康扶贫、智力扶贫、精神扶贫上下功夫，确保脱贫成效经得起历史、实践和人民群众的检验。要件是加强工作对接。要把中央给力、自身发力、向外借力结合起来，主动加强与国家部委、对口支援地区、扶贫定点单位的沟通汇报，表达好意愿、衔接好思路、协调好项目，争取更多理解、更多关心、更多支持，汇聚合力、齐心协力打赢深度贫困地区脱贫攻坚战。

省委常委、副省长严金海汇报青海深度贫困地区脱贫攻坚工作开展情况，农业农村部总农艺师马爱国，北京市委常委、常务副市长张工以及江苏省、卫生健康委员会、水利部、国网青海电力公司相关负责同志在会上发言。

浙江省人大常委会副主任史济锡、天津市副市长金湘军、山东省副省长孙继业、国家能源投资集团有限责任公司副总经理高嵩，青海省领导于丛乐、尼玛卓玛、鸟成云出席会议。

国务院扶贫办、住房和城乡建设部、教育部、交通运输部、全国工商联相关司局负责同志，中国扶贫志愿服务促进会、上海市政府驻西宁办事处负责同志，中央定点帮扶单位有关负责同志以及我省相关省直单位和市州政府负责同志参加会议。

会议期间，与会人员实地观摩了隆宝镇卫生院、玉树扶贫产业一条街、玉树（省级）扶贫产业园。

2018 年 7 月 13 日　01 版　罗　藏

我省已有 13 个贫困县、区（行委）摘帽脱贫

近日，省政府批复并发布公告，批准 2017 年度计划摘帽的平安区、循化撒拉族自治县、刚察县、格尔木市、德令哈市、乌兰县和天峻县 7 个县（市、区）退出贫困县。这是继都兰、同德、河南 3 县以及茫崖、冷湖、大柴旦 3 行委脱贫摘帽后，我省取得的又一重大成果。截至目前，我省已有 13 个贫困县、区（行委）摘帽，脱贫攻坚取得决定性进展。

2018 年是贯彻落实党的十九大精神的开局之年，是打好脱贫攻坚战的关键之年。今年以来，我省紧紧围绕"扶持谁""谁来扶""怎么扶""如何退"等根本性问题，瞄准"两不愁、三保障"和贫困人口脱贫、贫困县摘帽、解决区域性整体贫困的目标，压实攻坚责任，不断完善顶层设计，持续加大资金投入，贫困地区基础设施明显改善，公共服务大幅提升，"造血"式扶贫效应日益显现，整体面貌发生了根本性转变。

"更加注重深度贫困地区脱贫攻坚，更加注重脱贫质量，更加注重增强贫困群众获得感，更加注重精准帮扶稳定脱贫，更加注重开发式与保障性扶贫并重。"据省扶贫局相关负责人介绍，今年我省紧紧围绕这几个"更加"，全面聚焦深度贫困地区攻坚，下大力气抓好年度扶贫项目实施。扶贫资金精准投入，截至上半年，2018 年度，已落实财政专项扶贫资金 40.9 亿元；专项扶贫稳步实施，支持发展壮大村集体经济，扶贫产业园扶贫带贫效益显现，易地扶贫搬迁顺利推进，乡村旅游扶贫项目风生水起；社会扶贫济困富有成效，全省各级党政机关、企事业单位向 1625 个建档立卡贫困村、688 个有贫困人

口的深度贫困行政村选派的 7030 名第一书记和驻村工作队员，428 家民营企业分别与 868 个村结成帮扶对子，苏青东西扶贫协作深入开展。

补民生短板，行业扶贫持续加力。党的十八大以来，全省近三分之二的农牧户住房得到根本性改善，90% 以上的贫困户有安全住房。截至目前，已累计完成"十三五"搬迁任务的 91%；推进"控辍保学"工作，2.36 万名辍学生重返校园，义务教育巩固率达到 94.2%。实行"六减十覆盖"政策举措，将大病集中救治扩大到 14 个病种，大病医疗保险起付线由 5000 元降至 3000 元，扎实开展"三个一批"健康扶贫行动，贫困人口住院费用自费比例下降到平均 6%。同时，各行业部门累计投入行业扶贫资金 157.7 亿元，深入实施十个行业扶贫专项行动，着力补齐基础设施和公共服务领域短板。

2018 年 10 月 17 日　01 版　孙海玲

青海水利精准扶贫
两年将解决 17 万贫困人口饮水安全

近日，记者从省水利厅了解到，自2017年以来，我省水利部门通过采取改建、扩建、配套、联网、升级及新建等综合措施，保障农牧区饮水安全，2017年解决了农村牧区44.9万人饮水安全问题，其中解决贫困人口10万人；2018年将解决农村牧区47.2万人饮水安全问题，其中解决贫困人口7万人。

据了解，2017年以来，省水利厅根据《青海省农村牧区饮水安全巩固提升工程"十三五"规划》，通过采取改建、扩建、配套、联网、升级及新建等综合措施，实施农村牧区饮水安全巩固提升工程78项，工程总投资10.72亿元，计划解决农牧区92.1万人饮水安全问题。

其中，2017年下达农村饮水安全巩固提升工程投资5.55亿元，安排饮水安全巩固提升工程39项，解决了农村牧区44.9万人饮水安全问题，其中贫困人口10万人。2018年计划投资5.17亿元，安排饮水安全巩固提升工程39项，拟解决农村牧区47.2万人饮水安全问题，其中贫困人口7万人。目前，各项工程正在加紧建设当中。

为保障饮水安全工程长效运行，省水利厅制定出台了《青海省农村牧区饮水安全工程运行管理办法》。同时，下发了《关于进一步加强农牧区饮水安全工程运行管理的通知》等，指导各地规范工程运行，强化工程运行管护，促进工程长效运行。

2018年10月29日　02版　罗连军

我省出台 10 项措施
进一步加强第一书记和驻村工作队帮扶力量

　　为进一步加强脱贫攻坚一线驻村帮扶力量，坚决打赢脱贫攻坚战，我省针对帮扶工作中存在的薄弱环节，出台《关于进一步加强第一书记和驻村工作队帮扶力量的十项措施》，用激励的办法补齐短板和弱项，进一步激发广大第一书记和驻村工作队员（以下简称驻村干部）扎根一线，融入群众，致力脱贫。

　　上述措施包括充实选派干部力量、提升选派干部质量、加大指导帮扶力度、严肃驻村工作纪律、强化综合保障、健全考核评价机制、完善提拔任用机制、压实派出单位责任、健全沟通协调机制等 10 个方面。其中，在充实选派干部力量方面，我省全面开展帮扶力量摸底排查工作，针对贫困程度深、帮扶力量弱的贫困村，从省、市（州）、县（市、区）三级调整轮换政治素质好、工作作风实、综合能力强、善做群众工作的优秀干部担任第一书记，任期到2020 年 12 月底。同步安排具有一年以上工作经历的选调生到贫困村挂任村党组织副书记，加强贫困村帮扶力量。

　　在提升选派干部质量方面，我省将全面落实第一书记和驻村工作队员任前培训和集中轮训制度，省、市（州）、县（市、区）组织和扶贫部门每年按10%、30%、60% 的比例，对驻村干部进行培训，确保驻村干部培训全覆盖。重点加强薄弱村驻村干部业务培训，采取现场观摩、经验交流、现身说法等多种方式实施精准培训，增强培训的针对性和实效性。严格日常管理和年度考核评议，对符合调整、召回情形的驻村干部，按组织程序及时调整召回，另行择优选派。

在加大指导帮扶力度方面，要求各级扶贫开发工作领导小组定期组织农牧、科技、卫生等领域的专家团队，深入贫困村开展巡回指导帮扶。市（州）、县（市、区）、乡镇领导按照"一对一""一对多"等方式，实现对所有贫困村联点包村全覆盖，每季度至少深入联点村1次，协调解决实际困难。有条件的地区，可在地理位置相近、资源条件相似、生产生活方式及民族宗教习俗相同的村庄之间，探索开展"强村带弱村"帮带活动。各级组织部门动员非公经济组织和社会组织依托自身优势，与贫困村结对帮扶，开展资金、项目、人才、智力支持。

2018年10月30日　04版　何敏

我省脱贫攻坚在全国层面实现"四个率先"

在全国率先推行民政低保和扶贫标准"两线合一"，在全国率先推行扶贫资金切块到县、项目审批权下放到县，在全国率先开通"精准扶贫金融服务热线"，较早推行金融主办行制度，在全国率先为基层 360 乡镇配备专兼职扶贫干事。近日，记者从省扶贫局了解到，十八大以来，青海省积极推进脱贫攻坚基础工作，目前已在全国层面实现"四个率先"，脱贫保障务实有力，攻坚基础得到全面夯实。

在全国率先推行民政低保和扶贫标准"两线合一"，2015 年，精准识别全省贫困人口 16 万户、52 万人，全部纳入低保救助范围，多轮次做好建档立卡动态调整，扣好脱贫攻坚"第一颗扣子"。在全国率先推行扶贫资金切块到县、项目审批权下放到县，赋予贫困地区更多的自主权。2013 年以来，全省累计投入财政专项扶贫资金 151.5 亿元，年均增幅达 21.95%。

在全国率先开通"精准扶贫金融服务热线"，较早推行金融主办行制度，大力推广"双基联动"合作贷款模式，累计落实扶贫再贷款及"530"小额信贷 34.3 亿元，贫困户户贷率达到 57.2%，高出全国平均水平 25 个百分点。

同时，在全国率先为基层 360 乡镇配备专兼职扶贫干事，累计抽调 400 余名懂项目、会审计、熟悉农牧工作的人员充实到各级扶贫系统，先后两批选派第一书记和扶贫（驻村）干部 1.49 万名，脱贫攻坚队伍力量得到有力加强。广大干部扎根基层、心系扶贫，勇挑重担、创新有为，积极践行高原脱贫攻坚精神。2013 年以来，青海省共有海南藏族自治州扶贫开发局规划财务科、河南蒙古族自治县扶贫开发局等 8 个集体，胡进胜、秦海生、马锁安、李玉兰、黄振荣等 14 名个人荣获国家级扶贫开发（脱贫攻坚）表彰。

2018 年 11 月 4 日　01 版　孙海玲

坚持精准扶贫脱贫　推动打赢脱贫攻坚

2018 年，全省坚持精准扶贫精准脱贫基本方略不动摇，不断加大攻坚力度，脱贫攻坚迈出了更为坚实的步伐。全年实现 526 个贫困村退出、17.6 万贫困人口脱贫，12 个贫困县有望顺利摘帽，贫困发生率由 2017 年底的 8.1% 下降到 2.5%。

始终把全面打赢脱贫攻坚战作为等不起、没退路的"政治仗""民心仗"，筑牢思想根基，加强组织领导，压实攻坚责任，加大推动力度，扎实开展扶贫领域"百日攻坚""夏秋季攻势""收好官、开好局"等行动，扎实推进扶贫项目建设，继续保持了狠抓落实、压茬推进的良好态势。

夯实脱贫攻坚工作基础。明确了三年攻坚的行动路径。全年累计投入各类扶贫资金 114 亿元。大力推动金融扶贫，落实产业扶贫贷款和"530"小额信贷资金 34.3 亿元，3.86 万户贫困户获得了金融支持。累计整合财政涉农资金 157.6 亿元。加强动态管理，全面开展拉网式排查，提高贫困识别精准度和群众满意率。完成 7030 名第一书记和驻村工作队员的调整轮换工作，驻村帮扶覆盖到 2313 个村。深入开展定点扶贫、结对帮扶等社会扶贫工作，在 13 个县开展"精神脱贫"试点工作，建立了 3000 万元励志资金，对 1243 名脱贫典型进行了表彰。

增强贫困地区"造血"功能。发展扶贫产业，大力发展"五大扶贫主导产业"；累计扶持 44.35 万有能力的贫困人口发展种养、手工、商贸流通等到户产业；扶持 39 个贫困县建设扶贫产业园；实施了 208 个乡村旅游项目；建立扶贫车间 298 个，大力发展民族用品、工艺品以及农畜产品加工等手工制造业；累计实施 721 兆瓦光伏扶贫项目，实现 1622 个贫困村光伏项目全覆盖。提升贫困村发展能力，深入推进村集体经济"破零"工程，为全省 2399 个有贫困人口的非贫困村安排村集体经济发展引导资金。推进贫困劳动力转移就业，开展贫困劳动力短期实用技能培训、培训致富带头人，稳定就业率达到 60% 以上；积极打造拉面经济、金秋采棉、枸杞采摘等传统劳务品牌；深入开展"青春创业"行动；累计安排 4.98 万名贫困劳动力从事生态公益性管护；开发保洁、治安等公益性扶贫岗位 2000 余个。发展电商扶贫，实施冷链物流、农产品市场建设改造等项目。

提升公共服务和基础设施水平。稳步实施易地扶贫搬迁和危旧房改造项目，对 18 万农牧民实施易地扶贫搬迁；深入推进贫困群众危旧房改造项目。大力实施教育扶贫，全面落实贫困地区 15 年免费教育政策，分档补助贫困大学生就学，全额资助贫困家庭中职生；深入推进"控辍保学"工作，全省九年义务教育普及率达到 96.8%。深入开展健康扶贫，认真落实"六减十覆盖"健康扶贫政策，扎实开展健康扶贫"三个一批"和"六大攻坚"行动。着力改善发展条件，深入实施行业扶贫专项行动，着力补齐基础设施和公共服务领域短板。充分发挥低保救助的兜底功能，对一般困难家庭、比较困难家庭、困难家庭实施分档救助，当年补助标准分别提高到 1800 元、3000 元和 3600 元。

集中攻克深度贫困堡垒。配套完善攻坚政策体系，5 个有深度攻坚任务的市州结合各自实际，制定出台了相应的三年行动计划；各行业部门先后出台了产业、健康、教育、金融扶贫等 12 项配套措施，形成了深度贫困地区脱贫攻坚"2+5+N"政策体系。加强资金保障力度，各行业惠民项目向深度贫困地区倾斜，对口支援和东西部扶贫协作资金的 80% 用于深度贫困地区基础设施、公共服务项目和产业就业扶贫。广泛凝聚深度攻坚合力，加强与 6 个对口支援省市的工作衔接，在全国率先召开了深度贫困地区脱贫攻坚现场推进会。

深入推进东西部扶贫协作。西宁、海东 30 个乡镇、29 个村社与江苏对口支援市区签订帮扶框架协议，22 个贫困村与 23 家江苏企业实现结对，53 所学校、20 家医院与江苏相关学校、医院结对；加大资金支持，深化交流合作。

同时，精准对标整改存在的突出问题，深入开展扶贫领域腐败和作风问题专项治理。2019 年力争实现 17 个贫困县、170 个贫困村、7.7 万贫困人口全部"清零"，为打赢打好脱贫攻坚战打牢基础。

2019 年 1 月 31 日　05 版　省扶贫开发局副局长　马正军

王建军在省扶贫开发局调研座谈时强调
齐心协力打好打赢脱贫攻坚战

一年之计在于春。2月11日，春节后上班第一天上午，省委书记、省人大常委会主任王建军来到省扶贫开发局，看望扶贫战线干部，调研脱贫攻坚工作。他强调，要认真贯彻习近平新时代中国特色社会主义思想，深入地、具体地学思践悟习近平总书记关于扶贫开发工作的重要论述，抓好中央脱贫攻坚专项巡视反馈问题整改，齐心协力打好打赢脱贫攻坚战。

调研中，王建军走进省扶贫开发局办公室、规划财务处、政策法规处等处室，代表省委、省政府向奋战在全省脱贫攻坚一线的干部职工表示慰问和感谢，并就具体工作与大家进行交流。

在认真听取省、玉树州、化隆县扶贫部门负责人，化隆县巴燕镇上吾具村、玛多县黄河乡江旁村第一书记的发言后，王建军对近年来我省脱贫攻坚工作取得的成绩予以充分肯定。他指出，脱贫攻坚是今明两年全党的中心工作，省委、省政府高度重视。要保持清醒的头脑，正确把握"贫"和"困"的关系，以动态的、发展的眼光来看待绝对和相对的、转型中和发展中的贫困，既要看到缺少收入来源的一面，也要看到自然条件制约的一面，既要调动党委政府和干部的积极性，也要调动广大群众特别是贫困群众的积极性，把党中央交给我们的任务完成好。

王建军强调，中央脱贫攻坚专项巡视给我省反馈了4个方面12条具体问题，省委全会和省两会作出了为全面建成小康社会收官打下决定性基础的部署，必须高度重视起来，抓紧行动起来。要认真做事，这是最高的智慧。从省委、省政府到主管部门，从各级干部到第一书记，都要扎扎实实、认认真真，把分内的工作做好。要扛起责任，我们的干部素质是好的，群众觉悟是高的，在脱贫攻坚中经受了锻炼，要敬终如始、善始善终，做到守土有责、守土尽责、守土负责。要坚持标准，标准是质量的基础，把中央认可、干部服气、群众满意作为衡量脱贫攻坚的客观标准，以工作的高标准实现脱贫的高质量。要形成合力，脱贫攻坚既是中国特色社会主义本质特征的体现，社会主义制度优越性的体现，也是习近平新时代中国特色社会主义思想的体现，要广泛动员各方力量参与脱贫攻坚，凝聚起强大攻坚合力。要发挥第一书记作用，当尖兵、挑大梁，勇于担当"第一"责任，充分发挥"第一"作用，带领群众脱贫致富奔小康。

严金海、于丛乐一同调研。

2019 年 2 月 12 日　01 版　罗藏

王建军讲话　刘宁主持

省委脱贫攻坚工作会议召开

2月21日下午，省委脱贫攻坚工作会议在西宁召开，强调要深入学习贯彻习近平总书记关于扶贫工作的重要论述，落实国务院脱贫攻坚专项巡视整改工作电视电话会议精神，再使一把劲，再加一把力，实现年底消除绝对贫困，确保如期完成脱贫攻坚目标任务。省委书记、省人大常委会主任王建军出席会议并讲话。省委副书记、省长刘宁主持会议。

王建军指出，党的十八大以来，党中央、国务院高度重视脱贫攻坚工作，将之纳入"五位一体"总体布局和"四个全面"战略布局，作为实现第一个百年奋斗目标的重点任务，作出了一系列重大部署和安排，全面打响了脱贫攻坚战。习近平总书记更是牵挂于心，情系于民，与时俱进作出重要指示批示，提出抓实要求，为我们打赢脱贫攻坚战注入了强大动力，是我们同全国同步迈入全面小康社会最根本的引领和指南，我们要带着责任感和使命感来学习贯彻落实，在工作实践中既要讲脱贫，还要讲解困；既要讲道理，还要有数字；既要干事，还要成事；既要引线，还要穿针；既要有激励，还要有鞭策，确保打赢这场硬仗。

王建军强调，完成今年的脱贫攻坚任务，实现年底消除绝对贫困，工作极为重要，节点极为关键，意义极为重大，使命极为光荣。要在思想认识上见行动见实效。绷紧讲政治这根弦，咬定目标不放松，扛起责任不懈怠，以时不我待的紧迫感和讲政治的具体行动抓好脱贫攻坚。要在作风建设上见行动见实效。脱贫攻坚首先要作风攻坚，突出一个"真"字、一个"实"字，认真去做，务实去抓。要在能力水平上见行动见实效。学习学习再学习，实践实践再实践，以工作的能力和水平把脱贫攻坚的目标要求精准地把握住、实现好。要在精准施策上见行动、见实效。必须强化精准意识，必须落实精准要求，必须下足绣花功夫，做到标准不变、靶心不散、频道不换，以脱贫攻坚统领经济社会发展全局。要在问题整改上见行动、见实效。问题整改既是工作要求，也是纪律要求，更是政治要求，必须见人见事见行动，把激励和问责贯穿整改全过程，树立起鲜明的工作导向。要在精神脱贫上见行动、见实效。既坚持倡导引导指导，也注重激发内生动力，加大教育扶贫、技能扶贫、精神扶贫，推动移风易俗、革除陋习，提升精气神，激发新风尚。要在基层党建上见行动、见实效。把抓党建与抓脱贫攻坚结合起来，切实把基层党组织建成精准脱贫的主心骨，把党员队伍建成精准脱贫的先锋队，把党的政治优势、组织优势和群众优势转化为攻城拔寨的强大动力和整体合力。

刘宁在主持讲话中指出，要深入贯彻习近平总书记关于脱贫攻坚工作的系列重要论述，把打好脱贫攻坚战作为践行"两个维护"的具体行动，作为树牢"四个意识"、坚定"四个自信"的试金石，认真落实党中央、国务院决策部署，强化政治担当，压实工作责任，既要坚持多措并举、多方联动，在推动"八个一批"落实上聚焦用力，在抓好"十个专项"上协同作战，把牢脱贫标准，提高脱贫能力，确保全面实现今年消除绝对贫困目标任务；又要注意防范风险，从严从细从实抓好中央专项巡视反馈问题整改，下大力气化解产业发展、易地搬迁、小额信贷等方面的风险挑战，着力提升扶贫脱贫工作质量，确保脱贫成效经得起历史、实践和人民群众的检验。

省委常委、副省长严金海通报了全省脱贫攻坚工作情况。省领导王晓、滕佳材、王宇燕、于丛乐、尼玛卓玛、鸟成云、吴海昆、王晓勇、张文魁出席会议。

海东市、海南州、玉树州、果洛州、黄南州及水利厅、住建厅作了会议交流发言。

2019 年 2 月 22 日　01 版　罗藏

我省贫困发生率由 2017 年的 8.1% 下降到去年底的 2.5%

2018 年度实现 526 个贫困村退出、 17.6 万贫困人口脱贫

2 月 22 日，记者从全省扶贫开发工作会议上获悉，2018 年，全省上下坚持精准，强化协同，攻坚克难，狠抓落实，年度实现 526 个贫困村退出、17.6 万贫困人口脱贫，贫困发生率由 2017 年的 8.1% 下降到去年底的 2.5%，12 个计划退出县也有望顺利实现摘帽。

一年来，我省把产业扶贫作为脱贫增收的"主渠道"，产业扶贫实现了从强化投入向提档升级的转变。牦牛、青稞、村级光伏、乡村旅游、民族手工艺等"五大特色扶贫主导产业"全面推进、效益明显。在 1622 个贫困村建设 471.6 兆瓦光伏扶贫项目，去年底并网发电率达到 47%；投入 24 亿元，实现了 2358 个有贫困人口非贫困村级集体经济扶持资金全覆盖，扶贫项目已经成为全省村级集体经济"破零"的主导力量。

民生保障实现了从补齐短板向全面提升的转变。全省易地扶贫搬迁进度超前，92% 的搬迁群众实现入住；危旧房改造综合发力，贫困地区人居环境显著改善；控辍保学经验全国推广，健康"扶贫保"全面推进，民政救助标准逐年提高，水电路讯网等基础设施建设持续巩固，贫困地区和贫困群众整体发展能力得到全面提升。

帮扶协作实现了从引资借力向深度合作的转变。同时，东西部扶贫协作、

对口援青、中央定点帮扶等省市（单位）发挥优势，持续用力，为我省脱贫攻坚注入了新动能，特别是苏青两省之间高层互访、强化联动，签署"1+2+10"扶贫协作协议，帮扶力度之大、合作领域之广前所未有。

据省扶贫局局长马丰胜介绍，今年我省将注重脱贫攻坚与乡村振兴战略相衔接、开发式扶贫与保障性扶贫相统筹、扶贫同扶志扶智相结合、持续攻坚同防止返贫相统一，更加注重深度攻坚，更加注重补齐短板，更加注重形成合力，更加注重持续发展，着力解决"两不愁三保障"突出问题，不断提升脱贫质量，全面完成剩余 17 个贫困县、170 个贫困村、7.7 万贫困人口脱贫攻坚任务，年底实现全省绝对贫困"清零"，为 2020 年决战决胜脱贫攻坚打牢基础。

2019 年 2 月 27 日　01 版　孙海玲

我省向消除绝对贫困发起"总攻"

记者日前从全省扶贫工作会议上获悉，今年我省将全面完成剩余 17 个贫困县、170 个贫困村、7.7 万贫困人口脱贫攻坚任务，力争年底实现全省消除绝对贫困，为 2020 年决战决胜脱贫攻坚打牢基础。

自脱贫攻坚以来，我省突出精准要义，坚持精准方略，紧紧围绕"两不愁、三保障""一高于、一接近"和贫困人口脱贫、贫困县摘帽、解决区域性整体贫困的目标，以"1+8+10"政策体系为引领，统筹专项扶贫、行业扶贫、社会扶贫、对口援青和东西部扶贫协作，扎实推进党中央决策部署落地生根。目前，实现了 13 个贫困县摘帽、1452 个贫困村退出、净脱贫 44.3 万贫困人口，贫困发生率由 2017 年的 8.1% 下降到去年底的 2.5%，12 个计划退出县也有望顺利实现摘帽。

今年是中华人民共和国成立 70 周年，为确保顺利完成消除绝对贫困目标，我省将突出抓好巡视反馈问题整改，切实摸清现有贫困底数，实行挂图作战。着力推进产业就业扶贫，注重培育扶持带贫益贫的新型经营主体，持续推进五大特色主导扶贫产业，继续在全省选择 40 个左右的村实施乡村旅游扶贫项目。着力提升民生保障能力，7 月份之前做好易地搬迁"扫尾"工作，配齐水电路讯网等基础设施，完善教育、医疗、公共服务保障；3 月底前完成全省建档立卡贫困户危旧房改造对象的摸排鉴定，年底前全面完成贫困户危旧房改造任务；继续落实贫困家庭学生 15 年免费教育政策，防治因学返贫、因贫辍学；严格落实"六减免十覆盖"政策，降低大病、慢病患者医疗负担。

"目前，全省剩余 17 个贫困县中还有 12 个是深度贫困县，7.7 万贫困人口中 6.4 万是深度贫困人口。可以说今年全省攻坚的重点在深度，难点也在深度。"

据省扶贫局局长马丰胜介绍，针对我省深度贫困现状，今年将重点打好稳定增收、基础设施、公共服务、特困群体的"四场攻坚战"。通过产业、就业、光伏、生态公益性岗位和政策性兜底等手段，保证深度贫困群众有稳定收入来源。全面补齐深度贫困地区水电路讯网等基础设施建设，突出饮水安全、住房保障等，破解贫困地区基础设施建设瓶颈制约。持续抓好教育扶贫、健康扶贫、民政救助等惠民政策落实，不断增强贫困群众的获得感和幸福感。瞄准贫困孤寡老人、重度残疾贫困群众、大龄单身贫困青年、单亲贫困家庭等"四类特困群体"，做好"托底"和提升工作。

2019 年 3 月 3 日　01 版　孙海玲

省扶贫开发工作领导小组召开会议

王建军主持　刘宁出席

巩固"两不愁"成果质量
攻坚"三保障"薄弱环节
奋力夺取脱贫攻坚决战全面胜利

4月18日，省委书记、省扶贫开发工作领导小组组长王建军主持召开省扶贫开发工作领导小组2019年第二次会议。传达学习习近平总书记在解决"两不愁三保障"突出问题座谈会上的重要讲话精神，审议相关文件，研究部署下一步工作。

省长、省扶贫开发工作领导小组组长刘宁，副组长王宇燕，省委常委、秘书长于丛乐出席会议。

会议指出，党的十八大以来，习近平总书记站在党和国家事业发展全局的高度，把扶贫开发作为全面建成小康社会、实现第一个百年奋斗目标的中心工作，纳入"五位一体"总体布局和"四个全面"战略布局，摆到治国理政的重要位置，作出一系列决策部署。习近平总书记在解决"两不愁三保障"突出问题座谈会上的重要讲话，对坚决打赢打好脱贫攻坚战作出再动员、再部署，为全面建成小康社会收官打下决定性基础进一步指明了方向，提供了遵循。要认真学习，深刻领会，坚决贯彻，用习近平总书记重要讲话精神武装头脑、指导实践、推动工作。

会议强调，今年是决胜全面建成小康社会关键之年，全省上下要把打赢打好脱贫攻坚战作为树牢"四个意识"、坚定"四个自信"、做到"两个维护"的现实检验，切实扛起脱贫攻坚的政治责任，找准实现"两不愁三保障"面临的突出问题，找准巩固脱贫成果特别是"摘帽"不摘责任、不摘政策、不摘帮扶、不摘监管方面存在的问题，结合中央脱贫攻坚专项巡视反馈问题整改工作，细化实化攻坚举措，解决问题推动工作，巩固"两不愁"成果质量，攻坚"三保障"薄弱环节，做到件件有回音、事事有落实，以优良作风奋力夺取脱贫攻坚决战的全面胜利。

会议传达学习了全国东西部扶贫协作和中央单位定点扶贫工作推进会精神，审议通过了《青海省2019年东西部扶贫协作工作要点》《关于开展扶贫扶志行动的实施意见》《贫困县财政涉农资金统筹整合使用负面清单》等文件。

2019年4月19日 01版 薛军

我省实现农村贫困人口医保全覆盖

5月8日，记者从省医保局了解到，我省将农村贫困人口全部纳入基本医保、大病保险和医疗救助范围，做到了农村贫困人口医疗保障制度全覆盖。

省医保局组建以来，针对全省贫困人口中因病致贫、因病返贫比例较大实际，将医保精准扶贫作为全局工作的重中之重，在深入调研的基础上，出台了《青海省医疗保障扶贫三年行动实施方案（2018-2020）》，将农村贫困人口全部纳入医保范围，实施了一系列惠及农村贫困人口的医疗保障措施。

据了解，农村贫困人口住院费用经基本医保、大病保险及医疗救助后剩余费用超出总费用10%的部分，由医疗救助资金进行全额兜底救助。农村低收入救助对象医疗救助起付线由5000元降低至1500元，救助比例由50%提高至70%。

同时，明确建档立卡贫困人口住院医疗费用政策范围内大病保险起付线由5000元降至3000元、报付比例由80%提高到90%。

据悉，2018年，省医疗保障局共为21.44万人次贫困人口报销医疗费用3.62亿元，农村贫困人口住院政策范围内医疗费用报付比例达到90%以上，有力助推了全省脱贫攻坚工作。

据省医保局局长吕刚介绍，今年，省医保局将全面开展贫困人口脱贫兜底医疗救助，将贫困人口住院医疗费用报付比例稳定在90%。实时掌握贫困人口信息，及时更新医保信息数据，坚决做到贫困人口应保尽保。进一步加大城镇困难群众医疗救助力度，修订完善《青海省医疗救助基金管理办法》，提高统筹层次，全省所有定点医疗机构同步实现基本医保、大病保险和医疗救助费用"一站式服务、一窗口办理、一单制结算"，切实解决群众就医跑腿垫资问题。

2019年5月9日　01版　李雪萌

青海撒拉族土族实现整族脱贫

5月15日召开的青海省扶持人口较少民族发展座谈会传出喜讯：青海省人口较少民族撒拉族、土族实现整族脱贫。5月16日，记者前往互助土族自治县和循化撒拉族自治县，看到了一幅幅土族、撒拉族群众脱贫后的美好生活画卷。

撒拉族和土族是青海独有的两个人口较少世居民族，这两个民族世代以农耕为主，兼营畜牧业，整体经济落后，群众生活贫困。

据省民宗委领导介绍，2017年循化撒拉族自治县在全国人口较少民族自治县中率先"摘帽"；2019年5月，互助土族自治县退出贫困县。全省147个人口较少民族贫困村、3.25万建档立卡贫困人口已全部脱贫。

在互助县威远镇小庄村，致富女带头人席玉秀在她的"玉秀农家院"里，向来访的记者讲述了她16岁因贫辍学，挑起一家人的生活重担，为了生活，不顾羞涩顶着族人不理解的眼光和一些人的闲言碎语，打破女人不能抛头露面挣钱的观念束缚，闯西宁、下牧区，向游人兜售土族刺绣，介绍土族特色餐饮和民俗文化，最终建起"玉秀农家院"，带领大家过上幸福生活的曲折经历。说到动情处，她的眼中闪着泪光。

在互助县东山乡吉家岭村，汽车沿着硬化路开进村里。宽敞干净的村文化广场上老人小孩其乐融融。其实三年前，这个村子还在大山深处，吃的是窖水，洗一把脸的水都要喂牲口，更舍不得用水洗衣裳，村里娶不上媳妇的光棍比比皆是。2015年在政府支持下整村搬迁，家家建起了整洁漂亮的农家小院，村里有幼儿园和养老院，村家政服务公司组织村民到省城开展家政保洁服务，全村整体脱贫，光棍汉们也都娶上了媳妇。

驱车黄河之滨，在循化县查汗都斯乡赞卜乎村，夫妻双双残疾的马乙四夫老人说起现在的生活高兴得合不拢嘴："靠国家和政府的危房改造扶持，我们家也住上了宽敞漂亮的新房子。干部们都十分关心我们，驻村第一书记像亲人一样经常到家里来帮着干活。两个儿子和儿媳妇也到内地大城市去当拉面匠挣钱了。"村干部介绍，拉面经济是全村脱贫致富的主导产业；现在村里90%的家庭都有人在内地从事与拉面有关的工作，不少人还当上了老板。

几十米外的另一个院子里，堆满了盖房用的建筑材料，四五个健康活泼的女孩跑上跑下地在玩耍。主人马白克日因为要带外孙女不能出门挣钱。2015年，村干部支持他流转了3公顷土地，种植有名的循化辣椒，三年下来，家里的彩电、冰箱、洗衣机等家电一应俱全，现在准备在原有的10间房子旁再盖上3间，让每个孩子都有属于自己的房间。

2019 年 5 月 22 日　01 版　李雪萌　李玉民

聚焦深度贫困　确保"基本消除"

——我省推进深度贫困地区脱贫攻坚综述

党的十八大以来，习近平总书记把脱贫攻坚摆在治国理政的突出位置，驰而不息地加以推进，每到基层考察调研都要去看特困地区，走遍全国 14 个集中连片特困地区，多次主持召开脱贫攻坚座谈会，强调要把提高脱贫质量放在首位，聚焦深度贫困地区，全面打好脱贫攻坚战。

全省上下深入学习贯彻习近平总书记关于扶贫工作的重要论述，坚持把脱贫攻坚作为第一民生工程，以脱贫攻坚统揽经济社会发展全局，聚焦深度贫困地区和特殊贫困群体精准发力，进一步增强脱贫攻坚的政治责任，增强贯彻精准方略的行动自觉，增强脱贫攻坚的强大力量，以对党、对人民、对历史高度负责的态度，用心用情用力推进脱贫攻坚，让脱贫成效真正获得群众认可、经得起实践和历史检验。

聚焦青海，过去一年，在党中央、国务院的坚强领导下，在国家各部委、援青省市、中央定点帮扶单位及社会各界的大力支持和无私援助下，我省深度贫困地区脱贫攻坚有力有序推进，成为投入资金最多、攻坚力度最大、脱贫成效最显著的一年。

截至 2018 年底，全省 3 个深度贫困县摘帽、425 个深度贫困村出列，净脱贫 17.7 万深度贫困人口，贫困发生率从 2017 年的 18.5% 下降到去年底的 7%。

2019 年作为脱贫攻坚的关键之年，我省计划全面完成 12 个深度贫困县、137 个深度贫困村、6.4 万深度贫困人口的减贫任务，确保年底全面实现绝对贫困"基本消除"的目标，以优异成绩向新中国成立 70 周年献礼。

提高政治站位　拧紧思想螺丝

2020 年全面建成小康社会，是党对人民的庄严承诺，是对历史的庄严承诺。而全面建成小康社会，最艰巨的任务就是脱贫攻坚。

虽然我省人口基数不大，但贫困发生率却高出中国平均水平近一倍。2011 年，全省贫困发生率高达 36.6%。受区域整体贫困与民族地区发展滞后并存、经济建设落后与生态环境脆弱并存、人口素质偏低与公共服务滞后并存"三重矛盾"的制约，成为全国扶贫开发任务重、难度大的省份之一。

为此，省委、省政府带头强化理论武装，提升思想认识，先后制定印发《关于贯彻落实习近平总书记重要讲话精神，全力打好精准脱贫攻坚战的意见》《关于贯彻落实习近平总书记"不获全胜决不收兵"重大要求的实施意见》，坚决扛起打赢脱贫攻坚战的政治责任。

研究制定《关于打赢脱贫攻坚战三年行动计划的实施意见》和《责任分工方案》，在坚持全面推进的基础上，突出深度贫困地区攻坚和特殊困难群体帮扶，明确了 2018—2020 年攻坚目标和方法举措。

通过组织扶贫领域"百日攻坚""夏秋季攻势"和"奔着问题去、奔着困难去、奔着落实去、奔着服务去"等活动大抓落实，省委书记、省长带头深入深度贫困地区，调研督导、现场办公，为全省树立了抓落实促攻坚的鲜明导向。

加大资金投入是扶贫的保障。全省继续将新增财政扶贫资金的 70%、对口支援和东西部扶贫协作资金的 80%，统筹用于深度贫困地区脱贫攻坚，各行业惠民项目向深度贫困地区倾斜。

2018 年，我省安排深度贫困地区中央和省级财政专项扶贫资金 20.2 亿元，同比增幅达 54%；落实行业部门投资 36.65 亿元，同比增幅达 73.7%。

今年，已向深度贫困地区切块下达财政专项扶贫资金 32.9 亿元，较去年同期增长 62.9%；落实行业部门各类扶贫资金 51.5 亿元，较去年同期增长 40.5%，为深度贫困地区脱贫攻坚提供了强有力的支撑和保障。

我省脱贫攻坚在全国率先推行民政低保和扶贫标准"两线合一";在全国率先推行扶贫资金切块到县、项目审批权下放到县;在全国率先开通"精准扶贫金融服务热线",较早推行金融主办行制度;在全国率先为基层360个乡镇配备专兼职扶贫干事。

同时,全省累计抽调400余名懂项目、会审计、熟悉农牧工作的人员充实到各级扶贫系统,先后两批选派第一书记和扶贫(驻村)干部1.49万名,脱贫攻坚队伍力量得到有力加强。

强化"精准"意识　拿出"绣花"功夫

从输血到造血,着眼长远发展,产业扶贫是脱贫致富的根本出路,是长远之计,更是深度贫困地区群众实现持续稳定增收的"主渠道"。

2018年6月30日,100兆瓦集中式光伏扶贫电站一次性全额并网发电。该项目是我省积极探索欠发达地区精准扶贫有效形式,开创了光伏扶贫新模式。电站每年可为全省脱贫攻坚带来2500万元的收益,20年累计覆盖贫困户达23300多户。每年可带动150个村集体经济发展,20年可解决3000个村集体经济发展问题。20年不低于5亿元资金专项用于全省后扶贫时代。

这只是我省探索光伏扶贫的一个缩影。除了集中式光伏扶贫项目,我省还抢抓国家光伏扶贫政策机遇,开展了村级光伏电站建设工程。"十三五"期间,国家下达青海省村级光伏扶贫电站建设总装机容量47.16万千瓦,项目覆盖全省39个县(市、区)1622个建档立卡贫困村,带动建档立卡贫困户68086户,是国家第一批下达指标实现所有贫困县和贫困村全覆盖的省份。

全省在全国村级光伏电站建设中开创了第一个实施省级层面集中统一招标,有效化解了以往光伏扶贫项目建设大型企业难参与、质量技术难把控的风险;第一个率先引进"光伏领跑者"技术标准,是全国光伏扶贫项目建设以来首先将"光伏领跑者"技术标准运用于村级光伏项目的省份,为其他省份起到了标杆示范;第一个引入第三方机构全过程监督检测电站建设质量,对村级光伏电站建设开展事前、事中、事后全过程监管,确保村级光伏电站"即投产、即盈利"目标；第一个建设光伏扶贫大数据管理平台，实现电站运行智能化管理，扶贫效益精准化对接。同时，由运维企业购买商业保险，加固了电站稳定运行的防护网。

全省村级光伏电站全部建成并网发电后，1622 个建档立卡贫困村每年每村将有 30 万元左右的收入可用于发展村集体经济和带动贫困群众稳定增收。截至目前，全省光伏扶贫存量总规模为 72.16 万千瓦。年产值为 8.1 亿元，每年直接用于扶贫收益资金约 5.7 亿元。政府投资综合平均收益率达 17.6%，直接或间接带动贫困户达 7.64 万户 32 万人。

为全力推进牦牛、青稞、村级光伏、乡村旅游、民族手工艺等特色扶贫产业，架构起产业和贫困农牧民之间有效的利益联结机制。我省在深度贫困地区将牦牛肉、藏羊肉、黄蘑菇等农畜产品作为特色产品进行培育开发，有效壮大了农牧产业带动农牧民增收脱贫的力度。

从牦牛、青稞两大传统特色产业入手，我省制定了《牦牛和青稞产业发展三年行动计划（2018—2020 年）》，集中力量推进牦牛、青稞产业提质增效，必须寻找新的产业突破。通过实施牦牛养殖基地和青稞种子繁育基地、企业扶持、冷链物流、品牌创建等项目，做大做强传统优势产业，带动了贫困群众持续稳定增收。

同时，我省在深度贫困地区建立"扶贫车间"175 个，解决就业岗位 3.9 万个，其中建档立卡贫困群众达 1.3 万人。并在深度贫困地区"县有扶贫产业园、村有互助发展资金、户有到户扶持项目"的基础上，成功举办"全国特色手工业扶贫车间现场会"，进一步推动了全省扶贫产业发展。

文化水平低、没有一技之长，是贫困人口自我发展的硬制约。将强化转移就业作为"主抓手"，我省全面整合各类培训资源，形成了部门联动、目标一致、分类实施、各有侧重的脱贫攻坚培训合力。截至目前，全省深度贫困地区已累计培训贫困群众 1.82 万人次，稳定转移就业 1.25 万人，就业率达 69%。

实践证明，发展村集体经济不仅是增强贫困群众自我发展能力的一剂良方，也是促进农牧民增收、农牧业增效、农牧区繁荣的重要物质基础。

几年来，我省把培育村集体经济作为脱贫攻坚的"新引擎"，按照村均290 千瓦的标准，在深度贫困地区 559 个贫困村建设村级光伏电站，项目建成后每村年度收益将达到 30 万元以上；按照村均 100 万元的标准，在深度贫困地区 1247 个有贫困人口的非贫困村投入村集体经济扶持资金，从今年起每村收益将超过 10 万元。

着眼青海重要而特殊的生态地位，我省以深度贫困人口为主要对象，去年新增贫困群众生态公益性管护岗位 3000 个。目前，全省深度贫困地区 3.19 万贫困群众从事生态公益性管护工作，占贫困人口总户数的 46.7%，户均年度增收最高达 2.16 万元，实现了生态保护与民生改善的双赢。

同时，各深度贫困县积极开发治安巡逻、卫生保洁、道路养护等公益性岗位 2898 个，安置贫困群众 1506 名，占开发岗位的 56%，人均月工资 1400 元。

聚焦精神扶贫　彻底斩"穷"根

要真正摆脱贫困，首先要在精神上脱贫。没有移不走的穷山，唯有精神扶贫才能彻底斩断"穷"根，打赢脱贫攻坚这场硬仗。

循化撒拉族自治县锁定移风易俗，聚焦精神脱贫，通过深化文明家庭创建，深入开展感恩教育等，引导群众摒弃陈规陋习，由物质层面脱贫向精神心理层面脱贫循序渐进地拓展，出台了《关于推动移风易俗树立文明新风的指导意见》，倡导"婚事新办、丧事简办、其他事宜小办"，切实减轻人情消费负担，遏制"因婚返贫、因婚致贫"。对满月、乔迁、订婚、店庆、升学等喜庆事宜，倡导以一束鲜花、一个电话、一则短信、一条微信、一句问候等方式表达贺仪，努力以新风良俗取代陈规陋习。同时，聚焦"扶志扶智"，宣讲好党的强农惠农富农政策，传播好党的声音，弘扬好新风正气，使广大贫困群众真正从思想上振兴，从精神上脱贫。

截至目前，全县已成功实施移风易俗婚事新办 45 起，纠正原定高价彩礼变标准彩礼 16 起，制止不满法定年龄准备结婚的 4 起，丧事新办、简办 32 起，为群众减负约 310 万元。

组织开展"精神脱贫集中宣讲"活动，加大政策宣传，讲好减贫故事。建立 3000 万元省级励志资金，去年结合"10·17"扶贫日系列活动，从县级层面对 1243 户"脱贫光荣户"进行了集中表彰。在 13 个县开展"精神脱贫"试点,成效明显。每年组织开展文明村镇、文明家庭、星级文明户等创建活动,以道德模范、身边好人引领贫困地区新风尚,弘扬真善美,传播正能量,提振农民群众脱贫致富的信心,增强发展产业、脱贫致富的能力。制定《关于开展扶贫扶志行动的实施意见》《青海省"精神脱贫"试点方案》,通过试点将"精神脱贫"主要做法在全省推广。

在脱贫攻坚先进典型宣讲报告会上,乌兰县希里沟镇北庄村脱贫典型户代表解统芳用自己的亲身经历讲变化,情真意切地讲出了对党和国家扶贫好政策的感恩,讲出了自己不愿等、靠、要,最终用自己勤劳的双手摘掉贫困帽子,感动了在场所有人,台下响起了雷鸣般的掌声。

一个人、一个故事、一段话语,看似平凡简单却能点燃许多人心中的激情与梦想,我省充分发挥先进典型的示范引领作用,激发贫困群众脱贫内生动力,把脱贫攻坚工作凝聚为党员干部和广大群众的"大合唱"。

"2013 年以来,全省累计减少贫困人口 108.3 万人,贫困发生率从 2012 年底的 26.4% 下降至 2018 年底的 2.5%。在攻克深度贫困堡垒时,还要瞄准 6.4 万特殊困难群体。对重度残疾贫困群众和'三无'孤寡老人,综合运用民政低保、商业保险、资产收益等手段,保基本、保生活,做好'托底'工作;对大龄未婚青年和单亲贫困家庭,要通过住房改善、技能培训、劳动转移等方式,全面提高他们的生活质量,确保能脱贫、可持续。"省扶贫局局长马丰胜说。

扶贫首先要扶志扶智。随着精准扶贫的纵深推进,转变贫困户思想观念,必须巧用方式方法,在政策引导、教育引导、典型引导下,通过实用有效的技术培训和教育指导,增强贫困户摆脱贫困的斗志和勇气,让贫困户从"要我脱贫"转向"我要脱贫"。

加大教育扶贫力度,落实健康扶贫政策,强化住房安全保障,关心关爱特困群体,补齐基础设施建设短板……全省将扶贫与扶志、扶智一同抓,坚持现行标准,强化民生保障,技能培训,始终把脱贫攻坚重点放在"三保障"服务提升和基础设施建设上。

全面推进健康扶贫"三个一批"和深度贫困地区"六大攻坚"行动,严格落实"六减十覆盖"政策,将大病集中救治扩大到 30 个病种。贫困群众慢病签约率达到100%,履约率达到90%以上;全面推行先诊疗后付费和"一站式"结算,让贫困群众享受到最便捷、最直接的服务。

全省深度贫困地区易地扶贫搬迁已完成"十三五"搬迁总工程量的98%、危旧房改造完成总任务的95%,工作重心已从"搬得出"逐步转向"稳得住"。据调查,2018年,涉藏地区六州搬迁贫困群众人均收入达到9311元。

去年,全省在深度贫困地区新建区域性敬老院1个,养老服务设施能力提升项目41项。并对深度贫困地区2300名残疾人开展实用技术培训,对150名青壮年残疾人文盲开展扫盲培训,为2000名残疾人提供托养服务,为1000名残疾人家庭进行无障碍设施改造,对2000名7~17岁持证残疾儿童实施了康复救助。

截至2018年底,全省深度贫困地区22.4万贫困群众饮水安全得到巩固提升,乡镇大电网覆盖率达到90%以上,具备条件的贫困地区行政村道路硬化率达到100%,有线覆盖率达到99.4%,广播电视综合人口覆盖率达到100%。

决战贫困、同步小康的集结号已经在青海大地吹响。

2019年5月27日　05版　罗连军　马青军

青海贫困群众精准脱贫的"阳光存折"

47.16 万千瓦村级光伏扶贫电站全部并网发电

6 月 27 日，全省"十三五"第一批最后一座光伏扶贫电站并网发电，青海 47.16 万千瓦村级光伏扶贫电站及配套电网工程全部建成投运，并接入青海省新能源大数据平台，惠及 1622 个建档立卡贫困村 68086 户贫困人口。

打好脱贫攻坚战，是党的十九大报告提出的三大攻坚战之一，作为国计民生中关键环节的能源产业，在精准扶贫中承担着独特而重要的角色，光伏扶贫更是凭借着一次投资、长期收益等诸多优势占据了一席之地。总投资 31.4 亿元的青海村级光伏扶贫电站，电站本体建设由省政府全额投资，外送线路由国网青海省电力公司配套建设，全部并网投产后，年预期总收入达 5.3 亿元，全省村均 32 万元，最高的杂多县村均达到 79 万元，是迄今为止一次性投入最大、覆盖面最广、收益率最高、收益周期最长、涉及地方部门和参建企业最多的一项产业扶贫项目。

依托青海得天独厚的太阳能资源、坚强智能电网和泛在电力物联网，省委省政府因地制宜大力推进光伏扶贫产业发展，在先期实施 15 万千瓦光伏扶贫试点项目、10 万千瓦共和集中式光伏扶贫项目的基础上，再于"十三五"期间采取村级联建等方式，为全省 39 个县（市区）1622 个建档立卡贫困村建设总规模 47.16 万千瓦的村级光伏扶贫电站。

为更好地服务村级光伏扶贫电站的营运，青海省扶贫开发局与国网青海省电力公司充分运用泛在电力物联网建设成果，依托青海新能源大数据平台资源优势，建成了国内首个光伏扶贫大数据监控中心，按照"建成一个、接入一个"的原则，对全省光伏扶贫电站实行集约化管理、集中式管控、专业化运维，服务"光伏＋扶贫"模式可持续发展。

2019年6月28日　01版　马　新

王建军刘宁分别提出工作要求

全省易地扶贫搬迁现场会召开

9月9日至10日，全省易地扶贫搬迁现场会在果洛藏族自治州召开。省委书记王建军、省长刘宁分别提出工作要求，省委常委、副省长严金海出席并讲话。

王建军强调，易地扶贫搬迁是脱贫攻坚的一场硬仗。在党中央、国务院的大力支持下，经过全省上下三年的不懈努力，我省"搬得出"的任务已经完成，确保"稳得住、能致富"还要做大量艰苦细致的工作。我们要用初心和使命来兑现"全面建成小康社会，一个都不能少"的承诺，对接政策、找准路径，突出重点、聚焦难点，统筹力量、整合资源，扛起责任、合力攻坚，为今年绝对贫困全面"清零"、明年全面建成小康社会奠定坚实基础。

刘宁强调，易地扶贫搬迁是打赢脱贫攻坚战的关键举措。三年多来，各地区各部门深入学习贯彻习近平总书记关于扶贫工作的重要论述，全面落实党中央、国务院决策部署，易地扶贫搬迁取得重大进展，进入到以做好后续扶持为主的阶段。我们要认真践行初心使命，聚焦深度贫困地区和特殊困难群体，因地制宜，综合施策，精准发力，攻坚克难，全力推进产业培育、就业帮扶等各项工作，让搬迁群众住上好房子，过上好日子，确保易地扶贫搬迁工程经得起历史和人民的检验。

严金海指出，省委省政府高度重视易地扶贫搬迁，经过三年多努力，我省全面完成了20万人的易地扶贫搬迁任务，有力改变了贫困群众生产生活条件，缩小了城乡差别，促进了各民族交流交往交融，用实践证明了党的政治优势和制度优势，凝聚了党心民心。做好易地扶贫搬迁后续巩固发展责任重大、任务艰巨，要抓实增收致富，抓优配套服务，抓亮德育建设，抓强社区管理，提高搬迁质量和脱贫成效，做到"搬得出、稳得住、能致富"。

会上，实地观摩了玛沁、甘德、达日3个县的易地扶贫搬迁集中安置点和相关扶持项目，通报了全省易地扶贫搬迁推进情况，表彰了17个先进集体和83名先进个人，相关州县和部门负责同志作了交流发言。

2019年9月12日　01版　罗连军

王建军、刘宁会见巡回报告团成员

全国脱贫攻坚先进事迹巡回报告会在西宁举行

10月23日下午，全国脱贫攻坚先进事迹巡回报告会在西宁举行。报告会前，省委书记、省人大常委会主任王建军，省委副书记、省长刘宁会见了由中央统战部副部长邹晓东率领的报告团一行。省委常委、秘书长于丛乐参加会见，副省长匡湧参加会见并主持报告会。

王建军、刘宁代表青海省委、省政府欢迎报告团一行到青海作报告。王建军说，脱贫攻坚是习近平总书记亲自发动、大力推动的一项具有划时代意义的伟大战役。在第六个国家扶贫日到来之际，习近平总书记、李克强总理对脱贫攻坚工作作出重要指示批示，为我们进一步指明了方向，提供了强大动力。报告团来青海既带来了脱贫攻坚的先进经验，也带来了脱贫攻坚的精神力量，是对青海打赢打好脱贫攻坚战的巨大鼓舞和鞭策。崇高荣誉来之不易。中国的脱贫攻坚走到今天，取得了举世瞩目的成就，你们在各自的岗位上用自己的灵魂、本事、血性、品德为脱贫攻坚作出了贡献，是我们学习的榜样。巡回报告十分必要。打赢打好脱贫攻坚战需要精神来引领，你们用智慧、汗水、奉献凝结的先进事迹树起了新时代的丰碑，这座丰碑将通过巡回报告来激扬精神，绽放光彩。脱贫攻坚还在路上。全面建成小康社会，脱贫攻坚是一个重要方面。这场伟大战役已经取得重要成果，正在向最后的收官冲刺。全省上下要从你们的事迹中汲取力量打好这场战役，确保青海同全国一道迈入全面小康社会。

邹晓东代表报告团感谢青海省委、省政府的精心组织和周密安排。他表示，报告团将认真学习习近平总书记扶贫重要论述，大力宣传先进典型，发挥典型示范引领作用，为青海脱贫攻坚工作增添新动力。

报告会首先由邹晓东传达学习习近平总书记对脱贫攻坚工作作出的重要指示和李克强总理的批示。随后，报告团成员青海省互助土族自治县素隆姑刺绣有限公司总经理苏晓莉，陕西省榆林市米脂县沙家店镇李站村第一书记张雷威，四川省阿坝藏族羌族自治州小金县达维镇冒水村党支部书记、夹金山清多香野生资源有限责任公司董事长陈望慧，辽宁省锦州市义县副县长王宏，国网西藏电力有限公司扶贫攻坚领导小组办公室主任陶魁，西宁市政协副主席、湟中县委书记李晓舸先后作报告。他们结合自身工作和生活，从不同侧面、不同角度，用质朴的语言、满怀深情地讲述了在脱贫一线的亲身经历和动人故事。

报告团成员的生动讲述，彰显了广大扶贫工作者忠诚于党、热爱人民的高尚品质，坚守初心、勇担使命的担当精神，自力更生、崇尚实干的工作作风，赢得了现场听众阵阵掌声。他们纷纷表示，要把榜样的力量转化为决战脱贫攻坚、决胜全面小康的生动实践，为我省脱贫攻坚工作贡献更多力量。

省级领导同志、省军区政委、武警青海总队军政主官，省委各部委、省直各机关单位、各人民团体和群众团体、高等院校、在宁的省管企业、中央驻青单位主要负责同志，援青干部代表、省直各机关单位代表等出席报告会。

2019 年 10 月 24 日　01 版　罗藏

王建军、刘宁分别提出工作要求

全省扶贫开发工作会议召开

1月9日，全省扶贫开发工作会议在西宁召开。省委书记王建军、省长刘宁分别提出工作要求。省委常委、副省长严金海出席并讲话，省委常委、省委秘书长于丛乐主持并讲话。

王建军指出，2019年是打赢脱贫攻坚战的关键之年，经过全省上下合力攻坚特别是扶贫开发部门的扎实工作，实现了绝对贫困"清零"的目标，为完成硬任务打下了坚实基础。今年要实现第一个百年奋斗目标，脱贫是全面小康的重中之重。要深入学习贯彻习近平总书记关于扶贫开发的重要论述，坚决扛起脱贫攻坚重大政治责任，一鼓作气，乘势而上，扎实做好"补针点睛"的各项工作，坚决如期高质量打赢脱贫攻坚战，确保脱贫攻坚的最终成果得到各族人民认可，经得起历史检验。

刘宁指出，今年是脱贫攻坚的决战决胜之年，希望各地区各部门坚持以习近平新时代中国特色社会主义思想为指导，全面贯彻中央和省委省政府决策部署，严格按照"四个不摘"要求，坚持频道不换、靶心不散、力度不减，扎实推进"补针点睛"专项行动，加快实施"九大脱贫后续巩固行动"，深入开展精神扶贫，坚决打好打赢脱贫攻坚战，为全面建成小康社会和"十三五"规划圆满收官作出新贡献！

会议强调，脱贫攻坚是全面建成小康社会的标志性工程，是我们党作出的庄严承诺，是践行党的初心和使命的生动体现。2020年是脱贫攻坚全面交账、兑现责任的一年,是全面建成小康社会的收官之年,没有任何退路和弹性。行百里者半九十,能不能顺利通过脱贫攻坚"最终大考",将直接关系到全面建成小康社会的质量和成色。各地各部门一定要深刻认识全省脱贫攻坚的特殊性和敏感性,以强烈的政治责任感和使命感,全面落实党中央、国务院和省委、省政府脱贫攻坚决策部署,把防止返贫、提升质量、巩固成效摆在更加突出的位置,采取有力措施查缺项、补短板、抓巩固、谋长远,保持攻坚态势,压实攻坚责任,一鼓作气,全力以赴,决战决胜,不留死角,以"赶考"的心态,坚决夺取脱贫攻坚全面胜利,确保脱贫攻坚收好官、交好账,高标准书写好脱贫攻坚的"青海篇章",向党中央和全省各族人民交上一份满意答卷。

会上,果洛州、黄南州、大通县、乐都区、共和县政府负责同志作了交流发言。

2020 年 1 月 13 日　01 版　陈晨

我省实现绝对贫困全面"清零"目标

    记者昨日从省扶贫局了解到，民和等17个县（区）符合国家贫困县退出标准，正式脱贫摘帽。至此，我省42个县（市、区，含大柴旦行委、原茫崖和冷湖行委）全部退出贫困县序列。

    为坚决打赢打好脱贫攻坚战，我省各地全面贯彻落实党中央国务院和省委省政府脱贫攻坚重大决策部署，坚持精准方略，突出深度攻坚，强化民生保障，加速补齐短板，着力在真脱贫、脱真贫、不返贫上下功夫、见实效。2017年，我省都兰县、同德县、河南蒙古族自治县3县首批从全省贫困县中退出。2018年，我省再接再厉，平安区、循化撒拉族自治县、刚察县、格尔木市、德令哈市、乌兰县、天峻县7县（市、区）从全省贫困县中退出。2019年，大通回族土族自治县、湟中县、湟源县、互助土族自治县、门源回族自治县、祁连县、海晏县、兴海县、贵南县、玉树市、称多县、玛多县等12县（市）退出贫困县序列。今年，民和回族土族自治县、乐都区、化隆回族自治县、共和县、贵德县、囊谦县、治多县、杂多县、曲麻莱县、玛沁县、班玛县、久治县、甘德县、达日县、同仁县、尖扎县、泽库县等17个县（区）退出贫困县序列。至此，经过集中攻坚，全省42个贫困县（市、区、行委）、1622个贫困村、53.9万贫困人口全部脱贫退出，实现绝对贫困全面"清零"目标。

    之后，我省还将继续压实攻坚责任，严防摘帽后松劲懈怠，坚决落实贫困县"摘帽不摘责任、摘帽不摘政策、摘帽不摘帮扶、摘帽不摘监管""四个不摘"的重大要求，持续抓好脱贫成果巩固和"补针点睛"工作，继续加大特色产业扶持力度，加强易地搬迁后续扶持工作，深入推动消费扶贫，持续凝聚攻坚合力，强化作风保障，确保全面完成攻坚任务，加快全面小康建设进程。

2020 年 4 月 21 日　01 版　陈晨

王建军主持并讲话　信长星讲话

青海省 2019 年度脱贫攻坚奖表彰大会召开

　　9 月 24 日上午，省委省政府召开青海省 2019 年度脱贫攻坚奖表彰大会。会议以习近平新时代中国特色社会主义思想为指导，深入学习领会习近平总书记在决战决胜脱贫攻坚座谈会上的重要讲话精神，全面贯彻落实党中央国务院决策部署，总结成绩，交流经验，表彰先进，对坚决打赢脱贫攻坚战进行再动员再部署。省委书记、省人大常委会主任王建军主持并讲话，省委副书记、省长信长星讲话。

　　会上，省委常委、省委秘书长于丛乐宣读了《中共青海省委青海省人民政府关于表彰 2019 年度脱贫攻坚工作先进集体、先进单位和先进个人的决定》，5 名受表彰先进代表作了交流发言。

　　王建军代表省委省政府向受表彰的先进集体、单位和个人表示祝贺，向全体奋战在脱贫攻坚一线的同志致以慰问。他指出，打赢脱贫攻坚战，是全面建成小康社会的重大政治任务，是我们党作出的庄严承诺。要以习近平总书记扶贫开发重要战略思想为指导，深刻认识脱贫攻坚取得的决定性成就，进一步坚定打赢脱贫攻坚战的信心决心，把增强"四个意识"、坚定"四个自信"、做到"两个维护"落实到决战决胜脱贫攻坚的具体行动和工作成效上，坚决夺取脱贫攻坚全面胜利。他强调，表彰是对奉献的褒奖、鞭策和激励，脱贫攻坚到了全面收官的关键时刻，全省上下仍要不懈奋斗，不获全胜决不收兵。发言是经验的介绍，审视的是各自的工作，凝聚的是攻坚的意志，展现的是实践的担当，要继续保持昂扬向上的精气神。省委省政府的部署既是鼓劲加油，也是更高要求，要切实增强责任感、使命感和紧迫感，把补针点睛的各项工作抓实办好，把脱贫攻坚的短板弱项补齐建强，以坚决的态度、过硬的作风，高质量完成脱贫攻坚各项目标任务，接续推进全面脱贫与乡村振兴有效衔接，开启全省各族人民新生活新奋斗的新篇章。

信长星指出，党的十八大以来，在以习近平同志为核心的党中央的坚强领导下，全省上下深入贯彻落实习近平总书记关于扶贫工作的重要论述，始终把脱贫攻坚作为首要政治任务和第一民生工程，坚持精准扶贫、精准脱贫，高位推进、尽锐出战、集中攻坚，区域性整体贫困问题得到历史性解决。

信长星强调，习近平总书记对高质量打赢脱贫攻坚战作出一系列重要指示，为做好脱贫攻坚收官工作提供了根本遵循和行动指南。我们要不断增强"四个意识"、坚定"四个自信"、做到"两个维护"，在学懂弄通做实上下功夫，切实巩固提升脱贫攻坚质量和成色。要巩固脱贫成果，聚焦落实"三保障"和饮水安全，着力补短板、强弱项、促提升，织牢致贫返贫风险防控"安全网"，做好脱贫攻坚普查工作总结，编制好"十四五"巩固脱贫成果规划。要抓好问题整改，任务落到人、责任落到肩、压力传到位，一项一项整改清零、一条一条对账销号。要激发内生动力，坚持扶贫和扶志、扶智相结合，加大精神脱贫力度，强化思想引导，注重移风易俗，增强"造血"功能。要用好外部助力，巩固专项扶贫、行业扶贫、社会扶贫、援青扶贫"四位一体"大扶贫格局，持续加强东西部扶贫协作和对口支援双向合作，动员更多社会力量和爱心人士参与进来，为做好脱贫后续巩固工作争取更大助力。要衔接乡村振兴，以消除绝对贫困为新起点，总结运用好脱贫攻坚经验成果，抓好产业、人才、政策对接，推动乡村全面振兴、共同富裕。要强化支撑保障，发挥好督查检查考核的"指挥棒""风向标"作用，加强扶贫领域作风建设，加大脱贫攻坚宣传，坚决打好脱贫攻坚的决胜之战、收官之战。

省领导王晓、滕佳材、王宇燕、阎柏、王秀峰、尼玛卓玛、鸟成云、吴海昆、杜德志出席。省政府秘书长，省委、省政府有关副秘书长，省扶贫开发工作领导小组成员，各市州、县（市、区、行委）党委政府主要负责同志及扶贫部门主要负责同志，中央定点扶贫单位代表，省级定点扶贫单位、社会扶贫先进单位主要负责同志、脱贫攻坚先进个人参加会议。

2020 年 9 月 25 日　01 版　薛军

以"补针点睛"专项行动为抓手
高质量打赢青海脱贫攻坚战

今年是决战决胜脱贫攻坚、全面建成小康社会的收官之年。年初以来，青海省委、省政府深入学习贯彻习近平总书记在决战决胜脱贫攻坚座谈会上的重要讲话精神，按照"两手抓、两手硬"重大要求，把脱贫攻坚作为全面同步小康"一脱贫、两翻番、四实现"的第一目标，作出一系列重大部署，在全力抓好脱贫攻坚普查、扶贫项目建设等重点工作的同时，扎实开展"补针点睛"专项行动，在补短板、强弱项、促巩固、谋长远上聚焦用力，确保高质量打赢脱贫攻坚战，为乡村振兴战略实施奠定坚实基础。

全方位抓好"补针"工作，着力提升脱贫质量。始终把脱贫质量放在首位，围绕"两不愁三保障"，聚焦关键领域，抓重点、补短板、强弱项，确保脱贫成果货真价实、经得起检验。大力发展扶贫产业。深入推进牦牛、青稞、民族手工业、乡村旅游等特色扶贫产业发展，积极培育扶贫龙头企业和新型经营主体，拓展延长产业链条，带动更多群众参与产业发展，实现长期稳定增收。扎实推进稳岗就业。落实稳岗拓岗优惠政策，加大省内外输出力度，深入推进扶贫车间建设，新增公益性扶贫岗位达到 2.65 万个，全年贫困劳动力就业规模力争突破 17 万人。巩固"三保障"成果。全面落实教育扶贫各项资助政策，进一步提升村级医疗服务水平，跟进实施因灾受损危旧房改造项目，持续提升"三保障"质量和成色。健全防止返贫机制。落实预警监测和动态帮扶机制，聚焦脱贫不稳人口和边缘人口，开展实时监测，及时化解返贫致贫风险。

推进扶贫和民政两项制度有效衔接，强化保障措施，筑牢防贫"堤坝"。推进易地搬迁后续扶持。健全完善集中安置点基层组织，全面完成配套项目建设，全力抓好社区管理工作，扎实推进产业、就业等后续帮扶举措落实，确保实现所有搬迁户有增收项目、2.9万搬迁贫困劳动力稳定就业目标。深入开展消费扶贫。建好用好全国消费扶贫青海众创基地和"青品汇"网络销售平台作用，持续推进电商扶贫进农村行动，拓展线上线下营销渠道，解决好扶贫产品卖难问题。

深层次做好"点睛"文章，推动与乡村振兴衔接。突出青海特点，以现有的经验为支撑，坚持因地制宜，点要害、再加强，拓展延伸脱贫成果，筑牢长远发展基石。优化扶贫政策体系。按照"四个不摘"要求，在保持现有政策稳定的基础上，找准工作的结合点，编制好"十四五"巩固脱贫成果规划，优化帮扶举措和制度机制，推动脱贫攻坚与乡村振兴有效衔接。培育壮大村集体经济。在实现4146个行政村集体经济全面"破零"的基础上，健全完善金融支持政策，撬动各类社会金融资本投入乡村，促进村级产业提档升级，不断增强集体经济自我发展和带贫益贫能力。打造光伏扶贫典范。健全完善村级光伏扶贫电站监管、运用等制度机制，依托大数据平台，着力提升光伏扶贫电站管理水平，推进收益分配使用精细化、全过程监管，打造质量最优、管理最好、效益最佳、成本最低的全国光伏扶贫"青海典范"。促进生态生产共赢发展。充分挖掘生态潜力，用足用活生态管护岗位等扶贫政策，吸纳更多贫困群众参与生态修复建设项目工程。积极推广拉格日、岗龙、卡阳、边麻沟等模式，打造生态扶贫升级版，促进扶贫开发、生态保护和改善民生多赢。加大金融扶贫力度。持续推进小额信贷政策落实，扩大覆盖面，惠及更多农牧民群众。每年评选1000个信用村，为每村提供400万元以上的金融贷款支持，帮助发展生产、巩固成果。讲好青海减贫故事。全面总结党的十八以来全省脱贫攻坚工作，提炼脱贫精神，展示巨大成就，激励全省各族干部群众为新青海建设作出新贡献。注重加强脱贫成效宣传，集中力量办好脱贫攻坚伟大胜利系列社会宣传活动。

2020年10月12日　10版　青海省扶贫开发局党组书记、局长　马丰胜

娄勤俭　王建军　吴政隆　信长星出席有关活动

青海省党政代表团赴江苏共商帮扶支援工作
召开江苏青海对口帮扶支援工作座谈会

11月4日至5日，青海省党政代表团赴江苏省，就深入贯彻党的十九届五中全会和中央第七次西藏工作座谈会精神，在新的起点上推动扶贫协作、对口支援和合作交流进行深入协商对接。

5日下午，江苏青海对口帮扶支援工作座谈会在南京召开。江苏省委书记、省人大常委会主任娄勤俭主持会议并讲话，青海省委书记、省人大常委会主任王建军讲话。江苏省委副书记、省长吴政隆，青海省委副书记、省长信长星分别介绍两省经济社会发展和扶贫协作、对口帮扶支援工作情况。

娄勤俭代表江苏省委、省政府对青海省党政代表团来访表示欢迎。他说，青海全面落实"四个扎扎实实"重大要求，大力实施"五四战略"，奋力推进"一优两高"，新青海建设的美好愿景正在加快变为现实情景。对青海发展取得的显著成就，我们由衷感到高兴。"苏青一家亲"的深厚情谊、"携手奔小康"的共同使命，把我们紧紧连接在一起。今年是对口援青10周年，十年来苏青两地协作成果越来越丰硕，合作越来越密切，感情也越来越深厚。随着我国即将步入全面建设社会主义现代化的新发展阶段，苏青协作合作将拥有更为广阔的空间。江苏要坚持以习近平新时代中国特色社会主义思想为指导，认真贯彻十九届五中全会精神，在新起点上加快建设"强富美高"新江苏，继续努力走在现代化建设的前列，同时深入落实中央关于扶贫协作和对口支援的要求，更加务实地推进苏青合作。一是在"巩固"上下功夫，落实好"四个不摘"要求，巩固脱贫攻坚成果，支持受援地区增强内生发展能力，确保脱贫后能发展、可持续。二是在"提升"上做文章，谋划实施一批有利于强化基础发展能力的项目，扩大医疗、教育等专业领域的支持，深化交流交往交融，让各族群众更加深切地感受到祖国大家庭的温暖。三是在"共赢"上求突破，充分发挥两省经济互补性、互利性强的特点，在能源、产业、文化、生态等领域加强合作，以高质量协作合作成果，为国家大局作出新的更大贡献。

王建军代表青海省委省政府和全省各族人民对江苏省长期以来给予青海的支持帮助表示感谢。他说，今年是党中央作出对口援青战略部署十周年。十年来，江苏把东西部扶贫协作、对口支援作为贯彻习近平新时代中国特色社会主义思想的生动实践，落实党中央重大决策部署的具体行动，帮助我们解决了许多长期想解决而没有解决的难题，办成了许多过去想办而没有办成的大事，让青海各族人民深切感受到了中国共产党的坚强有力、社会主义巨大的制度优势和祖国大家庭的无比温暖，深切感受了江苏的真担当、真感情、真作为，深切感受了江苏人民的无疆大爱，实实在在分享了江苏改革发展的成果。江苏支援青海，青海向江苏学习。要学习江苏高度的政治自觉、坚定的发展信念、守正的创新品格、强烈的责任担当、孕育的宝贵精神，学习江苏省委省政府的"工笔画"和"大写意"，发展好青海，回报好江苏，不辜负习近平总书记的厚望，不辜负伟大的新时代。要以习近平新时代中国特色社会主义思想为指导，深入贯彻党的十九届五中全会和中央第七次西藏工作座谈会精神，积极参与江苏对口援青规划的制定，使规划成为一个落实党中央决策部署的政治规划，造福青海各族人民的幸福规划，见证苏青两省友谊的美好规划，共同把帮扶支援工作提高到新的水平。

在江苏期间，娄勤俭、王建军、吴政隆、信长星出席了苏青一家亲·消费助扶贫——2020年东西协作·消费扶贫青海优质农特产品展销会暨青海消费扶贫展销馆开馆仪式，共同启动开馆，并进行了巡馆。我省党政代表团考察了南京市政务服务中心、智慧南京中心、南京南瑞继保电气有限公司、先声药业集团有限公司等。

江苏省和南京市领导樊金龙、张敬华、郭元强、韩立明，青海省领导王晓、李杰翔、于丛乐、鸟成云参加相关活动。

2020年11月06日 01版 薛军